九色鹿

# 汉唐时代的丝绸之路

## 的

### 使者·绢马·体制

孟宪实 著

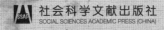

社会科学文献出版社

SOCIAL SCIENCES ACADEMIC PRESS (CHINA)

# 目　录

# 绪言　西域与丝路
## ——古代中国发展方向的探索

中国是东亚古国。在世界文明古国中，中国位于太平洋西岸、欧亚大陆的东端，距离其他文明古国最为遥远。早期中国，即在夏商周的时代，中国的政治体制具有邦国联盟特点，存在统一的文化基础，但政治统一到秦始皇时代才终于完成。秦国由西而东的统一历程，至少影响了一定时期的朝廷思路与目光。

统一实现之后，秦朝的东向努力并没有停止。秦始皇到海边射大鱼，沿着海边的寻访，对蓬莱故事的向往，都在表达同样的思路：探索国家的方向。从秦始皇到汉武帝，直到对南海的探索，统一的格局在扩大，最终大海不仅阻遏了人们的行动，也阻隔了统治者对国家发展方向的想象。毕竟，远古人类克服大海惊涛骇浪的能力是有限的。

最终，汉朝与匈奴的战争引导古代中国的目光一步步看向西方，当时称作"西域"。原本西域仅仅是汉匈战争的攸关第三方，最后却演变为古代中国的发展方向。

## 一　中原与西域的亲缘

西域，从最初的产生就是一个宏大概念。它是在中原与草原即西汉与匈奴的长期战略对峙中出现的"第三方"。匈奴冒顿单于在公元前176年致信汉文帝，告诉汉朝匈奴已经打败月氏，包括楼兰、乌孙等二十六国，而这个功劳是右贤王取得的。右贤王所居之地，正是通往西域的要道河西走廊。汉朝当时对匈奴采取和亲政策，不得不屈服于匈奴的压力，对于匈奴人的武功炫耀，也只能听之任之。但是，有关月氏和西域各国的消息，对于汉朝而言却是无比重大的，汉朝从此知道，原来中原名之为"西戎"的方向，还有很多具体内容，并具有一定的战略空间价值。此事到了汉武帝时期，尤其要对匈奴采取反击战略的时候，这个经过验证的信息的重要性才显示出来，这直接诱发了张骞出使西域，激活两千年的丝绸之路。

在最初中原与草原的互动关系中，西域扮演着一个不可或缺的角色，这就是利益攸关的第三方。汉朝与匈奴后来形成了漫长的战略对峙，而同样漫长的前线由东到西，一直延伸到今中亚地区，由于战略重心不断西移，双方对西域的争夺也不可避免地展开了。西域的战略地位由此获得极大提升。双方都视西域为自己的战略阵地，当时汉文的记载便是"断匈奴右臂"之说。如果从匈奴的视角看，西域何尝不是中原的"左臂"。

比较而言，西域对于中原和草原而言，势力相对弱小，希望左右逢源，又不得不首鼠两端。这就是楼兰王在汉武帝面前表露的苦衷，而汉武帝也能理解，并不加以惩罚。然而，从历史的长时段来观察，毕竟中原的优势最终占据上风，西域归附中原也是大势所趋。汉朝与匈奴争夺西域，并非只有军事手段，匈奴把西域当作重要的财政基地，而在汉朝的眼中，西域最重要的资源是政治与文化。强大的汉朝对于西域是输入型的，而相对于匈奴，西域才是输入的一方。

不仅如此，汉朝对于西域的认识是有变化的。最初来自匈奴的说法，西域各国都是"引弓之民"，这让汉朝产生错觉，以为西域跟匈奴一样是"逐水草而居"的"行国"。直到张骞出使西域归来之后，汉朝对于西域的认识才发生改变，更加接近西域的真相，原来西域有"城郭之国"和"行国"两种类型，"西域诸国大率土著，有城郭田畜，与匈奴、乌孙异俗"，这些"土著"的绿洲之国即"城郭之国"不仅占比更高，且文化与汉朝相近，是靠农业立国的。于是，在汉朝的文化观念中，西域可以跟汉朝发展更紧密的关系，用张骞说服汉武帝的说法即"外臣"。而对于汉朝而言，基于经济类型与文化的亲缘关系，这已经不再是单纯的安全保障问题，而是汉朝西向发展问题。

如果把匈奴与汉朝对西域的关系，看作一种全面竞争的话，早期匈奴的优势尤其是军事优势明显，汉朝与匈奴竞争开始之后，汉朝的军事力量逐渐显现出实力，而汉朝与西域在经济、文化方面的亲缘关系，则发挥了更长远的作用。随着战争进程的发展，尤其是河西走廊归属汉朝，"河西四郡"开通之后，汉朝与西域已经完成了空间上的对接，西域作为中国的有机组成部分发挥越来越重要的战略功能。《汉书·西域传序》："西域以孝武时始通，本三十六国，其后稍分至五十余，皆在匈奴之西，乌孙之南。南北有大山，中央有河，东西六千余里，南北千余里。东则接汉，陜以玉门、阳关，西则限以葱岭。"对西域的空间定义一直拥有巨大的影响力，而狭义的西域成为中国的一部分的历程，一直是中国史研究的重大课题，至于广义的西域，则成为西方世界的总称。

如果把观察点从西汉扩大开去，我们会发现，这是一个更具稳定性的规律，即西域成为中原的核心问题的时候，往往是中原发展到一定阶段的时刻。这就是说，西域与中原的发展，往往紧密相关。

## 二　中原的发展与西域

放眼古代世界，农业地区与草原地带的关系，从来都是在战争与和平的双重演奏中行进的，东亚如此，中亚如此，欧洲何尝不如此？如果在今天的背景下去思考，历史上这一切纷争混乱，无不关系到后来的全球一体化。今天的世界一体化，人们更重视大航海之后的世界格局变化，如果从更长远的时段观察，丝绸之路加强了欧亚大陆各地、各国的联系，是世界一体化进程中更具基础性的历程。古代世界，欧亚大陆是人类活动最重要的空间，而文明中心多偏居在这个大陆的一隅，不论是地中海周边、两河流域，还是印度和中国，这么概括都大体不误。所以，文明中心之间的联系，从最初的接触到有记载的交往直到如今的世界一体化，明显是一个逐步加速、不断加深的过程。

在各大文明中心的交往中，中国是最晚现身的。在张骞出使西域之前，中国对于西方的了解多以传说的方式呈现，充满了神秘主义色彩。虽然现在考古已经证实中国与西域的联系早就存在，但一直局限于民间层面，没有上升为国家层面。而那时中国之外的文明中心之间已经有了很密切的往来，不论是环地中海区域还是西亚与南亚的关系，亚历山大甚至已经完成了东征。欧亚大陆上文明中心的交往，从西向东地考察，当时几乎只剩下东亚的中国处于缺席状态。在当时的背景下，海路既然无从说起，历史的基本结论是，中国的发展必然是西向的。所以，遭遇西域是中国历史发展的必然，因为匈奴早一步发展了与西域的关系，而由匈奴引出西域也如命定一般。

汉武帝时代的汉匈战争，不仅是汉匈双边的关系，也不仅是中原、草原和西域的三方关系。仅从汉朝的实际去理解，那么从和亲匈奴走向反击匈奴，也是中原历史发展的必然逻辑。秦末战争是匈奴发展的关键时期，刘邦打败项羽，平定中原之后，才有可能面对匈奴。平城之围让汉高帝集团认识到，匈奴问题的解决只能寄希望于将来，目前根本不具备条件，于是不无屈辱的和亲政策由此出台。那么，从西汉朝廷的愿望来看，和亲政策当然是国家的权宜之计。进一步回溯，在中原逐鹿的时刻，不论是草原还是西域，都不可能成为政治领袖们重视的目标。后来，这些问题在汉武帝时代逐一展开，则是因为中原具备了相应的条件，不论是经济基础还是军事实力，还包括国家的发展战略。

于是，我们可以看到中原政权发展的战略展开顺序。首先是中原逐鹿，建立统一政权，获得政治自立，这是一切战略得以实施的基础。其次是经营北方草原，以获得外部的安全保证。人所共知，历史上对于中原政权形成事实威胁的力量，都来自北方草原地带。最后是开拓西域，目标是长期安全，且符合中原政权的发展方向。从西汉的经验看，"断匈奴右臂"越彻底，时间越长久，中原越安全。这个展开顺序是很重要的，因为在后来的历史时期，这个顺序不断重复，成为中国发展的一种时空定律。

　　汉武帝反击匈奴，是汉朝的重大发展步骤，设立河西四郡、打通丝绸之路、经营西域等，都是汉朝国家发展的具体成果。汉匈战争虽然让一代人付出惨重代价，但这种代价换来的是中国发展方向和未来国家版图的奠定。东汉与西域的关系，因为有了西汉的基础，班超的英雄故事才可以成功演出。魏晋南北朝时期，中原陷入分裂，但是中国西部政权与西域的关系反而更加紧密，西域各国几乎无不参与到中原各个政权的纵横捭阖之中。

　　隋唐时期，几乎再次上演秦汉时期的戏码。先是隋朝统一中国，压制突厥；隋朝末年的动乱，则为突厥的壮大提供了条件。当时北方起事的政治势力，无不与突厥紧密配合，甚至称臣于突厥，不仅山西北部的刘武周如此，陕西北部的梁师都如此，连窦建德和唐高祖李渊，都无不向突厥称臣。中原统一是首要目标，对于北方草原的问题，不得不让步妥协。但是，唐朝解决草原问题要比西汉来得更早。唐朝第二代皇帝唐太宗，贞观四年（630）完成了对东突厥的战争；九年完成了对吐谷浑的战争；十四年唐朝大军开进西域，完成了对西域的统一。速度加快了，但是解决问题的基本步骤是一样的，即中原、草原和西域，顺序不变。后来的清朝，是中原政权经营西域的第三个高峰时期，其实施的步骤基本上也是如此，先统一中原，再续战草原，然后顺序推进到西域。

　　这样一来，西域在中国历史发展的蓝图上，地位就十分清楚了。西域的经营成功，一定是王朝发展时期的盛事，具有标志性的意义。唐太宗在自我评论的时候，对于成功统一西域，能够与汉武帝同功感到满意。康雍乾三朝号称是清朝盛世，经营西域的成功就是他们最值得自豪的重要内容。不仅如此，当中原把西域问题提上日程的时候，已经证明政治家的雄心、王朝发展的势头以及国家的综合实力进入了全面上升阶段。举凡古代中国的各个朝代，如果西域成功经营这个主题缺失，理所当然的不能言及盛世。今天，我们又明白更深的一层：因为所谓的西域，尚有广义的所指，具体说是丝绸之路，宽泛一点说就是中国之外的世界，而中国发展与世界的沟通是大势所趋，这个战略顺序就变得别无选择了。

中国通过西域与其他重要文明中心接触、往来，分享文明成果。没有西域，在当时就相当于中国脱离了与世界的接触，世界一体化的进程就会遭遇挫折。西域的重要性实在太大，怎样描述更合理更科学，这本身就是一个重要学术课题。

## 三　西域与丝绸之路的研究

如果历史进程如此描述大致不误，西域研究的价值也就有了自然呈现。西域架通了中国与世界联络的桥梁，其历史意义自然不再局限于中国。这里，西域在很大意义上与丝绸之路内涵重合。近代以来，海洋的交通功能获得空前提高，"海上丝路"进入人们的视野，一段时间内，这条海路让传统的陆上丝绸之路显得高潮已过。当中国重新提出"一带一路"倡议的今天，可以预期未来传统丝绸之路会迎来历史上的又一发展高峰期。历史如此巧合，这又是中国进入一个新的发展时期的状态，而西域与丝绸之路再次成为中国的发展方向。

相对而言，如今中国提出的丝绸之路发展愿景不仅获得了世界的响应，而且远远超越了历史。在古代，中国通过西域与世界联系，互通有无，但没有坚固的一体化目标，而今天则希望建成欧亚大陆的一体化。传统丝绸之路的成绩，会成为未来发展的历史基础，而相应的学术研究，显然需要积极跟进。文化与学术的进步，不仅同经济大发展如影随形，也具有相当的前瞻性，历史成绩需要及时总结，为现实提供必要的参考。西域正在成为中国发展的重要窗口，其中蕴含的学术研究价值，若不给予积极评估，恐怕是有负未来的。

总结西域在传统丝绸之路上的经验教训，在今天不仅仅是一个历史学的课题。作为饱受欺凌的传统大国，在发展进程中遭遇各种磨难是可以预料到的，包括"丝绸之路经济带"的提出，必然会受到各种质疑。政策层面的解释说明是一个方面，而学术的阐释也有不可替代的价值。二战以后，殖民主义不仅在理论上已经臭不可闻，在现实的国际关系中，也很少再有实用价值。中国是近代殖民主义的受害者，彻底批判殖民主义是我们的正义立场，只能更加坚持而不能有所忽略。同时，厘清传统中国的"朝贡贸易"等历史问题，尤其划分开其与近代殖民主义的界限，意义绝不限于历史。用近代西方眼光看待中国及其历史文化，是中国当今的基本学术理念，造成了众多问题，如何在多元视野下重树学术理念，这在西域研究中，绝不是一个可有可无的小问题。

在向西方学习的近代化进程中，由于深厚的自身传统，很多方面中国没有来得及"西化"，这曾经的困境在今天看来，已经显现为新的福缘。日本西化显然更彻底，甚至侵略邻国、大搞殖民政策的军国主义，都有西化的背景。日本的侵略不仅为邻国带去了深重的灾难，也成为自身未来发展的沉重包袱。相对而言，中国是殖民主义的受害方，因此更有资格成为世界和平的维护者，作为世界的正义力量而存在。

时代的大背景，往往促进学术的重大思考，如同《史记》诞生于汉武帝时代一样，"一带一路"的建设，一定会带来西域研究的大发展。不仅学术资料需要新的整合与研究，许多课题也有再研究的必要，一些原来被忽略的方面更有重新阐释的价值。以丝绸之路的开辟为题，张骞出使西域的客观效果是众所周知的，同时，张骞出使的目的也很明确，即建立国际统一战线共抗匈奴。然而有一个很重要的方面却强调不够，那就是汉朝设计的统战路径，是邀请月氏返回祁连山，或者邀请乌孙回到河西走廊。这是张骞两次出使的目的，虽然都没有达到，但十分清晰地透露出汉朝的方略，即一心击败匈奴，并不存在领土扩张的计划。虽然后来河西走廊主要通过移民完成了充实边郡的目标，但这不是初衷，其结果有迫不得已的成分。

分析汉武帝朝廷的方略，背后的思想是不该省略的。儒家有着反对帝国主义的思想色彩，这表现在两个方面，第一是反对盲目的领土扩张，第二是主张和平地解决分歧。中国历史上，开边是一个屡遭批判的行为，在中国传统的政治思想中，和平地招徕才是更理想的状态。求同存异，是一种承认分歧的基本态度，"以文化之"是和平解决分歧的基本立场。西域的历史与丝绸之路的历史在中国史研究的范围内存在着高度的重合性，历史的经验与教训都需要充分研究总结。历史与现实的关联性是无处不在的，但西域研究与现实社会发展之间的关联性明显更为突出，这不仅为今天的学者提供了广阔的前景，也自然成为研究者重点关注的课题。

汉唐是中国历史发展的重要时期，无独有偶，这也是传统丝绸之路发展的重要时期。丝绸之路给予中国的并不仅仅是文化交流的成果，更重要的是中国与世界完成了联络，彼此促进，并最终为后来的世界文化格局，奠定了坚实的基础。

# 第一编　张骞出使与丝路开通

# 第一章　张骞初使西域时间新论

张骞出使西域，是丝绸之路全线贯通的标志性事件，欧亚大陆的密切互动进入了一个历史新时期。但是，有关张骞初使西域的具体时间，文献记载并不清晰。长期以来，学界使用的都是推测性的模糊时间概念。通常认为张骞出使西域的时间是建元二年或三年（前139或前138），当时汉朝还与匈奴保持着和亲关系，而朝廷中黄老政治的坚定支持者窦太后还健在，改变匈奴和亲政策也没有提上日程。本章结合汉武帝即位之初的历史实际，认为张骞第一次出使西域，只能在马邑事变之后才有可能，而马邑事变则发生在元光二年（前133）。

张骞出使西域，是丝绸之路的大事件，也是世界史的大事件。在人类以欧亚大陆为主要舞台的历史时期，丝绸之路的全线贯通，致使欧亚大陆的主要文明区发生了国家层面的联系，世界一体化从此进入新时代。[1] 在中国迎来丝绸之路研究新高潮的今天，我们更清晰地体会到古今联系的密切性，一些古老的话题又呈现出新的意义。张骞第一次出使西域的时间是一个很具体的历史问题，因为关涉丝绸之路开辟，属于人类历史的重大事件的一部分，因此具有考证的学术价值。略申浅论，尚望批评指正。

## 一　史料的各种记载

张骞事迹，见《史记·大宛列传》，内容如下：

> 大宛之迹，见自张骞。张骞，汉中人。建元中为郎。是时天子问匈奴降者，皆言匈奴破月氏王，以其头为饮器，月氏遁逃而常怨仇匈奴，无与共击之。汉方欲事灭胡，闻此言，因欲通使。道必更匈奴中，乃募能使者。骞以郎应募，使月氏，与堂邑氏（故）胡奴甘父俱出陇西。经匈奴，匈奴得之，传诣单于。单于留之，曰："月氏在吾北，汉何以得往使？吾欲使越，汉肯听我乎？"留骞十余岁，与妻，有子，然骞持汉节不失。
>
> 居匈奴中，益宽，骞因与其属亡乡月氏，西走数十日至大宛。大宛闻汉之饶财，欲通不得，见骞，喜，问曰："若欲何之？"骞曰："为汉使月氏，而为匈奴所闭道。今亡，唯王使人导送我。诚得至，反汉，汉之赂遗王财物不可胜言。"大宛以为

---

1　张骞出使西域之前中原政权与西域的交往是真实存在的，但这个事实并不影响对张骞出使西域的评价。张骞出使，代表国家，这和民间交往不能同日而语。参见林梅村《张骞通西域以前的丝绸之路》，孟宪实、朱玉麒主编《探索西域文明——王炳华先生八十华诞祝寿论文集》，中西书局，2017，第166~176页。

然，遣骞，为发导绎，抵康居，康居传致大月氏。大月氏王已
为胡所杀，立其太子为王。既臣大夏而居，地肥饶，少寇，志
安乐，又自以远汉，殊无报胡之心。骞从月氏至大夏，竟不能
得月氏要领。

留岁余，还，并南山，欲从羌中归，复为匈奴所得。留岁
余，单于死，左谷蠡王攻其太子自立，国内乱，骞与胡妻及堂
邑父俱亡归汉。汉拜骞为太中大夫，堂邑父为奉使君。

骞为人强力，宽大信人，蛮夷爱之。堂邑父故胡人，善射，
穷急射禽兽给食。初，骞行时百余人，去十三岁，唯二人得还。[1]

这段文字，《汉书·张骞传》几乎全文移入，只是在介绍大月氏、说
其国王被杀时，曰"立其夫人为王"，而《史记》言"立其太子为
王"。《史记》记载张骞归来时匈奴内乱，"左谷蠡王攻其太子自立，
国内乱"。《汉书》只说"单于死，国内乱"，[2]不如《史记》详细。

张骞出使西域的最初时间，《史记》以下，都没有清晰记载。
后人了解这个问题，都采用推论的办法。如今我们依然没有良法。
《史记·卫将军骠骑列传》有如下记载，事关张骞的基本情况，其
文曰：

将军张骞，以使通大夏，还，为校尉。从大将军有功，封
为博望侯。后三岁，为将军，出右北平，失期，当斩，赎为庶
人。其后使通乌孙，为大行而卒，冢在汉中。[3]

---

1　《史记》卷一二三《大宛列传》，中华书局，1959，第3157~3159页。
2　《汉书》卷六一《张骞李广利列传》，中华书局，1964，第2689页。
3　《史记》卷一一一《卫将军骠骑列传》，第2944页。

这是张骞的简历，阶段性比较清楚。第一阶段通使大夏；第二阶段归来后为校尉；第三阶段从大将军有功，封博望侯；第四阶段因罪赎为庶人；第五阶段再使乌孙，归国不久后去世。这个简历是可信的，可惜具体时间未详，需要其他资料补充论证。

张骞封侯时间是准确的。《史记》同传记载，元朔"六年三月甲辰，侯张骞元年。以校尉从大将军六年击匈奴，知水道，及前使绝域大夏功侯"。张骞封侯，不仅是因为立有军功，也包括此前的出使绝域。此事，《汉书》也如此记载，三月甲辰，一字不差。[1] 元朔六年，是公元前 123 年。

至于右北平失期当斩赎为庶人一事，时间也是清楚的，《史记》记为"后三年"。《汉书·功臣表》明确写作"元狩二年"。从元朔六年（前 123）至元狩二年（前 121），正为三年。三年，第三年之意。

关键问题，张骞出使时间无载，那么归来是何时呢？对此，史书记载依然不清。仅有的文字是《史记·西南夷列传》，关涉张骞归来的时间，其文为：

> 及元狩元年，博望侯张骞使大夏来，言居大夏时见蜀布、邛竹杖，使问所从来，曰"从东南身毒国，可数千里，得蜀贾人市"。或闻邛西可二千里有身毒国。骞因盛言大夏在汉西南，慕中国，患匈奴隔其道，诚通蜀，身毒国道便近，有利无害。于是天子乃令王然于、柏始昌、吕越人等，使间出西夷西，指求身毒国。至滇，滇王尝羌乃留，为求道西十余辈。岁余，皆闭昆明，莫能通身毒国。[2]

---

1　《汉书》卷一七《景武昭宣元成功臣表第五》，第 646 页。

2　《史记》卷一一六《西南夷列传》，第 2995~2996 页。

《史记》明确记载张骞归来的时间就是这里的"元狩元年"（前122），但十分可惜的是，根据上文所列资料，这个记载一定是错误的，因为上一年元朔六年，张骞已经封侯。《通鉴》对张骞第一次出使西域的文字叙述如下：

> 初，匈奴降者言："月氏故居敦煌、祁连间，为强国，匈奴冒顿攻破之。老上单于杀月氏王，以其头为饮器。余众遁逃远去，怨匈奴，无与共击之。"上募能通使月氏者。汉中张骞以郎应募，出陇西，径匈奴中；单于得之，留骞十余岁。骞得间亡，乡月氏西走，数十日，至大宛。大宛闻汉之饶财，欲通不得，见骞，喜，为发导译抵康居，传致大月氏。大月氏太子为王，既击大夏，分其地而居之，地肥饶，少寇，殊无报胡之心。骞留岁余，竟不能得月氏要领，乃还；并南山，欲从羌中归，复为匈奴所得，留岁余。会伊稚斜逐於单，匈奴国内乱，骞乃与堂邑氏奴甘父逃归。上拜骞为太中大夫，甘父为奉使君。骞初行时百余人，去十三岁，唯二人得还。

在这段文字之后，总体上沿袭《史记·大宛列传》，在促使张骞归来的匈奴内乱问题上，比《史记》多了"伊稚斜"这个名字。《通鉴考异》引证《西南夷列传》之元狩元年张骞归来之说，加按语为："按《年表》，骞以元朔六年二月甲辰封博望侯，必非元狩元年始归也。或者元狩元年，天子始令骞通身毒国。疑不能明，故因是岁伊稚斜立终言之。"[1]

---

[1] 《通鉴考异》和上引文，俱见《资治通鉴》卷一八，元朔三年，中华书局，1956，第610~611页。

　　司马光在这个时间点上回述张骞出使，核心证据就是"会伊稚斜逐於单，匈奴国内乱"这句话。张骞归来，是遇到匈奴内乱所致，这是《史记》《汉书》都提及的一个事实，《通鉴》以此确定张骞出使归来的关键时间点。元朔三年（前 126），"冬，匈奴军臣单于死，其弟左谷蠡王伊稚斜自立为单于，攻破军臣单于太子於单，於单亡降汉"，"夏，四月，丙子，封匈奴太子於单为涉安侯，数月而卒"。[1] 在四月丙子之后，《通鉴》记述了张骞出使之事。张骞于元朔三年归来，《史记·大宛列传》记载得很清晰，加上《通鉴》的加强论证，可谓确定无疑。[2]

　　既然归来时间确定，而《史记》以后，《汉书》《通鉴》都重复了《史记》"去十三岁"的说法，那么从元朔三年上溯十三年，就是建元二年或三年，即公元前 139 年或前 138 年。后来史家讲述张骞出使时间，多采用这个说法，于是张骞出使西域的出发时间，便被推论为建元二年或三年，质疑者甚少。[3]

## 二　马邑之变与张骞出使

　　如此论述，果然没有问题吗？当然不是。张骞出使西域，是国

---

1　《资治通鉴》卷一八，第 609、610 页。

2　王先谦就认为《通鉴》的质疑是多余的，他在《汉书补注》中说道："骞归，在元朔三年，《史记·大宛传》乃确据。《西南夷传》特遥追溯前事，非谓骞以元狩元年归也。《考异》所疑，何其不审？"引自泷川资言考证《史记会注考证》捌，杨海峥整理，上海古籍出版社，2015，第 4130 页。

3　如此观点不胜枚举。余英时先生在撰写《剑桥秦汉史》第六章"汉朝的对外关系""西域"条时说："在公元前 138 年，汉朝决定切断这条右臂，便派遣张骞和一个百余人的使团向西远行，其中包括一个投降的并愿作他向导的匈奴人。"《剑桥中国秦汉史》，中国社会科学出版社，1992，第 439 页。类似观点也见林梅村《丝绸之路考古十五讲》，北京大学出版社，2006，第 111 页。

家行为，目标明确，背景清楚。联络大月氏建立反匈奴国际统一战线，共同抗击匈奴，这是出使目标，而背景当然就是汉匈之间的军事斗争。《史记·大宛列传》记载得很清楚："是时天子问匈奴降者，皆言匈奴破月氏王，以其头为饮器，月氏遁逃而常怨仇匈奴，无与共击之。汉方欲事灭胡，闻此言，因欲通使。道必更匈奴中，乃募能使者。"张骞于是出现在历史大舞台上。其中，《史记》所记"汉方欲事灭胡"，是最关键的背景，那么这个叙述句的时间所指为何时？

汉武帝反击匈奴，就是汉朝"欲事灭胡"而展开的军事斗争，就其过程而言，几乎贯穿了整个汉武帝时代。这个过程的开始与张骞出使西域存在因果联系，没有汉匈军事斗争的开始，就不会有建立国际统一战线的行动，所以，明了张骞出使西域的具体时间，汉匈战争是必备前提。那么，汉匈军事斗争，从什么时候正式展开？

众所周知，西汉高帝以来，汉朝与匈奴采取和亲政策，虽然时有背约之事，但政策基本上得以维系。对此《史记·匈奴列传》所记清楚明白："孝景帝复与匈奴和亲，通关市，给遗匈奴，遣公主，如故约。终孝景时，时小入盗边，无大寇。"汉武帝即位，"明和亲约束，厚遇，通关市，饶给之。匈奴自单于以下皆亲汉，往来长城下"。[1] 这个记载证明汉武帝继承传统，继续与匈奴维持良好关系，通过和亲、互市等具体办法，匈奴自单于以下"皆亲汉"，效果显著。《史记》接下去开始介绍马邑事件，这是汉匈关系急转直下的重大事件。汉朝有一个在马邑设伏打击匈奴的计划，虽然阴谋没有得逞，但双方的决裂正式发生，这就是马邑事件。"自是之后，匈奴绝和亲，攻当路塞，往往入盗于汉边，不可胜数。然匈奴贪，尚

---

1　《史记》卷一一〇《匈奴列传》，第 2904 页。

乐关市，嗜汉财物，汉亦尚关市不绝以中之。"几年之后，汉朝展开军事攻击动作，"自马邑军后五年之秋，汉使四将军各万骑击胡关市下"。汉匈长期的战争，以马邑事件为开端，五年之后终于全面展开。按《通鉴》的记载，四将军击胡关市下，是在元光六年冬（前129）。[1]

元光元年（前134），马邑阴谋提出，朝廷展开大辩论。大行令王恢主战，极力赞成其谋。御史大夫韩安国力辩其弊，反对其谋。前一年，朝廷就是否继续与匈奴和亲展开争论，王恢积极反对和亲，而韩安国支持和亲，两人分别是各自观点的代表，最后韩安国获得辩论的胜利。如今再辩，两人依然是辩论的主角，但结局发生变化，因为汉武帝立场改变，他不再同意韩安国，而是支持王恢。马邑之谋于是展开，时间在元光二年六月。[2]马邑事件之后，汉匈关系公开决裂，和亲迅速演变为敌对。但双方并没有中断联系，匈奴虽然时常入侵，但也不放弃利用边市互通有无。西汉正式展开军事进攻，是在马邑事变的五年之后。

张骞第一次出使西域，只有在马邑事变这个背景下才有可能成为事实。此前，汉武帝还在维持和亲政策，联络大月氏抗击匈奴，不可能在和亲的背景下发生。张骞出使西域，要途经匈奴控制地区，被匈奴发现是大概率事件，如果在和亲的背景下出使，则是明确无误地破坏和亲，破坏汉匈关系。所以张骞出使西域，应该在马邑事变之后，即公元前133年之后才能出发，如果原来推测是建元

---

1　《资治通鉴》卷一八，第596页。这是汉朝反击匈奴具有标志性的事件，四将军是卫青、公孙敖、公孙贺和李广。

2　有关朝廷讨论的时间，史书记载有时间差异，《通鉴考异》曰："《史记·韩长孺传》，元光元年，聂壹画马邑事。而《汉书·武纪》在二年。盖元年壹始言之，二年议乃决也。"《资治通鉴》卷一八，第582页。

三年（前138），那么现在看来至少要晚五年之久。

《大宛列传》中，记载张骞被匈奴截留，匈奴单于说道："月氏在吾北，汉何以得往使？吾欲使越，汉肯听我乎？"这是史书都不曾忽略的一段资料，但很少见到研究者分析。从单于的言辞中，匈奴与西汉的对立关系是清晰明白的。匈奴知道自己与大月氏的敌对关系，而汉朝出使月氏显然不利于自己，所以才如此说，才会阻拦张骞，防止汉朝联络月氏的成功。汉朝方面也知道自己与匈奴的对立关系，"汉方欲事灭胡，闻此言，因欲通使。道必更匈奴中，乃募能使者"。之所以采取招募使者而不是径直派遣使者，就是因为汉匈已然敌对的关系，出使是件冒险之事，只有自己情愿出使、甘愿冒险的人才可以被派遣，所以才采取招募方式。"骞为人强力，宽大信人"，很显然，作为郎官的张骞勇于冒险，愿意通过冒险改变自己的生活现状，于是应募出使。

汉武帝时期，汉朝与匈奴开始发生对立的具体时间是什么时候？只能以马邑事件为标志。汉武帝即位之初，继续维持和亲关系，根据《史记·匈奴列传》的记载，因为汉武帝继续维持和亲政策，"匈奴自单于以下皆亲汉"，双方关系良好。至于马邑事变，《史记》的记录如此：

> 汉使马邑下人聂翁壹奸兰出物与匈奴交，详为卖马邑城以诱单于。单于信之，而贪马邑财物，乃以十万骑入武州塞。汉伏兵三十余万马邑旁，御史大夫韩安国为护军，护四将军以伏单于。单于既入汉塞，未至马邑百余里，见畜布野而无人牧者，怪之，乃攻亭。是时雁门尉史行徼，见寇，葆此亭，知汉兵谋，单于得，欲杀之，尉史乃告单于汉兵所居。单于大惊曰："吾固疑之。"乃引兵还。出曰："吾得尉史，天也，天使若言。"

以尉史为"天王"。汉兵约单于入马邑而纵，单于不至，以故汉兵无所得。汉将军王恢部出代击胡辎重，闻单于还，兵多，不敢出。汉以恢本造兵谋而不进，斩恢。自是之后，匈奴绝和亲，攻当路塞，往往入盗于汉边，不可胜数。然匈奴贪，尚乐关市，嗜汉财物，汉亦尚关市不绝以中之。[1]

马邑事变是汉朝的阴谋，主谋王恢因为该计划失败被斩杀，汉朝与匈奴的关系发生根本性逆转，匈奴绝和亲，入盗边疆，"不可胜数"。虽然汉朝还保持边市开放，但双方已经变成了明确的敌我关系。在这样的背景下，积蓄军事力量、建立国际战略联盟等布局才能展开，只有这种情况才称得上"汉方欲事灭胡"。所以，张骞出使西域，只应该在马邑事变的背景下才能出现，时间也只能在马邑事变之后。

## 三　窦太后的障碍

是否存在另外一种可能，汉武帝表面维系与匈奴的和亲关系，但背地里却派出张骞，建立国际统一战线抗击匈奴呢？至少有人是这样理解的。张荫麟先生在他的《中国史纲》中就是这样推定的，他写道："（汉武帝）初即位的六年，这是承袭文景以来保境安民政策的时期。武帝即位，才十六岁，太皇太后窦氏掌握着朝政。这位老太太是一个坚决的黄老信徒。……在这一期里，汉对匈奴不但继续和亲，而且馈赠格外丰富，关市的贸易也格外起劲。可是武帝报仇雪耻的计划早已决定了。他派张骞去通使西域就在即位的

---

1　《史记》卷一一〇《匈奴列传》，第 2905 页。

初二年间。"[1]

　　这样的理解，存在两个方面的问题。一是遣使不能不惊动匈奴。越过匈奴控制的地区，与匈奴的敌人建立联系，引起匈奴的警惕是很自然的。这与维系和亲关系的努力背道而驰。既然还未放弃和亲政策，就不可能如此自我矛盾，不可能展开如此公开的敌对行为。二是放弃与匈奴的和亲政策，是放弃汉初以来的政治传统，是违背黄老思想及其相关政策。而派出一百多人的使者团，在朝廷上也不可能是保密的。众所周知，张骞出使西域，朝廷是通过公开招募的办法完成出使人员的挑选，即是说，招募出使人员，并非秘密进行。如果在汉武帝即位之初的一两年采用这个办法，不可能不惊动祖母窦太后。窦太后是黄老政策的坚定支持者，她是汉武帝的儒家新政的反对者，在朝廷上，窦太后才是最强大的政治势力。

　　所以，汉武帝的一切政治变革，包括匈奴政策，都要从他的祖母窦太后讲起。窦太后是汉文帝的皇后，汉景帝的母亲，汉武帝的祖母。汉武帝即位，她就是太皇太后。汉武帝的母亲王皇后，在窦太后面前，作为儿媳没有什么权势可言。《汉书》说窦太后"好黄帝、《老子》言，景帝及诸窦不得不读《老子》，尊其术"。[2]窦太后深信黄老思想，连汉景帝都大受她的影响，窦家子弟也不得不读《老子》，尊重黄老之道。景帝时，大臣辕固对《老子》一书出言不逊，险些命丧窦太后之手。[3]汉武帝即帝位年仅十六，是位少年天子，他的儒学教育渊源，史书交代有限，不过他上台伊始，就急于把儒家治国路线付诸实践，这却是事实。其实，他的儒家新政，从一开

---

1　张荫麟：《中国史纲》第九章"大汉帝国的发展"，上海古籍出版社，1999，第182页。

2　《汉书》卷九七上《外戚传上》，第3945页。

3　《汉书》卷八八《儒林传》，第3612页。

始就与窦太后的黄老传统存在冲突，最终闹出人命，汉武帝还是败在窦太后手里。

汉武帝刚刚即位的第一年，建元元年（前140）"冬十月，诏丞相、御史、列侯、中二千石、二千石、诸侯相举贤良方正直言极谏之士"。[1] 从《汉书》的记载看，这是汉武帝上台伊始的最初政治行动。《通鉴》又加一句话"上亲策问以古今治道，对者百余人"。[2] 在这个活动中，涌现出的代表人物是董仲舒，他以著名的"天人三策"登上历史舞台。贤良方正是选拔人才的活动，最后丞相卫绾建议"所举贤良，或治申、商、韩非、苏秦、张仪之言，乱国政，请皆罢"。[3] 朝廷招收人才，显然有思想倾向，所摒弃的是法家和纵横家的人物，没有与黄老学派的人物为难。紧接着，汉武帝调整宰相班底，开始设立明堂，迅速展开一系列儒家新政。

汉武帝的儒家新政，首先重新确立行政班底，窦婴、田蚡都"好儒"，与汉武帝思想倾向一致。真正的儒学政治家是新任御史大夫赵绾和郎中令王臧，他们共同的老师正是申公。申公，以研究《诗经》闻名天下，《汉书·儒林传》有专文记述：

> 申公，鲁人也。少与楚元王交俱事齐人浮丘伯受《诗》。……武帝初即位，臧乃上书宿卫，累迁，一岁至郎中令。及代赵绾亦尝受《诗》申公，为御史大夫。绾、臧请立明堂以朝诸侯，不能就其事，乃言师申公。于是上使使束帛加璧，安车以蒲裹轮，驾驷迎申公，弟子二人乘轺传从。至，见上，上问治乱之事。申公时已八十余，老，对曰："为治者不在多言，

---

1　《汉书》卷六《武帝纪》，第155~156页。

2　《资治通鉴》卷一七，建元元年，第549页。

3　《汉书》卷六《武帝纪》，第156页。

顾力行何如耳。"是时上方好文辞，见申公对，默然。然已招
致，即以为太中大夫，舍鲁邸，议明堂事。太皇窦太后喜老子
言，不说儒术，得绾、臧之过，以让上曰："此欲复为新垣平
也！"上因废明堂事，下绾、臧吏，皆自杀。申公亦病免归，
数年卒。[1]

新政的过程和最后结局，立明堂和请申公，都是围绕新政展开
的。明堂是儒家礼仪建筑，旗帜鲜明。申公是宰相团队的老师，学
术和思想导师，权威性毋庸置疑。但是，申公的策略建议并没有被
采纳，年轻的皇帝和执政团队积极进取，即所谓"好文辞"，对于
申公的建议是不认同的，皇帝的"默然"很清楚地证明了这一点。
《通鉴》的总结更简明：

太皇窦太后好黄、老言，不悦儒术。赵绾请毋奏事东宫。
窦太后大怒曰："此欲复为新垣平邪！"阴求得赵绾、王臧奸利
事，以让上；上因废明堂事，诸所兴为皆废。下绾、臧吏，皆
自杀；丞相婴、太尉田蚡免，申公亦以疾免归。[2]

窦太后的政治倾向是确定的。汉武帝的儒家改制，与窦太后的
冲突是必然的，对此，缺乏政治经验的汉武帝似乎并不清楚。汉武
帝改制的主要干将御史大夫赵绾、郎中令王臧对于窦太后的存在也
不重视。当他们围绕明堂问题研讨不清的时候，专门请出自己的老
师申公来。八十多岁的申公显然了解朝廷的政治格局，所言"为治

---

1 《汉书》卷八八《儒林列传》，第3608页。
2 《资治通鉴》卷一七，汉武帝建元二年，第557~558页。《史记》卷一二《孝武本纪》记录此
  事在建元元年，时间当误，但内容一致，足见《通鉴》的依据是《史记》。

者不在多言，顾力行何如耳"，意指汉武帝应该量力而行，不必勉强，也不必多言。为什么不要多言？就是不要引发窦太后的不满和反对，在策略上充分重视窦太后的存在。因为窦太后势力太大，申公不能明言，只希望皇帝能有所感悟。但年轻气盛的汉武帝根本没有明白这层深意，反而对申公大感失望，没有理会申公的提醒。不久以后，"赵绾请毋奏事东宫"，即不要向窦太后报告朝廷事宜。此事显然获得了汉武帝的批准，于是彻底激怒了窦太后。看来，执政团队确实感觉到了窦太后的威胁，但是没有寻求妥协方案，更没有争取窦太后的同情理解，而是采取了进攻姿态，企图迫使窦太后退出政治舞台。窦太后的政治能量没有发挥出来，最多是蓄势待发而已，而一旦决定反击，执政团队立刻全军覆没。很明显，当时朝廷有向窦太后报告的规制，皇帝的一举一动窦太后都是一清二楚的，之所以没有阻止汉武帝，应该是给新皇帝留有余地，让皇帝自己成长。现在，汉武帝的儒家改制不仅没有征得太后的同意，反而要取消窦太后的权力，愤怒的窦太后大力反击，一举摧毁了汉武帝的核心班底。丞相、太尉免官，赵绾、王臧下狱，不久自杀。申公也被礼送归乡，不久去世。所有改制活动，以明堂之制为中心，全部宣布废止。汉武帝的第一次儒家新政，根本还没有取得什么成效，就这样失败了。

　　窦太后的行动没有停止，为了巩固她的胜利成果，在汉武帝的改制班底灰飞烟灭之后，亲自为汉武帝安排新臣。"建元二年，郎中令王臧以文学获罪皇太后。太后以为儒者文多质少，今万石君家不言而躬行，乃以长子建为郎中令，少子庆为内史。"[1]重视黄老倾向

---

1　《汉书》卷四六《石奋传》，第2195页。此事，司马光利用《汉书·石奋传》的内容，又有说明石奋两个儿子的性格特征故事，见《通鉴》卷一七，第558页。

的大臣，显然是窦太后的用人政策。在这样的大臣陪伴下，年轻的皇帝不会再想入非非了。

《汉书·儒林传序》有言，汉兴，儒学确比秦朝大有进步，但儒学新政的政治基础依然十分薄弱，"孝惠、高后时，公卿皆武力功臣。孝文时颇登用，然孝文本好刑名之言。及至孝景，不任儒，窦太后又好黄老术，故诸博士具官待问，未有进者"。[1] 黄老政治在文景时代进展顺利，也获得了文景之治的良好成绩，尤其是培育了一个时代的精神面貌和大批人才。黄老政治是西汉的政治传统，基础雄厚。没有想到年轻的汉武帝刚刚即位就对传统发出挑战，于是迅速遭到窦太后的打击，在政治上是容易理解的。窦太后成为黄老政治的最后护航者，也是儒学新政的最大政治障碍。

汉武帝的儒学新政失败了，《史记·孝武本纪》说"诸所兴为者皆废"。在汉武帝的第一次儒家新政中，内容其实主要集中于意识形态方面，"议明堂、巡狩、改历、服色事"等，都属于思想礼仪的内容，并不涉及外交等其他事务。此时，朝廷实质上在窦太后的控制之下，汉武帝有可能找机会改变与匈奴的关系，派出张骞出使西域吗？当然不能。所以，张荫麟先生的推测是不能成立的。汉武帝在推行儒家新政的时候，全力解决的是明堂等问题，颇有制礼作乐的意味，尚没有顾及汉匈关系。而从当时的朝廷政治关系看，此时改变汉匈关系，不仅汉武帝尚没有主观意愿，从太皇太后的角度看，也完全不具备客观条件。从法理上说，皇帝是皇权的当然掌控者，但在具体的政治环境下，皇帝不掌皇权并不鲜见。汉武帝即位初期，皇权不在皇帝手中，而在窦太后掌握之下，这是公认的事实。汉匈关系在西汉前期，是一个重大的国是问题，不仅关系到国

---

1　《汉书》卷八八《儒林传》，第 3592 页。

家安全，也关系到西汉的政治传统，即黄老政治。改变汉匈关系不仅是汉武帝不能决定的，也不属于他的主观意愿。

张骞出使西域的前提是汉匈关系的改变：从和亲到战争。没有最高权力的支持，条件尚不具备，事实也不能发生。在窦太后的控制下，汉武帝无能为力，改变汉匈关系存在严重的政治障碍。对于张骞出使而言，政治条件尚不成熟。

## 四　武帝新政与张骞出使

汉初黄老政治，核心主张是清静无为、与民休息，而与匈奴和亲是基本外交政策，与内政的清静无为相辅相成。文景之治，可以看作黄老政治的最大成果。汉武帝之初，依然奉行传统的和亲政策，即使一度要有所振作，进行儒家新政，也以制礼作乐为核心，并不涉及汉匈关系问题，双方和亲依旧，效果良好。汉武帝的新政，最大的阻力就是太皇太后。新政失败之后，汉武帝看上去意志消沉，沉迷于个人娱乐活动。这其实是向太皇太后妥协，也可以说是屈从隐忍，以待将来。一个基本的事实谁都能看得明白，就汉武帝与祖母而言，时间自然是站在皇帝一边。

建元六年（前135），《汉书·武帝纪》记载道"五月丁亥，太皇太后崩"。[1]窦太后离开了人世，真正属于汉武帝的时代终于到来。[2]作为汉武帝头上的一座大山，窦太后不复存在，汉武帝因此就可以

---

1　《汉书》卷六《武帝本纪》，第160页。窦太后驾崩，《汉书》卷九七《外戚传上》记为"元
　　光六年崩，合葬霸陵"，第3945页。师古早证为错误。

2　正如杨向奎先生指出的："汉武帝的思想反映了一种事实，就是汉朝历史发展到一个新的阶
　　段，国家富庶了，根基巩固了，在这一强大的基础上，他要对外用武力，对内兴礼乐，这样
　　双管齐下的造成他理想中的帝国。"见杨向奎《论西汉新儒家的产生（中国哲学史纲中之一
　　章）》，《文史哲》1955年第9期，第46~51页。

为所欲为吗？历史发展当然不会如此简单。虽然汉武帝自己掌握了皇权，但就汉朝与匈奴的关系而言，不仅存在着强大的传统，还有现实可能性等诸多问题亟须解决。

西汉与匈奴和亲，众所周知的前提是双方的实力对比存在明显的差距，匈奴强大而汉朝弱小。最初，汉高帝遭白登之围，深知匈奴实力雄厚，加上汉朝内部不稳，常有叛将投奔匈奴，"高祖患之，乃使刘敬奉宗室女翁主为单于阏氏，岁奉匈奴絮缯酒食物各有数，约为兄弟以和亲，冒顿乃少止"。[1] 和亲，是汉朝用女子布帛换取和平的办法。汉朝一方是妥协屈辱，匈奴一方是不战而胜。这个判断不是今天做出的，在《汉书·匈奴传》中，可以清晰地看到汉朝的这种愤懑情绪。汉高帝去世，匈奴冒顿单于给吕后发来信件，说你死了皇帝，我死了阏氏，提出"愿以所有，易其所无"的侮辱性文字。"高后大怒，召丞相平及樊哙、季布等，议斩其使者，发兵而击之。"最后的结果，还得承认实力不足，只好自我安慰说："且夷狄譬如禽兽，得其善言不足喜，恶言不足怒也。"吕后也要低声下气地给匈奴回信，说自己年老色衰，不能侍奉单于，最后送上礼物，还要请求"弊邑无罪，宜在见赦"。[2] 自称"弊邑"，连国家都不敢自称。[3]

汉文帝时，面对经常背约的匈奴，也曾讨论是否开战。"汉议击与和亲孰便"，结果公卿们都说："单于新破月氏，乘胜，不可击也。且得匈奴地，泽卤非可居也，和亲甚便。"只好继续和亲。说

---

1　《汉书》卷九四上《匈奴传》，第 3754 页。

2　《汉书》卷九四上《匈奴传》，第 3755 页。

3　汉代人对于和亲的感受，也许具有强烈主观色彩。在古代世界，不同政权之间采用和亲办法加强联系，是很普遍的做法。参见王子今《匈奴西域"和亲"史事》，《咸阳师范学院学报》2012 年第 5 期，第 1~6 页。

匈奴所居土地没有价值，完全是一种托词，本质的问题是实力不能制敌，只好继续寻找和亲的借口和依据。文帝、景帝时代，北方边境时常响起警报之声，汉朝军队也时常集结以防匈奴。终因实力不足这个关键症结，不可能展开根本反击。所以请注意，汉朝与匈奴和亲，从最初就是策略性占据上风，因为实力原因而不得不为。

汉武帝时期，经过汉初几十年的积累，汉朝的经济实力不仅恢复而且获得巨大发展，《汉书·食货志》的一段记载人所共知，很充分地证明了这个问题。其文如下：

> 至武帝之初七十年间，国家亡事，非遇水旱，则民人给家足，都鄙廪庾尽满，而府库余财。京师之钱累百巨万，贯朽而不可校。太仓之粟陈陈相因，充溢露积于外，腐败不可食。众庶街巷有马，仟伯之间成群，乘牸牝者摈而不得会聚……[1]

《汉书·食货志》以"物盛而衰，固其变也"为这段文字的结语，下段开始记述汉武帝反击匈奴，造成了严重的财政空虚，以呈现作者强调的盛衰演变规律。但古今史家都看重这段记载所表达的另外一层含义，即通过七十年的积累，汉朝的经济完全走出了汉初的困难局面，进入了一个全新的时期。这既是文景之治的经济成果，更为汉武帝反击匈奴奠定了经济基础。

西汉与匈奴的关系，一直以和亲为主轴，但这个政策在建元六年（前135）发生过一次动摇。《史记》记载道：

> 匈奴来请和亲，天子下议。大行王恢，燕人也，数为边

---

1　《汉书》卷二四上《食货志上》，第1135~1136页。

吏，习知胡事。议曰："汉与匈奴和亲，率不过数岁即复倍约。不如勿许，兴兵击之。"安国曰："千里而战，兵不获利。今匈奴负戎马之足，怀禽兽之心，迁徙鸟举，难得而制也。得其地不足以为广，有其众不足以为强，自上古不属为人。汉数千里争利，则人马罢，虏以全制其敝。且强弩之极，矢不能穿鲁缟；冲风之末，力不能漂鸿毛。非初不劲，末力衰也。击之不便，不如和亲。"群臣议者多附安国，于是上许和亲。[1]

匈奴来请和亲，"天子下议"，可见汉武帝此时已经对和亲政策产生动摇，所以才要群臣讨论。大行令王恢主张兴兵攻打匈奴，而御史大夫韩安国坚决反对，朝廷大臣多支持韩安国，于是汉武帝同意继续和亲。但是，《史记》《汉书》都没有记录匈奴使者来和亲的具体月份。《通鉴》将这段资料置于建元六年年底，是这一年的最后一件事，其他如闽越、南越争端皆在此前。[2] 窦太后去世在当年五月，自然也在匈奴使者到来之前。由此观察，窦太后的去世，是汉武帝和亲政策动摇的一种可能性。但是，经过朝廷讨论，因为多数朝臣反对战争坚持和亲，汉武帝最后还是尊重多数意见，继续和亲。

积极主张和亲政策的是御史大夫韩安国（字长孺），所以《史记》《汉书》把相关的讨论资料都集中在《韩长孺传》中。其实，汉武帝坚持继续和亲的政策并没有持续多久，事情就向另外一个方向发展下去。建元六年的第二年是元光元年，这一年雁门马邑人聂翁壹构想的马邑之谋，正式通过大行令王恢向朝廷提出。《史

---

1　《史记》卷一〇八《韩长孺传》，第2861页。《资治通鉴》卷一八，第580~582页。
2　《资治通鉴》卷一七，第576页。

记·韩长孺传》写道：

> 其明年，则元光元年，雁门马邑豪聂翁壹因大行王恢言上曰："匈奴初和亲，亲信边，可诱以利。"阴使聂翁壹为间，亡入匈奴，谓单于曰："吾能斩马邑令丞吏，以城降，财物可尽得。"单于爱信之，以为然，许聂翁壹。聂翁壹乃还，诈斩死罪囚，县其头马邑城，示单于使者为信。曰："马邑长吏已死，可急来。"于是单于穿塞将十余万骑，入武州塞。[1]

《史记》此处的记载，是一个梗概叙述，而《汉书》的韩长孺本传却给出了更加详细的资料，全面记载了和亲派和主战派的大辩论，从而我们可以了解汉武帝时代，汉匈关系转变的思想基础和路线之争。

《史记》没有表明汉武帝的意见，但《汉书》留下了汉武帝的提问。当马邑之谋提出来的时候，汉武帝没有乾纲独断，而是召集了会议。"上乃问公卿"："朕饰子女以配单于，币帛文锦，赂之甚厚。单于待命加嫚，侵盗无已，边竟数惊，朕甚闵之。今欲举兵攻之，何如？"[2] 汉武帝的提问，已经否定了和亲政策，倾向性十分明显。公卿大臣，以大行令王恢为代表，主战；以御史大夫韩安国为代表，主和。双方言语中"击之便"和"勿击便"，都可以理解为进攻有利还是不进攻有利，比较偏重战术层面的讨论。双方争论进行了三个回合，第四回合韩安国没有发言，皇帝就进行了总结："上曰：'善。'乃从恢议。"因为获得皇帝支持，王恢的主张成为国家政

---

1　《史记》卷一〇八《韩长孺传》，第 2861 页。
2　《汉书》卷五二《窦田灌韩传》，第 2399 页。王恢与韩安国的发言讨论，俱见《汉书》此卷，第 2399~2404 页。

策。韩安国服从安排，也参加了随后的战争过程。

从双方争论的逻辑看，对于和亲政策已经再难建立起正面的观感，汉朝为和亲不仅付出女子、丝绸的代价，更没有赢得匈奴的尊重，没能确保边境的安定。即使韩安国主张维护和亲政策，但他也提不出和亲政策的未来价值。韩安国能坚持的只有几个方面：一是和亲政策是政治传统，汉高帝、汉文帝都坚持和亲政策，用祖宗的威力证明和亲的价值；二是如果改变和亲政策，不一定带来更有利的局面，有可能付出更大代价；三是汉朝到底有没有战胜匈奴的力量，韩安国显然没有什么信心。他对匈奴的描述，可以透露出对汉朝的信心不足。王恢是否定和亲政策的，主张变通，因势利导，那么只有改变既有政策才是出路。王恢并没有回答这样的问题：长远地看，战争一旦发生，未来会有很多不可控因素，是否会付出更大代价？王恢坚持，目前的讨论只是一场战役的问题，并不是深入匈奴内部。然而，王恢强调汉朝有击败匈奴的力量，甚至连汉高帝的时候也具备这种力量，尤其对于当下汉朝的力量，王恢显得信心十足，"今以中国之盛，万倍之资，遣百分之一以攻匈奴……"很能说明问题。他对于历史的理解有误，但是强调汉高帝与当今皇上的一致性，即爱民才是出发点，不能容许匈奴继续践踏边境地区，侵犯百姓的人身安全。而这一点，与汉武帝的想法契合，因为汉武帝开始就提到他很可怜边境百姓。总之，王恢的变通主张与汉武帝当时的思想是一致的，如果此前汉武帝的变通仅仅表现在制礼作乐问题上，那么现在，变通也表现在对外政策上，和亲作为汉匈关系的主轴，发生改变已经不可避免。[1]

---

[1]　关于汉朝和亲政策的是非，学界观点很两极分化。参见高荣《论西汉对匈奴政策的演变》，《西北第二民族学院学报》2004 年第 1 期，第 18~22 页；白音查干《匈奴"背约南侵"考》，《内蒙古师大学报》1985 年第 3 期，第 86~88 页。

　　第一次辩论的时候，汉武帝还是采纳了多数大臣的意见，坚持和亲政策不变。但第二次辩论，史书没有给出更多大臣的意见倾向。从汉武帝果断支持王恢的结果推测，一方面王恢的辩论占据上风，另一方面朝廷多数人的意见应该发生了改变。汉武帝之所以要讨论这个重大的国是问题，其实也是要看群臣的意见倾向，皇帝当然希望获得大臣们的支持。[1]

　　放弃传统的和亲政策，汉匈关系发生根本改变。窦太后不在了，皇帝减少了一层政治阻力，而赢得朝中大臣们的支持，也是一种必要的政治条件。马邑事变由此发生，而张骞出使西域的前提条件因而具备。[2]

　　张骞出使西域，是世界历史的重大事件，对于历史产生持久的重要影响。[3]作为中原政权的正式代表，张骞出使西域是中原政权与西域（西方）世界正式接触、相互往来的开端。欧亚大陆作为当时人类世界的主要区域，正式互通消息，开启了交通、贸易和文化交流的大门。世界一体化由此进入一个新的时代，彼此隔绝的时代正式结束。丝绸之路作为联络欧亚大陆各个地区国家的纽带与桥梁，正式建立起来。总之，张骞出使西域意义重大，作为一个历史课题，其意义深远，所以相关问题即使是细枝末节，也需要认真对待。

1　参见廖伯源《秦汉朝廷之论议制度》，初刊于香港中文大学《中国文化研究所学报》新第4期，1995，收入《秦汉史论丛》（增订本），中华书局，2008，第130~169页。

2　张骞出使西域，凿空了丝绸之路，但张骞之前并非没有道路相通，甚至汉朝着力应对的匈奴人，恰恰对丝绸之路多有贡献，这是历史的辩证法的再一次体现。参见王子今《前张骞的丝绸之路与西域史的匈奴时代》，《甘肃社会科学》2015年第2期，第10~16页。

3　现在考古学已经证明，张骞出使西域之前，中国与中亚等地的文化联系是广泛存在的，但仍无法否定张骞出使西域的意义。参见林梅村《张骞通西域以前的丝绸之路》，《探索西域文明——王炳华先生八十华诞祝寿论文集》，第166~176页。

　　张骞出使西域，作为汉朝对匈奴总体战略的一部分，核心任务并没有完成，但历史评价之高并未稍减。从汉朝内政外交的总体状况理解张骞出使，本章考察的焦点虽然是具体时间，但没有内政外交的基本背景，张骞出使西域这个历史事件就成了无源之水，无本之木。

　　记载张骞出使西域，最早的史书当然是《史记》。《史记·西南夷列传》曾有文字"及元狩元年，博望侯张骞使大夏来"，这是明确记载张骞归来的时间。元狩元年即公元前122年，而《通鉴》等早就考证这个记载错误。[1] 可见，有关张骞出使的记载，《史记》也不能尽信。但是，除了元狩元年张骞归来之外，《史记》并没有再另记张骞归来时间。《史记》有关张骞来去的另一说法是"去十三岁"，即往来共十三年，此说被所有史书接受并继承。《通鉴》从元朔三年开始向前计算，得出张骞出发的时间是建元二年或三年。这也成为今天最流行的观点。但是，按照《史记》自身的逻辑，张骞元狩元年归来，十三年之前就是元光元年（前134）或建元六年（前135）。元光元年就是马邑事变决策的那一年。本章的观点认为，张骞出使西域只能在马邑事件之后，如此一来，观点已经很接近。但张骞肯定不是元狩元年归来，《通鉴》认定的元朔三年是有道理的。那么，《史记》的"去十三岁"的记载或者存在问题。既然明确的文字如"及元狩元年，博望侯张骞使大夏来"都是错的，那么"十三岁"这个记载出错也并非不可能。[2]

---

1　本章第一节已经详细讨论，请参考。
2　"去十三年"，如果是"七岁"之误，则逻辑贯通。但现在没有证据，只是逻辑推论而已。

# 第二章　张骞出使西域"不得要领"考辨

　　张骞出使西域，是人类历史大事件。欧亚大陆作为人类活动的主要舞台，开始走向最初的"一体化"，各个文明区和国家之间，政治联系由此启动。如果说大航海时代开启了全球化的第二期，那么张骞出使西域、丝绸之路的开通则是全球化第一期的起步。然而，张骞的所有使命都未达成，西汉寄予厚望的盟友，都缺乏对汉朝的了解，这是张骞使命不达的关键，这便是史书所谓的"不得要领"。这一事实更深刻地证明了张骞"凿空"的意义。

　　在中国"一带一路"倡议的激发下，丝绸之路研究越来越受重视，很多问题值得深入追究。张骞出使西域，丝绸之路获得贯通，因此具有了世界史意义。但是，张骞出使的直接目的，是联络月氏和乌孙，建立共抗匈奴的联盟。就此而言，张骞出使并没有达到目的，史称"不得要领"。但是，"不得要领"究竟应该怎样理解？后来的研究更强调丝绸之路的主体方向，这个最初的问题常被忽略。故略加考辨，就正方家。

## 一　出使大月氏的失败

张骞出使西域共有两次，一次出使大月氏，一次出使乌孙，但具体出使目标，两次皆未达成，这是人所共知的。为什么没有达成？最初的解释见于《史记》。《史记·大宛列传》披露张骞事迹，内容如下：

> 大宛之迹，见自张骞。张骞，汉中人。建元中为郎。是时天子问匈奴降者，皆言匈奴破月氏王，以其头为饮器，月氏遁逃而常怨仇匈奴，无与共击之。汉方欲事灭胡，闻此言，因欲通使。道必更匈奴中，乃募能使者。骞以郎应募，使月氏，与堂邑氏（故）胡奴甘父俱出陇西。经匈奴，匈奴得之，传诣单于。单于留之，曰："月氏在吾北，汉何以往使？吾欲使越，汉肯听我乎？"留骞十余岁，与妻，有子，然骞持汉节不失。
>
> 居匈奴中，益宽，骞因与其属亡乡月氏，西走数十日至大宛。大宛闻汉之饶财，欲通不得，见骞，喜，问曰："若欲何之？"骞曰："为汉使月氏，而为匈奴所闭道。今亡，唯王使人导送我。诚得至，反汉，汉之赂遗王财物不可胜言。"大宛以为然，遣骞，为发导绎，抵康居，康居传致大月氏。大月氏王已为胡所杀，立其太子为王。既臣大夏而居，地肥饶，少寇，志安乐，又自以远汉，殊无报胡之心。骞从月氏至大夏，竟不能得月氏要领。
>
> 留岁余，还，并南山，欲从羌中归，复为匈奴所得。留岁

余，单于死，左谷蠡王攻其太子自立，国内乱，骞与胡妻及堂邑父俱亡归汉。汉拜骞为太中大夫，堂邑父为奉使君。

骞为人强力，宽大信人，蛮夷爱之。堂邑父故胡人，善射，穷急射禽兽给食。初，骞行时百余人，去十三岁，唯二人得还。[1]

《史记》的这段记载，是我们回顾这件重大历史事件的原始记录，这里引用全文，因为信息有限，无不重要。与本章关系最重要的两个内容需要重点提示，一是张骞出使大月氏的目的，二是大月氏对汉朝建议的反应。正是因为大月氏的反应，《史记》称张骞"不得要领"，这是史书的评述，相当于总结张骞出使失败之因由。

《汉书·张骞传》这段记载，尽数来自《史记》，其文如下："大月氏王已为胡所杀，立其夫人为王。既臣大夏而君之，地肥饶，少寇，志安乐，又自以远远汉，殊无报胡之心。骞从月氏至大夏，竟不能得月氏要领。"[2]《史记》《汉书》文字相同，所谓"不得要领"，是张骞不得大月氏要领。"不得要领"当如何解释呢?《史记》的诸家解释重点在语词。《集解》引《汉书音义》曰"要领，要契"。《索引》李奇云"要领，要契也"；小颜以为衣有要领；刘氏云"不得其要害"。然颜是其意，于文字为疏者。[3]

对此，《册府元龟》也有类似的解释，其原文与《史记》《汉书》相同，括号部分是注释:

康居传至大月氏，大月氏王已为胡所杀，立其夫人为王。既臣大夏而君之（以大夏为臣，为之作君也），地肥饶，少

1　《史记》卷一二三《大宛列传》，第3157~3159页。

2　《汉书》卷六一《张骞李广利传》，第2688页。

3　《史记》卷一二三《大宛列传》注释，第3159页。

寇，志安乐，又自以远远汉，殊无报胡之心（下远音于万切）。
骞从月氏至大夏，竟不能得月氏要领（要，一遥切，衣要也。
领，衣领也。凡持衣者则执要与领。言骞不能得月氏意趣，无
以持归于汉，故以要领为喻）。[1]

有关要领的解释，用衣领来比喻，要领即要害。《册府》的解释有
所扩展，认为不得要领是"不能得月氏意趣"。这个解释，也被胡
三省移用在《资治通鉴》注释中。[2] 以"意趣"比喻要领，从外在的
关键进入内在的需求，有深入解释的方面。而张骞虽然在大月氏滞
留一年多，依然不能把握大月氏的"意趣"。所谓"意趣"即内在
需求，因为不能掌握，自然无法说服，张骞只能无功而返。

　　张骞出使西域，主要的战略任务并没有完成，通常研究者比较
赞同或满足于传统史书的解释，进一步讨论的并不多。陶喻之先生
著《张骞"不能得月氏要领"新解》一文认为，是大月氏信仰了佛
教，从而不愿意听从张骞的主张："显而易见，张骞出使大月氏时外
交上失利的原因，是双方没有一致的政治标准、价值观念，以及共
同的宗教信仰和主张。"[3] 究竟如何理解张骞的"不得要领"，需从多
个视角观察。

　　张骞的历史功绩是开辟了丝绸之路，但这并不是汉武帝朝廷交
办的使命。他的使命是寻找大月氏，并与之实现军事联盟，共同抗
击匈奴。这个使命的前半部分是寻找大月氏，张骞完成了，但更重
要的是双方要达成战略联盟，却没有成功。张骞没有说服大月氏，
结盟的战略只好放弃，而史书的解释便是"不得要领"。应该承认，

1　《册府元龟》卷六五二，《奉使部·达王命》，凤凰出版社，2006，第7517页。
2　《资治通鉴》卷一八，第611页。
3　陶喻之：《张骞"不能得月氏要领"新解》，《西域研究》1994年第4期，第37~40页。

《史记》所记内容肯定来自张骞，所以"不得要领"，完全可以看作张骞自己的解释。

在今天能够阅读的历史文献中，汉朝的这个联盟月氏战略并不是表达得很完整，文献记载又很有限，所以我们今天的研讨，不得不有所推测。最早涉及张骞出使的《史记·大宛列传》，张骞出使的使命表达得就不完整："是时天子问匈奴降者，皆言匈奴破月氏王，以其头为饮器，月氏遁逃而常怨仇匈奴，无与共击之。汉方欲事灭胡，闻此言，因欲通使。"从这段文字中，我们能够读出联合月氏共击匈奴的战略，但是到底怎样实施这个战略，语焉不详。《汉书·张骞传》的文字完全来自《史记》，几乎没有增加新的信息。[1]

有关张骞出使的记载，《资治通鉴》晚出，但比较完整。其言为：

> 初，匈奴降者言："月氏故居敦煌、祁连间，为强国，匈奴冒顿攻破之。老上单于杀月氏王，以其头为饮器。余众遁逃远去，怨匈奴，无与共击之。"上募能通使月氏者。汉中张骞以郎应募，出陇西，径匈奴中；单于得之，留骞十余岁。……大月氏太子为王，既击大夏，分其地而居之，地肥饶，少寇，殊无报胡之心。骞留岁余，竟不能得月氏要领，乃还。[2]

汉朝要联合月氏，有两个背景最为重要，一是月氏原来的居所，"故居敦煌、祁连间"。二是月氏与匈奴有仇，但苦于力量不足，即"无与共击之"。《通鉴》介绍月氏的"故居"是有意义的，因为这

---

1　《汉书·张骞传》载"时匈奴降者言匈奴破月氏王，以其头为饮器，月氏遁而怨匈奴，无与共击之。汉方欲事灭胡，闻此言，欲通使……"见《汉书》，第2687页。

2　《资治通鉴》卷一八，第610~611页。

是汉朝联合月氏的重要依据之一，那就是邀请月氏返回故地，与汉朝联合攻打匈奴，这样既可以解决月氏"无与共击之"的难题，又可以解决汉朝的匈奴之患。《通鉴》引入的新资料，是《史记·大宛列传》和《汉书·张骞传》未曾措意的，但这资料来自《汉书·西域传》，并非《通鉴》发明。《汉书·西域传》有"大月氏国"条：

> 大月氏本行国也，随畜移徙，与匈奴同俗。控弦十余万，故强轻匈奴。本居敦煌、祁连间，至冒顿单于攻破月氏，而老上单于杀月氏，以其头为饮器，月氏乃远去，过大宛，西击大夏而臣之，都妫水北为王庭。[1]

有关大月氏的原来居住地，从《史记·匈奴列传》中也能略有感觉，但不如《汉书·西域传》说得明确。在匈奴崛起之前，大月氏很强大，匈奴的冒顿单于曾经作为人质居住在大月氏。打败大月氏和东胡，是匈奴崛起的标志。匈奴打击大月氏，按照西汉的理解是过于残暴，所以大月氏才有报仇之心，可惜无报仇之力。这是西汉大月氏战略的出发点，认为对方有结盟的可能性。《资治通鉴》在书写张骞出使西域背景时，对于大月氏的介绍更全面了，但也忘记了《史记》和《汉书》都强调的西汉背景，即"汉方欲事灭胡"。正是因为汉武帝的朝廷决定与匈奴开战，才有张骞出使西域，希望建立国际同盟，消灭共同的敌人匈奴。[2]

---

1　《汉书》卷九六上《西域传》"大月氏国"条，第3890~3891页。

2　张骞出使西域的背景，决定了张骞出使的具体时间。传世文献，特别是《资治通鉴》的考证，有忽略背景的嫌疑，参见本书第一编第一章，亦见孟宪实《张骞初使西域时间新论》，刘进宝主编《丝路文明》第三辑，上海古籍出版社，2018，第1~15页。

张骞没有说服大月氏，《史记·大宛列传》中其实已经有交代："既臣大夏而居，地肥饶，少寇，志安乐，又自以远汉，殊无报胡之心。"大月氏的现状是土地肥沃、社会安定、局势良好且对之十分满意。如果同意汉朝的建议，他们需要放弃眼前的安定生活，长途跋涉，再回东方与匈奴作战。因为生活安定，距离遥远，报仇之心已经消失。对于大月氏而言，张骞的建议是国家重大战略变化，是否能完成报仇计划，事实上也不清楚。这就意味着，接受张骞的建议具有风险性。对比风险与收获，即使能够打败匈奴，敦煌祁连之间河西走廊的自然条件，也不能与大夏相提并论。张骞如何能说服大月氏人放弃手中的西瓜去抢夺遥远的芝麻？所以，不得要领是正常结局。[1]

## 二　出使乌孙再失败

张骞两次出使，第一次因为不得月氏要领而失败。第二次，张骞出使乌孙还是没有成功。张骞第二次出使西域，重点是说服乌孙返回原来居住地，情况与大月氏相似。而乌孙的所有情况，都是张骞介绍给汉武帝的。当时，张骞因为战场失期，被免为庶人，他渴望重新工作的心理很清晰。张骞说服汉武帝，在战略上联合乌孙抗击匈奴是可行的。《汉书·张骞传》有如下完整的记录：

> 天子数问骞大夏之属。骞既失侯，因曰："臣居匈奴中，闻乌孙王号昆莫。昆莫父难兜靡本与大月氏俱在祁连、焞煌间，

---

1　从大月氏的视角理解张骞"不得要领"，是《史记》以来的主要思路，也是今天研究者的基本观点。参见余太山《张骞西使新考》，《西域研究》1993 年第 1 期，第 40~46 页。

小国也。大月氏攻杀难兜靡，夺其地，人民亡走匈奴。子昆莫新生，傅父布就翎侯抱亡置草中，为求食，还，见狼乳之，又乌衔肉翔其旁，以为神，遂持归匈奴，单于爱养之。及壮，以其父民众与昆莫，使将兵，数有功。时，月氏已为匈奴所破，西击塞王。塞王南走远徙，月氏居其地。昆莫既健，自请单于报父怨，遂西攻破大月氏。大月氏复西走，徙大夏地。昆莫略其众，因留居，兵稍强，会单于死，不肯复朝事匈奴。匈奴遣兵击之，不胜，益以为神而远之。今单于新困于汉，而昆莫地空。蛮夷恋故地，又贪汉物，诚以此时厚赂乌孙，招以东居故地，汉遣公主为夫人，结昆弟，其势宜听，则是断匈奴右臂也。既连乌孙，自其西大夏之属皆可招来而为外臣。"天子以为然，拜骞为中郎将，将三百人，马各二匹，牛羊以万数，赍金币帛直数千巨万，多持节副使，道可便遣之旁国。骞既至乌孙，致赐谕指，未能得其决。语在《西域传》。骞即分遣副使使大宛、康居、月氏、大夏。乌孙发译道送骞，与乌孙使数十人，马数十匹，报谢，因令窥汉，知其广大。[1]

这次结果是"未能得其决"。而《史记》对此的描写还是"骞不得其要领"。[2]对此，《汉书·西域传》的记录更详细。其文为：

> 骞既致赐，谕指曰："乌孙能东居故地，则汉遣公主为夫人，结为兄弟，共距匈奴，不足破也。"乌孙远汉，未知其大小，又近匈奴，服属日久，其大臣皆不欲徙。昆莫年老国分，

1　《汉书》卷六一《张骞李广利传》，第2691~2692页。
2　《史记》卷一二三《大宛列传》，第3169页。

> 不能专制，乃发使送骞，因献马数十匹报谢。其使见汉人众富厚，归其国，其国后乃益重汉。[1]

张骞第二次出使西域，在乌孙再次遭遇失败。《汉书》这里所谓"未能得其决"与《史记·大宛列传》中"不能得其要领"含义一样，即未能说服乌孙响应汉朝的战略建议。

张骞出使乌孙时，与第一次出使环境已经完全不同。第一次出使对于汉武帝的朝廷而言，完全不敢有所指望，是否能够找到大月氏，是否能够结盟，全然未知，试探的成分居多。事实上，张骞还在途中，汉朝与匈奴的战争已经正式开场。到张骞出使归来，汉朝已经取得了不俗的战绩。元朔五年（前124），卫青在北方取得重大胜利。元狩二年（前121），霍去病两次出击陇西，大破匈奴西方浑邪、休屠二王。这导致匈奴内部矛盾爆发，单于要诛杀战败的二王，催发二王向汉投降。后来，虽然浑邪王杀休屠王，只有四万人投降，但是通往西方的道路却畅通了。对于此事，《汉书·张骞传》说法更明确："其秋，浑邪王率众降汉，而金城、河西并南山至盐泽，空无匈奴。匈奴时有候者到，而希矣。"[2]转年，匈奴在正面发动反攻，代郡、雁门和右北平都发生战斗，汉朝损失几千人，博望侯张骞等人误军期，赎为庶人。此时，汉朝连续大胜，匈奴虽然坚持不称臣，但汉朝全面掌控了战场局面。公元前119年（元狩四年），卫青、霍去病再次出击，胜利成果扩大，迫使匈奴远徙，漠南无王庭。

元狩二年，汉朝取得巨大胜利，直接导致秋天浑邪王率众降

---

1　《汉书》卷九六下《西域传下》"乌孙"条，第3902页。
2　《汉书》卷六一《张骞李广利传》，第2691页。

汉，河西走廊无人居住。上文引《汉书·张骞传》"今单于新困于汉，而昆莫地空"，正是指这件事。

这就成了张骞第二次出使西域的背景。张骞第二次出使时间依然模糊不清，《资治通鉴》置于元鼎二年（前115）叙述："是岁，骞还，到，拜为大行。"[1] 因为张骞要劝说乌孙回到河西走廊，出发的时间最晚也是公元前121年之后。

张骞第二次出使失败，史书记载远比第一次清楚，因此也有助于我们理解第一次的问题所在。首先，西汉对乌孙的要求是清楚的，乌孙回到原来住地，双方通婚结为兄弟，共同抗击匈奴。西汉要与乌孙建立平等的联盟，所谓"汉遣公主为夫人，结为兄弟"，就是兄弟之国。乌孙的情形与月氏相似，由此我们可以认为，张骞第一次出使，对于大月氏的建议也应该相似，邀请大月氏东归，双方建立平等的联盟，共抗匈奴。

乌孙对张骞的回答，内容清晰。乌孙是匈奴的手下败将，长期折服于匈奴，深知匈奴强大。但是，乌孙与汉朝的关系却是"乌孙远汉，未知其大小"。乌孙虽然亲眼见到了张骞庞大的使者团，"将三百人，马各二匹，牛羊以万数，赍金币帛直数千巨万，多持节副使，道可便遣之旁国"，但事实上对于汉朝的大小、强弱并不了解。即是说，虽然张骞率领一个庞大富有的使团，依然不能证明汉朝的强大。在这种前提下，乌孙如果投身与汉朝的联盟，而汉朝没有使者说的那么强大，还要公然与匈奴为敌，后果恐怕是灾难性的。这是根本性的战略，乌孙不敢贸然行事，找了一系列借口，如乌孙王没有实权、不能独立做主等。最后，乌孙很礼貌地赠送汉朝几十匹骏马，还派使者亲自来汉朝致谢，而真正的意图是侦察汉朝的实际

---

1 《资治通鉴》卷二〇，第657页。

情况。

　　乌孙所在地，是今伊犁河、楚河流域，比较大月氏所在，距离汉朝要近得多。由乌孙的情况来分析大月氏，张骞不得月氏要领，理由因此变得更容易理解。大月氏对汉朝的了解，一定不能多过乌孙，乌孙尚且需要对汉朝摸底侦察，距离汉朝更遥远的大月氏具有类似想法，当然不奇怪。张骞率领一个庞大的使团到达乌孙，而张骞到达大月氏的时候，除了手中的使节有一定的证明力以外，随行者只有他的匈奴夫人和孩子，另外就是堂邑氏奴甘父。原本张骞出使大月氏的时候，也有一个一百多人的使团，但最后到达大月氏、不包括张骞亲属的只有两人。从出使乌孙的三百人使团都不足以证明汉朝之强大的事实看，即使一百多人的全部使团成员都能到达大月氏，也未见得能够取信大月氏，何况事实上只有两人！仅凭张骞两人，要说服大月氏改变国家战略，放弃现有的和平富足生活投入与匈奴的全面战争，说服力过于弱小是显而易见的。

　　张骞一路上，主要是通过言辞说服沿途各国。从匈奴逃出后，张骞首先到达大宛，然后是康居，最后是大月氏。《史记·大宛列传》的记录如下：

> 　　大宛闻汉之饶财，欲通不得，见骞，喜，问曰："若欲何之？"骞曰："为汉使月氏，而为匈奴所闭道。今亡，唯王使人导送我。诚得至，反汉，汉之赂遗王财物不可胜言。"大宛以为然，遣骞，为发导绎，抵康居，康居传致大月氏。[1]

大宛对于汉朝的富裕是有所耳闻的，因为没有交通，消息只能是半

---

[1]　《史记》卷一二三《大宛列传》，第3158页。

信半疑。现在其见到张骞，认为是获得了良好机会，于是帮助张骞，把他送达康居，康居再把张骞送达大月氏。此后，所有汉朝的情况，都出自张骞之口。凭此就让大月氏举国东迁与匈奴开战，无论谁作为大月氏的领袖，都是难以同意的。后来，汉朝与西北各国有了外交往来，汉朝的情况也被各国了解，证明张骞所言不虚，"（张）骞凿空，诸后使往者皆称博望侯，以为质于外国，外国由是信之"。[1] 但这是后话，就张骞出使之初而言，张骞不得月氏要领，具有必然性。

大宛对于汉朝的情况应该有所了解，最主要的就是"饶财"，即富饶。大宛在乌孙之西，对于汉朝的了解不该比乌孙更多，为什么看上去大宛更加积极主动呢？这需要给予区别对待。汉朝对于大月氏和乌孙的需要是顶级战略，举国合作抗击匈奴，同时伴随大迁徙。而大宛对于汉朝的需要很有限，仅仅是通商而已。互通有无，在商品上获得交换价值，通商就值得，所以对于大宛而言，需求比较单一，风险较小。但是，对于大月氏和乌孙，汉朝希望与它们进行整体战略合作，对手又是强大的匈奴，所以风险很大，表现出谨慎很正常。

## 三  来自"西南夷"的佐证

张骞两次出使，对于西域的总体情况有了基本了解，各国的空间位置也清楚起来。基本情况是乌孙最近，然后是大宛等。《史记》所记第二次出使乌孙，派遣副使前往各国："骞因分遣副使使大

---

1  《汉书》卷六一《张骞李广利传》，第 2693 页。

宛、康居、大月氏、大夏、安息、身毒、于窴、扜罙及诸旁国。"[1] 至于空间位置，史书也有记载，大宛"其北则康居，西则大月氏，西南则大夏，东北则乌孙"。[2] 而大月氏的位置是"大月氏在大宛西可二三千里，居妫水北。其南则大夏，西则安息，北则康居"。[3] 在张骞的时代，这些西域国家中，只有大宛对汉朝有所耳闻，叫作"大宛闻汉之饶财，欲通不得"。但是，从后来贰师城发生的冲突看，大宛对于与中国的通商积极性有限，了解也有限，至少把距离遥远当作难以克服的障碍。[4] 判断当时的交通状况与彼此的了解程度，基本公式是距离越远越缺乏了解。

张骞主要的使命无一达成，究其原因，从大月氏到乌孙，对于汉朝战略的拒绝，都因为一个很关键的因素，那就是对汉朝的不了解。此事史书表达为张骞对大月氏、乌孙的"不得要领"，事实上，大月氏对汉朝同样是"不得要领"。战略盟友的大小强弱都无从得知是无法合作的，古今中外，此题都无解。以往的研究，过于重视大月氏的自身状况，忽略了因为交通不畅，彼此缺乏了解这个基本事实。连基本情况都不了解，如何进行国家之间的战略合作？不仅如此，所谓合作是联合起来与强敌作战，而这种合作背景下的战争，其风险是可想而知的。正因为如此，张骞才不得要领，没能达成使命。

秦汉中国，一场巨大的历史运动正在展开。重新统一的中国，

---

1　《史记》卷一二三《大宛列传》，第 3169 页。对此，《汉书》卷六一《张骞李广利传》所记为"张骞即分遣副使使大宛、康居、月氏、大夏"。（第 2692 页）比《史记》记载要少。

2　《史记》卷一二三《大宛列传》，第 3160 页。

3　《史记》卷一二三《大宛列传》，第 3161 页。

4　余太山先生的《张骞西使新考》一文中，曾经引用董仲舒和司马相如说法中有"康居"等西域诸国信息，认为张骞出使之前这些信息西汉已经了解，笔者宁愿相信这是后来文字修饰的结果。

发展动力强劲，对周边世界的影响也如期而至。随着张骞出使西域的影响不断深化，西向发展已然成为汉朝日益确定的方向。但是，当这一系列事件刚刚发生的时候，各地的准备都不足，到处显现出茫然不定的状态。乌孙、大月氏这些地区对于汉朝茫然无知，充分证明此前的联络缺乏，更凸显张骞出使的历史意义。周边世界对汉朝的无知，不是偶然表现，同样的故事在中国的西南方也在上演。

云南、贵州地区，西汉时称作"西南夷"。关于西南夷的经营，以张骞出使归来为界，可分作前后两个阶段。根据《史记·西南夷列传》的系统记载，所谓西南夷，"皆巴蜀西南外蛮夷也"，地形复杂，居民散漫存在，或有君长，有上百个区域，其中夜郎和滇两个小王国势力最大。

汉朝经营西南夷的第一阶段是汉武帝建元六年（前135），大行令王恢攻打东越，乘机派番阳令唐蒙前往南越，施加政治影响。唐蒙在南越发现了一款食物，就是南越王吃的"枸酱"，而这种酱只有蜀地生产。这证明南越与蜀地是有交通的。唐蒙是有心人，回长安后专门找蜀地商人征询，商人的回答是蜀地的枸酱通过夜郎进入南越，夜郎虽然不是南越的臣属，但南越对夜郎影响巨大。于是唐蒙向朝廷建议，通过巴蜀经营夜郎，进而影响南越。朝廷接受了这个建议，拜唐蒙为中郎将，率领军队从巴蜀进入夜郎，在南夷之地建立了犍为郡。[1]唐蒙的成功激励了蜀人司马相如，他的建议也获得支持。他受命前往西夷，说服当地居民，为蜀郡增添了"一都尉，十余县"。[2]此后，西南夷几次叛乱，朝廷又要经营北方，在公孙弘

---

1　《史记》卷一一六《西南夷列传》，第2994页。
2　《史记》卷一一六《西南夷列传》，第2994页；卷一一七《司马相如传》，第3046~3047页。

的建议下，汉朝停止经营西南夷。根据《资治通鉴》的说法，这是元朔三年（前126）年初的事。[1]

汉朝经营西南夷的第二阶段是张骞出使归来之后。《史记·西南夷列传》有载：

> 及元狩元年，博望侯张骞使大夏来，言居大夏时见蜀布、邛竹杖，使问所从来，曰"从东南身毒国，可数千里，得蜀贾人市"。或闻邛西可二千里有身毒国。骞因盛言大夏在汉西南，慕中国，患匈奴隔其道，诚通蜀，身毒国道便近，有利无害。于是天子乃令王然于、柏始昌、吕越人等，使间出西夷西，指求身毒国。至滇，滇王尝羌乃留，为求道西十余辈。岁余，皆闭昆明，莫能通身毒国。[2]

这也是由一件商品引发的道路探索活动，因为搜索范围太大，最后没有成功。此事史书记载时间不详，《通鉴》叙述于元狩元年（前122）。张骞在大夏见到的蜀布、邛竹杖，明确是蜀地产物，是从身毒（印度）转手贸易而来，那么蜀地与身毒有道路相通的推论自然是成立的。从方位上推导，继续向滇（云南）方向探索也是正确的。但跟唐蒙的顺利相比，这次探索没有成功。对于汉朝的这个探索，西南夷方面支持不力，这也是半途而废的部分原因，而最终西南夷问题的彻底解决，是在南越亡国之后，即元鼎六年（前111）。

西南夷不配合西汉的道路探索，一个重要原因是他们也不了解

---

1　《资治通鉴》卷一八，第610页。

2　《史记》卷一一六《西南夷列传》，第2995~2996页。此处所记元狩元年博望侯归来，《通鉴考异》已经辨其非是，见"按《年表》，骞以元朔六年二月甲辰封博望侯，必非元狩元年始归也。或者元狩元年，天子始令骞通身毒国"，《资治通鉴》卷一八，第611页。

汉朝。《史记·西南夷列传》留下一个著名故事，充分反映了问题的本质：

> 滇王与汉使者言曰："汉孰与我大？"及夜郎侯亦然。以道不通故，各自以为一州主，不知汉广大。[1]

在当时，这种情况很普遍，不能简单地看作无知。《史记》已经进行了自然而然的解释，因为道路不通，所以才会发生这样的故事。十年之后，西南夷之地都成为汉朝的郡县。夜郎，位于贵州六盘水市东南，安顺市西南。滇即昆明湖，今云南昆明市西南。西南夷的故事，发生在中国内部，对比张骞在丝绸之路上的故事，应该理解那个时代的基本情形：缺乏交通，缺乏了解。面对中原的崛起和积极探索，周遭的反应是茫然无知。张骞的遭遇很正常，也正因为如此，才彰显出张骞出使的重要性。

## 余　论

如今我们研究丝绸之路，传世文献与考古资料并重。考古资料能够补充很多新的信息，如甘肃出土的汉简等。[2] 考古资料证实，张骞出使西域之前，中原与西域的联系是广泛存在的。[3] 王炳华先生指出："可以肯定，在公元前 1000 年的周秦时期或其以前，自陕西通向西方的丝绸之路，已经实际存在。只不过主要还是处于一种自发

---

1　《史记》卷一一六《西南夷列传》，第 2996 页。
2　参见张德芳《西北汉简中的丝绸之路》，《中原文化研究》2014 年第 5 期，第 26~35 页。
3　林梅村：《张骞通西域以前的丝绸之路》，《探索西域文明——王炳华先生八十华诞祝寿论文集》，第 166~176 页。

的、民间的、无组织的状态，因此在官府文档中少见反映。"[1] 因为
联系的主体不是政府，所以没有纳入国家的记录体系，不能广为人
知。既然有联系，就应该有交通道路，有学者指出："越来越多的考
古材料雄辩地证明，远在凿空前的若干世纪，西域就同内地存在着
千丝万缕的联系。"[2] 但就当时的基本情况而言，隔绝性毕竟是主要
的，是张骞出使之后，中原与西域的交通才进入新的时代。

　　张骞出使之前，中原与西域的贸易联系广泛存在，但这丝毫不
能降低张骞出使的意义。贸易关系以商品为主轴，丝绸之路上主要
是转手贸易。一件具体商品只要有价值就会不停地进行转手交易，
商品所携带的文化信息，在不停地转手之后只能不断地消耗甚至消
失。就来自中国丝绸的贸易而言，西方有关丝绸的信息长期处于混
沌状态。有关中国的知识，同样长期模糊不清，这与转手贸易的方
式关系重大。当然，进步是存在的，有关中国的知识，古罗马时代
就比古希腊时代进步很多。[3]

　　更重要的是，商人与使者所注意的问题焦点不同。商人更关心
的是商品和贸易问题，而使者却关心国家层面的问题。汉朝获知的
西域各国信息，几乎都来自张骞的报告，从中不难看出张骞关注的
焦点问题。且以安息为例，了解张骞的观察。其文曰：

　　　　安息在大月氏西可数千里。其俗土著，耕田，田稻麦，蒲
　　　陶酒。城邑如大宛。其属小大数百城，地方数千里，最为大

1　王炳华：《"丝绸之路"新疆段考古新收获》，原载《新疆社会科学》1982 年第 3 期。收入王
　　炳华《西域考古历史论集》，中国人民大学出版社，2008，第 1~32 页。
2　参见朱振杰《"凿空"前西域同内地的联系》，《新疆社会科学》1986 年第 2 期，第 71~79 页。
3　参见郭小红《古罗马向东方的探索与丝绸之路》，《首都师范大学学报》2011 年增刊（世界历
　　史研究），第 74~79 页。

国。临妫水，有市，民商贾用车及船，行旁国或数千里。以银为钱，钱如其王面，王死辄更钱，效王面焉。画革旁行以为书记。其西则条枝，北有奄蔡、黎轩。[1]

首先是国家的方位，其次是各国的空间关系，最后是物产、生产方式和生活方式。城市情况、商业、货币和文字，都在张骞的视野之内。这些通常都不是商贾之人所注意的。不仅是各个国家的具体情况，张骞还有超越国家的抽象总结，最著名的就是"土著"与"行国"国家类型说。日知先生高度评价张骞的这个类型说，认为是两千多年前提出的重要政治学概念。[2]

根据《史记·大宛列传》的记载，土著之国有大宛、安息、条枝、大夏；行国有乌孙、大月氏、康居、奄蔡。这个观察和结论很重要，改变了中原政权对西域的基本认识。汉文帝即位的第四年（前176），匈奴单于来信相告，匈奴打败月氏，平定西域，其文为：

> 今以小吏之败约故，罚右贤王，使之西求月氏击之。以天之福，吏卒良，马强力，以夷灭月氏，尽斩杀降下之。定楼兰、乌孙、呼揭及其旁二十六国，皆以为匈奴。诸引弓之民，并为一家。[3]

这是西汉获得西域信息很重要的一封信，其中也不乏误导，即西域各国都是"引弓之民"。文化类型的异同，自然影响国家政策。按

---

1 《史记》卷一二三《大宛列传》，第3162页。
2 日知：《张骞凿空前的丝绸之路——论中西古典文明的早期关系》，《传统文化与现代化》1994年第6期，第25~32页。
3 《史记》卷一一〇《匈奴列传》，第2896页。

照过去的印象，西域都是引弓之国，西汉政府自然兴趣索然。现在张骞报告，西域不仅有引弓之国即"行国"，也有冠带之邦即"土著"或城郭之国。张骞于是建议"连乌孙，自其西大夏之属皆可招来而为外臣"。[1] 这一方面，激发起汉武帝的帝王雄心；另一方面，当时中原对城郭之国的文化亲近感才是西汉经营西域的政策得以持续不断地坚持下去的深层原因。

张骞出使西域，战略目标是匈奴，即使是匈奴人，也对丝绸之路多有贡献。[2] 然而，这些事实都无损于张骞出使西域的伟大意义，因为张骞之前的中原与西域毕竟以封闭阻塞为主，所以张骞出使才被称作"凿空"。张骞出使西域，是世界历史的重大事件，作为中国的正式代表，张骞出使西域是中原政权与西域（西方）世界正式接触、相互往来的开端。欧亚大陆作为当时人类活动的主要舞台，正式互通消息，开启了交通、贸易和文化交流的大门。彼此隔绝的时代结束，世界一体化由此进入一个新的时代。

---

1　《史记》卷一二三《大宛列传》，第 3168 页。
2　参见王子今《前张骞的丝绸之路与西域史的匈奴时代》，《甘肃社会科学》2015 年第 2 期，第 10~16 页。

# 第三章　从张骞出使看中国文化的"土著性"

张骞出使西域，是丝绸之路研究的有机组成部分。张骞出使之前的丝绸之路是研究的重点之一，考古给出了许多证明，在张骞之前这条道路早已存在。因为丝路贸易以转手贸易为主要方式，所以代表中原王朝的张骞出使，意义依然不可替代。张骞出使的许多问题尚有讨论的必要，如河西地区因为匈奴投降出现真空，西汉朝廷为什么不是首先进驻而是要派出张骞邀请乌孙回归故地？张骞提出"行国"与"土著"两种类型的国家，学术意义何在？中国作为世界最大的"土著"国家，这一文化传统具有什么价值？张骞出使，第一次代表中原王朝观察更多的国家，这种理论提炼有利于我们理解当时的世界。张骞的这一贡献，需要给予重视。

不管从哪个立场出发，西汉时发生的一件事都令人迷惑难解：

当霍去病的西汉军队打败匈奴，迫使匈奴浑邪王率部投降之后，河西地区出现了真空状态。在这种情况下，西汉不是自己进据河西，而是首先派出张骞千里迢迢出使乌孙，希望说服乌孙重新回到敦煌、祁连间居住。当然，西汉的这个希望落空，最后不得已只好设置河西四郡，移民实边。如何理解汉朝这个政策的背景，也是理解张骞出使西域的重要方面。张骞曾经用"土著"与"行国"来区分西域的国家类型，认为土著之国"颇与中国同业"，可见中国属于"土著"类型国家。作为农业立国的传统中国，至今仍是世界上最大的"土著"国家。张骞出使体现了中国中原文化的浓重底色，即"土著性"，这与西方的"殖民性"历史传统，存在着天壤之别。试加论述，敬请批评指正。

## 一　汉廷政策

张骞出使，是汉朝联络盟友共抗匈奴战略的一部分。实现这个战略，首先是需要找到可能的盟友。张骞的使命，第一次出使是寻找大月氏，向大月氏推销汉朝策略；第二次是与乌孙谈判，继续推行汉朝策略。汉朝之所以选择大月氏和乌孙作为盟友，主要是从匈奴战略出发的，大月氏是匈奴的敌人，乌孙与匈奴关系也有问题。所谓敌人的敌人就是朋友。对此，策略是战略的一部分，策略服从战略需要。但是，众所周知，张骞的努力最后都没有成功，史书用"不得要领"这个概念来评论此事。

汉朝到底是如何设计结盟策略的？从张骞出使大月氏来看，其实是语焉不详。《史记·大宛列传》记述为：

大月氏王已为胡所杀，立其太子为王。既臣大夏而居，地

> 肥饶，少寇，志安乐，又自以远汉，殊无报胡之心。骞从月氏至大夏，竟不能得月氏要领。留岁余，还……[1]

这里仅仅叙述了张骞的出使不成功，有关汉朝的战略细节，没有丝毫透露。因为大月氏曾经在敦煌、祁连山之间居住，后来战败被匈奴赶走，他们对匈奴理应有复仇之心。那么，按照汉朝的计划，大月氏要怎样与汉朝结盟对抗匈奴呢？是在大夏故地发动对匈奴的进攻吗？还是迂回敦煌祁连间与汉朝携手抗敌呢？现在史书都没有给出清晰的答案，我们的理解只能伴随推测进行。

汉朝建立战略联盟的具体设计，是在张骞第二次出使时才显现出来的。《史记·大宛列传》记载的张骞第二次出使西域，背景如下：

> 骞以校尉从大将军击匈奴，知水草处，军得以不乏，乃封骞为博望侯。是岁元朔六年也。其明年，骞为卫尉，与李将军俱出右北平击匈奴。匈奴围李将军，军失亡多；而骞后期当斩，赎为庶人。是岁汉遣骠骑破匈奴西（城）〔域〕数万人，至祁连山。其明年，浑邪王率其民降汉，而金城、河西西并南山至盐泽空无匈奴。匈奴时有候者到，而希矣。其后二年，汉击走单于于幕北。[2]

这段文字，可以理解为张骞第二次出使西域的背景说明。元朔五年（前124），卫青在北方取得重大胜利，元朔六年张骞获封博望

---

1　《史记》卷一二三《大宛列传》，第3158~3159页。《汉书》卷六一《张骞李广利传》的相关文字，几乎都来自《史记》，没有加入新资料。

2　《史记》卷一二三《大宛列传》，第3167页。

侯。转年，因为右北平之战，"后期当斩，赎为庶人"，这是元狩元
年（前122）。转年即元狩二年，霍去病两次出击陇西，大破匈奴西
方浑邪、休屠二王。这导致匈奴内部矛盾爆发，单于要诛杀战败的
二王，催发二王向汉投降。后来，虽然浑邪王杀休屠王，只有四万
人投降，但是汉朝通往西方的道路却畅通了。对于此事，《汉书·张
骞传》说法更明确："其秋，浑邪王率众降汉，而金城、河西并南山
至盐泽，空无匈奴。匈奴时有候到，而希矣。"[1] 转年，匈奴在正面发
动反攻，代郡、雁门和右北平都发生战斗，汉朝损失几千人，博望
侯张骞等人误军期，赎为庶人。此时，汉朝虽然不能全胜，但事实
上掌控了战场局面。公元前119年（元狩四年），卫青、霍去病再
次出击，取得巨大胜利，迫使匈奴远徙，漠南无王庭。

　　这就成了张骞第二次出使西域的背景。张骞第二次出使时间依
然模糊不清，《资治通鉴》置于元鼎二年（前115）叙述："是岁，骞
还，到，拜为大行。"[2] 因为张骞要劝说乌孙回到河西走廊，最晚也是
公元前121年之后。有关汉朝与乌孙结成统一战线共抗匈奴的战略，
现在能在《史记》中看到完整的叙述：

　　　　是后天子数问骞大夏之属。骞既失侯，因言曰："臣居匈奴
　　中，闻乌孙王号昆莫，昆莫之父，匈奴西边小国也。匈奴攻杀
　　其父，而昆莫生，弃于野。乌嗛肉蜚其上，狼往乳之……昆莫
　　收养其民，攻旁小邑，控弦数万，习攻战。单于死，昆莫乃率
　　其众远徙，中立，不肯朝会匈奴。匈奴遣奇兵击，不胜，以为
　　神而远之，因羁属之，不大攻。今单于新困于汉，而故浑邪地

---

1　《汉书》卷六一《张骞传》，第2691页。

2　《资治通鉴》卷二〇，第657页。王益之《西汉年纪》也采用这个方式记载此事。王根林点
　　校，中华书局，2018，第282页。

空无人。蛮夷俗贪汉财物，今诚以此时而厚币赂乌孙，招以益东，居故浑邪之地，与汉结昆弟，其势宜听，听则是断匈奴右臂也。既连乌孙，自其西大夏之属皆可招来而为外臣。"天子以为然，拜骞为中郎将，将三百人，马各二匹，牛羊以万数，赍金币帛直数千巨万，多持节副使，道可使，使遗之他旁国。[1]

张骞说服汉武帝的理由可以归纳为三点：其一，乌孙首领昆莫与匈奴有杀父之仇；其二，乌孙有相当的实力；其三，乌孙同样喜欢汉朝的财物。汉朝能够联合乌孙共抗匈奴的诸多原因，来源于张骞的分析推导，首先需要说服汉武帝。在获得汉武帝同意后才转化为政策，并由张骞亲自执行。因为与匈奴有仇、贪爱汉家财物，可以结成对匈奴作战的盟友；因为有实力，这个联盟对汉朝是有价值的。具体的政策很清楚，其一，用金钱财物联络乌孙，说服乌孙，这来自"蛮夷俗贪汉财物"的判断；其二，请乌孙东来居住浑邪王故地，此地现在因为匈奴投降出现真空；其三，与汉结成"昆弟"关系。总之，如果实行这个政策，意义重大，近期可以收到进攻匈奴的效果，就是"断匈奴右臂"。远期可以影响更远的西部如大夏等国，甚至能够与它们建立臣服汉朝的外臣关系。

张骞第二次出使西域，说服乌孙与汉朝结盟，除了张骞的个人原因外，最重要的新形势是浑邪王降汉，河西出现无人居住的状况。当然，匈奴暂时失败，远未屈服，汉朝与匈奴的战争还看不到结局，所以汉朝需要继续积蓄力量，建立联盟，具有现实需要。事实上，张骞的判断存在问题，与乌孙的联盟政策在推行中并不顺

---

1　《史记》卷一二三《大宛列传》，第 3168 页。遗为遣误。

利，结盟没有达成。《史记》《汉书》对此都有记录：

> 骞谕使指曰："乌孙能东居浑邪地，则汉遣翁主为昆莫夫
> 人。"乌孙国分，王老，而远汉，未知其大小，素服属匈奴日
> 久矣，且又近之，其大臣皆畏胡，不欲移徙，王不能专制。骞
> 不得其要领。[1]

张骞制定的汉朝政策，是从汉朝的需要出发的。之所以依然
"不得其要领"，是因为乌孙不了解汉朝。乌孙与汉朝联盟，共抗匈
奴，这是一个关涉乌孙整体利益的决策，匈奴依然强大，而盟友的
情况毫无所知，从乌孙的立场理解，新政策显然存在风险。对于这
个结果，《汉书》记载在《西域传》中，稍详细。其文为：

> 骞既致赐，谕指曰："乌孙能东居故地，则汉遣公主为夫
> 人，结为兄弟，共距匈奴，不足破也。"乌孙远汉，未知其大
> 小，又近匈奴，服属日久，其大臣皆不欲徙。昆莫年老国分，
> 不能专制，乃发使送骞，因献马数十匹报谢。其使见汉人众富
> 厚，归其国，其国后乃益重汉。[2]

所谓昆莫年老，不能专制，表达的是昆莫权威不足。其实，这
是乌孙回答张骞的理由，能够说出口的推脱辞令而已。真实的原因
是不了解汉朝，无法判断结盟的利弊得失，这是导致张骞第二次出
使失败的真实原因。但是，乌孙没有因此放弃与汉朝的来往，而是

---

1　《史记》卷一二三《大宛列传》，第3169页。
2　《汉书》卷九六下《西域传下》"乌孙"条，第3902页。

派出使者，以献马的名义前往汉朝，实地了解汉朝情况。最终发现汉朝"人众富厚"，这为后来的结盟打下了基础。所以，张骞之策，虽没有收到立竿见影的效果，但从长远看，还是具有积极正面意义的。

为了应对浑邪王投降、河西地空的问题，张骞建议汉武帝联合乌孙，断匈奴右臂，而邀请乌孙东归故地，是结盟的重要内容。因为乌孙不了解汉朝，结盟未成。但一个重要的问题，学界讨论不多，对于河西地空的问题，为什么汉朝不是自己首先进占呢？

## 二　"蛮夷恋故地"

张骞提出联合乌孙的政策，获得汉武帝支持，并很快推行。在决策过程中，并没有见到汉朝对此有所讨论，质疑的意见也无从说起。张骞很快实现了第二次出使西域，可以认为作为首选的联合乌孙政策，获得朝廷的普遍支持。虽然如此，张骞之策的依据，我们还是不清楚。

前文引用《史记·大宛列传》的记载，而《汉书·张骞传》的记载与《大宛列传》大同小异，但不同之处颇能说明问题。河西问题，是汉朝对匈奴新政策"断匈奴右臂"推出的最直接的推动力。《史记》此处所记并不清晰，反而是《汉书·张骞传》有所补充。

> 天子数问骞大夏之属。骞既失侯，因曰："臣居匈奴中，闻乌孙王号昆莫。昆莫父难兜靡本与大月氏俱在祁连、焞煌间，小国也。大月氏攻杀难兜靡，夺其地，人民亡走匈奴。

子昆莫新生，傅父布就翎侯抱亡置草中，为求食，还，见狼乳之，又乌衔肉翔其旁，以为神，遂持归匈奴，单于爱养之。及壮，以其父民众与昆莫，使将兵，数有功。时，月氏已为匈奴所破，西击塞王。塞王南走远徙，月氏居其地。昆莫既健，自请单于报父怨，遂西攻破大月氏。大月氏复西走，徙大夏地。昆莫略其众，因留居，兵稍强，会单于死，不肯复朝事匈奴。匈奴遣兵击之，不胜，益以为神而远之。今单于新困于汉，而昆莫地空。蛮夷恋故地，又贪汉物，诚以此时厚赂乌孙，招以东居故地，汉遣公主为夫人，结昆弟，其势宜听，则是断匈奴右臂也。既连乌孙，自其西大夏之属皆可招来而为外臣。"[1]

同是张骞的话，《史记》中所记是"今单于新困于汉，而故浑邪地空无人"，而《汉书》所记是"今单于新困于汉，而昆莫地空"。到底是浑邪地空，还是昆莫地空？其实所指是一个地方，即所谓河西之地。用"昆莫地"更强调了这里是乌孙昆莫所居故地，这对于说服乌孙东归是重要的前提条件。而《史记》用"浑邪地"表达，是因为这里后来变成匈奴浑邪占据的区域，并非错误。另外，《史记》中张骞只有"蛮夷俗贪汉财物"一句，《汉书》中变成"蛮夷恋故地，又贪汉物"。《汉书》后出，基本内容与《史记》一致，但这些新补入的内容，绝不是没有意义的。至少，这对于说服乌孙同意联盟，更具说服性。

不仅如此，《汉书·张骞传》还更正了《史记·大宛列传》的说法，即乌孙与匈奴的关系问题。《大宛列传》中，乌孙王昆莫

---

1　《汉书》卷六一《张骞传》，第 2692 页。

与匈奴有杀父之仇,是"匈奴攻杀其父"。《张骞传》更改了《大宛列传》的记载,乌孙、大月氏和匈奴的关系写得更清楚了。昆莫的父亲难兜靡是被大月氏人杀害,因为大月氏与乌孙都居住在"敦煌、祁连间",难兜靡被杀,乌孙的土地被大月氏夺去,是匈奴收留并抚养了昆莫。昆莫长大后,又是匈奴把他父亲的民众交给昆莫。当时,大月氏已经被匈奴打败,向西迁移,西迁过程中打败塞王,占据了原来塞王的土地。昆莫强大之后,为复仇,在匈奴的支持下,西向攻打大月氏。大月氏失败,继续西迁,在大夏居住下来。而乌孙则留居在大月氏的土地,即原来塞王之地。匈奴单于死后,乌孙不再听从匈奴的号令,匈奴曾经派兵攻打乌孙,没有取得胜利,也只好听之任之。如此一来,与昆莫有杀父之仇的并不是匈奴而是大月氏。匈奴与乌孙的关系,是后来昆莫强大之后有了问题,最初乌孙遭受大月氏攻杀的时候,匈奴对于昆莫不是有仇而是有恩。

《汉书·张骞传》如此更改《史记·大宛列传》的记述,应有自己的依据。如此,上文我们依据《大宛列传》讨论张骞联合乌孙之策的时候,以为报杀父之仇是可以理解的重要因素,而根据《张骞传》,就不存在这个杀父之仇的问题。如此,对于《大宛列传》和《张骞传》,关于汉朝与乌孙联盟的原因,就出现了差距巨大的不同埋据。乌孙有实力,这是汉朝主动联合乌孙的重要原因,没有一定实力,就无法抗击匈奴,无法完成汉朝断匈奴右臂的战略。那么,乌孙是否有联合汉朝的意愿呢?这才是问题的关键。否则,实力再雄厚也无济于事。既然没有杀父之仇的问题,乌孙的意愿几乎只剩下喜欢汉家财物一条,从《张骞传》的内容看,这一条其实已经无关紧要,因为采用贸易方式也可以获取汉家财物,并非一定要采用战略联盟的方式。

　　《张骞传》事实上转换了原来《大宛列传》的诉求依据，一是把"浑邪地"之说改为"昆莫地"；二是强调"蛮夷恋故地"。敦煌、祁连间，即现在的河西走廊，大月氏与乌孙共同居住在此，说这里是乌孙地或者大月氏地，都是不错的。大月氏打败乌孙，吞并了乌孙地，而匈奴赶走了大月氏，这里最终成了匈奴的"浑邪地"。大月氏与乌孙在河西走廊如何分布，史书并没有说明，但根据乌孙民众散落于匈奴、大月氏后来向西迁移的情形分析，乌孙应该居住在河西走廊的东部，而大月氏在西部。把这里称作"昆莫地"并非不可，但更准确的说法应该是"昆莫故地"。只有把"浑邪地"改为"昆莫地"，才有劝说昆莫"东居故地"的下文，否则逻辑不畅。如此，《史记》与《汉书》出现了记载差异，甚至不无矛盾之处。观后世史家如何处理，当有所启发。

　　《资治通鉴》记述此事，《史记》与《汉书》并取。

　　　　浑邪王既降汉，汉兵击逐匈奴于幕北，自盐泽以东空无匈奴，西域道可通。于是张骞建言："乌孙王昆莫本为匈奴臣，后兵稍强，不肯复朝事匈奴，匈奴攻不胜而远之。今单于新困于汉，而故浑邪地空无人，蛮夷俗恋故地，又贪汉财物，今诚以此时厚币赂乌孙，招以益东，居故浑邪之地，与汉结昆弟，其势宜听，听则是断匈奴右臂也。既连乌孙，自其西大夏之属皆可招来而为外臣。"……

　　　　骞既至乌孙，昆莫见骞，礼节甚倨。骞谕指曰："乌孙能东居故地，则汉遣公主为夫人，结为兄弟，共距匈奴，匈奴不足破也。"乌孙自以远汉，未知其大小；素服属匈奴日久，且又近之，其大臣皆畏匈奴，不欲移徙。骞留久之，不能得其要领，因分遣副使使大宛、康居、大月氏、大夏、安息、身毒、于阗及诸旁国。乌孙发译道送骞还，使数十人，马数十匹，随骞报谢，因令窥汉大小。是岁，骞还，到，拜为大行。后岁余，骞所遣使通大夏之属者皆颇与其人俱来，于是西域始通于汉矣。[1]

依上文分析，《通鉴》此处，先节用《大宛列传》文，再节用《张骞传》文，前文有"故浑邪地空无人"，后文有"乌孙能东居故地"，乌孙故地不知来处。后来，虽然胡三省在"浑邪之地"下加《张骞传》内容，弥补《通鉴》前后文不符的问题，但《通鉴》最初的选择说明并没有重视《史记》与《汉书》的差异。

《册府元龟》记载的张骞出使乌孙，显然来自《张骞传》而不是《大宛列传》：

（元狩）四年夏，大将军卫青将四将军击走单于于幕北。先是，卫尉张骞坐后期，赎为庶人。帝数问骞大夏之属，骞既失侯，因曰："臣居匈奴中，闻乌孙王号昆莫，昆莫父难兜靡，本与大月氏俱在祁连、燉煌间，小国也。大月氏攻杀之。昆莫后攻破大月氏，大月氏西走，昆莫因留居。今单于新困于汉，而昆莫地空蛮夷，恋故地又贪汉物，诚以此时宜厚赂乌孙，招以东居故地，汉遣公主为夫人，结昆弟，其势宜听（言事势听从于汉），则是断匈奴右臂也。既连乌孙，自其西大夏之属皆可招来，而为外臣。"天子以为然，拜骞为中郎将，将三百人，马各二匹，牛羊以万数，赍金币帛直数千巨万，多持节副使（为骞副，而各令持节），道可便遣之旁国。骞既至乌孙，致赐

---

1　《资治通鉴》卷二〇，元鼎二年，第 656~657 页。

谕指（以天子意指晓告之），未能得其决。骞即分遣副使使大
宛、康居、月氏、大夏，乌孙发道译送骞（道，读曰导），与
乌孙使数十人，马数十匹（与骞相随而来，报谢天子），因令
窥汉，知其广大。骞还，拜为大行。[1]

《册府》作为类书，分门别类保存历史资料，在这个问题上选
择信从《张骞传》是有意义的，证明《张骞传》的影响在后世显然
大过《大宛列传》。[2]

南宋学者王益之著《西汉年纪》，《史记》《汉书》《资治通鉴》
等都在其考证范围之内。《西汉年纪》外，王益之另设独立的《考
异》如《通鉴考异》，现已附于《西汉年纪》正文之后。所记张骞
出使乌孙事迹，也如《通鉴考异》一样书写在张骞归来之时，但
有关乌孙内容的记述，张骞往返过程，一概取自《张骞传》，并在
《考异》中做了简明注释。[3]

总之，在张骞出使乌孙的历史叙述上，《史记·大宛列传》与
《汉书·张骞传》出现了分歧，可以认为是两种说法、两个版本。
而后世的史家，多从《张骞传》。赵翼《廿二史札记》有"史汉不
同处"条，指出"班固作《汉书》，距司马迁不过百余年，其时著
述家岂无别有记载？倘迁有错误，固自当据以改正"。[4]以此理解《张

---

1　《册府元龟》卷一七〇《帝王部·来远》，第 1888 页。

2　《册府元龟》卷九六八《外臣部·朝贡》有这样一段记载，可以证明《册府》选择《张骞传》
　　具有一贯性："武帝始遣使至安息国，其国因发使随汉使者来观汉地，以大鸟卵及黎轩眩人
　　献于天子，天子大说。又帝令张骞使乌孙。骞既致赐，谕指曰：'乌孙能东居故地，则汉遣
　　公主为夫人，结为昆弟，共拒匈奴，不足破也。'乌孙远汉，未知其大小，又近匈奴，服属
　　日久，其大臣皆不欲徙，昆莫年老国分，不能专制。乃发使送骞，因献马数十匹报谢。其使
　　见汉人众富厚，归其国，其国后乃益重汉。"所谓"东居故地"，正是《张骞传》的出处。

3　王益之：《西汉年纪》，第 282 页。

4　赵翼著，王树民校证《廿二史札记校证（订补本）》卷一，中华书局，1984，第 14 页。

骞传》对《大宛列传》的改正，不为不当。另外，正如王鸣盛所指出的，司马迁对于《大宛列传》中的主人公张骞和李广利是总体否定的，对张骞则"著其首倡邪谋也"；对李广利则强调这是为了"宠姬李氏"，所以认为"体例明整，马不如班；文笔离奇，班不如马"。[1]《史记》不为张骞立传，人所共知，司马迁不赞同汉武帝时期的政策，应该是关键因由。但张骞出使事确实重要，所以全在《大宛列传》中叙述，张骞却不得立传。至于乌孙事迹，《大宛列传》文字明显不如《张骞传》准确，不应该看作司马迁的有意为之，后世多从《张骞传》，没有必要怪罪司马迁，此类失误为史家常态，不必苛责，所谓前出不密，后出转精。

再回到张骞与汉武帝讨论联合乌孙"断匈奴右臂"策略的时刻，究竟是什么因素让张骞认为乌孙会响应汉廷的主张呢？匈奴曾经有恩于乌孙的首领昆莫，并不存在什么杀父之仇，最多是匈奴控制乌孙不力，乌孙不太顺从而已。这样的情形下，怎么保证乌孙一定响应汉朝的战略设计呢？最重要的因素，现在看来就是"蛮夷恋故地"而"昆莫地空"，乌孙人怀恋原来的居住地，恰好现在此地又无人居住。

所谓"蛮夷恋故地"之说，完全来自张骞的推断，而这是乌孙能够合作的重要基础。后来的事实证明，张骞的这个推断完全落空，从乌孙的反应看，没有丝毫这方面的考虑。问题足，张骞的推断，说服了汉武帝，自然是汉武帝也相信这个推断。朝廷中人，未见有人出面反对或质疑，大概率的情形是无人能够否定张骞的推断。

---

1　王鸣盛：《十七史商榷》卷六"匈奴大宛"条，黄曙辉点校，上海古籍出版社，2013，第56~57页。

　　第二次出使的策略，是张骞亲自设计的，而第一次出使张骞不过是一个执行人而已，并没有参与联合大月氏的决策。有关大月氏会响应汉廷政策的理据，史书记载并不充分，除了与匈奴有仇这个理据之外，大月氏曾经居住在"祁连、燉煌间"这个事实，也不该被忽略。与汉朝联合，回到故地，报仇雪恨，这正是汉廷的理解，认为大月氏必有如此心理。当然，联合大月氏的战略也没有实现，这个推断也没有获得证实。

　　"蛮夷恋故地"之说，本质上是汉朝的一种"以己度人"推断，真正"恋故地"的不是蛮夷而是汉人。按照张骞的说法，中国当然是"土著型"国家，所以以土著的心理理解其他文化或人群，是很正常的表达。类似"蛮夷恋故地"这类思想观念，绝非个例。汉代古诗十九首第一首《行行重行行》诗，其中有"胡马依北风，越鸟巢南枝"诗句，李善注："《韩诗外传》曰'代马依北风，飞鸟栖故巢'。皆不忘本之谓也。"[1] 用胡马或者代马、越鸟或飞鸟比喻故土难忘，说明连动物都有不忘根本的特征，言外之意便是凡人就更是如此。不忘故乡就是不忘根本，这是胡马和越鸟的秉性吗？当然不是，这是汉代诗人用以表达自己心声的比喻而已。"恋故地"，是土著型国家人民的集体意识，可以认为是中华传统的文化精神。

　　虽然张骞出使西域的具体目标没有达成，但丝绸之路由此开辟，中国与世界的联系空前加强。历史发展的脚步，没有因为汉朝的推断失误而停止，中国一步步迈向西域，西向从此成为中国发展的一个重要方向。[2]

---

1　《文选》卷二九《杂诗上》，上海古籍出版社，1986，第1343页。

2　参见孟宪实《中原与西域——西域研究若干思考》，《西域研究》2015年第4期，第8~11页。

## 三 河西设郡与移民实边

河西出现政治力量真空，西汉推出的政策首先是邀请乌孙回归故地，却不是自己进占这个地区，充分表现了文化的土著特质。不仅如此，汉匈战争的防御性质，由此获得证明。对于西汉而言，领土扩张不是目标，取得战争的胜利才是目标。后来的事实证明，汉朝对大月氏、乌孙的判断依据不足，联合抵抗匈奴的战略没有实现，[1] 至少邀请他们回河西走廊居住的愿望彻底落空。

汉匈战争，某种意义上可以看作秦朝与匈奴战争的继续。秦朝采取的许多政策是有参考价值的，比如在战争胜利后，设置边郡管理和移民实边。秦始皇三十三年（前214），将军蒙恬驱逐匈奴人，秦始皇立刻采取行动。"三十三年……西北斥逐匈奴。自榆中并河以东，属之阴山，以为四十四县，城河上为塞。又使蒙恬渡河取高阙、阳山、北假中，筑亭障以逐戎人。徙谪，实之初县。"[2] 在新占领地区，设置地方机构并且移民，这是历史上的第一次。三年之后，秦廷再次采取移民政策，"迁北河榆中三万家。拜爵一级"。[3]

葛剑雄先生估计，秦朝两次河套移民，将近30万人。[4] 若以五

---

1 多年后，汉朝与乌孙的联合正式实现，张骞的政策设计获得实施，在西域与匈奴的战争中，发挥了实效。不过，乌孙始终没有响应回迁河西走廊的建议。

2 《史记》卷六《秦始皇本纪》，第253页。《史记》卷一一〇《匈奴列传》也记载："后秦灭六国，而始皇帝使蒙恬将十万之众北击胡，悉收河南地。因河为塞，筑四十四县城临河，徙适戍以充之。"第2886页。

3 《史记》卷六《秦始皇本纪》，第259页。

4 葛剑雄等：《中国移民史》第二卷第三章"秦朝：大移民时代"，福建人民出版社，1997，第69页。

口之家计算，第二次大约15万，那么第一次的"徙谪"，规模大体相近。有关秦朝的"徙谪"移民，在后来的文献资料中，汉文帝时晁错的评论具有史料性和代表性。他认为，秦朝移民实边动机不正确，"非以卫边地而救民死也，贪戾而欲广大也，故功未立而天下乱"。更重要的是，在具体推行时过于暴力，强力推行，不顾民众利益，"秦民见行，如往弃市，因以谪发之，名曰'谪戍'"。谪戍的含义，大约与《史记》所谓"徙谪"相似。具体而言，根据晁错的描述是"先发吏有谪及赘婿、贾人，后以尝有市籍者，又后以大父母、父母尝有市籍者，后入闾，取其左。发之不顺，行者深怨，有背畔之心"。晁错称秦朝的强迫移民戍边是"威劫"，"发卒也，有万死之害，而亡铢两之报，死事之后不得一算之复，天下明知祸烈及己也"。晁错认为，秦朝移民实边最大的祸端在于威劫性，而不是给移民以适当的酬劳，只有危险和牺牲，民众理所当然抵制或逃亡。

如何建立边疆地区的安全，晁错主张只有移民实边，但一定汲取秦朝的教训，他的具体建议如下：

> 要害之处，通川之道，调立城邑，毋下千家，为中周虎落。先为室屋，具田器，乃募罪人及免徒复作令居之；不足，募以丁奴婢赎罪及输奴婢欲以拜爵者；不足，乃募民之欲往者。皆赐高爵，复其家。予冬夏衣，廪食，能自给而止。郡县之民得买其爵，以自增至卿。其亡夫若妻者，县官买与之。人情非有匹敌，不能久安其处。塞下之民，禄利不厚，不可使久居危难之地。胡人入驱而能止其所驱者，以其半予之，县官为赎其民。如是，则邑里相救助，赴胡不避死。……徙民实边，使远方无屯戍之事，塞下之民父子相保，亡系虏之患，利施后

世，名称圣明，其与秦之行怨民，相去远矣。[1]

　　晁错的观点很明确，移民实边是解决边患的根本之计，但是秦朝那样的威劫移民是行不通的。秦末中原混乱，原来的移民趁机逃回家乡。《史记·匈奴列传》记载："蒙恬死，诸侯畔秦，中国扰乱，诸秦所徙谪戍边者皆复去，于是匈奴得宽，复稍度河南与中国界于故塞。"[2] 秦朝移民实边最终失败了，晁错归因于秦朝政策过于残酷。晁错并不提及秦朝也曾施行移民拜爵的政策，可能是因为站在批判的立场上。秦朝的移民实边政策失败，秦朝的威劫肯定是一方面的原因；秦朝速亡，移民实边立足未稳，也应该是考虑的另外一方面因素。

　　就中国文化传统的"土著性"而言，动员民众移民河西，很可能代价过于高昂。比较而言，或许邀请乌孙回归故地更容易施行。张骞说服了汉武帝，第二次出使顺利成行。不过，根据《爰盎晁错传》的说法，晁错的建议受到汉文帝的重视，并且很快被采纳，但具体材料比较罕见。[3] 对于河西，西汉没有首先采用移民实边政策，但在成熟的北方已经开始移民。《史记·匈奴列传》有如此记载：

　　　　其秋，单于怒浑邪王、休屠王居西方为汉所杀虏数万人，欲召诛之。浑邪王与休屠王恐，谋降汉，汉使骠骑将军往迎之。浑邪王杀休屠王，并将其众降汉。凡四万余人，号十万。于是汉已得浑邪王，则陇西、北地、河西益少胡寇，徙关东贫

---

1　《汉书》卷四九《爰盎晁错传》，第 2283~2286 页。
2　《史记》卷一一〇《匈奴列传》，第 2887~2888 页。
3　葛剑雄先生认为"从各方面情况看，实际效果并不大"。葛剑雄等：《中国移民史》，第 149 页。

　　民处所夺匈奴河南、新秦中以实之，而减北地以西戍卒半。[1]

　　浑邪王投降，西汉"居顷之，乃分徙降者边五郡故塞外，而皆在河南，因其故俗，为属国"，五郡，指的是陇西、北地、上郡、朔方和云中。[2] 所谓五郡塞外，就是五郡之北的长城之外。从秦朝开始，河套地区就是中原与匈奴争夺的核心区域，当蒙恬把匈奴人赶出河南地之后，随后采取的是大规模移民政策，许多山东百姓成为移民。但是，在秦末的战乱中，这些移民寻找各种机会逃归故乡，此地再次被匈奴人占据。汉武帝反击匈奴取得阶段性胜利，再次建立郡县，移民实边，具体位置就是"新秦中"。[3] 其实，新秦中，还是五郡之地，与秦朝不同之处是长城之外，有投降汉朝的匈奴人的"属国"。

　　那么，河西之地如何处置？元鼎二年（前115），张骞返回长安，随之而来的各国使者带来了西域各国的信息，但汉朝邀请乌孙回归故地一事没有实现。《史记·大宛列传》有如下记载：

　　　　初，天子发书《易》，云"神马当从西北来"。得乌孙马好，名曰"天马"。及得大宛汗血马，益壮，更名乌孙马曰"西极"，名大宛马曰"天马"云。而汉始筑令居以西，初置酒泉郡以通西北国。因益发使抵安息、奄蔡、黎轩、条枝、身毒

---

1　《史记》卷一一〇《匈奴列传》，第2909页。

2　《史记》卷一一一《卫将军骠骑列传》，第2934页。

3　有关新秦中的概念，《史记索隐》如淳云："在长安以北，朔方以南。"《汉书·食货志》云："徙贫人充朔方以南新秦中"是也。《正义》服虔云："地名，在北地，广六七百里，长安北，朔方南。史记以为秦始皇遣蒙恬斥逐北胡，得肥饶之地七百里，徙内郡人民皆往充实之，号曰新秦中也。"见今本《史记》注释，第2910页。

国。而天子好宛马，使者相望于道。[1]

　　这段叠加了几件史实的文字，后来被《汉书·张骞传》全文照录。首先得乌孙马，然后是大宛马。前者是在张骞第二次出使归来的时候，乌孙献几十匹马报谢。然后，张骞派出的副使陆续归国，才有大宛马出现。中国既然与西北诸国交通，于是"始筑令居以西，初置酒泉郡"。酒泉郡作为河西四郡之一，是最先设立的。

　　那么，初置酒泉郡是在什么时候？关于河西四郡的设立，因为《汉书》等基本史书记载混乱，学者讨论也难以统一。这个问题也一定困扰从前的学者，《通鉴》对酒泉郡初置时间的处理是放在元鼎二年（前 115）："乌孙王既不肯东还，汉乃于浑邪王故地置酒泉郡，稍发徙民以充实之；后又分置武威郡，以绝匈奴与羌通之道。"[2] 把乌孙王不肯东还与设置酒泉郡联系起来，是因为注意到张骞出使的目标。既然乌孙不能指望，汉朝只有自己控制河西地区。当然也有更新的目标，这就是通西北诸国，并切断羌胡联络。而对于匈奴的战略依然有积极意义，向匈奴的右侧发展，亲自切断匈奴右臂。《通鉴》重视张骞出使的目标，在前史记载不一的情况下，强调汉朝政策推行的顺序，是卓越史识的表现。是否注意到张骞出使与设置酒泉郡的先后关系，是这个问题的重要侧面。[3]

---

1　《史记》卷一二三《大宛列传》，第 3170 页。

2　《资治通鉴》卷二〇，第 658 页。

3　河西四郡的设立时间，学术界争论已久。张维华主张酒泉郡初设在元鼎二年，张掖在元鼎六年（前 111），敦煌在元封六年（前 105），武威则在昭帝末宣帝初。见《汉河西四郡建置年代考疑》，原载《中国文化研究汇刊》1942 年第 2 卷，收入张维华《汉史论集》，齐鲁书社，1980，第 309~328 页。周振鹤认为酒泉郡初设在元狩二年（前 121），张掖、敦煌俱在元鼎六年，而武威则在地节三年（前 67），见《西汉河西四郡设置年代考》，《西北史地》1985 年第 1 期，第 19~25 页。王宗维认为酒泉郡设在元封三年（前 108），张掖在太初三年（前 102），敦煌在后元元年（前 88），武威在地节二年（前 68），见《汉代河西四郡始设年代问题》，《西北史地》1986 年第 3 期，第 88~98 页。

以设立河西四郡为标志，汉朝对于西部的战略发生重大转变：一改过去以建立外部联盟为主导的战略，开始自我管理河西，主动经营西域。过去的战略，以汉匈战争为核心。现在，则目标多重：既有围困匈奴，减少匈奴西部之援，切断羌胡联络的传统战略；又要联络西域诸国，即使不能建立反匈奴联盟，但至少保证西域不要成为匈奴的帮手。开辟西域，供应中原，汉武帝对天马的热情代表了汉朝的态度；而汉朝更长远的政治目标是外臣西域，实现中国古人招徕远夷的理想。

从劝返乌孙到设郡管理，汉朝实现了自我突破。第一，匈奴的威胁尚在，河西的战略地位重要，不能置之不理；第二，秦朝开始的移民实边政策得到改进，效果明显；第三，因为长期坚持，政策不断得到巩固。王莽时期，改变了诸多边疆政策，导致西域管理出现一系列混乱，但河西四郡稳定，成为朝廷管理西部边疆的前沿阵地。

## 四 "行国"与"土著"

张骞出使西域，打通了丝绸之路，建立了中国与世界的新型关系，张骞代表中国，第一次对世界进行了有意义的观察。张骞归来之后的报告，不仅提供了中亚各国的国情，也包含了重要的理论归纳。比如，张骞把中亚各国分作两种基本类型，即"行国"与"土著"，作为重要的文化概念，我们理应给予充分重视。

春秋战国时期，中国的思想家观察思考中国与夷狄的文化异同问题，如《礼记》中就有这样的概括：

中国戎夷，五方之民，皆有性也，不可推移。东方曰夷，被发文身，有不火食者矣。南方曰蛮，雕题交趾，有不火食者矣。西方曰戎，被发衣皮，有不粒食者矣。北方曰狄，衣羽毛穴居，有不粒食者矣。中国、夷、蛮、戎、狄，皆有安居、和味、宜服、利用、备器。五方之民，言语不通，嗜欲不同。达其志，通其欲，东方曰寄，南方曰象，西方曰狄鞮，北方曰译。[1]

这里概括了"四夷"及其文化特征，同时指出各种文化体之间的相互交流的存在。《荀子》对于诸夏和夷狄也有这样的归纳："故诸夏之国同服同仪，蛮夷戎狄之国同服不同制。"[2] 但是，先秦时期的中国思想家研究的文化，大体不出中国这个范围，文化的异同是充分关注的，但尚不能对政治实体进行类型归纳。

在我们所知的范围内，《史记·匈奴列传》是具有创新意义的，其中匈奴与中原文化的对比分析，具有文化类型学研究方法论的意义。该传开篇有一段概括介绍匈奴社会文化整体特征的文字，如下：

逐水草迁徙，毋城郭常处耕田之业，然亦各有分地。毋文书，以言语为约束。儿能骑羊，引弓射鸟鼠；少长则射狐兔，用为食。士力能毋弓，尽为甲骑。其俗，宽则随畜，因射猎禽兽为生业，急则人习战攻以侵伐，其天性也。其长兵则弓矢，短兵则刀铤。利则进，不利则退，不羞遁走。苟利所在，不

1　《礼记正义》，北京大学出版社，1999，第399页。
2　梁启雄：《荀子简释》，中华书局，1983，第239页。

知礼义。自君王以下，咸食畜肉，衣其皮革，被旃裘。壮者食肥美，老者食其余。贵壮健，贱老弱。父死，妻其后母；兄弟死，皆取其妻妻之。其俗有名不讳，而无姓字。[1]

概括一种文化，实事求是是基本立场，但对文化特征的观察总结是否准确则是更高标准。秦汉时代，与中原交往最深的莫过匈奴，对匈奴社会文化的深入了解，有利于双方关系的展开，甚至有利于战略战术的制定实施。汉文帝时宦者中行说投降匈奴，与汉朝使者辩论汉匈文化优劣，就有利用文化特性制定双边政策的清晰思路。观察《匈奴列传》的这段概括，若干内容就来自中行说的辩论之辞，不过汉使认为匈奴的道德倾向存在问题，而中行说则坚持理解贯通。最终，《匈奴列传》坚持了汉家立场的道德评价，众所周知，不详议。

《匈奴列传》对匈奴社会文化的描述中，逐水草无城郭、擅长骑射等内容成为后来的经典文句。但是，这里并没有一个综合概括之语。阅读《匈奴列传》会发现，在汉朝与匈奴的交往过程中，双方都把匈奴称作"引弓之国"，而这无疑是对匈奴国家类型的一种归纳总结。

汉文帝前四年（前176），匈奴单于给汉朝写信，内容如下：

今以小吏之败约故，罚右贤王，使之西求月氏击之。以天之福，吏卒良，马强力，以夷灭月氏，尽斩杀降下之。定楼兰、乌孙、呼揭及其旁二十六国，皆以为匈奴。诸引弓之民，

---

1　《史记》卷一一〇《匈奴列传》，第2879页。

并为一家。……[1]

"引弓之民"是指匈奴和西域楼兰、乌孙诸国，这是来自匈奴的概括还是汉朝呢？同书也引用了汉文帝的一封信，内容如下：

> 孝文帝后二年（前162），使使遗匈奴书曰："皇帝敬问匈奴大单于无恙。使当户且居雕渠难、郎中韩辽遗朕马二匹，已至，敬受。先帝制：长城以北，引弓之国，受命单于；长城以内，冠带之室，朕亦制之。使万民耕织射猎衣食，父子无离，臣主相安，俱无暴逆。……"[2]

汉文帝的书信中，引用了"先帝制"的内容，把长城之北，称作"引弓之国"，并受命于单于。先帝，当指高帝刘邦，可见用"引弓之国"指代匈奴，最初可能来自中原，最终双方都接受并使用这个概念。

　　然而，用"引弓之国"概括匈奴这种类型的政权是否准确呢？这显然是一个问题，因为从后来的情形看，引弓之国的概念并没有获得普遍认同。一个很简单的事实，不论中国还是匈奴，都普遍使用弓箭，如此说来，谁不是引弓之国呢？崭新的国家政权类型说，来自张骞。张骞向汉武帝介绍西域各国的时候，采用了新的概括，一是行国，二是土著。根据《大宛列传》的文字，西域各国的情形可以如表1所示。

---

1　《史记》卷一一〇《匈奴列传》，第2896页。

2　《史记》卷一一〇《匈奴列传》，第2902页。

表 1　西域各国一览

| 土著 | | 行国 | |
|---|---|---|---|
| 国名 | 特征 | 国名 | 特征 |
| 大宛 | 其俗土著，耕田，田稻麦。有蒲陶酒。多善马，有城郭屋室 | 乌孙 | 行国，随畜，与匈奴同俗 |
| 安息 | 其俗土著，耕田，田稻麦，蒲陶酒。城邑如大宛 | 康居 | 行国，与月氏同俗 |
| 条枝 | 耕田，田稻 | 奄蔡 | 行国，与康居大同俗 |
| 大夏 | 其俗土著，有城屋，与大宛同俗 | 大月氏 | 行国也，随畜移徙，与匈奴同俗 |

张骞的报告，对于汉武帝的西汉朝廷而言，是全新的知识。文帝时，匈奴的信件使用的是"诸引弓之民，并为一家"，即使不是有意隐藏真相，至少能够导致误会，以为西域诸国，都是匈奴一样的草原游牧之国。张骞的报告证明，西域有与匈奴一样的"行国"，也有与汉朝一样的"土著"。有了行国与土著之分这个前提，汉廷在制定相应政策的时候，就可以拥有完全不同的思考。很快，在身毒（印度）问题上，汉廷立刻出现了新的判断和政策。《大宛列传》有如下文字：

> 骞曰："臣在大夏时，见邛竹杖、蜀布。问曰：'安得此？'大夏国人曰：'吾贾人往市之身毒。身毒在大夏东南可数千里。其俗土著，大与大夏同，而卑湿暑热云。其人民乘象以战。其国临大水焉。'以骞度之，大夏去汉万二千里，居汉西南。今身毒国又居大夏东南数千里，有蜀物，此其去蜀不远矣。今使大夏，从羌中，险，羌人恶之；少北，则为匈奴所得；从蜀宜径，又无寇。"天子既闻大宛及大夏、安息之属皆大国，多

奇物，土著，颇与中国同业，而兵弱，贵汉财物；其北有大月氏、康居之属，兵强，可以赂遗设利朝也。且诚得而以义属之，则广地万里，重九译，致殊俗，威德遍于四海。天子欣然，以骞言为然，乃令骞因蜀犍为发间使，四道并出……[1]

这就是西汉经营西南夷的政策，虽然通往印度的道路没有找到，但加强了中原与西南地区的联系。最需要指出的是，寻找通往身毒（印度）的政策推动，与身毒的"其俗土著"存在着极大的必然联系。"土著，颇与中国同业"，表达的是一种天然的文化亲近感，这成为国家之间联系的纽带桥梁和文化基础。

张骞以"行国"与"土著"归纳国家类型，不仅符合历史实际，对于当时世界的农牧二元基本构成也具有深刻的理论性。张骞对各国的观察和归纳，具有划时代的意义，因为在此之前，类似"引弓之国"的概念，显然不能满足基本的理论分析需要。日知先生指出："早在两千多年前，中国古典史学名著《史记》中，第一次对政治学和政治史提出了行国的概念（《大宛列传》），以与城郭之国即邦或城邦相对。"[2] 吴于廑先生在《世界历史上的游牧世界和农耕世界》一文中，不仅提及张骞的归纳，而且认为当时世界的基本构成便是"游牧"与"农耕"这两个世界，就欧亚大陆而言，北方为游牧世界，南方为农耕世界。因为农耕世界生产力水平较高，所以发展出城市和手工业技术等。[3] 张骞出使西域，两种类型的国家

---

1　《史记》卷一二三《大宛列传》，第3166页。

2　日知：《张骞凿空前的丝绸之路——论中西古典文明的早期关系》，《传统文化与现代化》1994年第 6 期，第 25~32 页。当然，根据《史记》的记载，这组概念是张骞提出的，《史记》只是尽到记载的义务而已。

3　吴于廑：《世界历史上的游牧世界与农耕世界》，《云南社会科学》1983年第 1 期，第 10~16 页。

都是亲眼所见，所以有机会比较分析，与农牧二元世界的现状十分
契合。

张骞出使西域，不仅打通了丝绸之路，而且对沿途各国从国家
文化层面进行了观察，并给予了理论上的归纳总结。这是一个值得
重视的理论遗产，[1] 证明中国古人不仅有历史观察，也提供理论分析
的框架与概念。

以往言及农耕文明，学界往往都会强调其封闭与保守，对于安
土重迁的特征，多进行无情批判，以至于把中国现代化的症结，也
归罪于农耕文明。事实上，工业革命之前，世界上存在一个漫长的
农耕时代，工业革命是以农耕时代为基本历史背景的。工业革命之
后，西方列强依仗技术优势，在世界范围内大搞殖民主义运动，明
火执仗的侵略还能找到"文明输出"的借口。被侵略者往往被冠以
文化落后的帽子，加害者拥有道德优势，受害者还要忍受道德的责
难。不仅如此，受害者指责自己的文化传统，曾经在中国几乎成为
主流思想。

作为世界上最大的"土著"国家，中国文化的"土著"性格，
确实与农耕文明紧密地联系在一起。有关农耕文明的若干特征，人
们通常会引证《吕氏春秋》的文字：

> 古先圣王之所以导其民者，先务于农。民农非徒为地利
> 也，贵其志也。民农则朴，朴则易用，易用则边境安，主位
> 尊。民农则重，重则少私义，少私义则公法立，力专一。民农
> 则其产复，其产复则重徙，重徙则死处而无二虑。舍本而事

---

1　从"行国""土著"这种国家类型出发，最近几年十分热闹的"内亚"理论，可以看作"行
　　国"的翻版，而比较"行国"与"土著"，内亚理论无非是更重视"行国"的历史贡献而已。

末则不令，不令则不可以守，不可以战。民舍本而事末则其产约，其产约则轻迁徙，轻迁徙则国家有患皆有远志，无有居心。民舍本而事末则好智，好智则多诈，多诈则巧法令，以是为非，以非为是。[1]

这段文字，从统治者的立场出发，发现农耕文化的若干特征十分有利于统治，因而主张重农抑商。这一总结，并非与农耕文明的实际不符，可以看到，农耕文明的确缺乏扩张性与侵略性。重土难迁，热爱故乡，在后殖民时代的今天，难道依旧要视为文化的劣根性吗？

事实上，居民与土地的深厚关系，是合法性最根本的证明，这就是"土著性"的法律意义。古代中国的版图边境，确实处于发展之中，汉武帝时期是中国版图奠定的重要阶段。但我们从张骞出使西域的最初政策设计可以看出，占领更多的土地不是汉朝的核心诉求，反映了中国文化传统的土著性。每当边疆地区发生战争的时候，在中国总会有一种声音反复出现，即强干弱枝是必不可少的，中原是躯体，边疆是四肢，反对本末倒置。这种具有保守主义色彩的主张，并非总能支配朝廷的政策，但表现出一定的理性精神，在完善朝廷政策时，往往会发生作用。在漫长的历史进程中，中国的发展节奏相对和缓，稳重而扎实，与文化传统的土著性，存在着深刻的关联。

唐太宗贞观五年（631），根据《资治通鉴》的记载，中亚的"康国求内附"，请求唐朝同意，康国成为唐朝的一部分。对此，唐

---

1 《吕氏春秋》卷二六《上农》，陈奇猷校释《吕氏春秋校释》，学林出版社，1984，第1710页。

太宗有一番说辞："前代帝王，好招来绝域，以求服远之名，无益于用而糜弊百姓。今康国内附，傥有急难，于义不得不救。师行万里，岂不疲劳！劳百姓以取虚名，朕不为也。"遂不受。[1] 这类事情，在中国历史上非此一件，而唐太宗话语的背后，正是中国文化土著性的又一次反映。

张骞出使西域，为早期世界一体化的进程做出重要贡献，同时也创造了宝贵的精神财富，把国家分作"行国"与"土著"便是重要的政治学概念。

《隋书》卷八四《西域传》史臣曰：

> 自古开远夷，通绝域，必因宏放之主，皆起好事之臣。张骞凿空于前，班超投笔于后，或结之以重宝，或慑之以利剑，投躯万死之地，以要一旦之功，皆由主尚来远之名，臣殉轻生之节。是知上之所好，下必有甚者也。炀帝规摹宏侈，掩吞秦、汉，裴矩方进《西域图记》以荡其心，故万乘亲出玉门关，置伊吾、且末，而关右暨于流沙，骚然无聊生矣。若使北狄无虞，东夷告捷，必将修轮台之戍，筑乌垒之城，求大秦之明珠，致条支之鸟卵，往来转输，将何以堪其敝哉！古者哲王之制，方五千里，务安诸夏，不事要荒。岂威不能加，德不能被？盖不以四夷劳中国，不以无用害有用也。是以秦戍五岭，汉事三边，或道殣相望，或户口减半。隋室恃其强盛，亦狼狈于青海。此皆一人失其道，故亿兆罹其毒。若深思即叙之义，固辞都护之请，返其千里之马，不求白狼之贡，则七戎九夷，

---

1　《资治通鉴》卷一九三"贞观五年十二月"，第6091页。

候风重译，虽无辽东之捷，岂及江都之祸乎！[1]

中国古代疆界比较稳定，即使在综合国力强大之时，也不会全力拓土开边，在统治者的思想深处，土著观念一直强烈，表现在朝廷政策上，总有反对开边者及时出现。就史学的一般表现而言，如《隋书》这样的史臣曰，始终处于主流思想地位。近代以来，这种保守主义倾向被当作中国文化的糟粕而遭到批判，有一种主张是中国应该如西方那样大搞殖民主义，甚至如近代日本那样也好，侵略扩张不以为罪。

在保持与世界的联系的同时，又避免陷入扩张冒险的泥潭，丝绸之路开通之后，中国贯彻着怎样的一种政治哲学？如今我们又应当怎样评价这种哲学？凡此等等，皆有意义。

---

1　《隋书》卷八四《西域传》后"史臣曰"，中华书局，2019，第 2118~2119 页。

# 第四章　西域都护与丝绸之路

## 一　西域都护

　　秦汉开启了中国历史的新时代，相对于之后的两千多年历史，秦汉总体上属于创制期。政治体制的基本框架，经过春秋战国五百多年的探索，到秦汉时代已经基本完成，以君相为核心的中央体制，秦汉之后多有调整，未曾发生根本改变。地方郡县体制取代分封制度之后，秦汉之后曾有过反复，但郡县制为主流，没有疑问。郡县体制的基础是"编户齐民"，核心家庭作为社会的基本细胞，在两千多年的历史进程中发挥着稳定器的作用。分封制在地方制度中消退之后，并没有彻底退出历史，而是以"册封体制"的面貌，存在于边疆地区。每到政治分裂时期，这种册封王国会显著增长。

边疆地区因为远离中央，除地方性质的册封王国之外，还会另外配置军政指挥机构，共同构成边疆地区的治理结构。这种基本的边疆治理体系，是西汉逐渐探索的结果，在西域最后形成了以"西域都护"为最高军政指挥中心的西域军政体制。

关于西域，西汉最初是从匈奴获得确切信息的。汉文帝前四年（前176），匈奴单于给汉文帝的信件说右贤王得罪汉朝，惩罚他出兵攻打月氏，"罚右贤王，使之西求月氏击之。以天之福，吏卒良，马强力，以夷灭月氏，尽斩杀降下之。定楼兰、乌孙、呼揭及其旁二十六国，皆以为匈奴。诸引弓之民，并为一家"。[1] 把西域诸国都称作"引弓之民"，存在严重错误，但汉朝并不知晓。汉朝真正了解西域，是张骞出使西域之后。"天子既闻大宛及大夏、安息之属皆大国，多奇物，土著，颇与中国同业，而兵弱，贵汉财物；其北有大月氏、康居之属，兵强，可以赂遗设利朝也。且诚得而以义属之，则广地万里，重九译，致殊俗，威德遍于四海。天子欣然，以骞言为然。"[2] 张骞报告西域存在"土著"之国，与中国文化相似，引发汉武帝的兴趣。然而，西汉经营西域，存在着逐步探索、逐渐积累的过程。

先是，元狩二年（前121）骠骑将军霍去病在河西取得重大胜利，浑邪王率众降汉。元狩四年，汉朝再次取得重大胜利，匈奴远遁，漠南无王庭。张骞第二次出使西域，劝乌孙返回故地居住未果，汉朝在河西走廊设立屯田机构，[3] 并逐步设立河西

---

1 《史记》卷一一〇《匈奴列传》，第2896页；《汉书》卷九四《匈奴传上》略同，第3757页。《资治通鉴》卷一四置此事于文帝前六年，第467~468页。

2 《史记》卷一二三《大宛列传》，第3166页。

3 移民与屯田都是巩固边郡的重要措施，参见刘光华《论"徙民实边"不是屯田》，《兰州大学学报》1987年第1期。收入《汉代西北屯田研究》，兰州大学出版社，1988，第16~44页。

四郡。元封三年（前108），赵破奴"虏楼兰王，遂破姑师。因举兵威以困乌孙、大宛之属。还，封破奴为浞野侯。王恢数使，为楼兰所苦，言天子，天子发兵令恢佐破奴击破之，封恢为浩侯。于是酒泉列亭鄣至玉门矣"。[1] 河西走廊贯通，这为经营西域奠定了交通基础。

李广利完成远征大宛，是太初四年（前101），"而敦煌置酒泉都尉；西至盐水，往往有亭。而仑头有田卒数百人，因置使者护田积粟，以给使外国者"。[2] 此事很重要，《汉书·西域传》的记载为"自贰师将军伐大宛之后，西域震惧，多遣使来贡献，汉使西域者益得职。于是自敦煌西至盐泽，往往起亭，而轮台、渠犁皆有田卒数百人，置使者校尉领护，以给使外国者"。[3]《汉书》比《史记》记载西域屯田多出一处"渠犁"，应该更准确。[4] 西汉政府经营西域的步骤，田余庆先生进行了归纳总结，认为汉朝的西进有比较稳定的战略模式："先是军队向西占领据点，然后是一，在据点的后方修筑亭障；二，在据点的前方向西的区域扩大声威。"[5]

打通河西走廊，经营西域，都是汉匈战争的副产品，是伴随战争进程展开的支撑措施。随着汉匈战争的主战场不断向西移动，汉朝的后方保障体系建设只能随之向西跟进。整个汉武帝时期匈奴虽然居于下风，但汉武帝想要匈奴臣服的愿望始终没有实现。宣帝本

---

1　《史记》卷一二三《大宛列传》，第3171~3172页。《资治通鉴》卷二一列此事于元封三年，第687页。

2　《史记》卷一二三《大宛列传》，第3179页。

3　《汉书》卷九六上《西域传上》，第3876页。

4　《资治通鉴》的记载，采用了《汉书》的文字，至于太初四年，见《通鉴》卷二一，第707~708页。

5　田余庆：《论轮台诏》，《历史研究》1985年第1期。收入田余庆《秦汉魏晋史探微》，中华书局，1993，第28~58页。

始二年（前72），在乌孙的积极要求下，汉朝出兵十五万，由五将军率领出击匈奴，乌孙一路收获最大。"匈奴民众死伤而去者，及畜产远移死亡，不可胜数。于是匈奴遂衰耗，怨乌孙。"前71年匈奴进攻乌孙，但遭遇恶劣的大雨雪天气，随后丁零、乌桓和乌孙对匈奴进行三面夹击，匈奴损失越发严重。此后匈奴继续挣扎，但内部矛盾越发激化，直到呼韩邪于甘露二年（前52）朝天子于甘泉宫，正式称臣。汉匈几十年的征战终于有了一个明显的结局。

　　正是在匈奴衰弱的过程中，汉朝的西域经营取得了重要进展。公元前60年，是汉宣帝神爵二年。这一年的车师战役中，汉朝率领西域各绿洲王国的军队打败匈奴，从而实现了对丝路北道的控制，于是把原来已有的护北道、南道职能进行整合，建立西域都护。首任都护由郑吉担任。

　　对此，《汉书·西域传》的记载是重要资料，其文如下：

　　　　至宣帝时，遣卫司马使护鄯善以西数国。及破姑师，未尽珍，分以为车师前后王及山北六国。时汉独护南道，未能尽并北道也，然匈奴不自安矣。其后日逐王畔单于，将众来降，护鄯善以西使者郑吉迎之。既至汉，封日逐王为归德侯，吉为安远侯。是岁，神爵三年也。乃因使吉并护北道，故号曰都护。都护之起，自吉置矣。僮仆都尉由此罢，匈奴益弱，不得近西域。于是徙屯田，田于北胥鞬，披莎车之地，屯田校尉始属都护。都护督察乌孙、康居诸外国动静，有变以闻。可安辑，安辑之；可击，击之。都护治乌垒城，去阳关二千七百三十八里，与渠犁田官相近，土地肥饶，于西域为中，故都护治焉。[1]

---

[1] 《汉书》卷九六《西域传上》，第3874页。

　　这里的重要信息有三。其一，西域都护的来历。神爵二年之前，汉代只有"护南道"，这次车师战役之后，"并护北道"，南道、北道一并都包括进来，故称"都护"。所谓南道、北道，代表着南道诸国和北道诸国。其二，西域都护的职能。西域的屯田校尉收归都护管辖，随时掌握乌孙、康居这些外国动向，及时向中央报告。同时拥有自由裁量权力，可以使用"安辑"和军事打击两种基本方法。其三，介绍西域都护的办公地是"乌垒城"。其地理位置居于西域之中，便于行动，所以都护选择了这里来管理西域。[1] 都护之职，涵盖了此前的屯田校尉之职，如轮台屯田"置使者校尉领护，以给使外国者"，保护丝绸之路的正常交通，从最初就是校尉的职责。

　　有关西域都护名称的来历，《后汉书·西域传》也有同样叙述，比较简洁："武帝时，西域内属，有三十六国。汉为置使者、校尉领护之。宣帝改曰都护。"[2] 北宋编《太平御览》保留《汉官仪》内容，记载："西域都护，武皇帝始开通西域三十六国，其后稍分至五十余国，置使者、校尉以领护之。宣帝神雀三年，改曰都护，秩二千石。"[3] 可见，传统史家的历史叙述基本一致。

　　都护，史书也记载属于"加官"。《汉书·百官公卿表》："西域都护加官，宣帝地节二年初置，以骑都尉、谏大夫使护西域三十六国。"[4] 以首任西域都护郑吉而言，他在担任都护之前，官"卫司马"，

---

1　关于西域都护成立的时间，《汉书·西域传》写作"神爵三年"，《汉书·百官公卿表》写作"地节二年"，《资治通鉴考异》有辨析，皆误，神爵二年是正确的（中华书局，1956，第589页）。神爵二年，即公元前60年。当今学者意见也不统一，参见刘国防《汉西域都护的始置及其年代》，《西域研究》2002年第3期，第18~22页。

2　《后汉书》卷八八《西域传》，中华书局，1965，第2909页。

3　应劭撰《汉官仪》共十卷，佚失，清代孙星衍等辑佚，成两卷，见孙星衍等辑《汉官六种》，中华书局，1990，第155页。

4　《汉书》卷一九，第738页。

加使职"使护鄯善以西南道"。迎送匈奴日逐王至长安和破车师之功，"并护车师以西北道"，这样，南道北道并护，于是叫作"都护"。在册封郑吉为安远侯的诏书中，第一句称"都护西域骑都尉郑吉"，骑都尉是本官，而西域都护是加官。郑吉之后的历任西域都护，如甘延寿、段会宗，都有骑都尉之职。[1] 可以认为骑都尉担任西域都护，成了一个比较稳定的兼职关系。[2]

新出土的文献中，也有西域都护以及骑都尉在简牍中的记载，西域都护或者骑都尉都可以单独使用。悬泉置汉简中，编号Ⅱ0114②:206，是元始五年（公元5年）三月丁卯日，一封来自"西域都护"的书信，信件将要上交公车司马，[3] 这是"西域都护"可以用来单独使用的证据。西汉某年五月，敦煌太守给西域的重要单位都发出了书信，有"使都护西域骑都尉、将田车师戊己校尉"等。[4] 这里的用法，与史书记载一样，应该是标准官方用语。编号Ⅱ0214③:83 的简，记录"安远侯"派遣人运送马匹、骆驼等财物的事，[5] 安远侯自然指的是郑吉。还有一简，出现了"使西域口都尉"字样，空缺的字整理者认为是"骑"字，[6] 肯定指代某位西域都护。

乌垒城是西域都护的驻地，此地因为处于西域的中心位置，所以才被选中。乌垒城应该是为西域都护特意建筑的城池，强调中心的地理位置。建平四年（公元前3年），杨雄在上书中提及："往者图西域，制车师，置城郭都护三十六国。"[7] 所谓的"置城郭"，当特

---

1　《汉书》卷七〇，甘延寿、段会宗皆与郑吉同传。
2　参见张新超《西汉骑都尉考》，《天水师范学院学报》2012 年第 1 期，第 78~81 页。
3　胡平生、张德芳编撰《敦煌悬泉汉简释粹》，上海古籍出版社，2001，第 111 页。
4　胡平生、张德芳编撰《敦煌悬泉汉简释粹》，第 115 页。
5　胡平生、张德芳编撰《敦煌悬泉汉简释粹》，第 123 页。
6　胡平生、张德芳编撰《敦煌悬泉汉简释粹》，第 131~132 页。
7　《汉书》卷九四《杨雄传》，第 3816 页。

指乌垒城的建设。《汉书·西域传》记载乌垒城："乌垒，户百一十，口千二百，胜兵三百人。城都尉、译长各一人。与都护同治。"[1]《西域传》中，多称国而记，但乌垒和渠犁例外，不称国。渠犁被称作"渠犁田官"，是一座屯田城，有人口一千四百八十人，胜兵有一百五十人。而乌垒城，人口只有一千二百人，但胜兵却有三百人。为什么乌垒城的军人数量占比如此高？相信与都护所在有关。[2]《西域传》中，每个城郭之国的记述，都会在空间位置中记录与西域都护的道里，也在表达都护城的政治地位。

有关西域都护的建制，除《汉书·西域传》之外，《汉书·郑吉传》的记载也十分重要。相关文字如下：

> 神爵中，匈奴乖乱，日逐王先贤掸欲降汉，使人与吉相闻。吉发渠黎、龟兹诸国五万人迎日逐王，口万二千人、小王将十二人随吉至河曲，颇有亡者，吉追斩之，遂将诣京师。汉封日逐王为归德侯。
>
> 吉既破车师，降日逐，威震西域，遂并护车师以西北道，故号都护。都护之置自吉始焉。
>
> 上嘉其功效，乃下诏曰："都护西域骑都尉郑吉，拊循外蛮，宣明威信，迎匈奴单于从兄日逐王众，击破车师兜訾城，功效茂著。其封吉为安远侯，食邑千户。"吉于是中西域而立莫府，治乌垒城，镇抚诸国，诛伐怀集之。汉之号令班西域矣，始自张骞而成于郑吉。[3]

---

1　《汉书》卷九六下《西域传下》，第3910页。
2　有关乌垒城的地望，学界看法也存在分歧。参见林梅村《考古学视野下的西域都护府今址研究》，《历史研究》2013年第6期，第43~58页。
3　《汉书》卷七〇《郑吉传》，第3005~3006页。

首先，郑吉因功封为安远侯。其次，对于西域都护的含义，这里的补充很重要，即"镇抚诸国，诛伐怀集之"。对于西域都护的治所，更有说明："吉于是中西域而立莫府，治乌垒城。"

那么，"西域都护"可以称作"西域都护府"吗？答案就在《郑吉传》中，核心就是"立莫府"三字。莫府，即幕府，在《史记》《汉书》的文字中很常见。西域都护是职官名称，是西汉中央政府派驻西域的最高军政长官。那么，西域都护有自己的办公衙署吗？《汉书·百官公卿表》："西域都护加官，宣帝地节二年初置，以骑都尉、谏大夫使护西域三十六国，有副校尉，秩比二千石，丞一人，司马、候、千人各二人。"[1] 这就清楚地表明，西域都护的属下，有系统官员设置。其中，副校尉是西域都护的副官。郑吉之后，是甘延寿为西域都护，而他的副官即副校尉是陈汤。《汉书·陈汤传》载有太中大夫谷永的上疏，为陈汤申诉，其中提及陈汤的职务为"前使副西域都护"，[2] 看来副校尉也可以称作副都护。以长官名称代指机构，这是汉代习惯。西域都护与西域都护府，没有本质区别。

西域都护的建立，代表着汉朝边疆管理体制探索的新成果。汉朝施行郡县制，因为边疆地区情况特殊，所以边郡建设特别强调军事性。卫宏撰《汉旧仪》记载："边郡太守各将万骑，行障塞烽火追虏。置长史一人，掌兵马。丞一人，治民。当兵行，长史领。置部都尉、千人、司马、候、农都尉，皆不治民，不给卫士。"[3] 边郡职官设计，军事为主，民事为辅。边郡虽然给予特殊设置，军事权力较大，但毕竟局限于一郡之地。边疆地区环境复杂，特殊地区采取更加特殊的制度设置，西汉逐渐探索出一种新的边疆地区管理体制，

---

1　《汉书》卷一九上《百官公卿表上》，第 738 页。

2　《汉书》卷七〇《陈汤传》，第 3021 页。

3　卫宏：《汉旧仪》二卷，孙星衍辑佚，见《汉官六种》，中华书局，2009，第 81 页。

根据地区不同而名称不同，但基本功能是相似的，如护乌桓校尉、护羌校尉等。

护乌桓校尉设置在东北地区。"孝武帝时，乌桓属汉，始于幽州置之，拥节监领，秩比二千石。""拥节。长史一人，司马二人，皆六百石。并领鲜卑。客赐质子，岁时胡市马。"[1] 乌桓、鲜卑，皆在汉代东北方位。西北地区是"护羌校尉"，"武帝置，秩比二千石，持节，以护西羌"，"拥节。长史、司马二人，皆六百石"。[2] 具体到汉武帝什么时间设立护羌校尉，大约有元鼎六年和神爵二年的不同理解，有学者考证这是一个过程问题。[3] 西汉之后，东汉继承了这个传统，恢复了这个职务的设置。[4]

此外就是西域都护和戊己校尉。据《汉书·西域传》，戊己校尉的设置，是在汉与匈奴争夺车师的过程中。"是岁，元康四年也。其后置戊己校尉屯田，居车师故地。"[5] 元康四年，即公元前62年。两年后，设置西域都护。汉朝经营西域，从南道向北道方向发展，车师是重要目标。戊己校尉也是西域屯田官之一，"屯田校尉始属都护"，当然也包括戊己校尉。西域都护的建立，是汉朝探索边疆地区管理体制的重要成果，不仅在西汉有管理实效，对于后来也有示范功效。

从护乌桓校尉到西域都护，史书都强调长官"拥节"这一特征，即代表朝廷，拥有"便宜行事"的处置权，如西域都护对统领地区"可安辑，安辑之；可击，击之"。从属官设置看，突出军

---

1　应劭撰《汉官仪》二卷，孙星衍辑佚，见《汉官六种》，第154页。

2　应劭撰《汉官仪》二卷，孙星衍辑佚，见《汉官六种》，第154~155页。

3　参见刘国防《西汉护羌校尉考述》，《中国边疆史地研究》2010年第3期，第9~17页。

4　参见李大龙《东汉王朝护羌校尉考述》，《民族研究》1996年第2期，第67~78页。

5　《汉书》卷九六下《西域传下》，第3924页。

事职能是很明显的。而所有这些机构，都可以看作朝廷的军事派出机构。在边郡之外，设置更有权力的边疆军政机构，西域都护是典型代表，这是西汉一项重要制度创新。新的军政体制，以协调当地的军事力量应对各种形势变化，而西域都护府等边疆最高军政机构，是以军事职能为第一要务，但都护府本身并没有太多的军队，屯田军和西域各国的军队，才是都护府依靠的军事力量。

汉朝建立西域都护，历史意义巨大。《汉书·郑吉传》称："汉之号令班西域矣，始自张骞而成于郑吉。"《后汉书·西域传》的传后"论曰：西域风土之载，前古未闻也。汉世张骞怀致远之略，班超奋封侯之志，终能立功西遐，羁服外域"。[1] 从与匈奴长远斗争的角度看，西域都护是汉朝"断匈奴右臂"战略的继续。从中国的发展而言，西域都护是维护丝绸之路畅通的重要保障。作为中外文化交流的重要孔道，丝绸之路不仅为中国的发展提供了资源，也在世界一体化的进程中发挥了积极作用。

## 二　"西域内属"

《后汉书·西域传》介绍西汉时期的西域，具有后来者的清晰度，言辞简洁："武帝时，西域内属，有三十六国。汉为置使者、校尉领护之。宣帝改曰都护。"[2] 用《汉书·西域传》的记载相对照，会发现语词间的差异。"自贰师将军伐大宛之后，西域震惧，多遣使来贡献，汉使西域者益得职。于是自敦煌西至盐泽，往往起亭，而轮台、渠犁皆有田卒数百人，置使者校尉领护，以给使外国者。"[3]

---

1　《后汉书》卷八八《西域传》，第 2931 页。
2　《后汉书》卷八八《西域传》，第 2909 页。
3　《汉书》卷九六上《西域传上》，第 3876 页。

《汉书》似乎更强调依靠田卒领护道路，"以给使外国者"，当然有了西域各国的配合，才使"汉使西域者益得职"。而《后汉书》直接把都护等领护的对象写作"三十六国"，认为这是"西域内属"的标志。所谓南道、北道，当然不是专指道路本身，而是指代南道诸国与北道诸国。

历史的事实是，西域三十六国情况有差异，"西域内属"存在着一个历史过程，而"内属"的标志之一就是允许汉朝在西域设置专门管理西域的官职，这便是西域都护的发展过程。那么，所谓"内属"，除了听从西域都护府的号令之外，还有什么标志呢？其实，这也是确定外臣关系的标志，具有制度层面的意义。

首先是质子。"楼兰既降服贡献，匈奴闻，发兵击之。于是楼兰遣一子质匈奴，一子质汉。""楼兰更立王，汉复责其质子，亦遣一子质匈奴。后王又死，匈奴先闻之，遣质子归，得立为王。"[1]《西域传》中关于楼兰的记载，多次提及质子问题。当楼兰首鼠两端的时候，甚至会向汉朝和匈奴派出不同的质子。

西域诸国既然臣服于汉朝，向汉朝派出质子，就不能再接受他国的质子。《西域传》"龟兹国"条曾记载这样的事。"初，贰师将军李广利击大宛，还过杆弥，杆弥遣太子赖丹为质于龟兹。广利责龟兹曰：'外国皆臣属于汉，龟兹何以得受杆弥质？'即将赖丹入至京师。"[2]此事后来又有曲直，但臣属之国不可再接受他国称臣，看来是一个通则。

西汉与匈奴的战争，虽然汉朝不断取得优势，但匈奴始终不肯屈服，仅仅希望恢复和亲。乌维单于时，汉朝给出的和亲条件是

---

1　《汉书》卷九六上《西域传上》，第 3877 页。

2　《汉书》卷九六下《西域传下》，第 3916 页。

"遣其太子入汉为质"，"即欲和亲，以单于太子为质于汉"。[1] 但匈奴终汉武帝之世一直不肯。汉宣帝时，匈奴内战不断升级，呼韩邪斗争失败，决定"称臣入朝事汉，从汉求助"，一个重要的表态就是"引众南近塞，遣子右贤王铢娄渠堂入侍。郅支单于亦遣子右大将驹于利受入侍。是岁，甘露元年也"。[2] 遣子入侍，是臣服的表示。

其次是朝贡。楼兰臣属汉朝，首先的表态不是派质子而是"贡献"。《汉书·西域传》介绍贰师将军伐大宛之后的影响，便是"西域震惧，多遣使来贡献"。贡献即通过朝贡的方式表达臣服，但是毕竟存在贸易的形式，而贸易利益也是不能忽略的。

利用朝贡的形式，获取贸易的利益，罽宾具有代表性。罽宾因为距离汉朝遥远，并不担心汉朝的劳师远征，所以多次杀害汉朝使者。需要与汉朝贸易时，又会卑辞谢罪。汉成帝时，再次采用"遣使献，谢罪"的措施，朝廷是否会派使者护送对方的"使者"呢？杜钦有一段精辟的分析，其言如下：

> 前罽宾王阴末赴本汉所立，后卒畔逆。夫德莫大于有国子民，罪莫大于执杀使者，所以不报恩，不惧诛者，自知绝远，兵不至也。有求则卑辞，无欲则娇嫚，终不可怀服。……其乡慕，不足以安西域；虽不附，不能危城郭。前亲逆节，恶暴西域，故绝而不通；今悔过来，而无亲属贵人，奉献者皆行贾贱人，欲通货市买，以献为名，故烦使者送至县度，恐失实见欺。……今遣使者承至尊之命，送蛮夷之贾，劳吏士之众，涉危难之路，罢弊所恃以事无用，非久长计也。使者业已受节，

---

1　《史记》卷一一〇《匈奴列传》，第2913页。汉朝使者王乌、杨信前往匈奴，当面提出质子问题，但被匈奴拒绝。

2　《汉书》卷九四上《匈奴传上》，第3789页。

可至皮山而还。[1]

杜钦的观点最后促成朝廷政策有所改变："于是凤白从钦言。罽宾实利赏赐贾市，其使数年而壹至云。"在朝贡的概念下，接受朝贡相当于接受臣服，汉朝虽然享受这种万国来朝的感觉，但是对于罽宾这种情形，也有十分清醒的看法。因为双方距离遥远，罽宾即使杀害了汉朝的使者（最严重冒犯），汉朝也不至于发动万里远征。罽宾明白其中的原理，所以经常故技重施，反复冒犯，反复认错，为的是维持贸易关系，不放弃贸易利益。杜钦建议朝廷切断与罽宾的往来，最后朝廷采用的是保持距离的办法，不给罽宾加害的机会，至于贸易关系，反正数量有限，仅仅维持而已。

与罽宾情况相似的还有康居。"至成帝时，康居遣子侍汉，贡献，然自以绝远，独骄嫚，不肯与诸国相望。"如何应对康居，《西域传》有如下记载：

都护郭舜数上言："本匈奴盛时，非以兼有乌孙、康居故也；及其称臣妾，非以失二国也。汉虽皆受其质子，然三国内相输遗，交通如故，亦相候司，见便则发；合不能相亲信，离不能相臣役。以今言之，结配乌孙竟未有益，反为中国生事。然乌孙既结在前，今与匈奴俱称臣，义不可距。而康居骄黠，讫不肯拜使者。都护吏至其国，坐之乌孙诸使下，王及贵人先饮食已，乃饮啖都护吏，故为无所省以夸旁国。以此度之，何故遣子入侍？其欲贾市为好，辞之诈也。匈奴百蛮大国，今事汉甚备，闻康居不拜，且使单于有自下之意，宜归其侍子，绝

---

1　《汉书》卷九六上《西域传上》，第3886~3887页。

勿复使，以章汉家不通无礼之国。敦煌、酒泉小郡及南道八国，给使者往来人马驴橐驼食，皆苦之。空罢耗所过，送迎骄黠绝远之国，非至计也。"汉为其新通，重致远人，终羁縻而未绝。[1]

康居既派遣侍子，也不断贡献，前者是手段，后者才是目的，贡献就是为了获取贸易利益。郭舜的说法是"何故遣子入侍？其欲贾市为好，辞之诈也"。所以，康居的做法汉朝并非看不懂，郭舜的建议是断绝与康居的关系，但最终汉廷并未采纳，"终羁縻而未绝"。汉朝最后容忍康居的虚假臣服，认为维持表面的外臣关系也有意义，所以双方的这种状态一直持续下去。汉朝取得"羁縻"效果，康居获得贸易利益，也算各取所需。汉朝的态度留下疑问，为什么明知道对方不守约定，还要维护关系，坚持一种模糊的政治空间呢？虽然史料没有做出解释，我们今天可以理解的因由，大约是交往本身更重要，汉朝也更重视。比起斤斤计较于君臣关系，维护道路畅通、坚持文化交流，是汉朝或沿途各国的更大利益所在。有一种观点总是强调中原政权的政治核心意图，在这样的史料面前，显然是无法坚持的。

最后是佩汉印绶，这也是西域各国臣服的表现。《汉书·西域传下》在总结西域历史的时候，这样记载："最凡国五十。自译长、城长、君、监、吏、大禄、百长、千长、都尉、且渠、当户、将、相至侯、王，皆佩汉印绶，凡三百七十六人。而康居、大月氏、安息、罽宾、乌弋之属，皆以绝远不在数中，其来贡献则相与报，不

---

[1]　《汉书》卷九六上《西域传上》，第3892~3893页。

督录总领也。"[1] 那么，各国官员大人所佩汉印绶，是该国的职官，还是汉朝的职官？

汉印绶，属于汉朝制度无疑，但印绶表达的职官内容，从这个记载中看不分明。《西域传》"乌孙"条记载："哀帝元寿二年（公元前 1 年），大昆弥伊秩靡与单于并入朝，汉以为荣。至元始中，卑爰疐杀乌日领以自效，汉封为归义侯。"[2] 很明显，这是授予汉侯。从乌孙的例证看，汉授印绶，主要是对乌孙的官员，表达汉朝的嘉奖。比如星靡为大昆弥的时候，西域都护"韩宣奏，乌孙大吏、大禄、大监皆可以赐金印紫绶，以尊辅大昆弥，汉许之"。后来，西域都护段会宗认为大禄、大吏、大监等没有完成职责，于是"夺金印紫绶，更与铜墨云"。[3] 这相当于作为汉朝代表的西域都护，对乌孙的重要官吏有考核之权，印绶等级也由汉朝根据考核来确定，存在着降级之制。

西域各国臣服于汉朝早于匈奴，在匈奴的视野中是"今汉方盛，乌孙城郭诸国皆为臣妾"。[4] 李大龙先生研讨西汉藩属体制，认为西汉有"藩臣"与"外臣"之分，同姓诸侯王等为"藩臣"，而"外臣"则专指边疆民族地区向西汉称臣的政权如卫氏朝鲜、匈奴、西域诸国。[5] 以中国为中心的天下秩序，确实在西汉时期逐渐探索并取得进展，为后世中国奠定了历史与制度的基础。

---

1　《汉书》卷九六下《西域传下》，第 3928 页。

2　《汉书》卷九六下《西域传下》，第 3910 页。

3　《汉书》卷九六下《西域传下》，第 3908、3909 页。

4　《汉书》卷九四下《匈奴传下》，第 3797 页。

5　李大龙：《汉唐藩属体制研究》第二章"西汉时期藩属体制的建立和维系"，中国社会科学出版社，2006，第 56~161 页。

# 第二编　5~10世纪的丝路贸易

# 第一章　十六国、北朝时期吐鲁番地方的丝织业[*]

　　《新获吐鲁番出土文献》收集到两件北凉高昌时期的文书《北凉计赀出献丝帐》和《北凉计口出丝帐》。它们都是政府征收居民的丝绸账目，一是按户赀征收，另一是按口征收。这是地方史赋税研究的重要资料，也是丝绸生产历史的重要资料。尤其是吐鲁番作为古代丝绸之路的重镇，当地生产丝绸的意义更加重大。这里从新出的这两件文书出发，探讨丝绸之路与丝绸生产等问题，希望有助于对相关问题的理解。

---

[*]　本章承蒙裴成国先生指教，特此致谢。

## 一　新资料

首先介绍新出资料，然后进入讨论。《北凉计赀出献丝帐》共五个断片，其中第一件最大，共有 37 行。五件文书显然属于同一类型，但是无法缀合，只好分别排列如下：

《北凉计赀出献丝帐》

（一）

（前缺）

| 1 | 右八家赀 [ | |
|---|---|---|
| 2 | 李谧六十六斛 [ | |
| 3 | 严经十六斛 [ | |
| 4 | 贯先五斛 | 赵定六斛 [ |
| 5 | 宋充七十四斛五斗 | 李慎十九斛 |
| | 成曲安十二斛 [ | |
| 6 | 索尽法生十二斛 | 韩相十三斛 |
| | 张宴二斛 [ | |
| 7 | | 除宋充、李慎、苏□[1] |
| 8 | | ] 斛出献丝斤 |
| 9 | 王宁八十三斛 | 严祛六十斛 |
| | [　　　　　] | 王其十七斛五斗 |
| 10 | 西郭奴十七斛五斗 | 宋越十二斛 |
| | 张远安十一斛 | 张仁子十一斛 |

---

1　本件文书每个单元末尾择空白处书写的"除"及人名系朱书。

11 □□十斛五斗　　　　　　赵相受十斛五斗

　　索君明廿六斛　　　　　　赵士进九斛

12 [　　]　　　　　　　　　张清九斛

　　严延十四斛　　　　　　　刘奴朴三斛

13 　□□□廿斛五斗　　　　　严逻七斛五斗

　　许通十二斛　　　　　　　李弘长六斛

14 　张抚三斛　　　　　　　　李畚十斛

　　除严祛、张远安、许通

15 　右廿二家赀合三百七十斛出献丝斤

16 杜司马祠百五十三斛　　　[　　　]六斛

17 孙国长六斛　　　　　　　王模六斛

　　路晁六斛　　　　　　　　范周会五十九斛

18 □□十八斛　　　　　　　　荆佛须十一斛

　　张玄通四斛五斗　　　　　宋棱四斛五斗

19 □□□斛五斗　　　　　　　令狐男四斛五斗

　　田盘安六斛　　　　　　　成崇安四斛五斗

　　　　　　　　　　　　　　　　　　（李钦）

20 　]四斛五斗　　　　　　　唐暖四斛五斗

　　除□□、范周会、宋□

21 　右十八家赀合三百七十斛出献丝五斤

22 宋平八十五斛五斗　　　　□□五十七斛五斗

　　张崇七斛　　　　　　　　宋狯三斛

23 孔畚廿八斛　　　　　　　[　　　　　]

24 王场十九斛　　　　　　　孙孜十斛五斗

　　帛军弘三斛　　　　　　　王圆二斛

25 　右十二家赀合三百七十斛出献丝五斤

　　　　　　除□□　□□安

26　[　　　　　　　]　　　　　　　范通□四斛五斗

　　　乐胜五十九斛五斗

27　[　　　　　]斛　　　　　　　田玫九十一斛五斗

　　　韩钊八斛　　　　　　　　　王遂二斛

28　　　右八家赀合三百七十斛出献丝五斤

　　　　　除范□、乐胜

29　王奴安八十八斛　　　　　　廉德五十四斛五斗

　　　刘□□[　　]　　　　　　□□廿五斛五斗

30　阚炭廿二斛　　　　　　　　□□[

　　　□豹四斛

31　[　　　　　　　]　　　　　　□□□斛

　　　阚钱四斛　　　　　　　　樊秉三斛

32　张士奴三斛　　　　　　　　路鱼三斛

　　　令狐宠三斛　　　　　　　左臭九斛

33　隗登卅斛　　　　　　　　　雷持六斛

34　右十八家赀合三百七十斛出献丝五斤

35　尚能七十二斛　　　　　　　[

36　廉遂四斛　　　　　　　　　[

37　□□十七斛　　　　　　　　[

（后缺）[1]


　　大略看到，比较完整的一个断片，可以分出六个单元，先列人

---

1　这里只引用一件文书，尚有几件断片没有引用。参见荣新江、李肖、孟宪实主编《新获吐鲁
　番出土文献》，中华书局，2008，第278~281页。

名和斛数（称为家赀），然后是家赀总和，都是"三百七十斛"，并写出"出献丝斤"。虽然每家的家赀并不相同，但是最后的这个总和与出丝数量都是一致的，显然是经过认真计算的结果。在每个单元结束的时候，又用红笔标出"除"的名单，而所谓"除"，其实就是"免除"。这是赋税制度中的常见故事，符合条件的可以复除。

《北凉计口出丝帐》共三个断片，每个单元也一样，先是人名和口数，最后多少家总和多少口，共出丝多少斤多少两。这是按照人口出丝的原则，平均是每人出一两丝。具体内容如下：

《北凉计口出丝帐》

（一）

（前缺）

1　　　]□　　　　　韩通七口　　　　解勘 [

2　　]五口　　　　　牛国十二口　　　阎钊十四口

　　　　李迁三口

3　　　]五口　　　　王并一口

4　　]家口合六十八出丝四斤四两严锐、牛国入 □[1]

5　　]王并残八口　　张端五口　　　张定二口

　　　张安世五口　　　　阚万虎四口

6　　]□□五口　　　□奴三口　　　宋纯四口

　　　王邈四口　　　　　令狐□ [

（二）

（前缺）

1　　　]□甑六口　　　宋迁五口　　　张赤子五口

---

1　　此行有朱笔勾勒。

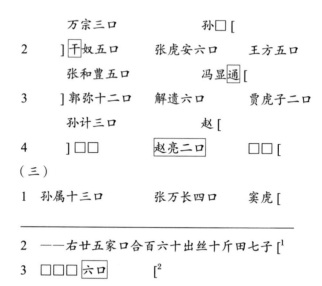

      万宗三口              孙□ [

2   ] 干奴五口     张虎安六口     王方五口

      张和豊五口        冯显通 [

3   ] 郭弥十二口   解遗六口     贾虎子二口

      孙计三口           赵 [

4   ] □□       赵亮二口       □□ [

（三）

1   孙属十三口     张万长四口     窦虎 [

_____

2   ——右廿五家口合百六十出丝十斤田七子 [[1]

3   □□□ 六口         [[2]

    关于这两组文书的出土和缀合情况，可以参考《新获吐鲁番出土文献》的说明文字。而对这两组文书的研究，有裴成国先生的成果。他的研究结论是，《北凉计赀出献丝帐》是北凉的户调文件，而《北凉计口出丝帐》则是"口税"，即按人口交纳的税。历史上有"口赋"，属于人口税的一种。[3]

    不论是户调还是口赋，都是常规赋税，并不是特殊或者一时的赋税种类。本章重视的问题因此出现，既然属于常规赋税且都是交纳丝，那么相应地，一定存在比较可观的丝绸生产，因为这样的赋税种类不可能凭空设置。

---

1   此行上有一竖线，此行文字上有朱笔勾勒。

2   荣新江、李肖、孟宪实主编《新获吐鲁番出土文献》，第 282~284 页。

3   裴成国：《吐鲁番新出北凉计赀、计口出丝帐研究》，《中华文史论丛》2007 年第 4 辑，第 65~103 页。

## 二 北凉高昌与阚氏高昌的丝织业

《北凉计赀出献丝帐》和《北凉计口出丝帐》之所以名之为北凉时期，是因为伴出一组地方行政文书，其中有某"七年"的时间标志，研究之后认为应该属于北凉承平七年（449）。[1]

十六国时期的吐鲁番，先是在327年高昌的戊己校尉被前凉张骏吞并，此地从此成为隶属于前凉的高昌郡。前凉到张天锡咸安六年（376）八月，被前秦苻坚灭亡，高昌郡又隶属于前秦。继续前秦统治高昌的是后凉的吕光，时间从389年开始，年号为麟嘉。403年，后凉的统治结束。继承吕光统治河西的是段业，他本来是吕光手下，397年沮渠蒙逊等反叛吕光，共推段业为主。至401年，段业被沮渠蒙逊攻杀。吕光统治高昌大约不到十年，而段业统治高昌大约三年。在沮渠蒙逊崛起的同时，河西走廊西部的大族和官员公推李暠为首领，与沮渠氏抗衡。400年李暠称凉公，改元庚子，这就是西凉的建立。421年，李暠的儿子李恂面对沮渠氏的进攻，兵败被杀，西凉灭亡。沮渠氏北凉消灭西凉，也取代了西凉在高昌的统治。[2]

北凉分作段氏和沮渠氏两个时期，吐鲁番出土资料显示，后者对吐鲁番控制的时间更长。439年，沮渠氏北凉遭遇北魏的强大攻击，寿终正寝。但是北凉西部地区在沮渠无讳和沮渠安周兄弟的率

---

1　参见孟宪实《吐鲁番新出一组北凉文书的初步研究》,《西域历史语言研究集刊》创刊号，科学出版社，2007，第1~12页。

2　高昌郡时期的河西政治，不断上演城头变幻大王旗的戏码，对于西部高昌郡的统治，传世文献记载经常要与出土文献互证以求真相，但是争议甚多。可参看王素《高昌史稿（统治编）》第三章、第四章，文物出版社，1998。

领下继续抵抗，最后带走敦煌所有民众，穿越沙漠进入高昌。当时的高昌正在北凉太守阚爽的统治之下，安周兄弟的到来，正是阚爽的邀请。结果看到沮渠安周兄弟有可能长期驻扎下去，阚爽临时变卦，最后被安周兄弟打败，逃往北方的柔然地区。于是沮渠氏立足高昌，积极与南方联络，准备重整山河。沮渠无讳从 443 年开始，改元为承平。无讳去世，安周代立，继续使用承平年号。[1]北凉残余势力以高昌为根据地，自称"大凉"王国，又挥师进攻交河的车师政权，在 450 年打败车师，统一了吐鲁番盆地。这样，吐鲁番盆地就进入高昌国时代。

承平十八年（460），北方游牧政权柔然杀安周而立阚伯周为高昌王。高昌的政治继续演进，《北史·高昌传》写道：

> 太和初，伯周死，子义成立。岁余，为从兄首归所杀，自立为高昌王。五年，高车王阿至罗杀首归兄弟，以敦煌人张孟明为王。后为国人所杀，立马儒为王，以巩顾礼、麹嘉为左右长史。

阚伯周在位时间一共 12 年，他的儿子义成继位后不久就为从兄首归所杀，此后阚首归一直统治到 488 年。阚氏在高昌统治一共有 28 年的时间，并且一直奉行柔然年号。在柔然与高车的斗争中，高车胜利，遂有高昌王的改换姓氏，这就是张孟明的张氏高昌。张孟明执掌高昌，从 488 年到 496 年，遂发生内部叛乱，马儒当上高昌王。马儒在位期间，积极谋求内迁，他的统治只有 5 年时间，到 501 年高昌人杀马儒而立麹嘉。从此开始了麹氏高昌王朝。该王朝一直到

---

1　参看王素《高昌史稿（统治编）》第四章第四节"沮渠氏北凉流亡政权"。

640年（贞观十四年）为止，是高昌国历史最长也最稳定的一个小王朝。

从前凉开始的十六国时期，至北魏统一北方进入南北朝时期，高昌地区经过一系列的政治震荡，到麴氏高昌时期基本稳定下来。中原地区结束南北朝的对峙是从隋朝统一南方算起，但是在西域，这一历史进程稍晚，真正进入隋唐时代是在唐太宗的时期，即贞观十四年（640）唐太宗出兵平定高昌，驱逐了西突厥的欲谷设势力。本章讨论的吐鲁番丝绸及相关问题，时间即在以上这个范围。

沮渠氏高昌政权，是在原来高昌郡和车师王国的基础上建立起来的，而高昌郡原本就在北凉的统治之下。所以，沮渠无讳和安周兄弟，应该只是把政权的架构扩大为王国体制，很多具体的统治方法如赋税制度，都应该是原来高昌郡时代的继续。以上文所提新发现的吐鲁番出土文书而言，虽然现在根据同出文书认定其是承平七年（449）左右的，但是这种正式的赋税制度，却不能理解为一时之制。

《北凉计赀出献丝帐》所反映的问题，一是户调的征收为丝，二是户调征收的基础及"家赀"。恰好北凉时期的一种"赀簿"资料被发现，我们因此了解到，户调征收时，是以"赀簿"这种文书为基础。所谓赀簿，即以家庭为单位，统计该家庭的耕地拥有情况，依据土地的质量和数量确定家赀的多少，而数量又以斛为单位来计算。斛是一种量制，相当于石，通常是十斗等于一斛。详细的土地质量与斛的换算很难究竟，但主要还是根据土地的产量，因为不同的土地质量决定了产量的多少，所以用斛这个量制单位来标示家赀还是有一定道理的。

也是吐鲁番出土的北凉的"赀簿"证明，不同的土地质量不同，因此换算为斛就出现差异。质量比较好的"常田"，一亩计赀三斛。一种叫作"无他田"的与"常田"相当，也是每亩计赀三斛。"沙车田""卤田"，每亩计赀二斛。其中，枣田与桑田，计赀也是三斛。[1] 不过，有一条记载是"得冯之桑一亩半，赀五斛"，似乎说明桑田的赀价更高一些。

根据朱雷先生的研究，这些赀簿应该属于沮渠氏高昌时代。不仅如此，朱雷先生讨论了多方面的问题，并且在文末对文书进行了整理，把这些原本收藏在不同图书馆（科学院图书馆和北京大学图书馆）的数据充分整合起来，让研究者更方便利用。[2] 赀簿的基本格式是某人名下的各种土地，然后是家赀的总和。在各种土地的名称中，有桑田一类，这与我们讨论的题目有关，因为桑田是产桑的基础。我们经过统计，在朱雷先生整理的北凉赀簿中，各种土地的数量总和如下：常田 185 亩，葡萄田 40 亩，桑田 60.5 亩，无他田 47.5 亩，石田 14.5 亩，沙车田 5 亩，瓜田 2.5 亩，枣田 32.5 亩，卤田 94.5 亩。总数是 482 亩，桑田仅占总数的 12% 左右。虽然这个数字不是完全准确，但作为一个大致数据，也能为我们的分析提供参考。

吐鲁番洋海墓地 1 号墓新出文书《前秦建元二十年（384）三月高昌郡高宁县都乡安邑里籍》，提供四户家庭的人口状况，同时房舍和土地的转移情况也一并写入。统计其中的土地共 53 亩，而桑园是 14 亩，桑园所占比例大约是 26%。[3] 同墓出土的另一件文书"田

---

1　参看池田温《〈西域文化研究〉第二〈敦煌吐鲁番社会经济资料（上）〉批评与介绍》，《史学杂志》第 69 卷第 8 号，第 53~86 页。

2　朱雷：《吐鲁番出土北凉赀簿考释》，原载《武汉大学学报》1980 年第 4 期。收入朱雷《敦煌吐鲁番文书论丛》，甘肃人民出版社，2000，第 1~24 页。

3　荣新江、李肖、孟宪实主编《新获吐鲁番出土文献》，第 176~179 页。具体出土情况和研究，参见荣新江《吐鲁番新出〈前秦建元二十年籍〉研究》，《中华文史论丛》2007 年第 4 辑，第 1~30 页。

亩籍"，时间相近，在 14 条土地的记载中，除了第一条看不见数位以外，全部土地共 57 亩，而明确写作"桑"的有 13 亩。其中两条写作"桑麦"，是否意味着麦田中种有桑树或者相反，总之应该是麦桑同种，所以才如此书写。[1] 可见，北凉的状况是有历史继承的，一定量的桑田存在，是当地丝织业的基础，而相应的赋税制度，也一定与桑蚕生产紧密相连。

户调是每家每户都需要交纳的，虽然因为各个家庭的家赀不同交纳多少不同，但是毕竟是需要交纳的，那么没有桑田的人家如何交纳户调所需的丝呢？

哈拉和卓 91 号墓出土了一件残文书，被命名为《严奉租丝残文书》，只有两行字，内容如下：

1 ☐☐☐ 严奉租糸（丝）☐☐
2 ☐☐☐ 预省 ☐☐☐[2]

文字虽然不多，但是"严奉租丝"却是明白无误的。这件文书的制作时间，根据同墓出土的其他文书，应该在西凉建初四年（408）至缘禾五年（436）之间，不是西凉即是北凉时期。无法了解严奉为什么要租丝，但是即使可能是自己使用，那么也就存在租丝以纳户调的可能。裴成国理解"租丝"之意为以丝交租，[3] 也不离租税的范围。

吐鲁番阿斯塔那 1 号墓出土一件《西凉建初十四年（418）严

---

1　荣新江、李肖、孟宪实主编《新获吐鲁番出土文献》，第 184~185 页。
2　唐长孺主编《吐鲁番出土文书》壹，文物出版社，1992，第 79 页。
3　裴成国：《吐鲁番新出北凉计赀、计口出丝帐研究》，《中华文史论丛》2007 年第 4 辑，第 65~103 页福愿赁蚕桑券》文书，只有两行文字，内容如下：

> 1　建初十四年二月廿八日，严福愿从阗
> 2　金得赁三薄 蚕 桑，贾（价）交与毯[1]

这一年的二月底，严福愿从阗金得那里租赁了"三薄蚕桑"，代价是毯若干。毯是一种织物，本文书没有交代数量。卢向前先生解释这件文书，认为是严福愿用毯租借了能够养三薄蚕的桑叶，而这个时间也正是蚕种孵化之际。[2]西凉在沮渠氏北凉之前，都属于高昌郡时代。我们从西凉的这件文书即可了解，在北凉户调中，家家都有交纳丝的任务，但是未必家家都会养蚕缫丝，那些无桑田之家的办法之一就如同严福愿那样，采用物物交换的办法解决自家的纳丝问题。

难道一定要亲自养蚕不可吗？在吐鲁番出土文书中，我们看到了另外的情况，可以证明产品交换的普遍存在。也是阿斯塔那 1 号墓出土的《某人条呈为取床及买毯事》，有人用丝换取官府的谷物，换算一下大约是一斛床换来 3.25 两丝。如果这是公平交易，双方都认可，那么民间自己也可以存在类似的交易。

> 1　杨乔从刘普取官床四斛，为丝十三两。
> 2　□□得床十一斛，作丝二斤三两半。阎兒前买毯贾（价）
> 3　　　　　　　　　　　　　　　　　　　□条呈[3]

---

1　唐长孺主编《吐鲁番出土文书》壹，第 6 页。

2　卢向前：《高昌西州四百年货币关系演变述略——敦煌吐鲁番文书经济关系综述之一》，收入卢向前《敦煌吐鲁番文书论稿》，江西人民出版社，1992，第 217~266 页。

3　唐长孺主编《吐鲁番出土文书》壹，第 6 页。

很有可能，北凉的赋税制度在西凉时期已经设置，所以才有这些文书数据的存在。这种"条呈"文书，同墓出土的有"刘普条呈"，即相关部门的官吏刘普书写的"条呈"，刘普应该是经手人、经管人或负责人。条呈最后有"请副内纪识"的公文书用语，是请记录在案的意思，证明西凉高昌郡政府关于这些物资有一套官方管理程序。现在知道的刘普条呈，一条是为麦子，一条为绵丝，都是政府收取。具体内容如下：

第一，《刘普条呈为得麦事》

1　合得麦七十斛九斗五升，下之次麦一斛，倍为二斛。□□□

2　都合麦五百卅斛八斗。请副内纪识。

3　　　　　　　　　　五月十日刘普条呈

第二，《刘普条呈为绵丝事》

1　都合绵七斤□□□

2　杨瓜生丝一斤，索灵来丝十两。自出○○○钱一张。

3　请副内纪识。

4　　　　　　　　　　五月十日刘普条呈[1]

根据文书整理者提供的说明，两件条呈文都有勾勒印记，再次证明属于官方文件。"杨瓜生丝一斤"不知道句读在"生"字之前还是之后，如之前则"生丝"为一词，如之后则"丝"单独成词，如索灵来的十两丝，就不称生丝。刘普条呈证明西凉政府也收丝，也许就是户调收丝。在《北凉计赀出献丝帐》中，是若干家根据家

---

1　唐长孺主编《吐鲁番出土文书》壹，第7页。

赀的数量共出献丝五斤，但是具体到每一户人家，一定也会有分担的，有丝的出丝，没有丝的人家用其他方式承担相应的任务，如索灵来等就是这样完成的出丝任务。

此外，《北凉计赀出献丝帐》中没有纳丝的具体时间，而养蚕缫丝都按照一定的节气完成，而刘普条呈中收丝的时间是"五月十日"，那么《北凉计赀出献丝帐》制作的时间，也应该是一年中相应的时间，五月应该是可以接受的。虽然《北凉计赀出献丝帐》的年份与刘普条呈的年份会相差几十年，但是农业季候每年都应该很接近。

在刘普条呈中，同月日还有接受小麦的记录，证明西凉的高昌郡政府也有粮食收项，至于是租还是税，具体项目并不清楚。高昌地区是传统的屯田地域，一直到麹氏高昌时代，还有很多"国有"的屯田，如果西凉也有屯田，就应该存在国家的地租问题，而地租收粮食就很正常。如果是户调的粮食部分也有可能，曹魏制定的户调在户出"绢二匹、绵二斤"之外还有"田租亩四升"的内容，[1] 那么凉州地区的户调也不该没有地租收粮食的部分。

至少北凉时期的高昌郡是存在这种情况的。哈拉和卓 96 号墓出土的《北凉玄始十二年（423）兵曹牒》提供了重要证明。文书内容如下：

1 ————□范晟□佃，请以外军张成代晟 ————

2 ————□隗休身死，请以外军王阿连代 ————

3 ————□张安明一人补。箭工董祖□身死，请 ————

---

1　《三国志》卷一《魏书·武帝纪》，裴松之注引《魏书》建安九年令，中华书局，1959，第26页。

4 　□□□□明ぇ代媚入外军，以李子强代祖子。外□□□

5 　□□□□称：卒□属以强补赜，一身不□□□

6 　□□□强信单身，请如事脱；以外军□□□

7 　□□□称：李蒙子迀（近）白芳还，求具□□□

8 　□□□纪，请如解○注簿。

9 　□□□□被符省县枭（桑）佃，差看可者廿人

知，□□□

10 　□□□以阇相平等殷可任佃，以○游民阇□□□

11 　□□佃，求纪识。请如解纪识。

12 　大坞赜左得等四人诉辞称：为曹所差，知守坞两道，

13 　　今经一月，不得休下，求为更检。信如所诉，请如事

14 　　敕：当上幢日，差四骑付张攒，守道嵒□。

15 　兵曹掾张龙，史张□白。牒事在右，事诺注簿。

16 　　　　　□□□□　识

17 　　　　　□始十二年正月十三日白

18 　　　　主簿　　　　　　暖

19 　　　　功曹史　　　　　　毓[1]

根据文书整理者的介绍，这件文书有勾勒，有朱笔标注，加上最后的官文书格式，毫无疑问，这是官方的档案。而"请如解纪识""事诺注簿"这些公文书特有语句的存在，证明这是一件合法的文献记录，并且需要进一步记录在案。这是官方的桑田经营情况体现，首先是士兵的耕种，称作"佃"，因为出现死亡、单身等情况，需要替补，这就是一件关于士兵替补的文书。其中，不仅有士

---

1　唐长孺主编《吐鲁番出土文书》壹，第30~31页。

兵，还使用了游民充佃，而这些桑田需要的看护就有二十人，可见桑田规模不小。这件文书证明，一是官方有官田，不仅利用士兵看守，也利用游民等耕种；二是官方就有桑田，这对于官方重视的丝织业而言显然是抓住了根本。

北凉户调收丝，那么政府也应存在相应的管理。新出《北凉某年九月十六日某县廷掾案为检校绢事》文书，就是田地县的一份档案，大意是计划什么人利用官府的原料纺织绢，但是结果发现没有执行，于是下发文书追查。具体内容如下：

| | |
|---|---|
| 1 | ]年九月十六日，田地县 [ |
| 2 | ]县廷掾敬案贵（？）□ [ |
| 3 | ]□取官仓献（？）为绢。今应□ [ |
| 4 | ]今检校，一无到者，今遣□ [ |
| 5 | ]□往录移达，烦摄离□ [ |
| 6 | ]□将诣官同一□□□□纵□（如）□ [ |
| 7 | 主簿□ |
| 8 | 功曹史□ |
| 9 | 录事[¹ |

北凉高昌之后是阚氏高昌（460~488），第一任国王阚伯周在柔然的扶持下成为高昌王，因此之故，阚氏高昌一直唯柔然马首是瞻，比如使用柔然的永康年号等。从现有资料看来，阚氏高昌应该是继承了北凉的制度，包括赋税等。哈拉和卓90号墓出土的两件文书，虽然有残，不过属于官府文书，且与丝绸相关。根据同墓出土

---

1　荣新江、李肖、孟宪实主编《新获吐鲁番出土文献》，第215页。

的永康十七年文书，吐鲁番文书整理者推定为永康十年（475）。笔者同意这个看法。

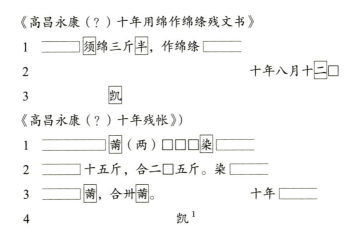

《高昌永康（？）十年用绵作绵绤残文书》

1　▢▢▢须绵三斤半，作绵绤▢▢▢

2　　　　　　　　十年八月十二▢

3　　　　凯

《高昌永康（？）十年残帐》)

1　▢▢▢▢▢萌（两）▢▢▢染▢▢▢

2　▢▢▢十五斤，合二▢五斤。染▢▢

3　▢▢▢萌，合卅萌。　　十年▢▢▢

4　　　　　　　　　　　凯[1]

根据文书整理者的意见，第一件文书是制作"绵绤"。而所谓的绵，其实也与桑蚕有关，大约是在蚕活着的时候从蚕茧缫丝为丝，而蚕蛾飞走之后治茧即为绵。[2] 第二件文书没有实质内容，但是从现在遗留下来的文字如"斤两"的使用以及"染"字看，应该也是与丝绸有关之事。

北凉高昌与阚氏高昌时代，一个共同的特点是纺织品不仅是商品，也是一般等价物。卢向前先生认为，367~482 年，毯是高昌的一般等价物，482~560 年，叠布为一般等价物，而 560 年之后就是

---

1　两件永康十年文书，皆见唐长孺主编《吐鲁番出土文书》壹，第118 页。

2　参见唐长孺《吐鲁番文书中所见丝织手工业技术在西域各地的传播》，《出土文献研究》，文物出版社，1985，第146~151 页。根据当时所见资料多绵少丝的情况，唐先生认为西域大受佛教影响，现在看来，高昌至少既有丝也有绵，并非不缫丝。

银钱的时代了。[1] 482 年，在高昌就是阚氏王国时期，年号是永康十七年。之所以把 482 年作为一个重要标志，是因为下面这件《高昌主簿张绾等传供帐》文书，具体内容如下：

1 ⬚ 匹，毯六张半，付索寅义，买厚绢，供涞□。

2 ⬚ 半斤，付双（爱），供□涞。

3 ⬚ 出 行绁卅匹，主簿张绾传令，与道人昙训。

4 ⬚ 出 行绁五匹，付左首兴，与若愍提懃。

5 ⬚ 出 赤违一枚，付（爱）宗，与乌胡慎。

6 ⬚ 阿钱条用毯六张，买沽缬。

7 ⬚ 匹，付得钱，与吴儿折胡真。

8 ⬚ 赤违一枚，付得钱，与作都施摩何勃

9 ⬚ 绁一匹，赤违一枚，与秃地提懃无根。

10 ⬚ 月廿五日，出绁二匹，付□富买宾（肉）供□□。

11 ⬚ 出毯一张 ⬚

12 ⬚ 出行绁 ⬚

13 ⬚ 行绁 ⬚

14 ⬚ 行绁三匹，赤违三枚，付隗已隆，与阿祝至火下。

15 ⬚ 张绾传令，出 疏勒锦一张，与处论无根。

16 ⬚ 摩何□□

17 ⬚ 绁一匹，毯五张，赤违□枚，各付已隆，供鍮

---

1　卢向前：《高昌西州四百年货币关系演变述略——敦煌吐鲁番文书经济关系综述之一》，收入卢向前《敦煌吐鲁番文书论稿》，第 217~266 页。

头 ⬚⬚⬚⬚[1]

　　第 1、6 行，分明写着用毯购买"厚绢"和"沾缵"，同时第 10 行也清楚地写着用绁二匹购买肉的情况。这就是说，这个时期不论是毯还是叠布（绁）都不仅是纺织品，也是一般等价物，而且按照卢向前先生的看法，后者正在逐渐取代前者。叠布就是高昌特产的棉布。[2] 根据历史文献记载，高昌也出产麻布。就在出土《高昌主簿张绾等传供帐》的同一座古墓中，也有丝、绵的文书记录。

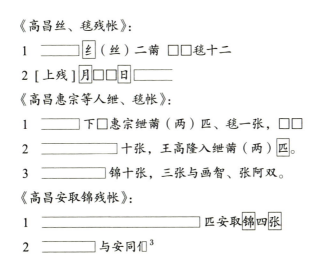

　　《高昌丝、毯残帐》：

　　1 ⬚⬚⬚ 纟（丝）二蒲 ⬚⬚ 毯十二

　　2 [上残] 月 ⬚⬚ 日 ⬚⬚⬚

　　《高昌惠宗等人绁、毯帐》：

　　1 ⬚⬚⬚ 下 □ 惠宗绁蒲（两）四、毯一张，⬚⬚

　　2 ⬚⬚⬚ 十张，王高隆入绁蒲（两）匹。

　　3 ⬚⬚⬚ 锦十张，三张与画智、张阿双。

　　《高昌安取锦残帐》：

　　1 ⬚⬚⬚ 匹安取锦四张

　　2 ⬚⬚⬚ 与安同仁[3]

　　《新获吐鲁番出土文献》也收录了同一时期的文书，其中《阚氏高昌某郡彩毯等帐》文书可以证明，在政府赋税征收中，百姓是

---

1　唐长孺主编《吐鲁番出土文书》壹，第 122~123 页。

2　参见吴震《关于古代植棉研究中的一些问题》，原载《吐鲁番学研究》2005 年第 1 期。收入《吴震敦煌吐鲁番文书研究论集》，上海古籍出版社，2009，第 610~624 页。

3　以上几件文书，见唐长孺主编《吐鲁番出土文书》壹，第 123~125 页。

交纳缬布和毯的。

1　□□□严隆成□ [
2　隆保彩二匹、毯一张
3　黑奴、张延宗彩一匹
4　□宝德毯四张
5　严习彩一匹，卯度
6　张
7　严玄达彩一匹
8　□首兴毯九张 了[1]
9　□沙弥毯四张 了
10　赵保毯一张
11　□隆护彩一匹
12　樊伦安毯六张彩一匹
13　□□□毯三张
14　□达彩二匹、毯二张
15　] 廿贰张、绵囊贾
16　] 卅□匹、毯□张 [
17　] □毯百八十 [

　　这段文书，已经可以清楚地看到是政府的赋税征收了，而与下面的片段联系起来看，这一点就更加明晰。这是仓曹的征收记录，同时也有支出，可以统一看作仓曹的收支记录。

---

1　此"了"字为朱笔，下行"了"字亦同。

```
1  ]一匹　解弥叁[　　　]彩卌二匹，匹出□[
2  ]□合得[　　　]□偿维□[
3  ]买驼往[　　　]染具
4  ]　　三年十□月八日仓曹隗畚[
5  　　　　五官　　　　□[¹
```

　　根据前人的研究和我们如今获得的资料，在北凉统治高昌的时代，不论是高昌郡还是北凉高昌国时代，吐鲁番地区的丝绸业是比较发达的。[2]尤其是户调和按人头征收丝这一事实，让我们有理由更加重视当地的丝绸生产。进而在一些土地文书如赀簿中，我们确实发现一些桑田的存在，而这显然与丝绸的生产紧密相关。不仅如此，在外贸与日常的商品交换中，丝绸产品也可以充当等价物。比如我们知道有雇人耕作用绢作为报酬的情况，《北凉玄始十二年（423）翟定辞为雇人耕床事》就是证明：

```
1  玄始十二年□月廿二日，翟定辞：昨廿一日
2  顾（雇）王里安儿、坚强耕床到申时，得
3  大绢□匹 _____ 今为□与□安、坚二口 _____
4  _____ 等□可 _____
5  _____ 状如前。³
```

　　那么，吐鲁番当地的丝绸业是否始终保持相同的局面呢？

---

1　以上两段文书，见荣新江、李肖、孟宪实主编《新获吐鲁番出土文献》，第147~148页。

2　参见武敏《从出土文书看古代高昌地区的蚕丝与纺织》，《新疆社会科学》1987年第5期，第92~100页。

3　唐长孺主编《吐鲁番出土文书》壹，第16页。

### 三 麴氏高昌时期吐鲁番丝织业及其转变

阚氏高昌之后，高昌国又经历了张氏高昌和马氏高昌时期
（488~501），因为资料较少，无法讨论。而资料较多的麴氏高昌时
代（501~640），当地丝织业的情况先是保持了以往的状态，后来却
发生了变化。

作为一般等价物，丝织物在麴氏高昌时期还是存在了一段时
间。《承平五年道人法安弟阿奴举绵券》给出了重要证明。内容
如下：

> 1　承平五年，岁次丙戌，正月八日，道人法安弟阿奴
>
> 2　从翟绍远举高昌所作黄地龟悬中
>
> 3　锦一张，绵经绵纬，长九五寸，广四尺五寸。
>
> 4　要到前年二月卅日偿锦一张半，
>
> 5　若过期不偿，月生行布三张。民有私
>
> 6　要，要行二主，各自署名为信。……[1]

这件文书出土于哈拉和卓 88 号墓，这里的录文参考了唐长孺先生
的论文。[2] 文书整理者在命名上给出的是北凉承平五年，不过因为干
支不合，所以在注释中又指出另一种可能，即麴氏高昌麴嘉的承平
五年（506）。根据契约中的翟绍远的另一件契约（出于哈拉和卓 99
号墓），这里我们倾向于后者，即 506 年。《义熙五年道人弘度举锦

---

1　唐长孺主编《吐鲁番出土文书》壹，第 88~89 页。

2　唐长孺：《吐鲁番文书中所见丝织手工业技术在西域各地的传播》，《出土文献研究》，第
　　146~151 页。

券》内容如下：

1　义熙五年甲午岁四月四日，道人弘度

2　从翟绍远边西向白地锦半张，长四尺，广

3　四尺。要到十月卅日还偿锦半张，即交

4　与锦生布八纵一匹，若过其（期）不偿，

5　一月生布一丈，民有私要，要行二主，

6　各自署名为信。　沽各半。

7　　　　若弘度身无，仰申智偿。倩书道护

8　时见 [1]

义熙五年，文书整理者也给出两个答案，这里信从 514 年说法。同墓还出土了翟绍远在承平八年又从石阿奴那里用龟兹锦三张半，买了一个 25 岁的婢女名绍女的文书。[2] 而所有这些商业活动，翟绍远使用的都是锦。有的对绵经绵纬以及长宽等规格规定还十分清楚。这是丝织物作为一般等价物的明证。

与义熙五年契约同墓出土的两件文书，整理者指出是其他墓混入的，一件是延昌二十二年（582）的契约，一件是《某家失火烧损财务帐》，其中有许多物品与丝织相关：

1　九月十四日，家人不慎，失火烧家，烧紫地

2　锦四张，白迭三匹，条衣一枚，缌褶一领，绢经四

3　匹，绢姬一具，缌褶一领，缣（练）褶一领，垂裤

一立，

---

1　唐长孺主编《吐鲁番出土文书》壹，第 94~95 页。

2　唐长孺主编《吐鲁番出土文书》壹，第 92~93 页。

4　绵经纬二斤，单衣一领，白旂二领，布缕八斤，

5　绵十两，靴六两，蚕种十薄，案（鞍）勒弓箭

6　一具，梁二枚，橡七十枚，木盘四枚，散二枚，

7　碗十枚，瓮五枚，斗二枚，破饥二枚，车一乘，

8　迭缕卅两。[1]

其中，有丝织原料，有蚕种，有丝织工具等，唐长孺先生形容这家简直就是一所"纺织手工业作坊"。有如此家庭，必然与一定的社会需求联系在一起，这样的家庭具有相当的代表性，证明这个时期高昌的丝织业是相当发达的。[2]

　　就麹氏高昌国的赋税而言，虽然没有见到北凉时期那样户调与人口税征收丝的资料，但就某一种赋税而言，依然存在征收丝织物的情况。麹氏高昌赋税有僧俗之分，所谓僧人之税，或称僧绢。阿斯塔那93号墓出土一件文书，名《高昌诸寺田亩官绢帐》，明列各个寺院的田亩数量、葡萄园的亩数以及某种树的株数，然后写出绢和绵的数量，只不过所谓"绢二半，绵二半"的含义我们已经不清楚，但肯定属于数量。而本章认为，论株数的树，应该是桑树。文书最后将收到的绢和绵的数量，用朱笔进行了合计：

1　合计 得绢 □□□□□拾 □□□□□□

2　拾斤 次 □□□□□[3]

────────────

1　唐长孺主编《吐鲁番出土文书》壹，第98页。

2　乜小红：《略论十六国以来高昌地区的丝织业》，《西北师大学报》2003年9月第40卷第5期，第54~58页。

3　唐长孺主编《吐鲁番出土文书》贰，第261页。

这证明，至少对于寺院，麹氏高昌是有绢、绵税收的。不仅如此，我们也确实看到了寺院僧尼交纳绵的记录，这就是大谷文书1040号《高昌国田地僧尼入绵历》的内容：

> 1　　　九十六斤四两
>
> 2　田地僧绵　绵一斤，十月十六日，宣恭师入绵。卅九斤半，十一月三日，宣恭师入次绵。
>
> 3　　　一斤，十一月廿二日，尼法华入次绵。五十二斤半，次绵一斤半、
>
> 　　　　次绵十二两，十二
>
> 4　　　月五日，宣恭师入了。[1]

宣恭师和尼法华所入绵，应该都是代表所在寺院的。如此，也一定程度地反映麹氏高昌国的丝绸生产情况。寺院交纳的既有绵也有次绵，应该是一种质量区分，都是丝织业的原料。

这件文书的具体时间不确，可以肯定的是就在这件文书以后，情况发生了变化。麹氏高昌对于寺院的僧绢，不再征收实物绢，而是改征银钱。对于百姓的俗绢，也改为银钱。阿斯塔那366号墓出土一件文书，命名为《高昌某年永安等地剂僧俗逋绢钱条记》，这是永安地方交纳的俗绢钱和僧绢钱的记录，原文如下：

> 1　永安五月剂俗逋绢钱七十一文半。次十月剂
>
> 2　逋钱七文。

---

[1]　小田義久「大谷文書集成」第一卷、法藏館、1984、録文8頁、図版一。

　　3　□宁十月剂俗逋绢钱册文。　　　　次僧逋钱[1]

《高昌某人入某年三月剂俗绢、练等钱残条记》也是一种证明：

　　1　〔　　　　　〕岁三月剂俗绢拾肆文，练壹〔　　　　　〕
　　2　〔　　　　　〕壹文，唐　　　　阴伯、孟斌、田〔　　　　　〕
　　3　〔　　　　　　　　　〕入。[2]

唐长孺先生引用这件文书后指出："所谓'剂僧俗逋绢'的确切解释究是什么，尚待研究，这里只能肯定其为一种赋税，其征纳物本来是绢，高昌后期已折钱交纳。"[3] 这种征纳，原来是不管僧绢还是俗绢，都是一体纳绢的，虽然僧绢与俗绢在数量上应该有区别，但是这很可能相当于北凉时期的户调，总之是一种国民普遍交纳的赋税。就其总体数量而言，应该还是可观的。"绢钱"这个概念本身，就能反映变化的存在，原来是交纳绢，如今转变成钱。从征纳绢到以钱代绢，这个变化显然是一个重要问题，对于理解当地的丝绸产业十分关键。为什么会发生这种改变，值得探究。

　　与此同时，我们在高昌的外贸活动中，还是可以看到丝绸的记录的。阿斯塔那514号墓出土的一件文书很受研究者重视，这就是《高昌内藏奏得称价钱帐》，其中详细罗列了从各种交易中获得的"称价钱"，而这些交易中就有丝绸贸易。在这个残破的账目中，能

---

1　唐长孺主编《吐鲁番出土文书》壹，第458页。
2　唐长孺主编《吐鲁番出土文书》壹，第430页。
3　唐长孺：《吐鲁番文书中所见丝织手工业技术在西域各地的传播》，《出土文献研究》，第150页。

够见到的丝绸贸易记录分别是"买丝五十斤""买丝十斤""何刀买丝八十斤""车不吕多买丝六十斤"。[1]这说明，当地赋税征收改绢为钱的变化，并不等于丝绸贸易彻底消失，而两者的关系需要研究理解。

关键是应该怎样理解赋税征纳中改绢为钱之事。这种赋税征收对象的改变，应该反映了怎样的历史真实呢？一般而言，文书的出土并不代表必然性，文书中没有出现的更不等于没有。就麴氏高昌时代的资料而言，例如土地问题较少见到"桑田"之类，但是能否就因此认为麴氏高昌的丝绸产业出现了问题呢？显然不能。

一件唐朝西州时期的文书，启发我们如何认识这里发生的变化。这件文书不是土地文书，也不是税收文书，而是一个居民住房的统计资料。这件文书出土于阿斯塔那152号墓，是从女主人的鞋上拆下的文书。文书整理者推测该文书属于唐代，因为所有女鞋拆出的文书只有一个有年号，即贞观十九年（645）。文书命名为《唐焦延隆等居宅间架簿》，其实就是唐朝焦延隆等人住宅的统计簿。先以焦延隆宅为例，说明这种居宅间架的基本内容。

"焦延隆宅"顶格书写，住宅的内容分三行小字书写，具体内容如下：

东西十一步，南北九步，内房四口、上二口，听（厅）上

---

[1] 唐长孺主编《吐鲁番出土文书》壹，第450~452页。该文书时间不确，仅知道属于麴氏高昌时代，所谓称价钱即高昌国征收的贸易税。参见朱雷《麴氏高昌王国的"称价钱"》，原刊《魏晋南北朝隋唐史资料》第4期，1980。收入朱雷《敦煌吐鲁番文书论丛》，第69~81页。

　　　　木犬（枚）柱一、焦延隆宅　通行良二。桑橡卅八。东阴近

　　　伯，西张隆信，南道，北张寺。

　　　　母赤是见坐。

　　先注明东西南北的长度（东西 11 步，南北 9 步），然后概括房间的
数量，总共 4 间，其中上等的 2 间。上好的厅堂立柱 1 个。"通行良"
其实是房梁的意思，说明焦延隆家有 2 个大梁。橡子 38 根。然后是
四至，东是阴近伯，西是张隆信，南面是道路，北面是张寺。焦延
隆的母亲名赤是，与他同住叫作"见坐"。

　　这件文书，因为存在残损，所以涉及的人名不全，统计下来，
涉及 17 家。引起笔者高度重视的是"橡子"部分。这类住宅，有梁
有橡很正常，但这里所用的橡子，多是"桑橡"。——统计的结果
是，所有 11 家住宅，使用的"桑橡"总共 512 根。其他 5 家因为文
书残损看不到有关部分，另有一家只说"橡廿二"，没有说明是桑
橡，也不在本章的统计之内。[1]

　　很显然，这仅仅是西州部分住宅的情况，如果这个比例在西州
很普遍的话，那么全体西州住宅会使用多少桑橡呢？无法估计。当
然，这里的"桑橡"，笔者的理解就是伐桑树而成。韩国磐先生据
此指出："这反映出当地桑树很多，建房时才能大量使用桑木为缘
的。桑树很多，也反映出养蚕缫丝和丝织业的发达。"[2] 唐朝平定高
昌以后，一切土地人口都有一个彻底的调查，其中也包括住宅，此

1　唐长孺主编《吐鲁番出土文书》贰，第 148~150 页。
2　韩国磐：《从吐鲁番出土文书来看高昌的丝绵织业》，《敦煌吐鲁番出土经济文书研究》，厦门
　　大学出版社，1986，第 344~356 页。陈良文先生《吐鲁番文书中所见的高昌唐西州的蚕桑丝
　　织业》一文也引用这件桑橡资料，也认为桑橡即桑树做的房橡，证明的是当地当时丝织业的
　　发达，与本章主旨不同。《敦煌学辑刊》1987 年第 1 期，第 118~125 页。

《居宅间架簿》应该就是这个时期的产物。唐朝接收高昌，改高昌为西州，时间是贞观十四年（640），调查住宅情况，也应该在此后不久。不过，修筑这些住宅肯定不是这个时候，应该是在此之前，而大规模使用桑椽却是很一致的。一根桑椽，可以是一棵桑树，那样的话，应该有很多桑树在还不粗壮的时候就被砍伐了。如果桑椽仅仅使用的是桑树木条，即一棵桑树可以做成多根椽的话，那么就是有很多大桑树被砍伐。因为桑树从来不是好的建筑材料，虽然桑树的功能很多，但在高昌见到的这种情况，只能证明桑树被废，迫不得已转移功用。联系上文讨论的麴氏高昌曾经有过一个赋税变化，改征收绢绵为银钱，那么这背后隐藏的历史事实就呼之欲出了。

桑树的意义是生产桑叶，而桑叶的产量决定养蚕的数量，养蚕的数量又决定生丝的产量，最后生丝的数量决定丝绸的产量。在丝绸的产业链条上，技术、花色都是重要的，但是桑树才是最基本的。桑树生产桑叶，并不随着树龄的增长而产量下降，一般情况下，桑树是长寿的，而且树越粗壮产叶能力越强，所以在南朝是根据桑树的粗细来制定赀价的："桑长一尺，围以为价。"用"围桑"的办法测量桑树的树围，并以此确定赀产和课役。[1] 由此可见，麴氏高昌时代那么多人用桑树做房椽，应该是发生了严重的情况。只有养蚕无利才会大规模砍伐桑树，只有产业链条的下游出了问题，才会砍伐桑树彻底放弃这个产业。桑树既然是丝织业的根本，如果是一般性问题，也不至于从根本上放弃这个行业。

这件文书，池田温先生也进行过研究，但得出的结论完全不同。池田先生引证《齐民要术》"种柘法"中一句："此树条直，异

---

1　参见朱雷《吐鲁番出土北凉赀簿考释》，《敦煌吐鲁番文书论丛》，第14页。

于常材。十年之后，无所不任。"原注"一树直绢十匹"。从而证明，桑树最适合做屋梁和房椽。[1] 其实，《齐民要术》这里是在讲一种种植黄桑（称"桑柘"）的办法，原文如下：

> 其高原山田，土厚水深之处，多掘深坑，于坑中种桑柘者，随坑深浅，或一丈、丈五，直上出坑，乃扶疏回散。此树条直……[2]

通过挖掘深坑来种植桑柘，坑深要一丈或者一丈五，符合这种条件的地方其实不多，如果是一般平原地区，熟土层无论如何是不能达到一丈深的。所以本段文字开端即言"其高原山田，土厚水深之处"。这样种植出来的桑柘，才能够在十年之后无所不任，当然也可以当房椽了。但是一句"此树条直，异于常材"证明，桑柘这种树一般情况下，是无法承担建筑功能的。就在所引文字的上一段，《齐民要术》就指出了桑柘的一般用途，原文如下：

> 三年，间剧去，堪为浑心扶老杖。十年，中四破为杖。任为马鞭、胡床。十五年，任为弓材，亦堪作履。裁截碎木，中作锥、刀靶。二十年，好作犊车材。[3]

通过这些物品，我们很容易看到桑柘的价值，品种虽不少，但都不

---

1　池田温「吐魯番·敦煌文書にみえる地方城市の住居」『中国都市の歴史的研究』、刀水書房、1988、第168~189頁。

2　贾思勰著，缪启愉校释《齐民要术校释》卷五，中国农业出版社，1998，第324~325页。

3　贾思勰著，缪启愉校释《齐民要术校释》卷五，第324页。原文有注释，每样制品的价钱一一标注，这里省略。

是建筑材料。说明桑柘有一定的硬度，所以可做杖，可做弓，但是都有年限规定。通常，能够做弓的多是木质韧性强、纹理复杂的材料，而这样的材料恰恰难以笔直生长，与房椽的需要几乎相反。这大约就是唯独没有提及桑柘做建筑材料的原因。

高昌的人们，砍伐桑树修筑房屋。高昌政府将原来征收绢的税种改为直接征收银钱。这些都与当地的丝绸产业关系密切。笔者认为，这个时期，吐鲁番当地的丝绸产业出现了大衰退。那么，是什么原因导致这种状况的出现呢？

## 四　高昌丝织业转变的原因探索

一般认为，十六国时期，因为中国的政治混乱，丝绸之路也进入艰难时期，但是在新获吐鲁番出土文献中我们依然发现，竟然有很多外国使者在同一时期经过高昌。《阚氏高昌永康九年、十年送使出人、出马条记文书》1997 年出土于洋海 1 号墓，那是阚氏高昌为了护送经过高昌的各国使者出人出马的记录文件，不仅柔然使者出入高昌，还有乌苌、子合、婆罗门（印度）、焉耆的使者，甚至还有来自中国南方的"吴客"。永康九年是 474 年，十年是 475 年，他们来往于高昌，在一张条记文书上留下了证据。[1]

吐鲁番哈拉和卓 90 号墓出土的一件《高昌□归等买鍮石等物残帐》，根据同墓文书可以确定的年代是阚氏高昌时期，可以从另外一个角度证明，当时的中西方贸易依然在进行。

---

1　荣新江、李肖、孟宪实主编《新获吐鲁番出土文献》，第 162~163 页。参见荣新江《阚氏高昌王国与柔然、西域的关系》，《历史研究》2007 年第 2 期，第 4~14 页。

1 ┌────────┐归买鍮石

2 ┌────────┐毯百八十张，□诸将绵┌────────┐

3 ┌────────┐钵斯锦糸□昌应出┌────────┐[1]

这件残文书中，有两样物品都来自西方，一是鍮石，二是波斯锦（写作钵斯锦），[2]而当时购买这些物品所用的应该就是毯。按照卢向前先生的说法，这正是吐鲁番的纺织品作为一般等价物的时代。同是哈拉和卓 90 号墓出土的《高昌主簿张绾等传供帐》（上文已经引证）也能证实这个问题，当时用毯购买其他物品，也用毯赐给外国使者，这其实就是贸易的一种方式。总之，阚氏高昌的时代，中西方的交通并未中断，人员与货物的往来依旧进行，丝绸之路上，丝绸贸易也在继续。

在纺织品作为一般交换等价物的时代，一方面是金属货币的退化，另一方面是纺织品功能的强化：从一般货物跃进为更有恒定价值的等价物。于是我们看到，北凉时代、阚氏高昌时代一直到麹氏高昌的前半期，丝绸在当地的经济生活中都很重要。丝绸如绢，原料如丝、绵都是征税的对象，因为桑树的价值巨大，所以桑田赀价也高。当时，国际贸易是存在的，如上文所载鍮石和波斯锦等，显然，这些国际贸易不仅没有给当地的丝绸产业带来副作用，反而有可能促进了丝绸产业的发展。

吐鲁番当地，存在来自外地的丝绸产品，如波斯锦、龟兹锦、

---

1　唐长孺主编《吐鲁番出土文书》壹，第 125 页。

2　参见朱雷《麹氏高昌王国的"称价钱"》，原刊《魏晋南北朝隋唐史资料》第 4 期，1980。收入朱雷《敦煌吐鲁番文书论丛》，第 69~81 页。

疏勒锦等。[1] 高昌甚至生产龟兹锦，至少说明龟兹锦的花样是高昌本地原来没有的。政府大量地征收丝织品或原料，应该不仅仅为了自己的使用，应对丝绸之路的丝绸贸易需求，应该也是用途之一。可是，当麴氏王朝改征收丝绸为银钱的时候，我们不得不考虑国际贸易对于吐鲁番当地丝绸业的影响了。

我们首先必须面对的就是银钱问题。丝绸之路上的银钱，通常是指萨珊银币。[2] 考古学界在中国各地发现了很多各个时期的萨珊银币。萨珊朝（226~651）与中国交往频繁，当时萨珊银币在西域和内地都有发现，而这些萨珊银币的埋藏时间从 4 世纪到 8 世纪都是存在的。对此，夏鼐先生对 6 世纪中叶萨珊波斯库思老一世（531~579）领导萨珊朝的中兴以及与中国往来的繁荣情况早有论证。[3] 荒川正晴先生考察过吐鲁番出土随葬衣物疏中对银钱的描述，认为从 550 年开始，用"文"来标示银钱单位的做法固定下来，[4] 这从一个角度反映了银钱使用的普遍性。郭媛先生的研究结论也是值得重视的，即 6、7 世纪吐鲁番地区的基本通货是银钱，这些银钱应

---

1　武敏先生认为吐鲁番文书中的这些外地名称的锦应该是高昌当地生产，不过是波斯风格、龟兹风格、疏勒风格而已。见武敏《从出土文书看古代高昌地区的蚕丝与纺织》，《新疆社会科学》1987 年第 5 期，第 92~100 页。吴震先生也如此认为，见《吐鲁番出土文书中的丝织品考辨》，原载『シルクロード学研究』Vo1.8，2000 年 3 月，收入《吴震敦煌吐鲁番文书研究论集》，第 625~655 页。

2　林友华先生认为高昌使用的银钱是自己铸造的，见《从四世纪到七世纪中高昌货币形态初探》，《敦煌吐鲁番学研究论文集》，汉语大词典出版社，1990，第 872~900 页。

3　夏鼐：《综述中国出土的波斯萨珊朝银币》，《考古学报》1974 年第 1 期。收入《新疆考古三十年》，新疆人民出版社，1983，第 480~495 页。斯加夫先生对夏鼐先生的论据进行过核对，并给出一些新的认识，见《吐鲁番发现的萨珊银币和阿拉伯 - 萨珊银币——它们与国际贸易和地方经济的关系》，《敦煌吐鲁番研究》第四卷，北京大学出版社，1999，第 419~463 页。

4　荒川正晴「トルファン出土『麴氏高昌国時代ソグド文女奴隷売買文書』の理解をめぐって」『内陸アジア言語の研究』V、1989、第 137~153 頁。

以外来的萨珊银币为主，粟特商人应该是最重要的媒介。[1] 卢向前先生论证吐鲁番地区的货币历史，认为从 561 年至 680 年，即从麴氏高昌中后期到唐朝初年，是当地货币以银钱为本位的时期，特别是从 561 年到 640 年期间，是 "一个纯粹银钱流通的时期，纺织品作为一般等价物暂时在高昌的历史舞台上消失了"。[2]

卢向前先生从阿斯塔那 84 号墓出土的《高昌条列出藏钱文数奏稿》文书中获得重要资料，发现麴氏高昌政府在延昌十四年（574）的时候用银钱作为平赃的标准，银钱 "已经表现出了货币的价值尺度的功能"。[3] 高昌王国政府使用银钱，这是一件时间准确的文书。[4] 但是，波斯银钱进入高昌地区并获得流通资格，被当地采用，一定有一个过程，大约正因为如此，卢向前先生把高昌地区 "纯粹以银钱为通货时期" 的开始绝对时间定为 561 年。根据夏鼐先生的研究，中国出土的萨珊银币，从沙卜尔二世（310~379 年在位）到伊斯提泽德三世（632~651 年在位）都有，发现最早的萨珊银币是在吐鲁番地区，埋藏时间是四世纪末期。可以说，萨珊银币是在吐鲁番地区长期流通的前提下，逐渐走上主体货币的位置的。

高昌到麴氏王朝的中期，政府采用了萨珊银币作为主要货币流通，其货币的基本职能都得到了充分发挥。我们在高昌国的赋税方面，同样发现了银钱的巨大作用。除了上文提及的绢钱以外，还有根据土地征收银钱的资料。对此，一方面史书有记载，所谓 "赋税

1　郭媛：《试论隋唐之际吐鲁番地区的银钱》，《中国史研究》1990 年第 4 期，第 19~33 页。也有学者强调高昌吉利银钱的，参见林友华《从四世纪到七世纪中高昌货币形态初探》，《敦煌吐鲁番学研究论文集》，第 872~900 页。

2　卢向前：《高昌西州四百年货币关系演变述略》，《敦煌吐鲁番文书论稿》，第 217~266 页。

3　卢向前：《高昌西州四百年货币关系演变述略》，《敦煌吐鲁番文书论稿》，第 234 页。

4　唐长孺主编《吐鲁番出土文书》贰，第 1~4 页。

则计田输银钱，无者输麻布"。[1] 另一方面，出土文书也证明了这种情况的存在，许多学者对此已有研究，而基本结论是在麹氏高昌时期银钱的使用十分广泛。郑学檬先生就指出："高昌地区银钱使用范围之广，在中国历史上是很突出的现象。""首要原因是中外贸易发展的需要。"[2]

现在所知，高昌使用的银币就是萨珊银币，这当然是国际贸易比较发达的结果，自然也体现了当时国际贸易的一种需要。如果不是西域与波斯地区贸易发达，萨珊银币不会在西域流通。如果不是双方贸易发达，银币的供应量稳定、币值稳定，[3] 广大的西域地区也不会采用这种货币。那么，萨珊银币的广泛使用，在高昌地区到底对于丝绸业产生了什么影响呢？在银币通行之前，根据卢向前先生的研究，高昌地区的货币有过一个纺织品本位时期（367~560），这个时期对于丝织业而言，当然是有利的发展阶段，因为丝织品不仅可以当作实用商品，同时可以充当等价物。但是，当萨珊银币流行以后，丝织品的等价物功能被银币取代，丝织品的生产受到打击是可想而知的。而从政府到民间，银钱被广泛使用，这既可以看作银钱取代丝织品后的结果，也可以看作丝织品遭受打击的原因。

研究银钱在高昌的行用，从夏鼐先生开始，都注意到国际背景，而斯加夫先生概括为三个要件："首先是突厥在六世纪中期吞并了内亚；第二是中国在长期的分裂之后重新统一；第三是萨珊波斯

1　《北史》卷九七《高昌传》，中华书局，1974，第3215页。

2　参见郑学檬《十六国至麹氏王朝时期高昌使用银钱的情况研究》，韩国磐主编《敦煌吐鲁番出土经济文书研究》，第293~318页。

3　参见斯加夫《吐鲁番发现的萨珊银币和阿拉伯－萨珊银币——它们与国际贸易和地方经济的关系》，《敦煌吐鲁番研究》第四卷，第420页。

银币色很难过产量的增长。"[1] 同时，斯加夫先生在字里行间还是坚信中国丝绸贸易是银币大量东来的主要动力。那么，东西方贸易量加大，条件变得更加有利，为什么我们看到高昌当地的丝绸生产却出现了衰退呢？

这并不意味着这里的丝绸业彻底消失，只是说比起以往衰落巨大而已。在相关的资料中我们发现，丝绸在高昌依然是很重要的物资。贞观元年（627）玄奘经过高昌前往印度取经，高昌王麴文泰予以支持，一次送给他"黄金一百两，银钱三万"，说明银钱与黄金一样是西域各国的国际货币，同时送他"绫及绢等五百匹，充法师往返二十年所用之资"。[2] 说明丝织品在日常生活中的实用价值依然存在。上文所举《高昌条列出藏钱文数奏稿》文书也能证明这一点，各种织物可以平为银钱多少文，但是这种织物本身依然是人们生活中不能缺少的物品。

不仅如此，我们在吐鲁番出土文书中，还能看到当地进行的丝绸国际贸易情况。一件叫作《高昌内藏奏得称价钱帐》的文书，[3] 早就吸引了研究者的注意，为研究方便，下面将该文书内容列表2如下。

---

1　斯加夫：《吐鲁番发现的萨珊银币和阿拉伯－萨珊银币——它们与国际贸易和地方经济的关系》，《敦煌吐鲁番研究》第四卷，第436页。武敏《5世纪前后吐鲁番地区的货币经济》一文，认为高昌银钱的使用是经济（农业、手工业和商业）发展的产物，见殷晴主编《新疆经济开发史研究》上，新疆人民出版社，1992，第219~238页。

2　《大慈恩寺三藏法师传》第一卷，中华书局中外交通史籍丛刊本，孙毓棠、谢方点校，2000，第21页。

3　唐长孺主编《吐鲁番出土文书》壹，第450~452页。

表2 《高昌内藏奏得称价钱帐》所记丝绸贸易情况

| 时间 | 买方 | 卖方 | 货物名称、数量 |
|---|---|---|---|
| 正月一日 | 曹迦钵 | 何卑尸屈 | 银二斤 |
| 即日 | 曹易婆□ | 康炎毗 | 银二斤五两 |
| 次二日 | 翟陁头 | □显佑 | 金九两半 |
| 次三日 | 何阿陵遮 | 安婆□ | 银五斤二两 |
| 即日 | 翟萨畔 | | 香五百七十二斤，鍮石三拾 |
| 次五日 | 康夜虔 | 宁佑憙 | 乐（药）一百肆拾四斤 |
| | 艱 | 康莫毗多 | 糸（丝）五十斤，金二十两 |
| 正月十六日？ | 安□□ | 康炎 | 囟沙一百七十二斤 |
| □□日 | 康不里昂 | 康婆何畔陁 | 香二百五十二斤 |
| 次廿二日 | 曹破延 | 安那宁畔 | 卤沙五十斤，同（铜）四十一斤 |
| | 翟陁头 | 阿何伦遮 | 银八斤一两 |
| | 伦遮 | 供勤大官 | 金八两半 |
| | 康乌提畔陁 | □□不吕多 | 郁金根八十七斤 |
| 次三月？廿四日 | 曹遮信 | 何刀 | 金九两 |
| 即日 | 射蜜畔陁 | 康炎艱 | 香三百六十二斤，卤沙二百卅斤 |
| 次三月廿五日 | 白妹 | 康阿揽牛延 | 囟沙田□斤 |
| 四月五日 | 康□□ | 何刀胡迦 | 银二斤一两 |
| 即日 | 康□希迦 | 康显艱 | 糸（丝）十斤 |
| 四月 | 顺 | 何破延 | 银二斤 |
| 四月 | | | 香八百斤，石蜜卅□斤 |
| 四月 | 何刀 | □迦门脥 | 糸（丝）八十斤 |
| 五月二日 | 车不吕多 | 白迦门脥 | 糸（丝）六十斤 |

续表

| 时间 | 买方 | 卖方 | 货物名称、数量 |
|---|---|---|---|
| 次十二日 | 车不 | 迦门胲 | ？十斤 |
| 六月五日 | 康妹 | 石莫 | 卤沙二百五十一斤 |
| 次十 | 阤 | 何炎 | 香一百七十二斤 |
| 七月十六日 | 康虎典 | | |
| 廿二日 | 曹天夜罗 | | |
| 次廿五日 | 安破 | | |
| 八月四日 | 康毕迦之 | 车不吕多 | 金四两 |
| | | 康炎延 | 香九十二斤 |
| 九月五日 | 曹直 | | |
| 十月十九日 | 康那宁材 | 曹诺提 | 金 |
| | | | |
| 十二月廿七日 | 康牛何畔阤 | 康莫至 | 香陆佰伍拾囗斤，卤沙贰佰壹斤 |
| 十二月 | 有尼屈量 | | 香伍拾二斤 |
| 十二月 | 安符夜门延 | 安符夜门遮 | 香三拾三斤 |

　　该文书有残损，有些内容无法释读，但是我们可以看到两点。其一，生丝是一种重要的贸易商品。其二，贸易几乎都是发生在胡人之间，理所当然地可以认为这里主要是国际贸易。所谓称价钱，其实就是高昌王国政权在国际贸易中征收的一种贸易税，而参与贸易的商人或者是粟特人，或者是塔里木盆地周边的商人。[1] 用郑学檬先生的说法即是"这些人从姓名看基本上是胡商或居住于高昌的少

---

1　参见朱雷《麹氏高昌王国的"称价钱"》，原刊《魏晋南北朝隋唐史资料》第4期，1980。收入朱雷《敦煌吐鲁番文书论丛》，第69~81页

数民族，主要是康、何、曹、安等西域小国后裔"。[1]

斯加夫先生也分析了这件文书，发现只有生丝贸易而没有丝绸贸易，他推测丝绸贸易应该是另外计算的，这里只有用重量进行计算的商品。但是，为什么在这个重要的资料中没有丝绸贸易的记录，却仍然相信丝绸贸易的存在呢？是因为中国的丝绸确有国际贸易的优势吗？那么，称价钱文书中所透露出的生丝贸易又该如何看待呢？四次生丝贸易，最多的一次是 80 斤，最少的一次是 10 斤，而全部是 200 斤。这种批发业务，究竟反映的是怎样的一种贸易背景呢？

虽然，这些生丝的产地现在无从判断，但我们能够明确的是生丝在国际贸易中的真实需要。以中原丝绸业的发达而言，从西域贩运生丝的利润空间一定是有限的，所以生丝的贸易方向应该是自东向西的。高昌当地集中生丝向西方贩运的可能性也是存在的，但是否完全来自当地则无从说明。相对丝绸而言，生丝是一种原料，而原料的商业利润肯定不如丝绸成品，所以生丝的贩卖，一种可能性是比较短距离的商业活动，如塔里木周边绿洲之间等。

那么，丝绸成品的交易是一种怎样的状况呢？吐鲁番文书没有突出的资料，我们必须扩大搜寻视野。突厥兴起，打通了中国北方与中亚、西亚的联系，中国的特产因此可以源源不断地运往西方，这一点是研究者都比较重视的。在北魏以后的北周、北齐时代，两个政权之间征战不息，纷纷取悦于突厥，而突厥来者不拒，如他钵可汗之说："但使我在南两个儿孝顺，何忧无物邪？"正是在他钵时代，北周与其和亲，"岁给缯絮锦彩十万段"，与此同时北齐也"倾

---

1　郑学檬：《十六国至麴氏王朝时期高昌使用银钱的情况研究》，韩国磐主编《敦煌吐鲁番出土经济文书研究》，第 309 页。

府藏以给之"。[1] 吐谷浑在夸吕统治时期，与北周和战不定。553年，北周凉州刺史史宁得知夸吕使者从北齐返回，半路袭击，"获其仆射乞伏触扳，将军翟潘密、商胡二百四十人，驼骡六百头，杂彩丝绢以万计"。[2] 突厥也好，吐谷浑也好，都是通过政治手段获得来自中原的大量丝织物。那么，这些丝织物入手之后，他们会如何处置这些财物呢？一个可以想象的方向就是继续向西贩卖。这条资料中，商胡竟然有二百多人参与其中，而他们就是著名的国际贸易商人，从中原运来的丝绸的贸易对象在中亚及其更西的方向，应该没有问题。

中原没有统一的时候如此，统一之后，可以为丝绸之路的贸易提供更大的动力。以隋朝与突厥的关系而言，双方一旦达成政治和解，接下去必然是规模浩大的贸易交往。突厥可汗与隋朝皇帝之间的经济交往，就是通常所谓的朝贡贸易，突厥朝觐贡方物，皇帝照例有赏赐，这不过是双方贸易的一种特殊方式而已。沙钵略生前与隋朝时战时和，和平的时候贡方物不绝，开皇七年（587）死的时候，隋文帝一次"赠物五千段"。[3] 根据唐朝的习惯，赐物十段的内容是"绢三匹，布三端，绵四屯"，[4] 而绢一匹是四丈，布一端是五丈，绵一屯是四两。那么五千段赐物，就有绢一千五百匹，布一千五百端，绵两千屯。

也是开皇七年，突厥都兰遣使朝贡，隋文帝赐物三千段，即绢九百匹，布九百端，绵一千两百屯。[5] 转年开皇八年，"突厥都兰部

1　《周书》卷五〇，中华书局，1971，第911页。
2　《周书》卷五〇，第913页。
3　《北史》卷九七，第3295页。
4　《唐六典》卷三，中华书局，1992，第82页。
5　《北史》卷九七，第3295页。此事，《册府元龟》卷九六九记为都兰派遣母弟献于阗玉杖，第11395页。

落大人相率遣使贡马万匹，羊二万口，驼、牛各五百头"。[1] 这么庞大的贡献，能交换的皇帝赐物不知会有多少，因为史籍不载，但是同样庞大的纺织品是可想而知的。之后，突厥缘边置市，与中原贸易，多得中原特产是一定的。大业三年（607），隋炀帝在榆林会见启民可汗与义城公主，对方献马三千匹，隋炀帝赐帛一万三千段。[2] 然后，隋炀帝还设宴款待启民可汗一行三千五百人，给启民赐物两千段，其他部落酋长"各有差"，又是一批数量庞大的纺织品。

贞观六年八月，唐太宗派鸿胪少卿刘善因立西突厥可汗，一次就赐彩万段。[3] 根据《唐六典》所记载的唐朝规定，这应该属于"赐蕃客锦彩"，一般情况下十段的内容是"锦一张，绫二匹，缦三匹，绵四屯"。[4] 绫是有花纹图案的丝织品，缦是一种没有花纹的丝织物。那么一万段的内容即锦一千张，绫两千匹，缦三千匹，绵四千屯。以上所举，不过正史所记皇帝赏赐而已，边贸等都不在统计之内。由此可见，突厥从中原政权获得的物品，以纺织品为大宗，当然包括众多的丝织品在内。

突厥控制中亚，中原与波斯交往出现障碍，但与东罗马往来畅通，而东方最有吸引力的货物就是丝绸。当出产于中原的丝织品大量源源不断地运往西方的时候，对于丝绸之路的丝绸贸易的影响是显而易见的。此外，以经商闻名于世的粟特人，成为突厥人经营丝绸之路的重要推手，他们的目标也是在丝绸交易中获利。史载，突厥人派往波斯和东罗马的使者往往都是粟特人。对此，

---

1　《北史》卷九七，第3296页。《册府元龟》卷九六九，第11395页。

2　《北史》卷九七，第3298页。

3　《册府元龟》卷九六四，第11337页。

4　《唐六典》卷三，第82页。

中国的史籍也有清楚的记载，即突厥人背后有粟特人为谋主。[1]《隋书·裴矩传》记载，为了更有效地对付突厥始毕可汗，裴矩经过皇帝的同意，诱杀了始毕可汗谋主粟特人史蜀胡悉，而诱饵就是在马邑设置互市。[2] 毫无疑问，东西方贸易中最重要的商人就是粟特人。上文所举称价钱文书，其中也多有粟特人，从一个特定的角度证明粟特商人在丝绸之路上无往而不在。于是，商人、商品加上突厥人对丝绸之路的良好管理，保障了商道的畅通，丝绸之路迎来了新的繁荣时期。

如此形势，对于高昌的丝织业产生了怎样的影响呢？上文谈及来自西方的萨珊银币对于高昌丝织业的负面影响，因为丝织品的等价物功能被银币代替。与此同时，来自中原的大量丝绸织物，给高昌丝织业带来的几乎就是毁灭性的结局。价廉物美的中原丝绸，在国际市场上的竞争力，显然不是高昌地产丝绸能够抗衡的，高昌本地丝织业因此遭遇严寒，出现严重的衰落，不可避免。

从丝织品的技艺考察丝织品的质量优良与否，是一个专门的学问，对此这里只能借助有关专家的研究结论。日本学者龙村谦先生研究大谷探险队带到日本的吐鲁番出土丝织品，著有《大谷探险队带来的古代锦绫类》一文，他的结论是即使与波斯比较，中原的丝织品技术也是世界上最高的。[3] 武敏先生研究吐鲁番出土的当地丝织品，且与中原同类物品进行比较，结论认为：高昌织锦虽然在中国古代丝织业中可谓是独树一帜，"然而由于技术局限，无法与内地丝

---

1　关于粟特人在东西方交往中的作用，参见吴玉贵《突厥汗国与隋唐关系史研究》第二章第五节"突厥与丝绸之路"，中国社会科学出版社，1998，第60~78页。

2　《隋书》卷六七《裴矩传》，第1582页。

3　『西域文化研究』第六「歴史と美術の諸問題」、法藏館、1963、第15~46頁。

织品竞争，因此在 7 世纪下半叶渐趋衰落"。[1] 这一认识对本章支持甚大，只不过笔者认为高昌当地丝织业的衰落比 7 世纪下半叶更早一些。

这里需要再举证一个多年以后的间接证据。阿斯塔那 4 号墓出土了一组墓主人左憧憙生前与人签订的契约，他一生贷钱、贷物与人，为的就是一个利字，其中麟德二年（665）与赵丑胡签订的贷练契约，对于我们理解本题有所帮助，引文如下：

1　麟德二年八月十五日，西域道征人赵丑
2　胡于同行人左憧憙贷取帛练
3　三四。其练回还到西州拾日内，还
4　练使了。到过其月不还，月别依
5　乡法酬生利。延引不还，听拽家财
6　杂物平为本练直。若身东西不在
7　一仰妻儿还偿本练。其练到安西
8　得赐物，只还练两匹；若不得赐，始
9　还练三匹。两和立契，获指为验。
10　　　　练主左
11　　　　贷练人赵丑胡
12　　　　保人白秃子
13　　　　知见人张轨端
14　　　　知见人竹秃子 [2]

---

1　武敏：《吐鲁番古墓出土丝织品新探》，《敦煌吐鲁番研究》第四卷，第 299~322 页。
2　唐长孺主编《吐鲁番出土文书》叁，第 213 页。

左憧憙贷给同行人赵丑胡帛练三匹，提出的条件是如果赵丑胡回到西州十日之内偿还，就不收任何利息。如果过了当月不还，则按照当地规矩本利同还，如果不还允许用家财冲抵。又规定，如果到达安西的时候，能够获得"赐物"，那么只需还练两匹即可。对左憧憙这样精明的商人而言，既然同意用赐物两匹抵偿原来的三匹，至少表明赐物两匹的价值一定不会低于原来的三匹。这当然不能作为西域本地同类丝织品价值一定低于中原丝织品三分之一的证明，但是在唐高宗时代，来自中原的赐物价值一般高于高昌同类物品的推测应该是可信的。

对此，王素先生比较重视高昌内部的产业替代问题，他指出"麹氏王国后期，棉花种植的普及和专业叠坊的兴起，可以说是唐西州蚕桑业和丝、绵纺织业衰落的直接原因"。[1]这一看法值得重视，高昌内部丝织业与棉织业的共同存在，至少有利于民众的选择。然而，高昌本地的产业变迁，是因为丝织业市场出现问题而导致人们转向棉织业，还是棉织业更有竞争力而放弃丝织业呢？抑或两者皆有？这有待于更深入探讨。

吐鲁番出土文献中，依然能够看到一些西州时期桑和丝绸方面的数据，如西州文书《武周西州高昌县顺义乡人严法药辞为请追勘桑田事》等，[2]证明西州的桑蚕和丝织业并没有彻底消失。百姓自用或者狭小市场的丝绸需求，都支持一定地产丝织业的存在，这是完全正常的。发生在麹氏高昌中后期的变化，从国际贸易角度观察，高昌的地产丝绸丧失了原有的地位，但这并不意味着连零星的民间丝织业也不复存在，虽然这个对于地方经济与地方社会而言，绝不

---

1　王素：《高昌史稿（交通编）》，文物出版社，2000，第120页。

2　唐长孺主编《吐鲁番出土文书》叁，第430页。

是一件小事。

　　总之，麹氏高昌中后期丝织业的衰落，把问题放置在丝绸之路的大背景下是可行的。来自波斯的银币与来自中原的丝织品，对高昌当地的丝织业共同构成了夹击之势，导致这里的丝织业发生严重衰退甚至部分破产。而在五凉时期，特别是北凉和阚氏高昌时期，高昌利用丝绸之路不畅时期丝绸商品缺乏的大好时机，曾经让本地的丝织业获得充分的发展。从此出发，可以从一个角度观察和理解在丝绸之路的国际商业网络中，如吐鲁番这样的绿洲经济的脆弱性。

# 第二章　西州的土贡：绁布与丝绸

## 一　问题的提出

吐鲁番地区的历史，640 年是一个政治分水岭，此前是高昌王国时期，此后进入唐朝的西州时期。从一个地方割据小王国到大唐的一个边州，不论是经济还是社会，都会发生很多变化，已经有研究者注意到这个问题。[1] 就政治历史而言，从高昌国到唐西州，其历

---

1　笔者曾写《唐统一后西州人故乡观念的转变》，载《新疆师范大学学报》1994 年第 2 期，收入《汉唐文化与高昌历史》，齐鲁书社，2004，第 336~356 页。另可参见裴成国《试论 6—8 世纪吐鲁番地区人口平均年龄》，《新疆师范大学学报》2005 年第 3 期，第 19~24 页。《从高昌国到唐西州量制的变迁》，载《敦煌吐鲁番研究》第十卷，上海古籍出版社，2007，收入孟宪实、荣新江、李肖主编《秩序与生活：中古时期的吐鲁番社会》，中国人民大学出版社，2011，第 477~498 页。

史分水岭的意义毫无疑问，但是，所有的社会经济问题都会有如此鲜明的阶段性显现吗？

本章讨论的是唐西州的特产问题。吐鲁番是叠布生产地，从高昌到唐西州一贯如此。但是，关于当地的丝绸生产问题，却有不同看法。作为土贡的丝绸，在唐朝的西州到底是否存在？作为曾经的丝绸之路上的丝绸产地，西州时期为什么风光不再？种种问题，吸引了研究者的目光。

1983 年，韩国磐先生撰写的《关于吐鲁番出土的唐代西州户籍残卷中的几个问题》，对于吐鲁番地区高昌时期和西州时期的桑蚕业提出看法：唐朝以前，高昌国时期，肯定有桑蚕业，但是到唐朝的西州时期，桑蚕业是否被棉织业代替了呢？[1]1985 年，唐长孺先生撰写《吐鲁番文书中所见丝织手工业技术在西域各地的传播》一文，发现《北史》(《魏书》)、《周书》、《隋书》的"高昌国"条等都有"宜蚕"的记载，但到两《唐书》的高昌国记载，却都没有了"宜蚕"的内容。不仅如此，唐代文献的记载，除了《新唐书》卷四〇《地理志》记载交河郡的土贡有丝以外，《唐六典》、《通志》、《元和郡县志》和《通典》都没有记载吐鲁番当地的土贡有丝。是否到了西州时期，当地的丝织业已经衰落了？因为史料记载并不统一，唐先生对此的解释是："《六典》以下所述都是开元制度，《通典》称郡，更是天宝时制，《新唐书·食货志》所述也可能别有所据，源出唐初记载。"[2]依照唐先生的这个判断，吐鲁番当地的丝织业

---

1　韩国磐：《关于吐鲁番出土的唐代西州户籍残卷中的几个问题》，《中国社会经济史研究》1983 年第 2 期，第 57~67 页。

2　唐长孺：《吐鲁番文书中所见丝织手工业技术在西域各地的传播》，《出土文献研究》，第 146~151 页。但此处唐先生所说"《新唐书·食货志》"，应是《地理志》之笔误，因为上文所举证是《新唐书·地理志》，而《新唐书·食货志》无此内容。

在盛唐之后发生了变化。那么，就唐朝而言，西州到底有没有丝这个地方特产呢？

1986 年，韩国磐先生再作《从吐鲁番出土文书来看高昌的丝绵织业》一文，对于此前提出的问题给予了回答。韩先生指出："如上所述，从桑树、桑田、蚕种、蚕桑树的出租、绢机、丘慈锦的织作、丝织物花色品种之多等各方面进行考察，可知高昌或西州的丝织业是很发达的。并且，早在五世纪初期的前后，丝织业已经发展起来，唐代时仍在发展着，在吐鲁番唐墓中发现的花鸟纹锦、联珠对马文锦等，就是很好的证明。"[1]韩先生把高昌国与唐西州看作一个时间整体进行考察，没有发现丝织业在这个过程中的变化。

王仲荦先生《唐代西州的缬布》一文，发表于 1987 年，但文章写作时间应该稍早。西州的缬布存在毫无问题，王先生大作给予全面论证，特别是运用了大谷文书，证明缬布是西州特产，与传世史籍如《通典》等所记西州土贡每年"氎布十端"是一致的。但是，文章最后也附带提及西州是否产丝的问题，引证《新唐书·地理志》的证据，认为丝是西州的土贡，"且列在缬布之上，说明西州一定已经植桑养蚕"。[2]

唐长孺先生阐述自己的观点虽然比较委婉，但还是发现了这个过程中的问题，即唐西州时期的历史记载中，当地的特产已经不是丝绸，最显著的是叠布之类。唐先生没有作结论，对于《新唐书·地理志》的特殊之处也没有进行否定，而是说可能另有根据，

---

1　韩国磐：《从吐鲁番出土文书来看高昌的丝绵织业》，《敦煌吐鲁番出土经济文书研究》，第344~356 页。

2　王仲荦：《唐代西州的缬布》，《文物》1976 年第 1 期，收入《蜡华山馆丛稿》，中华书局，1987，第263~273 页。王先生考证，"叠布"是标准写法，至于"缬布"的写法王先生则是认同了吐鲁番出土文书，让叠布、缬布两种写法共存。

我们现在无从知晓而已，应该是一种谨慎的表态。至于西州时期的丝绸业问题，王素先生的回答是十分干脆的，认为就是出现了衰落，并且进一步找到了原因所在。他指出"麹氏王国后期，棉花种植的普及和专业叠坊的兴起，可以说是唐西州蚕桑业和丝、绵纺织业衰落的直接原因"。[1]

就吐鲁番地区的丝织业而言，中古时期在十六国如北凉、麹氏高昌国前期确实有过一个高潮，最鲜明的证据是当地税收都会交纳生丝，但是到麹氏高昌中晚期则发生了变化，一是国际贸易的发达让萨珊银币成为最主要的支付媒介，原来的丝织品的货币功能被取代；二是与中原关系密切之后，来自中原的丝织品排挤了当地的丝织业。[2] 那么，唐朝西州的当地特产，就纺织品而言显然是棉布（称作叠布或绁布），所以根据《唐六典》等文献的记载，叠布是西州的贡品。就西州而言，棉布与丝绸到底应该怎样理解呢？是因为棉花的种植以及棉纺织的生产排挤了丝织业，还是棉纺织的优势得到了充分发展呢？

## 二　西州特产的传世文献记载

关于吐鲁番当地物产的生产，尤其是丝绸与叠布，传世文献多有记载。而唐长孺先生很重视其中的差异所反映出来的问题，无疑极富启发性。详细分析这些数据，对于本论题也是不可回避的。现列表 3 如下，敬请观察。

---

1　王素：《高昌史稿（交通编）》，第 120 页。
2　参见孟宪实《论十六国、北朝时期吐鲁番地方的丝织业及其相关问题》，《敦煌吐鲁番研究》第十二卷，上海古籍出版社，2011，第 197~227 页。

表3　传世文献所载高昌（西州）物产一览

| 序号 | 内容 | 出处 |
|---|---|---|
| 1 | 气候温暖，厥土良沃。谷麦一岁再熟。宜蚕，多五果，又饶漆。有草名羊刺，其上生蜜，而味甚佳。复有白盐，其形如玉，高昌人取以为枕，贡之中国。多蒲桃酒。 | 《魏书》卷一〇一《高昌传》，取《北史》同传补 |
| 2 | 寒暑与益州相似。备植九谷……出良马、蒲陶酒，石盐。多草木，草实如茧，茧中丝如细纑，名为白叠子，国人多取织以为布。布甚软白，交市用焉。 | 《梁书》卷五四《高昌传》 |
| 3 | 气候温暖，谷麦再熟，宜蚕，多五果。有草名羊刺，其上生蜜焉。 | 《周书》卷五十《高昌传》 |
| 4 | 气候温暖，谷麦再熟，宜蚕，多五果。有草名为羊刺，其上生蜜，其味甚佳。出赤盐如朱，白盐如玉。多蒲桃酒。 | 《隋书》卷八三《高昌传》 |
| 5 | 厥土良沃，谷麦岁再熟，有蒲桃酒，宜五果。有草名为白叠，国人采其花，织以为布。 | 《旧唐书》卷一九八《高昌传》 |
| 6 | 土沃，麦、禾皆再熟。有草名为白叠，撷花可织为布。 | 《新唐书》卷二二〇《高昌传》 |

因为《魏书》与《北史》的《高昌传》相同，这里我们算作一条记载。通过以上六种传世史籍，我们可以很容易观察到高昌特产的记录历史。六种史书中，明显分作两个系统，南朝的《梁书》单独成立，其他五种联系密切。从《北史》到《周书》《隋书》，重视谷麦再熟，宜蚕，多五果，还有所谓"羊刺"。这个传统到《旧唐书》中除了"宜蚕"、盐和"羊刺"消失以外，基本信息都得到保留。而到《新唐书》，消失的不仅有"宜蚕"、盐和"羊刺"，还有"蒲桃酒"和"宜五果"。

《梁书·高昌传》所记，显然与北朝系统不同，没有记录"宜蚕"，也没有记录"羊刺"，提及"蒲桃酒"和石盐，只是说气候与益州相似，而不强调谷麦再熟。最为突出的是《梁书》介绍的白叠布的情况，从最初的草实，到最后织成布的特色，十分详细。而对比北朝系统的记录，这一点竟然未著一字。这是关于棉花种植、纺织进入中国最重要的记载。[1]

　　两《唐书·高昌传》的记录忽然出现了重大变化，一改以往北朝的记录内容，在"宜蚕"等内容消失的同时，却都记载了白叠布的情况，而且从文字比重看，如同《梁书》一样，两《唐书》是把白叠布放在高昌物产最突出的位置上加以记录的。史书记载内容的沿革损益是常见的，但《新唐书》与《旧唐书》关于高昌物产的记载如此相近，且有唐朝留下的国史等资料，不该是盲目传抄的结果，只能看作有意的选择。

　　再看唐朝有关西州交河郡（原高昌王国）的土贡记录，与上文的传世文献记载进行对比，大体上还是可以了解基本情况的，因为地方物产与土贡的联系是紧密的，没有特定的物产，就不会有相应的土贡规定。

　　《唐六典》卷三"户部郎中员外郎"条，陇右道"厥贡"名目中有"白氎"，自注为西州。[2]

　　《通典·食货六》，"交河郡贡氎布十端"。[3]

　　《元和郡县图志》卷四〇，西州贡、赋："开元贡：氎毛、剌蜜、干蒲萄。"[4]

　　《新唐书》卷四〇《地理四》：西州交河郡，土贡："丝、氎布、

---

[1]　参见吴震《关于古代植棉研究中的一些问题》，原载《吐鲁番学研究》2005 年第 1 期，收入《吴震敦煌吐鲁番文书研究论集》，第 610~624 页。

[2]　《唐六典》，第 68~69 页。

[3]　《通典》卷六《食货六》，中华书局，1988，第 118 页。原文自注"今西州"。

[4]　《元和郡县图志》卷四〇，中华书局，1983，第 1031 页。贺次君先生点校该书，引证张驹贤的《元和郡县图志考证》，认为"氎毛"应是"毡"，见该书第 1044 页。氎毛，应该是"氎布"之误。

毡、刺蜜、蒲萄五物酒浆煎皱干。"[1]

　　《通志·地理略》引证《开元十道图》，内容与《六典》同，历数陇右道的贡品名目中有"白氍"，但注释中说到西州的时候，写的是"白毡氍"。[2] 中间"毡"字，据《六典》，或许为衍字。据《新唐书》中"氍布、毡"的记录，或许是错简。不过，在引证《开元十道图》的时候，郑樵有按语，说《开元十道图》，"其山川之所分，贡赋之所出，得《禹贡》别州任土之制，远不畔古，近不违令，载之《六典》，为可书也"。[3] 可见，郑樵明确知晓《六典》卷三所引是《开元十道图》的。那么，现在《通志》所引《开元十道图》最应该与《六典》相契合，故"毡"字属于衍字的可能性更大。

　　以上涉及西州土贡的五件数据，《六典》与《通志》同源，都来自《开元十道图》，而《元和郡县图志》注明属于"开元贡"，与《开元十道图》一样，都是开元时期的土贡记录。[4]《新唐书》成书早于《通志》，欧阳修等作者一定也能看到《开元十道图》。观察《开元十道图》的写作逻辑，在写到土贡的时候，先列举土贡的名目，然后在注释中分别给出各州的具体贡品。前者是概括性列举，没有把所有贡品全部罗列，所以注释中各种贡品的总数是超过前者所列名目的。如此，一种情况就有了可能，即《六典》和《通志》所引《开元十道图》可能是一个简本。而《元和郡县图志》和《新唐书》根据的开元时期贡赋资料，或者出于比《开元十道图》更为详细的资料，或者相类的资料。因为两者的情况相近，都证明西州土贡不

---

1　《新唐书》卷四〇，中华书局，1974，第1046页。

2　郑樵：《通志二十略》，王树民点校，中华书局，1995，第550页。

3　《通志二十略》，第546页。

4　王永兴先生认为《元和郡县图志》所载是元和贡，但残缺过甚。见《试论唐代丝纺织业的地区分布》，载《陈门问学丛稿》，江西人民出版社，1993，第323~324页。

止一种。如果"毡"是衍字的话，那么双方除了丝以外，叠布、刺蜜和葡萄是一致的。《新唐书·地理志》关于葡萄的写法十分费解，"蒲萄五物酒浆煎皱干"，连断句都难。如果对照《元和郡县图志》，大概就是葡萄干。这句难解的文字，也可以反过来看"丝"的记录，因为实在太特殊，所以怀疑不是有什么特殊根据，而是完全写错了。[1] 同时，《新唐书·地理志》与《新唐书·高昌传》关于丝的记载也不同，明显是一种矛盾。[2]

北宋时王延德使高昌，太平兴国九年（984）四月归来。他对高昌土特产的记载是："地产五谷，惟无荞麦……乐多琵琶、箜篌。出貂鼠、白氎、绣文花蕊布。俗好骑射……"[3] 比起其他的文献记载，王延德的说法是实地考察之后的报告，可信度更高。没有什么蚕丝之类的记录，但是"白氎"依然在列。唐代文献所载，他的报告提供了新的考察验证。而《新唐书·地理志》所记，则没有在他的报告中获得支持。

《新唐书·地理志》记录西州"贡丝"的错误，还可以联系起来看待。第一，所有几件数据中，白叠布都是记录在案的，而在《唐六典》、《通典》和《通志》中干脆把白叠布写作了唯一贡品。除了《新唐书·地理志》和《元和郡县图志》，都把白叠布写作第一件贡品。[4] 再结合上文中有关高昌土特产的记录，在唐朝的文献中，

---

1　王永兴先生认为《新唐书·地理志》所载是长庆贡。见《试论唐代丝纺织业的地区分布》，第 323 页。但是，唐朝失守西州是在贞元时期，这一点学界争论不大，所论是具体年份问题。贞元之后有十五年的元和时期，然后才是一共四年的长庆。所以，长庆时期西州还有贡献，实在不好理解。

2　汪篯先生曾撰写《隋唐时期丝产地之分布》一文，讨论天下丝绸产地，虽然没有具体考察西州，但对陇右道的考察结论是"无"。见《汪篯隋唐史论稿》，中国社会科学出版社，1981，第 289~298 页。

3　《宋史》卷四九〇，中华书局，1977，第 14111 页。

4　参见王仲荦《唐代西州的绁布》，第 263~273 页。

明显都强调高昌的白叠草，这正是高昌土贡中有白叠布的根据。两《唐书》的《高昌传》把曾经有过的"宜蚕"记录予以删除，这也应该能够说明为什么多数的文献都没有高昌贡丝的记录。[1]

总之，传世文献记录西州土贡，以叠布为主，而《新唐书·地理志》记载的"贡丝"即使退一步认为不是错误，现在依然找不到根据。如果依照唐长孺先生的推测，《新唐书》此说可能是根据唐初的什么资料，那么也可以看到唐先生的观点是开元时期西州也不该有"贡丝"问题。

## 三 来自出土文书的证据

传统文献的记录之外，出土文献也给出了许多证据，这也是我们必须给予重视的资料。而这些资料，众所周知，主要指吐鲁番出土文书。

在吐鲁番出土文书中，大谷文书5792~5838号一组文书很知名，被称作《周氏一族纳税文书》，共四十多件。[2] 池田温先生的《中国古代籍帐研究》对这组数据进行了系统整理，总体名曰"唐开元—广德间西州高昌县周氏纳税抄类"，进一步细化为若干组。[3] 前人多利用这组资料研究唐代赋税制度，而本章更关心的是其中的缬布资料。根据池田温先生给出的文书命名，这些文书分别如下：

一、唐乾元三年（760）西州高昌县周义敏、周祝子纳布、

---

1　王仲荦先生《唐代西州的缬布》一文，最后的余论部分也接触了一下丝绸生产问题，引证《新唐书》这一证据，认为西州一定已经植桑养蚕，稍显简单。

2　小田義久「大谷文書集成」第三卷、法藏館、2003、第197~207頁。

3　池田温：《中国古代籍帐研究·后图》，东京大学，1979年初版。此据龚泽铣译，中华书局，2007，第293~301页。

钱抄。（三件）

　　二、唐上元元年（760）西州高昌县周思温等纳布、钱抄。
（两件）

　　三、唐上元元年或二年西州高昌县周义敏纳布抄。

　　四、唐上元二年（761）西州高昌县周祝子纳布抄。
（两件）

　　五、唐上元元、二年西州高昌县周祝子纳布、钱抄
（五件）

　　六、唐宝应元年（762）西州高昌县周氏纳布抄（三件）

　　七、唐宝应二年（763）西州高昌县周义敏纳布抄（三件）


根据以上七组文书，列表4如下，以便集中观察。

表4 《周氏一族纳税文书》中绌布资料一览

| 大谷编号 | 纳税人 | 纳税科目 | 数量 | 时间 | 出处 |
|---|---|---|---|---|---|
| 5802 | 周义敏 | 和市绌布贴钱 | 三百文 | 乾元三年四月十一日 | 297 页 |
| 5797 | 周祝子 | 赊放绌布 | 两段 | 乾元三年八月一日 | 297~298 页 |
| 5798 | 周祝了 | 赊放绌布 | 两段 | 乾元三年八月十二日 | 298 页 |
| 5800 | 周思温、曾大忠、阴善保等 | 细绌直钱 | 2450 文先有 1600 钱 | 上元元年十月六日 | 298 页 |
| 5801 | 周思温等三户 | 瀚海军赊放绌布（次细） | 壹匹 | 上元元年十月六日 | 298 页 |
| 5803 | 周义敏 | 和市绌布 | 壹段陆尺 | 上元二年三月十四日 | 298 页 |

| 大谷编号 | 纳税人 | 纳税科目 | 数量 | 时间 | 出处 |
|---|---|---|---|---|---|
| 5799 | 周祝子 | 纳上元元年长行预放绁布 | 壹段 | 上元二年四月 | 298 页 |
| 5796 | 周祝子 | 长行预放绁布 | 壹段 | 上元二年六月八日 | 298 页 |
| 5792 | 周祝子 | 纳元年预放绁布 | 壹段 | 上元二年十月十日 | 299 页 |
| 5793 | 周思温 | 上元二年科户绁价钱 | 1100 文 | 上元二年八月廿六日 | 299 页 |
| 5795 | 周祝子 | 纳长行预放绁布 | 壹段 | 上元二年十月七日 | 299 页 |
| 5795 | 周祝子 | 纳长行预放绁布 | 伍段 | 上元二年九月十一日 | 299 页 |
| 5795 | 周祝子 | 纳上元元年长行预放绁布 | 两段 | 上元元年十月卅日 | 299 页 |
| 5795 | 周祝子 | 纳上元元年长行预放绁布 | 两段 | 上元元年十一月八日 | 299 页 |
| 5795 | 周祝子 | 纳上元元年长行预放绁布 | 壹段 | 上元元年正月廿八日 | 299 页 |
| 5795 | 周祝子 | 纳上元元年长行预放绁布 | 壹段 | 上元元年三月五日 | 299 页 |
| 5832 | 周思温 | 宝应元年瀚海等军预放绁布 | 壹段 | 宝应元年八月十四日 | 299 页 |
| 5833 | 周祝子 | 瀚海军预放绁布 | 壹段 | 宝应元年八月廿九日 | 299 页 |
| 5824 | 周义敏 | 十一月番课绁布 | 壹段 | 宝应元年十一月十四日 | 299 页 |
| 5825 | 周义敏 | 三月番课绁布 | 壹段 | 宝应二年三月廿三日 | 300 页 |
| 5827 | 周义敏 | 宝应二年六月番课绁布 | 壹段 | 宝应二年六月廿六日 | 300 页 |

注：本表资料皆依据池田温《中国古代籍帐研究》，龚泽铣译，中华书局，2007。出处即该书的页码。

　　这一时期的西州赋税，自从大谷文书被利用以来，已经多有研究，但是从周藤吉之先生以来，多从户税问题上入手研究这些文书，所以与本章关心的问题并不一致。不过，周藤吉之先生认为，有关周氏一族文书，包括绁布文书证明，"唐代中期的吐鲁番，户除户税外还有各种负担。这些周姓户交纳了麹钱、草夫的价钱粮、科配与户的绁价钱、官府和军方预放和赊放的绁布、官府和市绁布以及上番的课布等"。[1]而笔者认为，这些作为赋税内容经常交纳的绁布，与当地的绁布生产的发达很必然地联系在一起，这与传世数据中把西州当作绁布产地的记载是彼此呼应的。

　　表4所列名单中，经常出现的周祝子是高昌县宁戎乡人，户等是八等。大谷文书5793号根据池田温先生的复原研究，前半部分是周思温纳上元二年科户绁价钱的抄，后半部分内容是"周祝子、魏敢保（已上第八），侯孝养（第九，共壹段）"，[2]证明交纳这些科户绁价钱和绁布的包括了这些最底层的民众。可以判断，这些纳税抄是正式文件，而相关的税种，在当地当时应该是普遍的。

　　首先，与绁布有关的征纳，都是以户为单位的。上文所举大谷5793号文书，之所以要把周祝子、魏敢保和侯孝养的户等用注释方式记录下来，证明这种"科户绁价钱"以户为单位，不同的户等应有不同的标准。如果池田温先生的复原无误的话，那么还可以推定，这种所谓"科户绁价钱"是可以纳钱，也可以直接纳布的。涉及瀚海军赊放绁布的文书共有三件，其中大谷5801号文书是纳次细绁布壹匹，而交纳人是"周思温等叁户共纳还海军赊放绁布"。证

1　周藤吉之「唐中期戸税的研究」『西域文化史研究』三、1960。收入周藤吉之『唐宋社会経済史研究』、東京大学出版会、1965。姜镇庆中译文载《敦煌学译文集——敦煌吐鲁番出土社会经济文书研究》，甘肃人民出版社，1985，第741~783页。

2　池田温：《中国古代籍帐研究·后图》，第299页。括号中的字原文是小字注释。

明也是一种以户为单位的征收。大谷5800号文书内容为"周思温、曾大忠、阴善保等付细继布直钱贰仟肆佰五拾文"，显然又是共纳之意，还是以户为单位的交纳行为。

其次，在普遍使用金属货币交纳税收的两税法时代，特殊的税种依然采用实物征纳的办法，这究竟是全国通盘如此还是西州特例，一时难下结论。但是，依据使用的便利性而直接征纳实物应该具有合理性。比如户税中纳棘柴就是为了官府、军队使用的。而继布作为税收的品种，既然是普遍存在的，除了证明继布的实用价值以外，也证明了它作为土贡的必然性。

继布的实用性毋庸置疑。现有资料很清晰地证明了这一点。瀚海军赊放继布，是一种军队专供物资。王仲荦先生认为，之所以这里出现如此多的瀚海军赊放、预放继布的税种，应该与当时的形势有关。首先是安史之乱正在平定之中，中央已经无暇顾及西域，瀚海军的军用物资只能就地取材，而西州是继布的产地，因地制宜政策正好有了实施的条件。多件长行预放继布的资料，证明这也是一项专供税种，而长行即应为长行坊。

两件和市资料，一为纳钱，一为纳继布。王仲荦先生认为，这种"和市"即"和买"，是政府购买的一种形式，其中不乏政府的强买色彩。这再一次证明西州继布的价值。王仲荦先生利用大谷文书那组著名的物价文书证明，继布在西州的市场价格是很不错的。其中反映出来的问题，继布不仅具有一般实用性功能，而且还可能具有重要商品的功能，或许是在西州之外的商业领域，出产于西州的继布拥有良好的市场需要。

大谷文书中《周氏一族纳税文书》，很集中地证明了西州百姓交纳继布的情形。吐鲁番出土文书，还有其他同类证明。阿斯塔那224号古墓出土的唐代文书，虽然没有确切时间，但也给出了一个重要证据，证明西州百姓交纳绌布作为常规的赋税内容。这件文书，整理者命名为《唐西州蒲昌县户曹牒为催征逋悬事》，分为两件，为催收百姓稽逋，西州户曹通知各县，按照具体数目催征，内容如下：

1　户曹得帖，通诸县欠上件稽逋，如具
2　脚注者。诸县及府各有逋悬，长官
3　宽限，事难违越。咸须励己，输纳及
4　时，傥有乖踈，必置刑罚。各令自录
5　悬欠，准数催征，限满不来，举出科责。
6　仍各牒所由行，准帖检纳讫报者。长[1]

文书有残缺，至于数额等事项，似乎第二件更为具体，内容如下：

1　判十一千，到，检言余限九月一日申。
2　欠借口钱廿九贯。今年输丁庸绌，长史
3　判十二千，到，检讫，言余限十五日申。
4　诸色行客等，长史判，限八日了申。
5　竹孝达二石　　康毛莚一石　　田苟仁三石三斗
6　奴石生三斗　　索虔亥一石　　侯守洛九斗[2]

很多具体内容并不能完好解释。这里最重视的是"今年输丁

---

1　唐长孺主编《吐鲁番出土文书》肆，第388页。
2　唐长孺主编《吐鲁番出土文书》肆，第389页。

庸绁, 长史判十二千" 部分, 但具体含义也不能确解。所以,"丁庸绁" 这个概念就变得更加重要。唐朝前期租庸调制, 根据《唐六典》的记载, 相关内容如下:

> 凡丁岁役二旬,(有闰之年加二日。) 无事则收其庸, 每日三尺;(布加五分之一。) 有事而加役者, 旬有五日免其调, 三旬则租、调俱免。(通正役并不得过五十日。) 凡庸、调之物, 仲秋而敛之, 季秋发于州。[1]

成丁每年有二十天的劳役, 如果国家没有工程等需要百姓出役的项目, 百姓就要交纳丝绸之类的织物, 每日三尺, 这就称作庸。如果不交纳丝绸而交纳布, 则需要增加五分之一。因为以成丁为单位, 所以这"庸"也可以称作"丁庸"。

《唐会要》卷三○"洛阳宫"条记载:

> 上元二年, 高宗将还西京, 乃谓司农少卿韦机曰:"两都是朕东西之宅也。见在宫馆, 隋代所造, 岁序既淹, 渐将颓顿, 欲修殊费财力, 为之奈何?"机奏曰:"臣曹司旧式, 差丁采木, 皆有雇直。今户奴采斫, 足支十年。所纳丁庸, 及蒲荷之直, 在库见贮四十万贯, 用之市材造瓦, 不劳百姓, 三载必成矣。"上大悦……[2]

唐朝赋税租、庸、调之"庸", 在司农少卿韦机的言辞中, 正

---

1　《唐六典》卷三"户部郎中员外郎"条, 第76~77页。
2　《唐会要》卷三○"洛阳宫"条, 上海古籍出版社, 1991, 第643页。

是"丁庸"。唐代宗广德元年（763）七月改元，大赦天下，同时宣布减轻百姓负担，内容有"民户三丁免一丁庸，租税依旧每亩二升，男子二十成丁、五十入老"[1]等。丁庸内容明了，"丁庸绌"自然也就清晰了。这个概念应是西州特有的，即西州百姓用来顶替每年二十天劳役的棉织物。

"长史判十二千"，根据上下文推测，应该是铜钱的单位。长史是州长史，所以这十二千应该是整个西州当年尚缺欠的"丁庸绌"数量。大谷文书有一组"物价文书"，其中的 3057 与 3080 可以缀合，可以看到天宝（二年或三载）交河郡（西州）的绌布政府价格。根据池田温先生的录文，内容如下：

> 细绌壹尺，上直钱伍拾文，次肆拾肆文，下肆拾叁文。
>
> 次绌壹尺，上直钱叁拾文，次贰拾伍文，下贰拾文。
>
> 粗绌壹尺，上直钱拾壹文，次壹拾文……[2]

《唐西州蒲昌县户曹牒为催征逋悬事》既然用铜钱计算丁庸绌，我们这里可以用天宝初的西州物价进行一个大概的推测。绌布有细、次和粗三种档次，每种档次再细分为上中下三等，我们且以中间价每尺贰拾伍文计算，那么十二千钱大约是七人所欠。当然，如果用不同的绌布价钱算的话，人数会有所不同，因为这是欠"丁庸绌"之人，全部西州的人丁依然无法知晓。"丁庸绌"的存在，从一个角度再次证明西州作为绌布产地的赋税特色。

---

1　《旧唐书》卷一一《代宗本纪》，中华书局，1975，第272~273 页。

2　池田温先生命名此组文书为"唐天宝二年（743）交河郡市估案"，《中国古代籍帐研究·后图》，第306 页。

### 四　绁布与丝绸

西州盛产绁布，不仅有传世文献的证明，也有出土文献的证明。除了上文已有的证明之外，还有相关资料可资证明。

唐朝以前的高昌国时代，绁（叠）布在当地已经大量生产和使用。高昌和平元年（551）的一件高昌契约，某人三月从他人手中一次得"中行叠"六十匹，规定八月要还同样的"中行叠九十匹"，利息竟然是实物的50%。[1]高昌国时期，佛教寺院丁谷寺有一次遭盗，很多寺内财产遭受损失，所幸案件破获，在一份《高昌作头张庆佑等偷丁谷寺平钱帐》中，涉及不少叠布及其特有名称，如"六纵叠五匹""柒纵叠叁匹""柒纵叠叁匹"等，[2]说明当时棉花种植和棉布使用的普遍性。[3]

阿斯塔那506号墓出土一件《唐出纳钱物帐历》，在第2行最后有"出五千文付典张守"字样，证明应该是件政府的账历。年代不清，但有月份和日期的记录，其中涉及多笔绁布，有的单称绁，有的称细绁等，可见绁布也是西州政府经常出纳的物品。[4]阿斯塔那35号墓出土的一件《唐绁布帐》，性质不明，因为数额比较大，怀疑是政府支付给百姓的，或者是付给百姓令其加工，因为最后一行记为"绁二丈五付康纳槭染服"。文书内容如下：

---

1　唐长孺主编《吐鲁番出土文书》贰，第249页。

2　唐长孺主编《吐鲁番出土文书》贰，第109页。

3　见王炳华《从考古资料看古代新疆植棉及棉纺织业发展》，作者举证了很多考古资料，证明包括吐鲁番在内的新疆古代植棉资料，见《西域考古历史论集》，第316~347页。

4　唐长孺主编《吐鲁番出土文书》肆，第587页。

1　布壹端付和 （叶）子　　布壹端付赵秋德

2　布壹端付孙如姜　　布壹端付竹守欢

3　绝壹端付孟胜住　　绝壹端付陈绪隆

4　绝两端付皂家王阿阇利妻

5　绝三端半付王阿利

6　布壹端五月廿八日付史苟仁妻

7　布壹端同前付索武子母

8　绝贰丈伍尺付侯默仁婢

9　绝贰丈伍尺付白住德妻　　绝贰丈伍付大女康相女

10　张通子五月廿八日纳拾捌文玄

11　索始丑五月廿八日纳拾陆文玄

12　绝二丈五付康纳臟染服[1]

西州时期，根据国家的统一规定，丝绸类织物"以四丈为匹，布则五丈为端"，[2] 而高昌国时代，即使绝布也以"匹"为单位。在这件账中，而绝与布分称应该说明彼此有所不同。[3] 统计这件《唐绝布帐》，涉及的布和绝布，共有七十多丈被支付出去，数量可观。

与绝布相关的生产活动，也有资料给予证明。大谷文书 1210 号是一件佃人文书，其中第 4 行记载"竹住住贰亩（昌），自佃种绝"，[4] 竹住住有两亩土地是种棉花的。大谷文书 2373 号也是一件佃田统计文书，其中"曹射毗贰亩"之下小字注为"佃人史才金种

---

1　唐长孺主编《吐鲁番出土文书》叁，第 547 页。

2　《唐六典》卷三"金部郎中员外郎"条，第 82 页。

3　陈国灿先生认为，布是麻布，而绝布是棉布。见陈国灿《斯坦因所获吐鲁番文书研究》，武汉大学出版社，1994，第 125 页。

4　小田義久「大谷文書集成」第一卷、録文 25 页。

绁"，"王屯相贰亩"之下小字注为"佃人康道奴种绁"。[1] 毫无疑问，作为绁布生产的最上游，没有棉花的种植就没有下游绁布，西州理应有大面积的棉花种植，但并不是所有的佃人文书都书写种植物，所以我们看到的记载十分有限。

与绁布生产相关的民间的经济活动，自然也有存在。出土于阿斯塔那 239 号墓一件景龙二年（708）举钱契约，就是很好的证明。这一年的四月十七日，交河县安乐城人宋悉感从高昌县人成义感借贷三百二十文铜钱，在几项需要定期完成的工作中，有一项是到八月三十日前作"绁花贰拾斤"，而费用是"六十四文"。[2] 其实就是成义感用六十四文钱雇用宋悉感摘棉花二十斤。这是棉花生产环节中出现的雇佣关系，但是，宋悉感摘取的棉花，是谁种植的呢？契约没有反映，相信契约双方是清楚明白的。摘取棉花是纺织棉线的上游工序，是棉花收获的过程。很多情况我们依然不清楚，比如此项雇佣劳动的工钱不菲，应该不单单摘取棉花，可能还包含去籽等简单加工内容。

著名的唐天宝二年（743）交河郡市估案中，也有棉花的价格，大谷文书 3080 号的记载是"绁花壹斤，上直钱七文（下残）"。[3] 既然有棉花作为商品，又有根据质量优劣设定的价格，那么棉花的市场存在就无可争议了。在绁布生产的整个流程中，这个中间环节是不能缺少的。

斯坦因所获的吐鲁番出土文书中，有一件《唐建中七年（786）西州蒲昌县牒为检造秋布花事》，由四个残片组成，月份不清，是蒲昌县科配民户包括僧人造"秋布花"的事，僧人法超、什一

1　小田義久「大谷文書集成」第一卷、録文 88 頁。

2　唐长孺主编《吐鲁番出土文书》叁，第 553 页。

3　小田義久「大谷文書集成」第二卷、法藏館、1996、録文 18 頁。

（女）等都获得了分配，数量是每人"壹拾玖"。这个数词后面的量词可能性很多，或者是"匹"，或者是"尺"，陈国灿先生同意是"匹"的意见，认为这是给每人"各壹拾玖匹"布造花。[1] 对于这个量词，因为都是推测，笔者倾向于"丈"。因为唐朝制度，布的量词大的是"端"而不是"匹"，小一点的有"丈""尺"等，丝绸类的织物才用"匹"，这是《唐六典》中规定分明的。对此，前文已经涉及过这样的资料。陈先生也考虑到了这个"花"字可能是绌花，但分析时间有限，不能造出这么多棉花来，所以否定了这种可能。根据上文的契约，把绌花作为宾语使用时，动词是"作"字，所以"造秋布花"（至少两次如此使用）是完全可以理解为造秋布之绌花的。至于时间，残文书上指的是分配这种役作完毕，而不是造秋布花完毕。

接下去，就该进入纺织过程。如大谷文书《周氏一族纳税文书》所呈现的那样，百姓根据政府的要求，纺织供应军队使用的绌布、供应长行坊使用的绌布等。可以肯定的是，《周氏一族纳税文书》中涉及交纳绌布，不管对象是瀚海军还是长行坊，理所应当存在一个"配造"的过程，就如同《唐建中七年（786）西州蒲昌县牒为检造秋布花事》所显示的那样。如果不交绌布，也允许用纳钱的方法办理。至于用和市的名义交纳的绌布，似乎是进入市场的一种渠道，但背后存在政府的因素似乎也是不容怀疑的。

最后必须说明的是，本章强调作为西州土贡和特产的绌布，就此而言，丝绸在西州已经不具备绌布的地位。但是，这不等于否认丝绸在西州的大量存在和实际使用。丝绸的生产在西州没有绝迹，

---

1　这件文书的图版，可见沙知、吴芳思编《斯坦因第三次中亚考古所获汉文文献（非佛经部分）》，上海辞书出版社，2005，第160~161页。陈国灿观点，见《斯坦因所获吐鲁番文书研究》，第125~126页。

丝绸等丝织物依然是大宗的商品。事实上，丝绸比纻布更具有等价物的意义，在西州用练充当地租等都很常见，这是因为西州毕竟属于全国大市场的一部分。但是，作为丝绸产地的西州已经成为历史，西州大宗的丝绸以内地输入为主。[1]

---

1　参见荒川正晴『ユーラシアの交通・交易と唐帝国』第 9 章「唐の河西以西への軍物輸送と商人」、名古屋大学出版会、2010、第 444~505 頁。

# 第三章　唐丝绸之路上的马匹贸易

## ——以吐鲁番出土文书为中心

　　丝绸之路是文化之路、传道之路，更是经济之路。大宗货物的交易是丝绸之路上演的日常剧目，丝绸、珍宝之外，还有马匹。吐鲁番出土文书中，有关马匹贸易的资料，对于我们了解研究丝绸之路的具体面貌，提供了很大帮助。这些资料中，有马匹贸易的直接买卖文书，有地方政府的文件，也有朝廷的相关制度规定。通过这些历史资料，我们加深了对于唐朝各级政府和沿路人民如何利用丝绸之路的体会，对于丝绸之路的功能也增加了一个新的认识视角。

# 一　蕃马

马是古代运输不可或缺的畜力，对于军队和战争，马匹是一种战略物资。战马多寡，往往被看作战力强弱的重要体现。所以《新唐书》始创的《兵志》，专设一节记录马政问题。从中我们不难理解，唐朝军事力量的发展与衰落，战马都是一个重要环节。马对于军事实力的意义，不仅体现在战马上，在交通运输体系的运转中，马也是最重要的力量。如果从战争的视角观察，运输系统不仅关涉军队、军事物资的运送，尤其是远距离、源源不断的战力投放，而且是战时后勤保障的核心构建。古人对于马的认识，有"凡大祀戎事，军国所须，皆取足焉"[1]之论。正因为如此，马政才是古代国家的重要制度，其多方面的重要功能，不仅在当时的政治中，即使在后世的研究中，也不得不给予极大的重视。

在唐朝的《厩牧令》中，马以外的其他畜力被称作"杂畜"，如"诸杂畜印"，以区别马印。马甚至使用特殊量词，这就是专属的"匹"字。《启颜录》记录一个叫作常青奴的卫士养马，称"灰马一头"，被果毅杖二十。他的问题就是匹、头量词使用不当。[2]

马的分类，首先是所属分类。马属于人的动产，所以财产是马的根本属性。在这方面，无非是官马与私马两种。根据唐朝的《厩牧令》，马账的基本内容是马的主要特征，这就是牝牧、毛色、齿

---

1　《册府元龟》卷六二一《卿监部·监牧》小序，第 7194 页。
2　董志翘笺注《启颜录笺注》，中华书局，2014，第 56~57 页。

岁和印记。印记是人为产生，但在定义马的所属关系上，意义不可替代。

对此，《厩牧令》有着十分详细的规定。其中，复原清本，第17、18、19三条，都是关于马的打印规定，详细而严整。其中，最常见的官马要打"官"字印，驿马打"驿"字印，传马打"传"字印等。除了印字，打印的具体位置也有清楚的规定。十六卫、各个折冲府的官马，也有官府之印。如果马匹来自互市，要有互市印。

私人养马，是政府鼓励的。与官马一样，私人马匹也要有印记，《厩牧令》称作"私记"。那么这些私记是如何做出的呢？第50条有规定：

> 诸有私马五十匹以上，欲申牒造印者听，不得与官印同，并印项。在余处有印者，没官。蕃马不在此例。如当官印处有瘢痕者，亦括没。其官羊，任为私计，不得截耳。其私牧，皆令当处州县检校。[1]

即，私人有马五十匹以上，可以向政府申请造印，只要不与官印同，印于马颈，如果印位有误就会被官方没收。相应地，五十匹以下是不得申请造印的，只能自己做出某种记号。

牧监属于国家机构，这是官马的重要来源之一。官马、私马之外就是蕃马。蕃马既可以成为私马的来源，也可以成为官马的来源。《厩牧令》对于私马有印位要求，但对蕃马没有印位要求，所以也不存在蕃马印位有误而被没收的规定。为什么会如此？因为蕃

---

1　《天一阁藏明钞本天圣令校证》，中华书局，2006，第520页。

马出产于蕃地，即中国周边草原地区，各地都有自己的马印传统和习惯做法，无法按照中国的规矩去要求蕃马。

蕃马成为官马，可以通过进贡的途径。《唐会要》记载康国马时写道："康国马，康居国也，是大宛马种，形容极大。武德中，康国献四千匹，今时官马，犹是其种。"[1] 此外，互市也是蕃马成为官马或者私马的一条途径。对此，《厩牧令》唐第20、21条皆有提及："其互市马，官市者，以互市印印右髀；私市者，印左髀。"而互市印归互市监管辖："互市印在互市监。其须分道遣使送印者，听每印同一样，准道数造之。"[2]

根据《唐六典》，互市监的执掌如下：

> 凡互市所得马、驼、驴、牛等，各别其色，具齿岁、肤第，以言于所隶州、府，州、府为申闻。太仆差官吏相与受领，印记。上马送京师，余量其众寡，并遣使送之，任其在路放牧焉。每马十匹，牛十头，驼、骡、驴六头，羊七十口，各给一牧人。（若非理丧失，其部使及递人，改酬其直。）其营州管内蕃马出货，选其少壮者，官为市之。[3]

总之，官马、私马和蕃马，是唐朝马匹的主要分类，官马、私马是指的隶属性质，蕃马则指马的外来属性，而在唐朝时空之

---

1　《唐会要》卷七二，第1547页。不过，此处所谓"官马"，不该是泛指所有官马。

2　有关马印问题，罗丰先生《规矩或率意而为？——唐帝国的马印》研究甚详，请参考，载荣新江主编《唐研究》第十六卷，北京大学出版社，2010，第117~150页。

3　《唐六典》卷二二，第580页。

下，就马的隶属关系而言，则只有官马与私马两种。[1]

　　蕃马，因为产地而定义，不因属性而定义。《唐会要》有专条"诸蕃马印"，详细记载各种蕃马及其印记，我们从而得知唐朝正式记录的蕃马有四十二种之多。[2]然而，除了史籍所载，我们在知道有关蕃马的制度规定和一些史事之外，对于蕃马的具体贸易并不十分了解。有赖于吐鲁番出土文书，对于蕃马的贸易，我们掌握了更多的资料，从而得知马匹贸易可以看作丝绸之路上的一项重要内容。

## 二　骡马商人石染典

　　吐鲁番出土文书，是研究唐代历史与丝绸之路的宝贵资料。其中，有关马匹贸易的文书，对于我们研究当时丝路的具体状态，提供了十分重要的信息。让我们先看一件具体文书:《唐开元二十一年（733）石染典买马契》，内容如下：

### 1　马壹匹，骝敦六岁

---

[1] 从唐《厩牧令》中，我们还看到另外一种具体马匹的定性，即"蜀马"。这种表示方式，如同蕃马，是一种产地属性的表达。清本《厩牧令》唐第 33 条，关于驿马设置的规定，在特殊的环境下，要使用蜀马。其文为："其有山坡峻险之处，不堪乘大马者，听兼置蜀马。注曰："其江东、江西并江南有暑湿不宜大马及岭南无大马处，亦准此。"把其他马称作大马，已经显现出蜀马的特征就是小，能够适应这些山区以及暑湿等地理环境（《天一阁藏明钞本天圣令校证》，第 403 页）。此外，根据《厩牧令》唐令复原第 2 条，给蜀马喂食干草的量，仅及其他的马的八分（《天一阁藏明钞本天圣令校证》，第 515 页）。但是，这里提及的蜀马，其实都是官马，属于官马中的特殊分子。可想而知，私马中也一定会有人拥有蜀马。这种用产地定义马的方式，与蕃马之中再分突厥马、回纥马相似，是更加细分的方法。但是，与官马、私马的区分显然不在同一逻辑之中，可在制度规定中，又不能特别提及这种马，因为特殊地理条件下确实需要这种蜀马。

[2] 《唐会要》卷七二，第 1546~1549 页。

2　开元廿一年正月五日，西州百姓石染典，交用大练
拾捌

3　匹，今于西州市，买康思礼边上件马。其马

4　及练，即日各交相分付了。如后有人寒

5　盗认识者，一仰主、保知当，不关买人之事。恐

6　人无信，故立私契。两共和可，画指为记。

7　　　　　　　　　　　练主

8　　　　　　　　　　　马主别将康思礼年卅四

9　　　　　　　　　　　保人兴胡罗世郁（那）
年卅

10　　　　　　　　　　保人兴胡安达汉年卅五

11　　　　　　　　　　保人西州百姓石早寒年
五十[1]

　　在这件买马契约中，记录着一个具体的马匹交易。西州百姓石
染典从一个府兵别将康思礼手里买得一匹马。

　　这匹马六岁。性别状况是敦，即骟，是雄性去势后的称谓。骝
（䮽），指马的毛色，赤身黑鬃。根据上文所引《唐六典》，这其实
就是"齿岁、肤第"项目。这样的一匹马，价值是十八匹大练，不
论马主还是购买人，都受契约约束，而唐朝的法律也是保护这种私
人契约的。除了买卖双方，参与契约的还有三位保人，而保人与买
卖人，应该都有粟特人背景。稍有不同的是，兴胡是没有入籍的粟
特商人，称作百姓的则是入籍的粟特人。这件契约显示，不管入籍
与否，粟特人之间依然存在着密切的合作关系。

---

1　唐长孺主编《吐鲁番出土文书》肆，第 279 页。

　　稍有疑问的是，入籍的粟特人担任保人，承担相应的司法责任是没有问题的，因为政府可以及时找到他们。但是作为兴胡的粟特人怎样履行相应的司法责任呢？因为这样的契约是要通过地方政府，获得政府的承认方能生效。可见，政府也是认可兴胡作为担保人而存在的。或许兴胡是长期居住在西州，获得地方政府的同意，可以履行部分居民的司法义务。

　　买马人石染典，在阿斯塔那 509 号墓出土的文书中，有多件与他有关，这使得我们对他有了更多的了解。比如，同年某月廿日，石染典用大练十七匹，从杨荆琬那里购买一头母骡，青色五岁，"近人颊膊有蕃印并私印，远人膊损"，[1] 即前腿上有蕃印和私印，后腿受伤。契约没有写清月份，估计是同一个月。更重要的是同墓文书有石染典过所，证明石染典是一个很地道的商人。

　　根据《唐开元二十年（732）瓜州都督府给西州百姓游击将军石染典过所》，这一年的三月十四日，石染典计划前往安西贸易，取得瓜州的批准，从瓜州得到了过所。从十九日开始，石染典经过悬泉守捉、常乐守捉、苦水守捉、盐池守捉，到达沙州。在沙州，他上牒申请，此地贸易（文书中称"市易"）完成，要继续前往伊州贸易。第 16 行后小字批注"沙州市勘同，市令张林"，代表沙州的市易完成之意，而继续前往伊州的申请，得到沙州长官名"琛"的批示"任去"，时间是三月二十五日。几天以后，伊州刺史张宾"押过"，证明石染典已经到达伊州。该过所有五处印文，根据文书整理者的说明，安西一方、沙州三方、伊州一方。

　　石染典虽然声称要去安西，但最后根据王仲荦先生的判断，"石染典并没有去安西，变卦了，改去安西为去伊州"。尤其是过所的

---

1　唐长孺主编《吐鲁番出土文书》肆，第 280 页。

第一段，前十行，王先生认为是西州都督府文书，户曹参军杨也是西州的。[1] 不过，时间有问题。这里时间是三月十四日，而三月十九日石染典等在前往沙州的路上。所以，此处文字一定属于瓜州。现在《吐鲁番出土文书》整理者的定名是正确的。虽然石染典最终要去的目的地是安西，但在经过州政府的时候，需要经过确认程序，经过的镇戍守捉也需要勘过。[2]

1　　　家 生 奴 移 □□　　□□□□□

2　　安西已来，上件人肆、驴拾。今月　日，得牒

3　　称：从西来，至此市易事了。今欲却往安

4　　西已来，路由铁门关，镇戍守捉不练行由，

5　　请改给者。依勘来文同此，已判给，幸依勘

6　　过。

7　　　　　　　　　　　　　　　　　府

8　　户曹参军宣

9　　　　　　　　　　　史杨祇

10　　　　开元贰拾年叁月拾肆日给。

11　　三月十九日，悬泉守捉官高宾勘西过。

12　　三月十九日，常乐守捉官果毅孟进勘西过。

13　　三月廿日，苦水守捉押官年五用勘西过。

14　　三月廿一日，盐池戍守捉押官健儿吕楚珪勘过。

　　　琛

---

1　王仲荦：《吐鲁番出土的几件唐代过所》，见《䃅华山馆丛稿》，第274~314页。

2　此过所不能读懂的是第14行盐池戍守捉的勘过时间是三月二十一日，但第20行表明石染典向沙州提交的申请是三月二十日。不过，第14行之后开始使用另一张新纸，可能是造成时间稍乱的原因。

15　　作人康禄山　石怒忿　家生奴移多地

16　　驴拾头沙州市勘同，市令张休。

17　牒，染典先蒙瓜州给过所，今至此市易

18　事了，欲往伊州市易。路由恐所在守捉不

19　练行由。谨连来文如前，请乞判命。谨牒。

20　印　开元廿年三月廿 日，西州百姓游击将军石染
典牒。

21　　　任　去。琛　示。

22　　　　　廿五日。

23　印

24　四月六日伊州刺史张宾　押过[1]

石染典从伊州返回西州，是否去过安西事实上不能确知。我们再次获得石染典的消息是第二年的正月，他在西州买了一匹马、一头骡，之后申请再次前往伊州市易，这是《唐开元二十一年（733）染勿等保石染典往伊州市易辩辞》提供的信息。此文书主要内容如下：

1　□□□□□石染典计程不回，连□□□□

2　罪者。谨审：但染勿 等保石染典在此见有家宅

3　及妻儿亲等，并总见在。所将人畜，并非寒诙等

4　色。如染典等违程不回，连答之人，并请代承课

5　役，仍请准法受罪。被问依实。谨辩。元

6　　　开元廿一年正月 日

---

1　唐长孺主编《吐鲁番出土文书》肆，第275~276页。

| | |
|---|---|
| 7 | 石染典人肆，马壹，骡、驴拾壹。 |
| 8 | 请往伊州市易，责保 |
| 9 | 可凭，牒知任去。谘。元 |
| 10 | 璟白。 |
| 11 | 廿三日 |
| 12 | 依判，谘。延祯示。 |
| 13 | 廿三日 |
| 14 | 依判，谘。齐晏示。 |
| 15 | 廿三日 |
| 16 | 依判，谘。崇示。 |
| | 廿三日 |
| 17 | 依判。斛斯示。 |
| 18 | 廿三日 [1] |

　　石染典的经商活动很繁忙，他回到西州最早也是开元二十年四月，转年正月五日买得一匹马，二十日买得一头骡，二十一日即提出申请，要前往伊州市易。经过层层审批，二十三日获得批准。石染典从伊州回西州的时候，主要有人四位，包括石染典在内，两位作人，一位家生奴，另有十头驴。现在石染典重新出发，人没有增加，但增加了一匹马和一头骡。再清楚不过地说明了，石染典买马是为了出卖。他如此频繁地来往于西州、伊州、沙州之间，一定熟悉市场行情，从而证明西州在马匹贸易中的地位，正是一个马匹集散地。

　　石染典是什么商人？从这些资料中我们看得很清楚，他的货品

---

1　唐长孺主编《吐鲁番出土文书》肆，第 277~278 页。

清单很单纯，都是大型牲畜，马、骡和驴。石染典是一位专业买卖骡马的商人，可以概括地称他为骡马商人。

从沙州到伊州、西州，虽然仅仅是丝绸之路上的一段路程，但彼此的交往与贸易往来，本质上也是丝绸之路上的一个缩影。根据《大唐三藏法师传》，玄奘西行求法，在瓜州遇到兴胡老人，授以老马，此老人便称是经常往来沙州、伊州的商人，因此之故，他的马便成了识途老马，[1]此马关键时刻曾救了玄奘的性命。更重要的证明是，这段道路不仅是石染典，也是很多商人往来获利的一个空间。

## 三　作为市场的西州

西州是马匹等大型牲畜贸易的市场，石染典的资料已经做了部分证明。西州和其他地区一样，在日常生活中，马匹的使用很广泛，重要性不证自明。因为很多人需要购买马匹，马匹贸易市场自然生成。但仅仅自我需求，市场的功能太有限，而石染典的故事证明，作为骡马贸易市场的西州，它所满足的当然不是西州一地的需要。西州是骡马的集散地，草原的骡马商品汇集到西州，然后再从西州扩散到周围地区。石染典就是利用西州与伊州、瓜州等地的差价来获取贸易利润的。

让我们从具体资料入手。

这是一件出土于阿斯塔那 221 号墓的唐高宗永徽三年（652）的文书，整理者名之为《贤德失马陪征牒》，内容如下：

　　　　1　边州 □□□□□□□□□□□□□□□□ 月

---

1　《大慈恩寺三藏法师传》卷一，中华书局，2000，第 13 页。

2　廿九日，在群夜放，遂马匹阑失，□被府符
3　征马，今买的前件马，付主领讫。谨以牒陈□
4　　　　　永徽三年五月廿九日 □
5　　　　　贤德失马，符令陪备。
6　　　　　今状虽称付主领讫，官人
7　　　　　见领时，比定言注来了。
8　　　　　即依禄（录），牒岸头府，谨问
9　　　　　文达领得以不。具报。[1]

　　唐朝前期实行府兵制，而军队是使用马匹的重要机构。这位叫作"贤德"的士兵负责放牧军马，结果在永徽三年五月二十九日夜里，有一匹军马丢失了。根据规定，丢失马匹放牧者需要赔偿，而贤德也按照命令执行了。此文书就是确认贤德赔马是否到位，西州都督府下发文件，要岸头府具体汇报到底收到马匹没有。岸头府即岸头折冲府，其地团在西州交河县，能够给岸头府发指令的只有西州都督府了。而贤德属于岸头府看来也没有疑问。

　　卫士贤德，或许并不需要战马，但是因为丢失了战马必须赔付，于是立刻就需要购买战马，如果西州的马匹市场不够发达，就会让贤德买马一事变得艰难。看来，贤德很快完成了购马，并立刻交给岸头府。然而，我们没有看到贤德购马的具体文书，并不知道他从哪里、使用了多少费用完成了购马任务。

　　阿斯塔那 188 号墓出土的两件文书，有关买马的事可以给出比较具体的答案。《唐神龙三年（707）和满牒为被问买马事》，由两件相关文书组成，内容如下：

---

1　唐长孺主编《吐鲁番出土文书》叁，第 313 页。

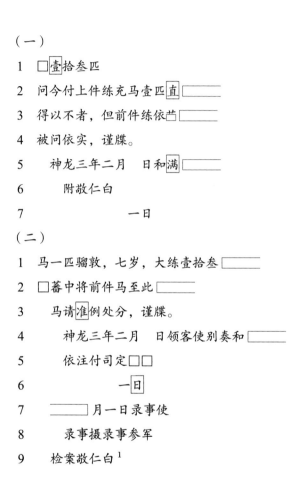

（一）

1　□壹拾叁匹

2　问今付上件练充马壹匹直□□□□

3　得以不者，但前件练依芷□□□□

4　被问依实，谨牒。

5　　神龙三年二月　日和满□□□□

6　　　附敬仁白

7　　　　　　一日

（二）

1　马一匹骝敦，七岁，大练壹拾叁□□□□

2　□蕃中将前件马至此□□□□

3　　马请准例处分，谨牒。

4　　神龙三年二月　日领客使别奏和□□□□

5　　依注付司定□□

6　　　　一日

7　　□□□□月一日录事使

8　　录事摄录事参军

9　　检案敬仁白[1]

　　和满经手购买了一匹马，使用大练十三匹，此马是一匹七岁骝敦，即七岁赤身黑鬃的骟马。"蕃中将前件马至此"一行字很清晰地说明，这是一匹蕃马，是有人从"蕃中"带到西州的马。西州是一个马匹贸易的市场，此文书给出了很准确的证明。

---

1　唐长孺主编《吐鲁番出土文书》叁，第71~72页。

　　买马卖马，通常以一匹为单位进行，这是很容易理解的，因为马毕竟是大件商品。但是，如果是官方购马，数量就可能更大些。同墓出土的《唐上李大使牒为三姓首领纳马酬价事》文书，反映的就是一次买卖十六匹马的贸易。[1]

```
1 ┌────────────────────┐ 九日
                         └────────────────────┘
                    一匹卅拾 ┌──────┐
2 三姓首领胡禄达干马九匹□匹各柒 ┌──────┐
3 三姓首领都担萨屈马六匹，匹别各 ┌──────┐
4 　右检案内去十一月十六□得上件
5 　牒请纳马，依状检到前官 ┌──────┐
6 □□牒上李大使，请牒 ┌──────┐
```

　　阅读文书可知，卖马的一方是三姓首领，其中胡禄达干出卖九匹马，都担萨屈出售六匹马。文件书写者应该是西州都督府，因为有"牒上李大使"字样，应该是西州政府在帮助李大使买马，而李大使代表什么机构来买马，从文书中还看不出来。但李大使肯定不属于西州当地政府，只能是内地某个机构的人员。

　　吐鲁番出土的另一件文书，可以解决有关李大使的疑问。一件《唐开元十六年（728）西州都督府请纸案卷》，文书分散在多个收藏地，我们这里只引用需要的部分，即大谷文书5839号，内容如下：

```
1 　案纸贰伯张　次纸壹伯张　笔两管　墨一挺
```

---

1　唐长孺主编《吐鲁番出土文书》肆，第40页。

2　牒：真陁今缘市马，要前件纸笔等，请准式处

3　分，谨牒。

4　　　　　　　　　　开元十六年五月　日，河西市
马使米真陁牒。

5　　　　　付司。检令式，河西节度

6　　　　　买马，不是别　敕令市。计不

7　　　　　合请纸笔，处分过者。**楚珪**

8　　　　　示。　　　　　　廿九日

9　　　　　五月廿九日，录事使

10　　　　　录事参军沙安付

11　　　　　检案，沙白。

12　　　　　　　　一日

———————————————————————

　　　（沙）

13　牒检案连如前，谨牒。

14　　　　　　六月　日，史李艺牒。

15　　　　　检，沙白。

16　　　　　　　　一日

17　案纸贰伯张　次纸壹伯张　笔两管　墨一挺

18　右得河西市马使牒，请上件纸墨等。

19　都督判：检令式，河西节度买马，不是别

20　敕令市，计不合请纸笔，处分过者。依检

21　前后市马使鞠中郎等，并无请纸墨等

22　处。

23　牒件检如前，谨牒。

24　　　　　　六月　日，史李艺牒。

| 25 | 承前市马，非是一般。或朔方 |
| 26 | 远凑，或河西频来。前后 |
| 27 | 只见自供，州县不曾官给。 |

（沙）

| 28 | 既无体例可依，曹司实（后缺）[1] |

河西节度使派出市马使米真陁前往西州购马（称作"市马"），因为是公干，他便向西州政府提出办公用品的要求，具体为"案纸贰伯张、次纸壹伯张、笔两管、墨一挺"。结果，遭到西州都督楚珪的拒绝，其言为"检令式，河西节度买马，不是别敕令市，计不合请纸笔，处分过者"。根据"令式"（唐代的法规），河西节度使买马，而不是中央政府买马（"别敕令市"），西州不该提供纸笔。米真陁提出要求是五月二十九日，到六月一日就得到了拒绝的答复。

此时的西州隶属于伊西北庭节度使，与河西节度使不是上下级关系，所以河西节度使的事西州可以置之不理。如果是"别敕令市"，即中央命令西州买马，或者命令西州协助河西买马，那么西州可以提供帮助，包括办公用品的帮助。由此我们可以知道，上文的李大使可能与市马使米真陁是一样的大使，专门到西州来买马的，但李大使却获得了帮助。

在西州都督批示之后，第20、21和22行西州的官吏李艺又补充了一条证据，"依检前后市马使麹中郎等，并无请纸墨等处"。看来此前不久，一位叫作麹中郎的市马使也曾来西州买马，而且没有

---

1　小田義久「大谷文書集成」第三卷、第208頁。

纸笔之类的要求。当然更重要的信息是下面的批字："承前市马，非是一般。或朔方远凑，或河西频来。前后只见自供，州县不曾官给。"这个说法很关键，证明西州作为马匹市场的重要性，朔方、河西等地经常来西州购马。

朔方也来西州市马，这是一个重大信息，证明西州市场的影响范围之大。《旧唐书·王忠嗣传》：开元"二十九年，代韦光乘为朔方节度使，仍加权知河东节度事。其月，以田仁琬充河东节度使，忠嗣依旧朔方节度"。而就是王忠嗣对于购买蕃马，拥有很强的战略眼光。"先是，忠嗣之在朔方也，每至互市时，即高估马价以诱之，诸蕃闻之，竞来求市，来辄买之。故蕃马益少，而汉军益壮。及至河、陇，又奏请徙朔方、河东戎马九千匹以实之，其军又壮。迄于天宝末，战马蕃息。"[1]上文所举文书，是开元十六年，而言及朔方到西州市马，则在十六年之前。王忠嗣的大举市马，既然已经有先例，也可能继续前往西州市马。

河西节度使的所在地是河西走廊的武威，朔方在灵州，他们市马不一定仅仅选择西州一个方向，但从西州官吏的傲慢姿态看，各地市马使频繁前往西州，应该是基本事实，而这很好地证明了西州马市辐射范围之广大。不仅如此，如果河西、朔方没有到其他地方市马的话，似乎可以证明整个唐朝的西北部，都依赖西州的马市。

应该注意河西节度使派出的市马使，他的名字叫"米真陁"，毫无疑问他也有粟特人背景，即当时丝绸之路上最活跃的商人。前文所及骠马商人石染典，也是粟特人。他们虽然肯定已经在中国落籍，但他们经商的才干依然可以充分发挥作用。而在西州出卖马匹

---

1　《旧唐书》卷一〇三《王忠嗣传》，第 3197~3201 页。

的常常是蕃人。比如，上文所涉及的三姓首领，属于突厥部落，[1] 而从西州向西、向西北，皆可通往草原地区。

西州的马市交易情形，还有很多具体情况无法了解，同是阿斯塔那 188 号墓出土的《唐译语人何德力代书突骑施首领多亥达干收领马价抄》则提供了一个新事证，证明交易通常要经过翻译人来完成。

1　　□钱贰拾贯肆伯文
2　　　右酬首领多亥达干马叁匹直。
3　　　十二月十一日付突骑施首领多亥达
4　　　干领。
5　　　　　　　　　　译语人何德力 [2]

突骑施首领多亥达干，出卖三匹马，获得"贰拾贯肆伯文"钱，而这笔钱是通过"译语人何德力"代为签收的。"译语人"就是翻译人。何德力，很可能也是一个入籍的粟特人。当然，作为一个成熟的、影响力巨大的马匹交易市场，有专业的翻译人是再正常不过的事。

在西州的马匹贸易中，我们频繁地看到了粟特人的身影。作为国际商人，他们在丝绸之路上的活跃是人所共知的，而我们讨论西州的马匹贸易，其实不过是丝绸之路贸易经济的冰山一角而已。从李白出生于碎叶的角度看，碎叶不仅是丝路上的一个重镇，李白的同乡也以粟特人为主，他们正是丝绸之路上最活跃的人群。

---

1　参见姜伯勤《敦煌吐鲁番文书与丝绸之路》，文物出版社，1994，第 118~119 页。
2　唐长孺主编《吐鲁番出土文书》肆，第 41 页。

## 四　西州马市的传统

作为重要的骡马国际市场，西州是有传统的。唐朝统一之前，西州之地是高昌王国，当时已经是成熟的马匹市场。通过吐鲁番出土文献，我们得知在麴氏高昌国（501~640）时代，高昌王朝就经常购买境外马匹。了解这一点，对于理解唐朝西州的马匹市场当然是有益的。

阿斯塔那 48 号墓出土一组高昌国兵部买马文书，给我们提供了十分具体的资料。下面，先以《高昌延昌二十七年（587）四月兵部条列买马用钱头数奏行文书》为例，[1] 了解高昌买马的一般情况。

1 ＿＿＿＿＿＿＿子 传：高伯亮边买赤马一匹，用钱

2 ＿＿＿＿＿边 买瓜（骒）马一匹，用钱卅七文；次阿浮利沙

3 ＿＿＿＿＿ 钱卌五文。有（右）马三匹，付匡安受。

4 都合□□叁匹，用钱壹伯（佰）壹拾捌文。

5 谨按条列买马用钱头数，列别如右，记识奏诺奉　行

6 　　门　下　校　郎　□　　　　　　琼

7 　　通　事　令　史　□　　　　　　惠

8 　　侍　　郎　　史　　　　　　　养生

9 延昌廿七年丁未岁四月廿九日兵部　　　　　奏

10 　□军将军高昌令尹鞠　　　　　　　伯雅

---

1　唐长孺主编《吐鲁番出土文书》壹，第338页。

| | | |
|---|---|---|
| 11 | □卫将军绾曹郎中麹 | 绍徽 |
| 12 | □□□□□部事麹 | 欢 |
| 13 | 严 | 佛图 |
| 14 | 翟 | 奇乃 |
| 15 | 郑 | 僧道 |

　　这是高昌国的一件官文书，其实就是兵部买马之后执行的记账程序文书。具体执行单位是兵部，第9行有年月日"兵部奏"，是文书关键。高昌最高行政官员是高昌令尹，往往由王位继承人担任，这个时期的令尹是麹伯雅。其下是绾曹郎中，此时是麹绍徽，然后才是兵部负责人麹欢，然后署名的是兵部的次级官员等。这一干人，是呈递文书的官员，皆属行政系统。"延昌廿七年"一行之上，是门下官员签署，门下校郎等人，他们是国王身边的办公机构领导，在这里表达接受文书。第5行，"谨按条列买马用钱头数，列别如右，记识奏诺奉行"是这件文书的目的，就是买马完毕，需要按照"奏诺"执行"记识"，用今天的话说就是按制度规定记账归档，完成最后手续。[1]

　　我们讨论的重点是买马的内容。这次高昌兵部买马，一共三匹，其中第二匹用钱37文，第三匹用钱45文，总数是118文，那么第一匹是36文。高昌钱是银钱，就是丝绸之路上著名的通用货币萨珊银币。三匹马，第一匹是从高伯亮手里购买，第二匹不知卖者，第三匹的卖方阿浮利沙肯定是胡人。政府买马，当然会多方进取，而我们看到最明显的特征就是凡买马都每匹论价，毕竟马是贵

---

[1]　参见孟宪实《略论高昌上奏文书》，初载《西域研究》2003年第4期，收入孟宪实《汉唐文化与高昌历史》，第146~171页。

重商品。

587 年四月，高昌兵部买马 3 匹。

同年六月八日，兵部又买马 1 匹，买自翟呼典畔陀，用银钱 45
文。[1]

同年六月二十九日，兵部买马 48 匹。观察文书，没有一匹一
计价，应该是一并合计，文书有残，没有留下总价钱，但第 2 行残
留"用钱卅七文"，这可能是平均价，如此则总价为 1776 文。[2]

同年七月，兵部再次买马。这次是每匹计价，总数银钱 258 文，
买马共 8 匹，每匹 32 文多，在合理的区间之内。[3]

同年七月十五日，兵部再次买马，依然每匹计价，共买马 18
匹，钱数残损不知。[4]

八月，高昌兵部继续买马。这次买马是几匹一计价，第 6 行总
结"都合买马□□□匹，用钱壹仟肆伯捌拾文"。[5]买马总数，大约
40 匹。

此外，根据同墓出土文书《高昌延昌二十七年（587）某月兵
部条列买马用钱头数奏行文书》，高昌兵部再买马 2 匹，用银钱 67
文。[6]此外至少还有一次买马，但仅仅留下文书的开头部分，内容没

---

1　《高昌延昌二十七年（587）六月兵部条列买马用钱头数奏行文书》，《吐鲁番出土文书》壹，
　　第 339 页。
2　《高昌延昌二十七年（587）六月廿九日兵部条列买马用钱头数奏行文书》，《吐鲁番出土文
　　书》壹，第 340 页。
3　《高昌延昌二十七年（587）七月兵部条列买马用钱头数奏行文书》，《吐鲁番出土文书》壹，
　　第 341 页。第 8 行"都合用钱贰伯伍拾捌文，买得马捌□"，最后一字残缺，应是"匹"字。
　　若是数字，则买马太多，钱数太少。
4　《高昌延昌二十七年（587）七月十五日兵部条列买马用钱头数奏行文书》，《吐鲁番出土文
　　书》壹，第 342 页。
5　《高昌延昌二十七年（587）八月兵部条列买马用钱头数奏行文书》，《吐鲁番出土文书》壹，
　　第 343 页。
6　唐长孺主编《吐鲁番出土文书》壹，第 344 页。

有保留下来。[1]

延昌是高昌王麹乾固的年号，从仅仅一个墓保存的延昌二十七年的不全资料中，我们就知道高昌国兵部买马至少 120 匹。这既不是高昌国一年买马的总量，更不是高昌马匹市场出售的总量。由此依然不能估计高昌马匹市场的规模，但是这里维系一个畅通的马匹市场是没有问题的，而这其实就是唐朝西州马匹市场的历史传统。西州的马匹市场是继承而来的，至少高昌国时代已经打下了良好的基础。

再看相关的历史记载，对于西州的这个市场也有所体现。《隋书·高昌传》记载高昌"国中羊马牧于隐僻之处，以避外寇，非贵人不知其所"。[2] 看上去一副神秘的样子。这个记载的含义是，不知道为什么高昌国富于羊马，可能是高昌国存在重大机密。其实，吐鲁番是一个山间盆地，坐落于此的高昌国没有太复杂的地形。从高昌南行，进入塔里木地区，北行越过天山，进入准噶尔盆地。西行进入天山，却有良好的高山牧场，但那里基本上不是高昌的控制区域。所以，高昌富于羊马的秘密不在高昌，而在高昌周边。高昌的正北、西北、正西，都是通往草原和高山牧场的通途大路，反方向说，周边的草原产品因此很容易进入高昌，并在高昌形成集散中心。

本章以吐鲁番出土文书为中心，讨论西州的骡马贸易问题，这不过是丝绸之路贸易的一个缩影。其实，传世文献的相关记载更多，这里仅举一例，以明其义。《全唐文》收录窦忻所作《大唐故云麾将军左监门卫将军上柱国彭城县开国公刘府君墓志铭

---

1　《高昌延昌年间兵部条列买马用钱头数奏行文书》，《吐鲁番出土文书》壹，第 345 页。

2　《隋书》卷八三《西域·高昌》，第 1846 页。

并序》一文，记录志主刘元尚充当朝廷市马使的事，其文有如下
内容：

> 君讳元尚，字元尚，彭城人也。……解褐拜掖廷监作大
> 食市马使，燕王市于骏骨，伯乐顾之龙马。遂使三军迎送，万
> 里循环。荣宠是加，超公内寺伯也。复为骨利干市马，崎岖百
> 国，来往三春。追风跃而奔腾，逐日回而来献，遂加公谒者
> 监。[1]

刘元尚参与很多重大事件，是一位出色的宦官，特别是"北
庭使刘涣，躬行悖逆，委公斩之。又瀚海监临，宣慰四镇，兵士畏
爱，将帅威慑"。他长期以监军身份活跃在西域。"以天宝十二载八
月十一日遘疾，薨于金城里之私第，春秋六十有八。"那么他活跃
期属于开天之际，与丝绸之路活跃期相一致。

刘元尚充当市马使的时候，推测在开元前期。大食即阿拉伯
帝国。刘元尚市马获得成功，加官进爵。随后，又前往骨利干市
马。骨利干属于北方，历史文献有记载。《唐会要》记为："骨利干
处北方瀚海之北，二俟斤同居，胜兵四千五百，口万余人。草多百
合，地出名马。……贞观二十一年正月内附。"[2] 就在贞观二十一年八
月，骨利干遣使朝贡，送马百匹，唐太宗还特意为其中的十匹各命
美名，还著文叙事。[3] 刘元尚作为朝廷的市马使，往来西域和北方草
原，应该都是大宗贸易。

---

1　《全唐文》卷四〇三，吉林文史出版社，2000，第4652~4653页。
2　《唐会要》卷一〇〇，第2116页。
3　《册府元龟》卷四〇《帝王部·文学》，第429页。有关唐太宗叙事之文，见《唐会要》卷
　　七二，第1542页。

如果说丝绸之路上马匹贸易发达，那么最大的客户只能是沿途国家。中国是农业大国，又有漫长的边境线，军队建设需要大量的马匹，认为中国是丝绸之路沿线重要的马匹需求方，是完全能够理解的。

# 第四章  丝绸之路上的绢马贸易

从丝绸之路变迁的视角观察唐与回纥的绢马贸易，是本章的出发点。唐朝是幅员辽阔的大国，军队武装、长途运输和通信，都需要大量的马匹。唐朝政府除了设立专门的养马机构，还需要大批量地购置"蕃马"。通过考古与传世数据可以发现，唐朝的蕃马来源，主要是北方草原和中亚草原。如果说丝绸（绢）最能代表中国的外贸产品，那么草原最具代表性的物产就是马。所以，绢马贸易正是当时农牧两大经济圈最具代表性的能量交换。唐朝在北方（如朔方）和西域（如西州），都设有购买蕃马的市场，所针对的便是两大草原。不管是唐朝的市马使还是外臣的贡献，都是购买蕃马的具体途径。安史之乱后，丝绸之路被吐蕃冲断，唐朝购置蕃马的西域道路也被迫中断。西域与中原的交通，只能绕道回纥，于是回纥乘机垄断了两大草原对中原的绢马贸易。唐朝则失去了回旋的余地，虽然面临巨大的财政压力，也只能听任回纥发挥垄断性的贸易优势。中国缺少养护马匹的环境，作为农业国度的中国，自古以来就有从域外输入马匹的传统。

丝绸之路自西汉开辟以来，中亚作为宝马的产地，就引起了中国的特别注意。汗血马的故事，代表了中国对中亚地区的认识与想象。如果用丝绸代表中国物产的话，那么用马匹代表中亚物产应该是合适的。绢马贸易，可以代表当时中国与中亚的贸易，更是丝绸之路的重要贸易。唐代是丝绸之路发展的重要时期，在唐朝与中亚的往来中，马匹贸易依然是一个十分重要的内容。在唐朝的马匹结构中，除了西北群牧饲养以外，接受境外"蕃马"是一个重要来源。《唐会要》载："康国马，康居国也，是大宛马种，形容极大。武德中，康国献四千匹，今时官马，犹是其种。"[1] 这是很重要的证明，可见在唐朝的官马中，来自中亚的马所占地位之重要。对此，不论传世文献还是出土资料，都能提供大量证明。

## 一　政府市马

《全唐文》收录窦忻所作《大唐故云麾将军左监门卫将军上柱国彭城县开国公刘府君墓志铭并序》一文，记录志主刘元尚充当朝廷市马使的事，其文请见本书第二编第三章第四节"西州马市的传统"所引用。

从刘元尚市马的方向上，我们可以清楚地窥见唐朝蕃马的两个基本来源，一是北方草原，一是中亚草原。所谓大食，确指阿拉

---

1　《唐会要》卷七二，第 1546 页。

伯帝国。唐初以后，中亚就被大食征服。在唐朝的文献中，大食国以盛产驼马（骆驼）闻名，但"其时西域康国、石国之类，皆臣属之，其境东西万里，东与突骑施相接焉"。[1]所以，这里的大食市马，绝不排斥中亚，甚至可能主要对象还是中亚地区。

《唐会要》有专条"诸蕃马印"，详细记载各种蕃马及其印记，我们从而得知唐朝正式记录的蕃马有四十二种之多，然而考察各种蕃马的来源，多为北方草原的品种。[2]虽然中亚的蕃马记载文字不多，但有康国条，证明唐朝蕃马的两个来源之一为中亚，当为不虚。

《资治通鉴》记载贞观十五年，"西突厥沙钵罗叶护可汗数遣使入贡。秋，七月，甲戌，命左领军将军张大师持节即其所号立为可汗，赐以鼓纛。上又命使者多赍金帛，历诸国市良马……"[3]市马事，因为魏徵的进谏后来取消，但可以证明唐朝西域市马是有传统的。其中，"历诸国市良马"一句，尤能证明出产良马是多国共业，非一地特有。

高宗时期，诏弓月道副总管高德逸市马，而德逸自取骏者。[4]高德逸参加的是平定西突厥叛乱的军事行动，当时弓月道行军总管为梁建方。弓月道，在伊犁河一带。伊犁河与中亚可以称作毗邻地区，水草山川，都可以看作西天山的地理区域。高德逸在战争过程中，同时有市马使命，这不仅显示出唐朝的官马需求，也反映了唐朝对西域的需求。

除了派市马使赴西域市马之外，在唐朝内地也有购买西域马匹

---

1　《旧唐书》卷一九八《西戎·大食国》，第5316页。
2　有关马印问题，罗丰先生《规矩或率意而为？——唐帝国的马印》研究甚详，请参考，载荣新江主编《唐研究》第十六卷，第117~150页。
3　《资治通鉴》卷一九六，贞观十五年，第6168页。此事《贞观政要》也有记载，见吴兢撰，谢保成集校《贞观政要集校》卷二，中华书局，2003，第107页。
4　《册府元龟》卷五七《帝王部·明察》，第605页。参考其他资料，知道时间为永徽三年。

的市场，从现在的资料所知，西州就是这样的一个市场。内地需要马匹的政府机构，会派市马使前往西州购马，这一点吐鲁番出土文书有充分的证明。阿斯塔那 188 号墓出土的《唐上李大使牒为三姓首领纳马酬价事》文书，就提供了三姓首领卖马十六匹的记录。[1] 具体请见本书第二编第三章第三节"作为市场的西州"。

吐鲁番出土的另一件文书，可以解决有关李大使的疑问。一件《唐开元十六年（728）西州都督府请纸案卷》，文书分散在多个收藏地，我们这里只引用需要的部分，即大谷文书 5839 号，具体内容请见本书第二编第三章第三节"作为市场的西州"所引用。

文书的具体内容不是本章所重视的。我们重视的是第 20、21 和 22 行西州的官吏李艺补充的一条证据："依检前后市马使麹中郎等，并无请纸墨等处。"看来此前不久，一位叫作麹中郎的市马使也曾来西州买马，而且没有纸笔之类的要求。当然更重要的信息是下面的批字："承前市马，非是一般。或朔方远凑，或河西频来。前后只见自供，州县不曾官给。"这个说法很关键，证明西州作为马匹市场的重要性，朔方、河西等地经常来西州购马。

朔方也来西州市马，这是一个重要信息，证明西州市场的影响范围之大。《旧唐书》记载朔方节度使王忠嗣购买蕃马的战略眼光："先是，忠嗣之在朔方也，每至互市时，高估马价以诱之，诸蕃闻之，竞来求市，来辄买之。故蕃马益少，而汉军益壮。及至河、陇，又奏请徙朔方、河东戎马九千匹以实之，其军又壮。迄于天宝末，战马蕃息。"[2] 上文所举文书，是开元十六年，而言及朔方到西州市马，则在十六年之前。王忠嗣的大举市马代表的是朔方节度使，

---

1　唐长孺主编《吐鲁番出土文书》肆，第 40 页。
2　《旧唐书》卷一〇三《王忠嗣传》，第 3197~3201 页。

而此文书证明，朔方市马，并不局限于朔方一地，因为西州也出现了朔方的市马使。

中亚的马匹进入中国，西州不是唯一互市通道。据《旧唐书》记载，突骑施为了卖马给唐朝，也通过安西互市。"时杜暹为安西都护，公主遣牙官赍马千匹诣安西互市。"[1]这是大手笔，可以证明中亚草原与唐朝的互补关系。可惜，杜暹因小事刁难使者，后来酿出了大祸，引发突骑施与唐朝开战。可见千匹马对于突骑施而言，也不是小事。

通过史书记载的王忠嗣在朔方买马故事，我们可以了解到，唐朝购买蕃马，朔方应该是一个互市地点，所对应的正是北方草原。而西州购马，所对应的是中亚草原。由此不难判断，北方草原与中亚草原成为了唐朝蕃马的重要来源地。于是，丝绸之路上的贸易关系也变得清晰起来。

## 二　外蕃贡马

众所周知，古代的朝贡也是一种贸易形式。唐朝时，外国贡马常见于史书记载。正如前文所言，贡马或者献马，主要来自两个方向，北方草原和中亚草原，相关国家利用贡马与唐朝建立稳定的贸易关系。这种关系对于唐朝也是有益的，不仅解决部分用马问题，也能维护良好的外交关系。

根据《唐会要》的记载，武德时期康国就进贡马，并且数量巨大。整个唐朝前期，中亚各国献马记录史不绝书，如表 5 所示。

---

1　《旧唐书》卷一九四《苏禄传》，第 5191 页。

表 5　西域献马一览

| 时间 | 国家与数量 | | | 出处 |
|---|---|---|---|---|
| 永隆二年 | 大食 | 吐火罗 | | 册府 970 |
| 长安二年 | 吐蕃献马千匹 | 突厥默啜千匹 | | 册府 979 |
| 长安三年 | 大食献良马 | 突厥献马千匹 | | 册府 970 |
| 开元五年 | 突骑施遣使献橐驼及马 | 突厥献马 | | 册府 168、971 |
| 开元七年 | 康国献好马一 | | | 册府 999 |
| 开元八年 | 吐火罗献马 | | | 册府 971 |
| 开元九年 | 处密国献马与驼 | | | 册府 970 |
| 开元十二年 | 大食献马 | 康国献马 | 坚昆献马 | 册府 971 |
| 开元十三年 | 大食献马 | 识匿国遣使献马 | | 册府 971 |
| 开元十四年 | 突骑施可汗遣首领阿句支来献马 | 安国献马、豹 | | 册府 975、971 |
| 开元十五年 | 突厥骨吐禄遣使献马 | | | 册府 971 |
| 开元十九年 | 突厥遣其大臣葛阿默察之来朝，献马五十匹 | | | 册府 962 |
| 开元二十一年 | 骨咄王颉利发遣使献马 | 石汗那王易米施遣使献马 | | 册府 971 |
| 开元二十二年 | 突厥请婚献马四十匹 | | | 册府 979 |
| 开元二十九年 | 拔汗那王遣使献马 | | | 册府 971 |
| 天宝三载 | 曹国王哥逻仆罗献马 | 石国王特勒献马 | | 册府 971 |
| 天宝八载 | 吐火罗献马 | | | 册府 971 |
| 天宝九载 | 骨咄国王罗全节献胡马三十匹 | 康国王咄褐献马十匹 | 安国王屈底波献马一百匹 | 册府 971 |
| 天宝十载二月 | 宁远国奉化王阿希烂达干献马二十二匹 | 俱密国王伊悉阙侯斤献胡马二十六匹 | | 册府 971 |
| 天宝十载九月 | 宁远国献马四十匹 | | | 册府 971 |
| 天宝十二载 | 黑衣遣使献马三十匹 | | | 册府 971 |
| 天宝十三载 | 宁远奉化王遣使献胡马 | | | 册府 971 |

　　以上资料，主要出自《册府元龟》，可以视为不完全统计。[1] 特别是献马数量，文献记载常有省略，使我们难知其详。唐朝缺少优良马匹资源是显而易见的，所以应该是欢迎这种进献的。面对贡献，唐朝一方面要给予适当的还赠，贯彻的至少是等价原则。但另一方面有时又会表示拒绝。《册府》记载了这样的一件事：

　　　　玄宗开元五年，以康安国突骑施等贡献多是珍异，谓之曰："朕所重惟穀，所宝惟贤，不作无益之费，不贵远方之物，故锦绣珠玉，焚于殿庭；车渠玛瑙，总赐蕃国。今之进献，未识朕怀。宜收其情，百中留一，计价酬答，务从优厚，余并却还。"是年，突骑施遣使献橐驼及马。降书谓曰："卿远贡忠信，请献驼马，朕玄默为神，淡泊为德，税彼部落，则有劳费，已敕有司，不令辄受。深领厚意，宜体至怀。"[2]

难道如康国、突骑施这么遥远的国度送来的骆驼、马匹以及各种珠宝，皇帝只收 1%，剩下的 99% 还要他们自己带回去吗？当然不是。"计价酬答"之外的珍宝，应该是允许在长安出售的。没有疑问，这就是朝贡贸易的一部分。

　　进献良马，朝廷的酬答应该有一定之规，其中有一部分采用的似乎是"官职"方式。比如，开元十八年二月，"渤海靺鞨遣使智蒙来朝，且献方物，马三十匹，授中郎将，赐绢二十匹，绯袍银带，

---

1　章群《唐代之马匹贸易——兼论唐予回纥马价绢的性质》一文，统计全部唐朝外来贡马共41 笔，天宝及其以前独占 38 笔，足见唐朝前后期的转变。淡江大学中文系主编《晚唐的社会与文化》，台湾学生书局，1990，第 329~353 页。

2　《册府元龟》卷一六八《帝王部·却贡献》，第 1868 页。

放还蕃"。[1] 三十四马酬答二十匹绢，每匹马连一匹绢都不足，这是计价酬答吗？其实，在计算价值的时候，应该把中郎将以及绯袍银带都算进去。根据开元二年唐廷的一个举措，用武散官"游击将军"换马的原则，一个唐朝官职在边疆地区是很值钱的。对此，《册府》记载如下：

> 开元二年九月，太常少卿姜晦上封，请以空名告身于六胡州市马，率三十四马，酬一游击将军。时厩马尚少，深以为然。遂命赍告身三百道往市马。[2]

三十四马才酬得一个游击将军，品阶为正五品上，[3] 而渤海靺鞨遣使智蒙所获的职官是中郎将（正四品下），不仅品阶高于游击将军，更重要的是其乃卫官系统的实武官，这是散官游击将军远远不能比拟的。因此，这里的酬答并不是马价，而是考虑了唐朝与渤海靺鞨的政治关系。

西域诸国进献良马，有的是为了加强与唐朝的联系，有时要求是十分具体的。开元七年，西域俱密国王那罗延上表，请求唐朝阻挡大食的侵扰。康国国王甚至直接表达，康国与大食战斗三十五年，请求唐朝派兵支援。《册府》记载如下：

> 康国王乌勒伽遣使上表曰："臣乌勒伽言：臣是从天主普天皇帝下百万里马蹄下草土类。奴臣种族及诸胡国，旧来赤心向大国，不曾反叛，亦不侵损大国，为大国行褌益事。从三十五

---

1　《册府元龟》卷九七五《外臣部·褒异第二》，第 11285 页。
2　《册府元龟》卷六二一《卿监部·司宗》，第 7196 页。也见《唐会要》卷七二，第 1543 页。
3　《唐六典》卷五"兵部郎中员外郎"条，第 153 页。

年来，每共大食贼斗战，每年大发兵马，不蒙天恩送兵救助，
经今六年，被大食元率将异密屈底波领众军兵来此，共臣等
斗战。臣等大破贼徒，臣等兵士亦大死损。为大食兵马极多，
臣等力不敌也，臣入城自固，乃被大食围城。以三百抛车，
傍城处三穿大坑，欲破臣等城国。伏乞天恩知，委送多少汉
兵来此，救助臣苦难。其大食只合一百年强盛，今年合满，
如有汉兵来此，臣等必是破得大食。今谨献好马一、波斯骆
驼一、氍毹二。如天恩慈泽，将赐臣物，请付臣下使人，将来
冀无侵夺。"[1]

进献良马，以求得唐朝出兵帮助康国抵抗大食，如此重大问题，可
见良马所代表的意义重大无比。

　　不过，如果贡马与和亲联系起来，问题就显得复杂起来。贞
观后期，唐朝曾与薛延陀的真珠可汗议和亲。此事，《旧唐书·北
狄传》记载是贞观十六年，真珠可汗"遣其叔父……来请婚，献马
三千匹"。[2] 而《旧唐书·太宗本纪》记载是贞观十七年闰六月"薛
延陀遣其兄子突利设献马五万匹，牛、驼万头，羊十万以请婚，许
之"。[3] 这其实是一件事的两个阶段。献马三千匹，是求婚的第一阶
段，献马五万匹等的时候，唐太宗的朝廷正式答应了和亲。但至少
最后的五万匹马等后来并没有送交唐朝，反而造成了薛延陀内部的
极大问题，唐朝最后以薛延陀没有按期交纳而宣布终止和亲。唐朝

---

1　《册府元龟》卷九九九《外臣部·请求》，第 11558 页。
2　《旧唐书》卷一九九《北狄·薛延陀传》，第 5345 页。
3　《旧唐书》卷三《太宗本纪》，第 55 页。参见《资治通鉴》卷一九七，贞观十七年，第
　　6199 页。

绝不是拒绝了三千匹马而同意了五万匹马等的嫁妆。[1]

总之，唐朝前期，中国蕃马的来源是两个方向，北方草原或中亚草原。相应地，马匹贸易是很发达的，不管是直接的市马方式，还是间接的献马方式。中国需要大量的域外马匹，长期的贸易使得中国成为中亚、北亚所产马匹的主要消费地，双方形成了彼此支持互补的经济关系。从更深远的背景看，这也是农牧社会大分工之后的必然结果。正如唐玄宗在开元九年给突厥下达的玺书中所表达的，和平时期互通有无，彼此都能享受利益："国家旧与突厥和好之时，蕃汉非常快活。甲兵休息，互市交通。国家买突厥马羊，突厥将国家彩帛，彼此丰足，皆有便宜。"[2]唐朝与突厥如此，与中亚何尝不如此？

因为唐朝与中亚保持着密切的绢马贸易关系，所以在唐朝的马文化中，打下了深深的中亚印记。有则记载，证明连皇帝身边的养马人，都很有可能是中亚胡人。《旧唐书·权怀恩传》："怀恩初以荫授太子洗马。咸亨初，累转尚乘奉御，袭爵卢国公。时有奉乘安毕罗善于调马，甚为高宗所宠，怀恩奏事，遇毕罗在帝左右戏无礼，怀恩退而杖之四十。高宗知而嗟赏之，谓侍臣曰：'怀恩乃能不避强御，真良吏也。'即日拜万年令，为政清肃，令行禁止，前后京县令无及之者。"[3]原来皇帝身边有位宠臣名叫安毕罗，之所以成为宠臣

---

1 薛爱华在《撒马尔罕的金桃》中写道"贞观十六年，铁勒献马三千匹，同时向唐朝提出了联姻的请求。但是经过旷日持久的争论之后，唐朝政府最终还是拒绝了这种不体面的妥协，下诏绝其婚。然而仅仅是在第二年，唐朝政府却答应了薛延陀提出的请婚要求，薛延陀因此派遣其突利设向唐朝贡献了五万匹青白杂色和黑鬃的薛延陀马以及大量的牛、驼和羊"。吴玉贵译，社会科学文献出版社，2016，第171页。

2 《册府元龟》卷九八〇《外臣部·通好》，第11345页。

3 《旧唐书》卷一八五《权怀恩传》，第4798页。参见《册府元龟》卷七〇一《令长部·褒异》，也有此记载，第8097页。

是因为善于调马，而此人一望而知是位粟特人。

从北朝到唐朝，发现了许多壁画墓，其中便有胡商贩马内容的壁画，如唐太宗韦贵妃陵中，墓道两侧都有胡人牵马图。通过上文的罗列可知，胡人献马在唐代是个常见故事。对于唐人而言，这不仅体现了文化上的"来远"之意，也能实际地解决唐朝的马匹需要。

## 三　绢马贸易

中原王朝以绢易马，可以看作农业地区与草原地区互通有无的基本内容。松田寿男曾说过："蒙古高原上逐水草游牧的北狄与中国人之间的贸易活动。虽然自古以来就有多种不同形式，然而其主要交换物品却一直是北面的羊马与南面的缯帛。"[1]安史之乱后，绢马贸易却发生变形。在中原的文献记载中，回纥利用绢马贸易，不断地掠夺唐朝，让唐朝长期处于严重的财政困难之中。前期众多的献马者再无踪影，只剩下回纥一家对唐朝进行马匹强售。《唐会要》的记载给人留下深刻印象，其文为：

> 大历七年八月，回纥使还蕃，以国信物一千余乘遣之。回纥恃功，自乾元后，仍岁来市，以马一匹易绢四十匹，动至数万马。其使候遣，继留于鸿胪寺者非一番，人欲帛无厌，我得马无用，朝廷甚苦之。时特盈数遣之，以广恩惠，使其知愧。[2]

---

1　松田寿男：《绢马交易研究札记》，载《历史学研究》第六卷第二期，1936，辛德勇译，收入《日本学者研究中国史论著选译·民族交通》，中华书局，1993，第414~427页
2　《唐会要》卷七二，第1544页。

有关内容的记载，也见《旧唐书·回纥传》等文献。唐朝发生安史之乱，回纥兵的援助是非常重要的军事力量，从此双方结下深厚友谊。唐朝与回纥关系密切，共同平叛成为基础，公主和亲是递进关系的表达。《旧唐书·肃宗本纪》载，乾元"元年七月丁亥，制上第二女宁国公主下降回纥英武威远毗伽可汗"。[1] 而众所周知，唐朝的和亲公主，只有宁国公主等才是皇帝的真公主。其实，在宁国公主下降之前，至德二载（757）九月，肃宗已经"纳回纥公主为妃"。[2]《唐会要》有"回纥"条，记录在宁国公主下降前后双方往来的密集程度。其文如下：

> 乾元元年六月，遣达亥阿波来迎公主，拜开府仪同三司，并献马五百匹、貂裘白氎等。又遣宰相帝德领骁将三千人助国讨贼。七月，册命葛勒可汗为英武威远毗伽可汗，封幼女为宁国公主以降焉。八月，遣三子骨啜特勒来朝。九月，遣大首领盖将军等谢主下降，又遣三妇人来谢。二年四月，英武威远毗伽可汗卒，长子叶护先被害，少子移地健立，是为牟羽可汗。[3]

《唐会要》这里所记回纥献马五百匹，相当于宁国公主的聘礼，并非绢马贸易。而战争发生之后，唐朝政府缺马是一个重大问题，所以对于回纥的依赖不仅是回纥军队，也包括回纥马。《册府》曾有这样的记载：

> （至德二载）十一月，回纥叶护自东京至，敕百官于长乐

---

1　《旧唐书》卷一〇，第 253 页。

2　《旧唐书》卷一〇，第 247 页。

3　《唐会要》卷九八，第 2069 页。

> 驿迎之，帝御宣政殿宴设，叶护升殿，其余酋长列于阶下，赐
> 锦绣、缯彩、金器、银物甚众。叶护辞归，帝谓曰："为国家成
> 大事，何遽去耶？"叶护奏曰："回纥士卒，为陛下更收范阳，
> 为马少，不足以讨除余孽，请归取马。"帝许之。[1]

所以，唐朝在平叛中，并不会感到回纥马多是一种财政负担。

唐朝感到财政因为回纥马而吃紧，是在代宗时期。宝应二年
（763）正月，史朝义死，安史之乱正式平定。但不久，仆固怀恩
叛，让唐朝与回纥关系蒙上阴影。两年之后，永泰元年（765），怀
恩之乱方解。这一年的十月，因为郭子仪的努力，回纥击败吐蕃有
功，"回纥胡禄都督等二百余人入见，前后赠赉缯帛十万匹；府藏空
竭，税百官俸以给之"。[2]唐朝的财政，在多年的战乱中，现出空乏，
其实很正常。此事在《旧唐书·回纥传》的记载中有所补充，一是
回纥有"进马"行为，二是说明"税百官"，用百官俸禄支付回纥
的马价。[3]

唐朝与回纥的绢马贸易，史书给予了大量的记载，而这种贸易
造成了唐代巨大的财政压力，这是读史最容易获得的第一印象。对
此，引起史学家的关注也在所难免。陈寅恪先生认为"观于唐纥马
价问题，彼此俱以贪诈行之"，"又史籍所载，只言纥鹘之贪，不及
唐家之诈"。[4]岑仲勉先生则表示不同意见，认为是具体贸易过程中
的正常问题，不涉及欺诈。[5]在唐与回纥贸易问题上，马俊民先生著

1　《册府元龟》卷九七三《外臣部·助国讨伐》，第 11266 页。

2　《资治通鉴》卷二二三，代宗永泰元年，第 7184 页。

3　《旧唐书》卷一九五，第 5206~5207 页。

4　陈寅恪：《元白诗笺证稿》第五章"新乐府·阴山道"，古典文学出版社，1958，第 254~260
　　页。此书最初有 1950 年版，后来修订再版。

5　岑仲勉：《隋唐史》卷下第三十三节"唐之马政"，高等教育出版社，1957，第 302 页。

文详细论证，更正了传世史书的偏颇之处。首先是唐与回纥在贸易上互相需要，尤其是中原对于回纥马的需要大量且关键。其次是所谓马价及其变动属于正常合理的区间之内，此外还要考虑回纥马长途运输带来的成本提高。[1]

　　然而，史书所载的唐与回纥的绢马贸易，确实存在紧张态势。这类描述反映的是基本事实，尽管其中部分原因可以获得重新解释，但基本事实层面的问题是无法否认的。回纥的马匹数量，似乎是骤然增多，唐朝的财政负担因而前所未有地加大。其中的重要原因之一，笔者认为与丝绸之路的变动密切相关。

　　众所周知，安史之乱发生后，四镇军队前往中原勤王，造成河西、安西防务空虚，吐蕃乘机进攻，进占河西走廊，从而导致中原与西域交通中断。唐德宗建中二年（781），朝廷终于获得来自西域的消息。《通鉴》记载道：

> 北庭、安西自吐蕃陷河、陇，隔绝不通，伊西、北庭节度使李元忠、四镇留后郭昕帅将士闭境拒守，数遣使奉表，皆不达，声问绝者十余年；至是，遣使间道历诸胡自回纥中来，上嘉之。[2]

西域不通声问，最终取得联系的渠道是"间道历诸胡自回纥中来"。显然，这条道路虽然曲折险远，毕竟是条能够通达的路。七年之后

---

1　马俊民：《唐与回纥的绢马贸易——唐代马价绢新探》，《中国史研究》1984 年第 1 期，第67~76 页。

2　《资治通鉴》卷二二七，德宗建中二年，第 7303 页。《通鉴》所记，当然有根据，《唐会要·安西都护府》《旧唐书·德宗本纪》《回纥传》《新唐书·回纥传》等文献，都有相关记载。可知，当时终于与西域取得联系，让朝廷很兴奋。

的贞元四年（788），僧人悟空从天竺归来，途经四镇，返回中原，所行之路，也是回纥之路。[1] 河西走廊因吐蕃闭塞之后，回纥之路成为中原通往西域的替代路线，这是一个基本事实。

不过，西域与中原取得联络，很快引起吐蕃的注意，并促使吐蕃加快攻击北庭的军事部署。贞元六年，吐蕃成功占领北庭。唐朝的北庭力量与回纥联合，但没有击退吐蕃，一个很关键的因素是回纥联盟的破裂。《旧唐书·回纥传》的记载与其他历史文献所记都是一致的，其文曰：

> 初，北庭、安西既假道于回纥以朝奏，因附庸焉。回纥征求无厌，北庭差近，凡生事之资，必强取之。又有沙陀部落六千余帐，与北庭相依，亦属于回纥，肆行抄夺，尤所厌苦。其先葛禄部落及白服突厥素与回纥通和，亦憾其侵掠。因吐蕃厚赂见诱，遂附之。于是吐蕃率葛禄、白服之众去冬寇北庭，回纥大相颉干迦斯率众援之，频败。吐蕃急攻之，北庭之人既苦回纥，乃举城降焉，沙陀部落亦降。[2]

北庭之战，有一个信息需要重视，那就是唐朝通过回纥道与西域的交通。回纥并不是义务护送员，北庭、安西的唐朝力量对于回纥是一种"附庸"状态，而北庭遭受到的掠夺最为严重。不仅如此，那些同样处于附庸状态的部落，包括沙陀部落，也是饱受回纥"侵掠"，这成了他们最终转投吐蕃的内在原因。

于是，我们发现，回纥垄断了丝绸之路，从而具有了垄断性利

---

1　《悟空入竺记》，《大正新修大藏经》卷五一，第 980 页。
2　《旧唐书》卷一九五《回纥传》，第 5209 页。其他书也有一致的记载。

益。前文讨论，唐朝前期蕃马入唐，主要是北方与西方两个方向。而安史之乱后，丝绸之路中断，史书只见回纥大售其马，中亚的骏马从此消失不见。中亚不仅是良马的生产地，也是盛产地，中亚各国不可能放弃寻找大量马匹的销路。回纥背后的粟特人群，不能不引起我们的注意。

大历八年（773），《旧唐书·回纥传》记载道：

> 八年十一月，回纥一百四十人还蕃，以信物一千余乘。回纥恃功，自乾元之后，屡遣使以马和市缯帛，仍岁来市，以马一匹易绢四十匹，动至数万马。其使候遣继留于鸿胪寺者非一，蕃得帛无厌，我得马无用，朝廷甚苦之。是时特诏厚赐遣之，示以广恩，且俾知愧也。是月，回纥使使赤心领马一万匹来求市，代宗以马价出于租赋，不欲重困于民，命有司量入计许市六千匹。[1]

回纥当时统治北方草原，但是历史记载，从来没有如此大规模的马匹贸易。"动至数万马"，又逢唐朝长期平叛战争之后，财政压力之大是可以想象的。

即便如此，部分回纥人依然觉得不够。代宗驾崩，唐德宗即位，当时回纥可汗是移地健，他决定"举国南下，将乘我丧"，而他的背后是九姓胡人，"九姓胡素属于回纥者，又陈中国便利以诱其心"。最后，回纥宰相顿莫贺达干反对无效，"顿莫贺乘人之心，因击杀之，并杀其亲信及九姓胡所诱来者凡二千人"。[2] 移地健决心利

---

1 《旧唐书》卷一九五，第5207页。

2 《旧唐书》卷一九五，第5208页。

用唐朝先帝驾崩的机会抢劫唐朝，这一政策受到了部分粟特人的利诱和支持。但不是所有回纥人都支持，最后引发政变，移地健和支持他的粟特人都付出了巨大的代价。

顿莫贺成功地阻止了移地健的掠夺政策，他被唐朝册立为武义成功可汗。此后，唐朝与回纥的绢马贸易数量仍然巨大。仅仅根据《回纥传》，我们就能发现这一点。那么，武义成功可汗之后，回纥人与粟特人的关系是怎样的呢？其实毫无影响，双方的合作关系依旧紧密。最可能的情况是，粟特人也有不同的派系和主张，而此后最引人注意的就是粟特人给回纥人带来了摩尼教。这只能说，回纥受到粟特人的影响越来越大。利用北方草原势力，从中国获取贸易利润，是粟特人的主要商业战略，隋唐时代向来如此。武义成功可汗代表的回纥汗国与中亚粟特人的合作关系重回正常轨道。

粟特人的经商传统，在与回纥合作中是怎样发挥作用的呢？史书记载并不分明，但研究者普遍相信，大量的绢马贸易，其中来自中原的丝绸，一定有一部分被转卖到西方。松田寿男认为："输入漠北的缯帛当然相当程度上是在北狄诸族之间消费掉的，然而其中也必然要有一部分被转卖掉。突厥人就曾通过做绢类产品贸易的中间商和管理绢类贸易而致富强……这也应该是北狄诸族重视绢马交易并争相从中国向北方输入绢帛的原因之一。"[1] 林俊雄认为，回纥获得大量的丝绸，通过中间商粟特人贩运到西方，并使回纥积累了大量的财富，从而促进了回纥汗国城市的兴起。[2] Christopher I. Beckwith 认为，唐朝与回纥的绢马贸易，对于双方都是非常重要的，唐代最

---

1　松田寿男：《绢马交易研究札记》，《日本学者研究中国史论著选译·民族交通》，第414~427页。

2　林俊雄「ウィグルの對唐政策」、第111~143頁。

重要的中亚产品就是马匹。[1]

　　粟特人与回纥结伴而行，直接进入长安经商，获得商业利益是粟特与回纥合作的一部分。此外，粟特人是利用什么与回纥合作的呢？仅仅是摩尼教和政策建议吗？这显然不够。是依靠信用，帮助回纥向西方销售来自唐朝的丝绸吗？若果然如此，粟特人岂不成了回纥的帮工？考虑到唐前期中亚马匹大量销往唐朝，后来只有回纥向唐朝销售马匹，笔者的一个看法是，在回纥大量的马群中间，应该有来自中亚的马匹。以较好价格销售给唐朝以后，回纥和粟特再分配其中利润。回纥利用帮助唐朝镇压安史之乱的功绩，使销售马匹给唐朝拥有了一种非常重要而有利的位置，即唐朝有回报的心理，不会在价格上斤斤计较。假设粟特人自己单独与唐朝进行绢马贸易，绝不可能获得回纥那样的有利位置。且回纥既然垄断了丝绸之路，自然也不会允许粟特人单独与唐朝进行贸易。前文言及回纥曾经掠夺其他附庸部落，甚至激起北庭失守事变，证明回纥坚持垄断利益的立场是一贯的。当然，粟特人有其他部落不能取代的优势，比如对于丝绸之路贸易的熟悉程度，所以回纥对于粟特自然有依赖的方面，因而双方的合作才会持续很久。

　　安史之乱前，中亚各国献马频繁，来自西域和北方草原的马匹可以说泾渭分明。但是，安史之乱爆发之后，传统的丝绸之路因为吐蕃的进攻而中断，安西四镇之地要联络长安，主要通过回纥道。中亚各国偶然也有使者前往唐朝，但献马记录则罕见。与此同时，回纥的市马数量忽然大幅度增加。考虑到中亚粟特人的商人秉性，他们与回纥的合作便是可以预测的。原本唐朝的两条

---

1　The Impact of the Horse and Silk Trade on the Economies of T'ang China and the UighurEmpire: On the Importance of International Commerce in the Early Middle Ages. Journal of the Economic and Social History of the Orient, Vol. 34, No. 3 (1991), pp.183-198.

蕃马吸纳通道，如今合二为一，并且被回纥人控制，于是绢马贸易就出现了唐代文献记载的状况：因为市马数量庞大，唐朝的中央财政压力极大。这也是特殊时期，丝绸之路环境变迁导致的一种特殊状况。

# 第五章　唐西州马价考

　　唐西州，即今新疆吐鲁番市。在唐朝管理西域广大区域的机制中，西州一直占据重要地位。[1]这不仅因为西州是唐朝首个都督府州，也不仅因为西州是一个以汉人为主要居民的都督府，还因为西州位于丝绸之路的要冲，是东西南北交通的路口，也是农牧产品贸易的集散地。具体就战略物资马匹而言，西州也是一个影响较大的重要市场。[2]

1　对此，参见张广达《唐灭高昌国后的西州形势》，初载日本《东洋文化》第 68 期，东京大学东洋文化研究所，1988。收入《张广达文集·文书、典籍与西域史地》，广西师范大学出版社，2008，第 114~152 页。

2　孟宪实：《唐西州的马匹贸易——以吐鲁番出土文书为中心》，朱玉麒、周珊主编《明月天山："李白与丝绸之路学术研讨会"论文集》，国家图书馆出版社，2018。

牛马骡驴，外加骆驼，是传统社会的大型饲养型动物，它们不仅是运输的基本动力来源，也是一种战略物资，尤其马匹对于军队和战争的影响力极大，是国家战力的有机组成部分。北宋历史学家欧阳修著《新唐书》，首创《兵志》研究总结军事对于国家盛衰的影响，而《新唐书·兵志》专门设置一节介绍唐朝的马政。唐朝有专门畜牧机构，饲养大型畜力，以为国家所用。其中，马的重要性是最核心的。依照欧阳修的观点，唐朝军力的起伏变化，马政的盛衰也是重要的一环。

除了机构饲养，唐朝马匹另一重要的来源是互市。中央政府有专设机构，即"互市监"。《唐六典》对互市的制度史描述为："汉、魏已降，缘边郡国皆有互市，与夷狄交易，致其物产也。并郡县主之，而不别置官吏。至隋，诸缘边州置交市监，视从第八品；副监，视正第九品。皇朝因置之，各隶所管州、府。"可见，隋唐时期国家更加重视互市工作。对互市工作也有基本描述，其文如下：

> 凡互市所得马、驼、驴、牛等，各别其色，具齿岁、肤第，以言于所隶州、府，州、府为申闻。太仆差官吏相与受领，印记。上马送京师，余量其众寡，并遣使送之，任其在路放牧焉。每马十匹，牛十头，驼、骡、驴六头，羊七十口，各给一牧人。（若非理丧失，其部使及递人，改酬其直。）其营州管内蕃马出货，选其少壮者，官为市之。[1]

很清楚，虽然互市是"致其物产也"，但具体说来，几乎都是

---

1　《唐六典》卷二一，第 580 页。

畜牧产品，马匹则是重中之重。而蕃马，就是来自互市的主要商品，所谓蕃马就是产自周边蕃人居地的马。对此，《厩牧令》唐第13、14条皆有相关规定："其互市马，官市者，以互市印印右髀；私市者，印左髀。"而互市印归互市监管辖："互市印在互市监。其须分道遣使送印者，听每印同一样，准道数造之。"[1]西州属于边州，西州市场属于唐朝的互市系统。马印是马匹管理的重要方法之一，《唐会要》有专门章节介绍蕃马之印。[2]而结合考古资料进行的相关研究，也有呈现。[3]

西州马价，是指西州市场上的马价，并非特指蕃马。蕃马进入唐朝之后，或者成为官马，或者成为私马，继续流通的可能性依然存在。马价是一个很具体的问题，但马作为重要商品，与民生大有关系。幸有吐鲁番出土文书提供许多信息，对于我们考证此题极有益处。

## 一　西州的马价

西州市场上的马价调查，主要通过吐鲁番出土文书中具体的马匹贸易个案来完成。有的资料具体简明，有的属于间接资料，所代表的信息需要进一步分析才会获得。另外，马价既然是市场价格，波动是十分正常的，然而所获资料不足以分析时，只能努力求其近似值。

---

1　《天一阁藏明钞本天圣令校证·清本》，第401页。

2　《唐会要》卷七二，第1546~1549页。

3　有关马印问题，罗丰先生《规矩或率意而为？——唐帝国的马印》研究甚详，请参考，载荣新江主编《唐研究》第十六卷，第117~150页。

1. 高宗时期的"十驮马"与"六驮马"价钱

阿斯塔那 125 号墓出土的《武周军府牒为请处分买十驮马欠钱事》文书，是一件清楚的十驮马文书。[1] 其内容如下：

```
 1      □件人
 2      诋送讫
 3      □买奴    氾定海    张小
 4      张胡智    张守多    范永
 5      已上十人买十驮马一匹送八百行
 6      □父师一分付刘校尉团赵
 7      右同前上件人          发有限奉处
 8      分，令十驮六          有换者孝通
 9      临时                发日为欠
10      马钱遂              马领得银钱
11      伍拾文讫，今孝通差行征得者，即请分
12      □不得者，请于后征付保达数有欠少
13      □即注
14                        处分发
```

文书证明有了纠纷，但不是本章所关心的。对于本章有价值的是十驮马的价钱。十驮马是一种用来驮运辎重的马，属于府兵制时代的驮马制度。八百行，是高宗时期的一次战役名称。氾定海等十人每人一匹练共同购买了一匹十驮马。现在仅仅知道这是高宗时期，一匹马的价钱是十匹练。

---

1　唐长孺主编《吐鲁番出土文书》叁，第 436 页。

另外一件文书，时间清楚，这就是《唐咸亨二年（671）四月杨隆海收领阚佑洛等六驮马价练抄》，[1] 文书如下：

1　阚佑洛、田阿波六驮马价练陆匹，张欢相练

2　叁匹，张惠照练叁匹半，准得钱肆拾

3　陆文。

4　　　右件物咸亨二年四月十八日付杨隆海领。[2]

这件文书不明之处还有很多，比如文书中四位交纳练的人是什么关系，接收这些练的杨隆海是什么角色？《敦煌资料》当初名此文书为《唐咸亨二年阚佑洛等卖练文书残卷》，强调的是卖练，没有把六驮马价钱当作核心词。总共 12.5 匹练属于"六驮马价"是没有疑问的。或许当时买马主要以银钱为计，而银钱当时的价值也比较高。这是府兵征行在准备驮马，与前文准备的十驮马性质一样，只不过是六驮马而已。

于是，我们知道高宗时期西州的马价，用练在十至十三匹之间。

## 2. 和满买马案

阿斯塔那 188 号墓出土的两件文书，事关买马事实的调查，其中很清楚地透露了一件买马个案。《唐神龙三年（707）和满牒为被问买马事》，由两件相关文书组成，具体内容请见本书第二编第三章第三节"作为市场的西州"所引用。

---

1　仁井田陞「唐宋法律文書の研究」、東方文化学院東京研究所、1937、図 4、第 40 頁。《敦煌资料》第一辑，中华书局，1961，第 453 页。池田温「中国古代の租佃契」（上）、『東洋文化研究所紀要』60、1973、第 101 頁。

2　本文书中，"钱肆拾"下、"陆文"后、"杨隆海"下画有指节。

相关部门对和满的询问和调查，是这件文书的主体，出了什么问题需要调查，我们无从知道，但神龙三年二月在西州发生过一起马匹交易，从而为我们提供了当时这匹马的价钱。

这是个案，神龙三年，即707年，一匹七岁敦马用大练十三匹。

### 3. 何德力买马案

这确实是件买马个案，但何德力仅仅是经手交钱的人，不是真正的买马人。阿斯塔那188号墓出土的《唐译语人何德力代书突骑施首领多亥达干收领马价抄》则提供了一个新事证，证明交易通常要经过翻译人来完成。

1　□钱贰拾贯肆伯文

2　右酬首领多亥达干马叁匹直。

3　十二月十一日付突骑施首领多亥达

4　干领。

5　　　　　　译语人何德力[1]

多亥达干是突骑施首领，文书中写得清清楚楚。他卖出三匹马，获得"贰拾贯肆伯文"钱，而这笔钱是通过"译语人何德力"帮助签收的。因为文书中明确写作是"首领多亥达干领"，而"译语人何德力"在这个过程担任的角色是证明此事。译语人就是翻译人，互市中需要翻译很容易理解。何德力，从名字上看应该是一个入籍的粟特人，显然他是胜任与西突厥一部的突骑施进行对话的。

此文书与《唐神龙三年（707）和满牒为被问买马事》同墓出土，而此墓文书有纪年者，在神龙元年到开元四年之间。译语人何

---

1　唐长孺主编《吐鲁番出土文书》肆，第41页。

德力所属文书，也可以看作属于这个时期。

　　同墓还出土一件《唐市马残牒》，文书很残，第三件残文书第一行有"赤敦七岁 直壹拾伍匹"[1]字样，很明显这是一匹马的价钱。紧接着下一行残留"大练捌匹"，如果是马价，不该如此之低，故不取。第七件残文书也有"壹拾伍匹"字样，可以看作某匹马的价钱。

　　同墓出土的另一件文书，相信也是同时代的《唐便钱酬马价文书》，[2] 其文如下：

1　▢▢▢▢前后便钱总玖拾▢▢▢
2　卅六贯文便将还李▢▢▢
3　廿一贯便将酬马价▢▢▢
4　卅七贯六百五十文便将还宴▢▢▢

　　这大约是西州都督府的账目，不同项目支出是分行排列的。其中第三行"廿一贯便将酬马价"，虽然文书有残，但基本含义能够明白。二十一贯，应该买几匹马呢？这与上引译语人何德力文书的数字很接近，那次是二十贯四百文钱，买三匹马，那么二十一贯也只能买三匹，每匹价钱比上次稍多，但能够接受。

　　一些文书表明与买马贸易有关，但是我们关注的马价信息没有及时显现，造成了信息缺乏。同是阿斯塔那 188 号墓出土的《唐上李大使牒为三姓首领纳马酬价事》文书，显示是一次官方购马，数量相对比较大，一次就购买十六匹马，[3]具体内容请见本书第二编第

---

1　唐长孺主编《吐鲁番出土文书》肆，第 42 页。
2　唐长孺主编《吐鲁番出土文书》肆，第 40 页。
3　唐长孺主编《吐鲁番出土文书》肆，第 40 页。

三章第三节"作为市场的西州"所引用。

最遗憾的是这件文书的马价部分残损过甚，无法获得具体信息。这组文书所显示的数据，可以看作开元初的西州马价。

4. 石染典买马

我们如今能看到西州私人买马，并且价钱清楚的应当首数石染典。阿斯塔那 509 号墓出土的《唐开元二十一年（733）石染典买马契》，内容如下：

1　　马壹匹，骝敦六岁

2　开元廿一年正月五日，西州百姓石染典，交用大练拾捌

3　匹，今于西州市，买康思礼边上件马。其马

4　及练，即日各交相分付了。如后有人寒

5　盗认识者，一仰主、保知当，不关买人之事。恐

6　人无信，故立私契。两共和可，画指为记。

7　　　　　　　　练主

8　　　　　　　马主别将康思礼年卅四

9　　　　　　保人兴胡罗世郍（那）年卌

10　　　　　保人兴胡安达汉年卌五

11　　　　保人西州百姓石早寒年五十[1]

这是一个典型的马匹买卖案例。卖方也称"马主"，名康思礼，三十四岁，是唐朝的府兵别将。根据《唐六典》的记载，折冲府设

---

[1]　唐长孺主编《吐鲁番出土文书》肆，第 279 页。

有别将一人（上府正七品下，中府从七品上，下府从七品下），[1]地位在折冲都尉、左右果毅都尉之下，在长史、兵曹参军之上，属于折冲府办公机构官员。

买方石染典，这里称"西州百姓"。但根据同墓出土《唐开元二十年（732）瓜州都督府给西州百姓游击将军石染典过所》，其中分明写着"西州百姓游击将军石染典"。[2]游击将军是武散官，品阶是"从五品下"。[3]石染典跟康思礼一样，都属于粟特人来华群体，所以擅长经商，但他们对于唐朝肯定多有军功，否则就不能担任武散官和现役军官。

双方买的马，基本情况都有记录。这是一匹六岁敦马。敦，即骟，是雄性去势后的称谓。骝（騮），指马的毛色，赤身黑鬃。马账一般都要记载马的基本特征，就是"齿岁、肤第"。这匹马价格是十八匹大练。

在阿斯塔那 509 号古墓出土的文书中，有多件文书与石染典有关，这使得我们对他有了更多的了解。比如，同年某月廿日，石染典用大练十七匹，从杨荆琬那里购买一头母骡，青色五岁，"近人颊膊有蕃印并私印，远人膊损"，[4]即前腿上有蕃印和私印，后腿受伤。契约没有写清月份，估计是同一个月。

石染典又买马，又买骡，是为什么呢？为了转卖。同墓出土的《唐开元二十一年（733）染勿等保石染典往伊州市易辩辞》，提供了这方面的信息，很快石染典就申请前往伊州"市易"。文书内容请见本书第二编第三章第二节"骡马商人石染典"所引用。

1　《唐六典》卷二五，第 645 页。

2　唐长孺主编《吐鲁番出土文书》肆，第 276 页。

3　《唐六典》卷五，第 153 页。

4　唐长孺主编《吐鲁番出土文书》肆，第 280 页。

石染典繁忙的经商活动告诉我们，他在西州买马，一定还有利润空间，至少相对于伊州而言，西州是更核心的骡马贸易市场。

总之，石染典用十八匹大练购买一匹六岁敦马，时间是开元二十一年，即 733 年。这是西州马价的重要个案。

### 5. 唐朝的政府估价

唐朝有自己的一套物价控制体系，这就是市司的估价，凡商品分三等估价。这个估价很重要，不仅是贸易价格参考，甚至是司法量刑的参考。根据池田温先生的研究，市估案虽然每旬都有，但不是强制性的商品定价。[1]

大谷文书中，有一组文书为《唐天宝二年（743）交河郡市估案》，根据池田温先生的整理，有关帛练和马匹，都有若干价格被记录下来。

大谷文书 3097 号，帛练行所记录，有如下记录：

> 大练一匹，上直钱肆伯柒拾文，次肆伯陆拾文，下肆伯伍拾文。
>
> 梓州小练壹匹，上直钱三伯玖拾文，次三伯捌拾文，下三伯柒拾文。[2]

同是大谷文书，也记载了马匹的价格，内容如下：

> 突厥敦马壹匹，次上直大练贰拾匹，次拾捌匹，下拾陆匹；

---

1　池田温：《中国古代物价初探——关于天宝二年交河市估案断片》，韩昇译，原载『史学雑誌』77-1.2 期、1968。收入池田温《唐研究论文选集》，中国社会科学出版社，1999，第 122~189 页。

2　池田温：《中国古代籍帐研究·录文与插图》，第 304 页。

次上直小练贰拾贰匹，次贰拾匹，下拾捌匹。

　　草马壹匹，次上直大练玖匹，次捌匹，下柒匹；次上直小
练拾匹，次玖匹，下捌匹。[1]

　　由此，我们就获得了又一组马匹的价格指标。现在我们可以列
出表6进行统计。

表6　大谷文书所记唐朝马匹价格情况

| 时间 | 经手人 | 马况 | 金额 | 平均价（铜钱） |
|---|---|---|---|---|
| 咸亨二年（671） | 阚佑洛等 | 不明 | 练12.5匹 | 5750 |
| 高宗时期 | 氾定海等 | 不明 | 练10匹 | 4600 |
| 神龙三年（707） | 和满 | 敦马七岁 | 大练十三匹 | 5980 |
| 约开元四年（716） | 何德力 | 三匹马 | 二十贯四百文 | 6800 |
| 约开元四年（716） | | 七岁敦马 | 十五匹（大练） | 6900 |
| 约开元四年（716） | | 三匹？ | 二十一贯 | 7000 |
| 开元二十一年（733） | 石染典 | 六岁敦马 | 大练十八匹 | 8280 |
| 天宝二年（743） | | 突厥敦马壹匹 | 大练十八匹 | 8280 |
| 天宝二年（743） | | 草马壹匹 | 大练捌匹 | 3680 |

　　简单统计可以发现，唐朝的马价主要由两种方式衡量，一是大
练，二是铜钱。使用铜钱购马的发现两笔，一是二十贯四百文，购
买三匹马。二是二十一贯，不知购买几匹马，推测也应该是三匹，
因为两组数字同墓出土，属于同一时期。二十一贯，平均一匹马七
贯钱，即七千钱。

---

1　池田温：《中国古代籍帐研究·录文与插图》，第309页。

铜钱与大练的关系，用《交河郡市估案》的资料可以转换。按照唐朝的习惯取中估，大练一匹为 460 文，若十五匹大练，则为6900 文。何德力用二十贯四百文购买三匹马，每匹马为 6800 文。石染典使用十八匹大练，换算为铜钱，为 8280 文。天宝二年，交河郡市估案，购买一匹突厥敦马，也是 8280 文。但草马就格外便宜，中估只有大练八匹，换算为铜钱只有 3680 文。

观察此表，我们发现，西州的马价在上升的过程中，可以分作几个时期。第一期为高宗时期，有两个数字，分别是 5750 文和 4600 文；武周末是第二期，每匹为 5980 文；开元初为第三期，每匹取中间值，为 6900 文，增长约 15%；开元后期到天宝初为第四期，为 8280 文，增长 20%。以上皆以敦马为例，草马没有对比性，暂不计。虽然可供统计研究的资料并不多，但皆为买马实例，可以认为是关键资料的抽样，代表性是可以肯定的，资料都来自考古，所反映的真实性也毋庸置疑。在此基础上的讨论，因而可以继续进行。

西州是一个重要的骡马市场，吐鲁番出土文书中也有反映西州之前高昌国时期的马匹贸易资料。就马价而言，阿斯塔那 48号墓出土的一组高昌国兵部买马文书，给我们提供了十分具体的资料。这里先把文书中具体的信息摘录下来，然后归纳马价。

《高昌延昌二十七年（587）四月兵部条列买马用钱头数奏行文书》，[1] 一共使用银钱 118 文，购买 3 匹马，一匹 37 文，一匹 45 文，剩下的　匹只能是 36 文。同年六月八日，兵部又买马 1 匹，用银钱 45 文。[2] 同年六月二十九日，兵部买马 48 匹。观察文书，没有一

---

1　唐长孺主编《吐鲁番出土文书》壹，第 338 页。
2　《高昌延昌二十七年（587）六月兵部条列买马用钱头数奏行文书》，《吐鲁番出土文书》壹，第 339 页。

匹一计价，应该是一并合计，文书有残，没有留下总价钱，但第2行残留"用钱卅七文"，这可能是平均价，如此则总价为1776文。[1]同年七月，兵部再次买马。这次是每匹计价，总数银钱258文，买马共8匹，每匹32文多。[2]此外，根据同墓出土文书《高昌延昌二十七年（587）某月兵部条列买马用钱头数奏行文书》，高昌兵部再买马2匹，用银钱67文。[3]综合以上数字，这一年高昌买马，平均马价为36.5文。

　　高昌的银钱，即萨珊银币，是丝绸之路上的一种国际货币，高昌就使用银币作为一般货币。到西州时期，银币还流行过一段时间。高宗、武则天时期，银币渐渐退出，被唐朝的铜钱取代。根据卢向前先生的研究，唐初西州银钱与铜钱的比值是1∶32。[4]如此换算成铜钱，在高昌延昌二十七年，唐朝的1168文铜钱就可以购买一匹马。当然，这个比值是银钱退出前的比值，银钱价值正处于下降的状态中。即便如此看，从高昌到西州马价处于上升状态是可以肯定的。

## 二　敦煌及中原马价

　　上文所示，从高昌到西州，当地的马价处于上升之中。但是，

---

1　《高昌延昌二十七年（587）六月廿九日兵部条列买马用钱头数奏行文书》，《吐鲁番出土文书》壹，第340页。

2　《高昌延昌二十七年（587）七月兵部条列买马用钱头数奏行文书》，《吐鲁番出土文书》壹，第341页。第8行"都合用钱贰伯伍拾捌文，买得马捌口"，最后一字残缺，应是"匹"字。若是数字，则买马太多，钱数太少。

3　唐长孺主编《吐鲁番出土文书》壹，第344页。

4　卢向前：《高昌西州四百年货币关系演变述略——敦煌吐鲁番文书经济关系综述之一》，收入卢向前《敦煌吐鲁番文书论稿》，第217~266页。

即使在唐朝前期，西州仍然属于低马价地区，这就解释了为什么西州会成为重要的马匹市场。

　　敦煌的马价，是由一件《唐沙州某市时价簿口马行时估》提供的。这是张大千当年获取于敦煌的，文书现藏于四川省图书馆。张勋燎先生首先发文介绍研究这件文书，[1] 随后朱雷先生著《敦煌所出〈唐沙州某市时价簿口马行时估〉考》、[2] 池田温先生著《口马行考》，[3] 都是重要研究文献。

　　这件文书中，前面部分是奴隶价格，最后两行是马价，内容如下：

　　6. 上家生细敦父马壹匹　　直柒拾阡文　　次陆拾伍阡文
　　7. 上家生□敦父马壹匹　　直贰拾叁□□　　次贰拾壹阡□ [4]

　　第 7 行第 4 字，朱雷先生补为"粗"，池田先生补为"本"，唐马分细粗，应该同意朱先生的观点。随后的两个空格，朱先生未补，池田先生分别补为"阡文"和"文"，笔者完全同意。唐朝的市估案，价格通常分为三栏，即上、次、下，此文书残留的是前两栏，第三栏完全不见，池田先生恢复第三栏格式，正确。

　　这件敦煌文书，时间不确，但性质与《交河郡市估案》一致，是地方物价的一个官方报表。这种物价表，虽然不是官方定价表，

1　张勋燎：《敦煌石室奴婢马匹价目残纸的初步研究》，《四川大学哲学社会科学学报》1978 年第 3 期，第 85~91 页。

2　朱雷：《敦煌所出〈唐沙州某市时价簿口马行时估〉考》，原载唐长孺主编《敦煌吐鲁番文书初探》，武汉大学出版社，1983。收入朱雷《敦煌吐鲁番文书论丛》，第 230~246 页。

3　池田温「口馬行考」『佐久間重男教授退休紀念中国史陶磁史論集』、燎原書店、1983、第 31~57 頁。

4　这里的录文主要依据朱雷先生的文章，并参考池田温先生文章而成。

但功能很强大，尤其在估赃定罪方面，是一个很重要的量刑参考体系。[1] 但敦煌的这件市估案，残缺太多，尤其没有时间标识，给研究增加了难度。

张勋燎先生认为，这件敦煌市估案，应该是唐玄宗开元、天宝时期的，即属盛唐。池田先生认为，敦煌唐代的物价，有一个起伏过程：隋末唐初的混乱时期物价是高的，贞观之后初唐属于安定时期，物价是低的，武后时期物价腾飞，开元天宝的盛唐时期物价再次降低，安史乱后物价暴涨，贞元末到元和、长庆时期再次低落。后一个安定期，绢的价格几乎相当于盛唐时期的两倍，不过黄巢以后到唐朝灭亡，物价再次高涨。[2] 最后，池田先生认为这件文书应该属于至德、乾元到建中之间（756~783）。

且以中等价来衡量，敦煌市估中的敦父马，为 21000 文。天宝二年交河市估案中敦马一匹是大练十八匹，即 8280 文，与敦煌相比两倍有余。但敦煌出现了家生细敦马，是 65000 文，而西州没有出现过细马价格。细马，即好马，在唐人的观念中，细马与粗马（一般马）是有明确区别的。根据《天圣令》中保存的唐代《厩牧令》，细马是专门供应皇帝使用的特殊马，从养护到使用，规格都远远高于一般马。

从《厩牧令》可知，马分为细马、次马和粗马三等，而在牧监的时候，细马、次马就与粗马分开，前两者为左监，后者为右监。"诸陇右诸牧监使每年简细马五十匹进。其祥麟、凤苑厩所须杂给马，年别简粗壮敦马一百匹，与细马同进。仍令牧监使预简敦马一十匹别牧放，殿中须马，任取充。若诸监细马生驹，以其数申所

---

1　卢向前：《唐代市估法研究》，原载《敦煌吐鲁番学研究论文集》。收入卢向前《唐代政治经济史综论——甘露之变研究及其他》，商务印书馆，2012，第363~402页。

2　池田温「口馬行考」『佐久間重男教授退休紀念中国史陶磁史論集』、第43頁。

由司次入寺。其四岁以下粗马，每年简充诸卫官马。"[1]大约可以这样看待细马、粗马问题，即对于民间而言，细马罕见，其主要属于皇家使用的良马，史书或有一见，如皇帝以细马赏赐大臣等。而敦煌此件时估文书，有私家细马，价格昂贵，显然不是常见马。

池田先生认为沙州时估文书属于安史之乱后，至德至建中时期，个中原因一是马价特高，二是与西州差距太大，而通常西州应该与沙州相近。其他物价或许有此问题，但对大型牲畜而言，西州与敦煌很大的不同是西州有互市，而敦煌不见互市的资料，这是池田先生也承认的。同时，我们看到，河西地区是从中原前往西州购买马匹的必经之路，同时民间的商人如石染典就从西州买马到伊州、沙州贩卖。这应该说明，沙州地方的大型牲畜的价格一定高于西州，石染典等才会有利可图。再有，安史之乱后，西域、河西的军队都奉命勤王，主力撤回中原平叛，河西走廊一带立刻军事空虚。吐蕃充分利用这个机会大举进攻，先占领陇右，切断河西与中原的联系，然后节节进取。广德二年（764）占领凉州，永泰二年（766）占领甘州、肃州，大历十一年（776）攻陷瓜州并包围沙州。沙州陷蕃虽然是在贞元二年（786），但此前几乎一直处于战斗状态。时估文书是市场正常运行状态下的产物，战时状态下是否还有这样的措施，争议很大。

总之，笔者认为，张勋燎先生的意见应该更可取，即这个官估的年代，取开元、天宝时期还是比较可信的。

池田先生认为敦煌马价过高，其实是被细马的价钱吸引了。细马民间少见，从其他资料看，细马的这个价钱，是完全正常的。单

---

看家生敦马，敦煌的马价是不能算高的。

《新唐书·兵志》载："凡发府兵……当给马者，官予其直市之，每匹予钱二万五千。刺史、折冲、果毅岁阅不任战事者鬻之，以其钱更市，不足则一府共足之。"[1] 这是府兵基本制度之一。既然是政府给马值，那么二万五千钱，应该能证明当时马价的基本情况。这比敦煌的还高出四千文。

唐代的马价，细马与一般马匹的价格向来差距很大。在骑马是重要的代步方式的时代，马在代步的功能之外，有一整套的相关文化存在，所以有关马的问题也会牵涉众多。在社会底层，拥有马匹是个奢侈的愿望；而上层人士，不惜重金购买一匹良马，因为这同时是社会身份与等级的关键标志。

唐代沈既济的著名小说《任氏传》有言，任氏有预知能力，指导郑子经营。天宝九载郑子以六千文买一马，后来本可以卖三万文，最终以二万五千文出手。后来郑子获知真相，原来那匹马是御马，政府正以六万文征买。[2] 相马是那个时代的一个职业，需要专门的经验和技术，而对于一般大众而言，一匹马到底好在哪里，并不是人人尽知的。所以，郑子在大家的劝说下，以二万五千文卖出御马，还认为是获得了大利。他的这种想法，一是来自底价六千文这个事实，二是二万五千文正是朝廷给府兵买马的价钱。后者很可能与社会一般马价的观念相契合。

小说中的这匹马，正是细马。政府征购的价钱，当然还不是它应有的价格。如此，对比敦煌的细马价，后者多出数千文，不是不能接受的。

---

1　《新唐书》卷五〇《兵志》，第 1326 页。

2　《太平广记会校》卷四五二，第 8059~8065 页。

马既然是商品，马价自然会有波动。《新唐书·兵志》记载："自贞观至麟德四十年间，马七十万六千……方其时，天下以一缣易一马。"唐先生认为这个说法应该来自张说《陇右监牧颂德碑》。[1]一缣，当指一匹缣，这种比绢贵重一些的丝织品，有的时候也用来概指丝织品。如《唐六典》："凡缣、帛之类，必定其长短广狭之制，端、匹、屯、缚之差焉"，注曰"罗、锦、绫、绢、纱、縠、绝、绸之属以四丈为匹，布则五丈为端，绵则六两为屯，丝则五两为绚，麻乃三斤为缚"。[2]对应地看，缣正是所有丝织物的概称。所以，通常情况下，可以认为缣即是绢。所谓一匹缣交易一匹马，也就是一匹绢换一匹马，反映马价处于极低状态。其实《新唐书·兵志》等要表达的意思也不过是马多价低这个现象而已。

马价以绢定，但绢价也处于变动之中，甚至不同地区的官估都会大有不同，因为是否为产绢区，对市场反映出来的价格差距影响巨大。唐玄宗时期于是有了相关的规定，根据《唐会要》的说法，这是李林甫的建议，内容如下：

> 开元十六年五月三日，御史中丞李林甫奏："天下定赃估，互有高下。如山南绢贱，河南绢贵，贱处计赃，不至三百，即入死刑，贵处至七百已上，方至死刑。即轻重不侔，刑典安寄。请天下定赃估，绢每匹计五百五十价为限。"敕依。[3]

这是从官估对于刑罚的影响应该统一的角度来制定的，但就物价而言，无论是时间还是空间，差距的存在都是必然的。马价的情

---

1　唐长孺：《唐书兵志笺正》卷一，中华书局，1962，第113页。

2　《唐六典》卷三，第82页。

3　《唐会要》卷四〇，第850~851页。

形也一样。

　　大约属于隋朝的《启颜录》，曾记载这样的一个故事。侯白在接待陈国的使者时回答陈国使者的询问："汝国马价贵贱？"侯白即报曰："马有数等，贵贱不同：若足伎两，有筋脚，好形容，直卅贯已上；若形容不恶，堪得骑乘者，直廿贯已上；若形容粗壮，虽无伎两，堪驮物，直四五贯已上。"[1]一贯为一千钱，马匹的差价由此很能说明问题。

　　这样看来，西州马价，不论是相较于敦煌还是中原的一般情形，都是比较低的。

## 三　草马价钱

　　以天宝二年交河郡市估案的资料来看，马价有大练、小练两种计算方法，而三等之间的差距似乎有限。另外就是不同的马，价格差距很大。常见的敦马与草马的价格竟然有一倍以上的差距。具体见表7。

表7　交河郡市估案马价差比一览

| 马品种 | 等级上 | 等级中 | 等级下 | 差距 |
|---|---|---|---|---|
| 突厥敦马壹匹 | 上直大练贰拾匹 | 次拾捌匹 | 下拾陆匹 | 两匹 |
|  | 上直小练贰拾贰匹 | 次贰拾匹 | 下拾捌匹 | 两匹 |
| 草马壹匹 | 上直大练玖匹 | 次捌匹 | 下柒匹 | 一匹 |
|  | 上直小练拾匹 | 次玖匹 | 下捌匹 | 一匹 |

---

[1]　董志翘笺注《启颜录笺注》上编，第27页。

从该表可以清晰地看到，三等之间基本上是一个等差的数值排列。再看侯白所言，三十贯、二十贯和四五贯，差距实在很大。侯白的故事，因为有着讽刺、报复和调侃陈国使者的背景，或许是进行了文学夸张。但是，为什么草马的价格会如此之低？

马的性别品种有三，父马、草马与敦马。草马即母马，而敦马是去势父马。就使用的马匹而言，总是以敦马为主。吐鲁番文物局2007 年新获文书，有一件是前庭府上西州勾所的马账，整理者命名为《唐神龙元年（705）六月后西州前庭府牒上州勾所为当府官马破除、见在事》，其中对见在和在槽死的马匹，给出了性质说明，具体内容如下：

| 9 | 册 匹 | 见 | 在 |
|---|---|---|---|
| 10 | 徐善恭马瓜敦 | 朱和义马瓜敦 | 竹苟奴马赤敦 |
| 11 | 王定感马瓜敦 | 张洛达马□念敦 | 李圈德马白念敦 |
| 12 | 竹绪子马念敦 | 许思齐马赤父 | 张尾住马赤敦 |
| 13 | 康洛胡马留敦 | 李阿鼠马骐敦 | 王玄艺马赤敦 |
| 14 | 阚嘉庆马赤敦 | 牛洛子马念草 | 令狐定德马留敦 |
| | | （"远"，"左玉钤卫前庭府之印"） | |
| 15 | 周文护马骠敦 | 郭石鼠马留父 | 和怀恪马念敦 |
| 16 | 匡德师马紫敦 | 史行义马瓜敦 | 孟感通马念敦 |
| 17 | 白苟辈马念敦 | 康禅师马留敦 | 泛和敏马瓜敦 |
| 18 | 李怀礼马瓜敦 | 匡德祀马留敦 | 贾祀隆赤敦 |
| 19 | 鞠和骏马赤父 | 曹君住马念父 | 董玄获马骐敦 |
| 20 | 曹伏奴马乌雕敦 | 史赤女马骝敦 | 江安洛马留敦 |
| 21 | 马定之马雕敦 | 王才达马骐骠敦 | 康德□马留敦 |
| 22 | 孙寅住马留敦 | 张小石马乌敦 | 曹通子马瓜敦 |

23　　傅安师马乌敦

24　　合从长安五年正月一日至神龙元年六月卅日已前，在槽死官马总二匹。

d　　　　　　　　　　　　　　　会同，凭□。

25　　　江安洛马留驳敦　神龙元年四月十九日死

e　　　　　　　　　　　　　　　会同，卫○｛人同｝。

26　　董玄获马赤敦　神龙元年六月十三日死

（后缺）[1]


　　这是前庭府向西州都督府汇报官马的情况。一共八十二匹，四十四因公死亡，两匹"在槽死"，还有见在四十四。"见在"和"在槽死"共四十二匹，每匹都记录了马的性质。这是前庭府所有官马的状况，可以当作一种抽样资料使用。在已知的四十二匹官马之中，四匹父马，一匹草马（牛洛子马怂草），其余都是敦马，可见敦马是绝对多数。

　　为什么草马如此之少，这需要从草马的主要功能去理解。草马的主要功能是繁殖，不是使用，而马的怀孕期大约十一个月，再加上哺乳期半年，草马基本上不能承担其他劳动。世界上很多草原民族不骑母马，甚至认为骑母马是一种耻辱，可能也跟这个问题相关。

　　传世文献也能说明这个问题。《汉书·食货志》记载西汉到汉武帝时期财富的积累，比汉初已有天壤之别，其中还特别提到马的情况：从汉初的"自天子不能具醇驷，而将相或乘牛车"到汉武帝时期，"众庶街巷有马，仟伯之间成群，乘牸牝者摈而不得会聚"。

---

1　荣新江、李肖、孟宪实主编《新获吐鲁番出土文献》，32~37 页。其中，d、e 两行是红色字体，应是有关部门的检核文字。

对于最后一句说为什么不能乘牝马聚会的解释，孟康说：“皆乘父马，有牝马间其间则踶啮，故斥出不得会同。”意思这是马之间的问题，父马见到牝马会踢会咬，所以无法聚会。唐朝的颜师古反对这个解释，他的观点是“言时富饶，故耻乘牸牝，不必以其踶啮也”。[1] 即不是马的问题，而是人的问题，因为现在社会富饶，骑牝马会感到耻辱。颜师古的解释得到民族学知识的支持，这是没有问题的。同时这也证明牝马骑乘功能的确较弱。

据《汉书·窦田灌韩传》，皇帝对内史郑当前后态度不一感到愤怒，说他是“局趣效辕下驹”，而关于“辕下驹”的解释，注释家也有不同。应劭曰：“驹者，驾着辕下。局趣，蹴小之貌也。”张晏曰：“俯头于车辕下，随母而已。”师古曰：“张说非也。驾车不以牝马。小雅皇皇者华之诗曰‘我马维驹’，非随母也。”[2] 车辕下的马，自然是局促的样子。而张晏解释为“马驹”，遭到颜师古的反驳，颜氏引证《诗经》，证明用驹言马的传统。颜师古所说“驾车不以牝马”，是本章最感兴趣的，因为这明显反映的是唐代的状态。这再次证明牝马使用的有限性。

从现存的唐代《厩牧令》看，牧群主要任务是繁殖，而考课的标准就是从母马数量出发的。请看《厩牧令》相关内容：

> 唐6条：诸牧，牝马四岁游牝，五岁责课；牝驼四岁游牝，六岁责课；牝牛、驴三岁游牝，四岁责课；牝羊三岁游牝，当年责课。
>
> 唐7条：诸牧，牝马一百匹，牝牛、驴各一百头，每年

1 《汉书》卷二四《食货志上》，第1127、1135、1136页。

2 《汉书》卷五二《窦田灌韩传》，第2389~2391页。

课驹、犊各六十，其二十岁以上，不在课限。三岁游牝而生驹者，仍别簿申省。骡驹减半。马从外蕃新来者，课驹四十，第二年五十，第三年同旧课。

唐8条：诸牧，马剩驹一匹，赏绢一匹。驼、骡剩驹二头，赏绢一匹。牛、驴剩驹、犊三头，赏绢一匹。白羊剩羔七口，赏绢一匹。羖羊剩羔十口，赏绢一匹。每有所剩，各依上法累加。[1]

母马四岁开始成熟，但唐朝从五岁开始责课，即开始计算生驹。百匹母马，一年要生驹四十，这是标准。多者有赏，多生一匹，赏绢一匹。承担运输骑乘的马，其实主要是敦马（骟马），母马和少数种马主要承担繁殖后代的使命。

这样，我们就能理解，为什么市场上草马的价格很低，因为社会购买马匹是为了使用，或者骑乘，或者驮运，很少是为了繁殖，所以草马就变成了很低价的品种。

马价是马匹市场的重要内容，通过对马价的考证，从一个特别的角度审视西州市场的特点，并补充了西州作为马匹市场功能的一个要素。通过比照，我们更容易看到西州在全国至少在西北的重要地位，从而为更全面地认识理解西州提供了可能。资料不足是史学研究中的永久缺憾，所有的研究只能面对相对性的资料，这让研究变得更加具有阶段性。可以乐观一些的是我们对未来抱以资料期待是允许的，尤其是在吐鲁番考古还有远大前程的条件下。

---

1　《天一阁藏明钞本天圣令校证·清本》，第400页。

# 第三编　西域军政体制与唐代丝路管理

# 第一章　高昌王国与丝绸之路

　　丝绸之路贯通之后，欧亚大陆立刻血脉畅通，而丝路沿线区域，不论是城市还是国家，都因丝路生动起来。丝路是一条国际大通道，对于任何区域都是源头活水，成为无可替代的生命线。各种资源汇聚运行在这条道路上，同时也带来各种力量冲突、利益纠葛，一国的命运，也因这条道路而遭遇各种奇缘。

## 一　丝路王国高昌

　　高昌国的历史，始终跟丝绸之路纠缠在一起。高昌即今新疆吐鲁番，西汉时，这个地理空间内，有车师王国。后来，西汉在这里设置高昌屯田，以戊己校尉为长官。高昌的历史，就此开始发展起来。

　　根据学者的研究，高昌的历史凡三变。一为高昌壁时代，从西汉初元元年（前48）到东晋咸和二年（327）。二为高昌郡时代，从咸和二年到北魏太平真君三年（442）。三为高昌国时代，从442年沮渠无讳占有高昌，据其地以立国，到640年唐朝统一高昌。[1]高昌是从一个屯田据点逐渐成长壮大起来的。两汉魏晋，只要没有放弃西域经营，基本上都在高昌维持着屯田的体制，戊己校尉和西域长史等是两汉时期的基本方式。屯田体制的特点是，为了应对可能随时发生的问题，尤其是军事问题，不论是戊己校尉还是西域长史，都有相当大的权力独立决策。而屯田的主力，也以军队为主。

　　众所周知，以屯田支撑西域管理，是西汉创立的传统，丝绸之路的维护畅通，因此获得有力保障。西域设置屯田军队，既有巩固西域局面的意义，也有维护丝绸之路畅通的功用。对此，我们在本书第一编第四章"西域都护与丝绸之路"中，已经进行过讨论。所有西域诸王国，事实上都卷入了丝绸之路发展的关键事件，即汉匈战争。而汉匈之间的斗争，也可以看作欧亚大陆舞台上的基本剧目，即草原地区与农业地区的争端。亚洲的集中体现便是汉匈之战，欧亚大陆的其他地区，也有类似的农牧两大区域的战争。在西方的历史叙述中，常常把草原力量描述为蛮族。

　　西域诸王国，在最初的汉匈之争中，常常首鼠两端，但随着汉朝的不断胜利，西域的中原倾向也变得比较稳定。东汉之初，因为无力顾及西域经营，西域多国主动前往中原，邀请东汉力量进驻西域。班超经营西域，最初不过三十六勇士而已，之所以长期维护了汉朝在西域的地位，是因为西域诸国的支持。班超传记中还有班超

――――――――――

1　冯承钧：《高昌事辑》，收入《西域南海史地考证论著汇辑》，中华书局，1963，第48~83页。

奉命返回中原，在于阗被强行阻拦的记载。

统一时代，中原作为巨大的靠山，西域的屯田组织的力量再大也是有限的，作为中央政权的代表力量，绝不可能反过来威胁中央。但是，西晋以后的情形发生了很大改变，中央政权丧失权威，政治分裂正在各地不断发生和发展。毗邻西域的凉州地区，也开始走上这条道路。前凉一般从张轨为凉州刺史的 301 年算起，虽然直到张骏时代才开始称王，并且一直奉晋朝正统，[1] 但是毕竟先有张轨等先祖的雄厚基础，才有后来子孙相继的凉州统治。

前凉对于高昌最大的意义就是导致高昌的地位发生转变，从戊己校尉的屯田地转变为高昌郡。戊己校尉受到敦煌和凉州的影响很大，这是没有问题的，但是在统一的王朝时代，戊己校尉如西域都护一样，多为中央派驻地方的机构。但是，在前凉时代，戊己校尉与前凉的关系紧张起来，最后发生战争，前凉的统治者张骏制服戊己校尉赵贞，改变高昌地位，于当地设置高昌郡，时间是 327 年。对此，学界的研究有很多成果，细节的问题几乎处处都有争论，而王素先生的大作《高昌史稿（统治编）》对此可以承当研究指南，这里不再涉及。

在汉代的屯田事业中，屯田机构转变为郡县地方机构可以说是一个基本发展方向，这在北部和西北，都曾经发生，包括河西四郡，都存在着屯田的历史。而高昌屯田的这个转变，应该说比较迟滞。究其原因，远距离的控制毕竟是一个重大问题。汉代屯田西域，开始以士兵为主，东汉时期，多用弛刑之人，虽然允许携带家眷，但是数量毕竟有限。

---

1　齐陈骏、陆庆丰、郭锋认为，前凉要从 345 年年底张骏称假凉王开始算起，到 376 年被前秦所灭，只有三十年的时间。《五凉史略》，甘肃人民出版社，1988，第 35 页。

　　从西汉经营西域，在高昌设立屯田据点开始，吐鲁番盆地的东部就开始出现汉人聚落，但是这些屯田士兵应该是流动的，对此我们从新近发现的考古资料上可以得到印证。[1] 加上中原与匈奴的关系，战争胜负与政府的西域政策等，也会影响当地的屯田状态。屯田看来是允许家属参加的，所以王莽时，在高昌就有家属的记载。因为属下叛变，戊己校尉刀护受到攻击，结果，他和他的"子男四人、诸昆弟子男"被杀，最后，"吏士男女二千余人"被胁迫进入匈奴。[2] 这就是说，高昌壁已经是某种事实上的聚落了。

　　不过，这种事实上的聚落，因为中原状况和中央政策等原因，并不存在一个持续和稳定的发展历程。东汉的西域政策经常变化就是很典型的例子。东汉时期，西域依然存在来自中原的屯田队伍，主要是弛刑之人及其家属。东汉政府曾经明确规定，弛刑人屯边，"妻子自随，占著所在，父母同产欲相从者，恣听之"。[3] 由于妻子父母兄弟同赴边关，这实质上已与移民没有区别。对此，我们从东汉建初元年（76）杨终的上疏中可以了解到一些情况，他说："自永平以来，仍连大狱，有司穷考，转相牵引，掠考冤滥，家属徙边。……又远屯伊吾、楼兰、车师、戊己，民怀土思，怨结边域……"[4] 班超在西域奋斗三十多年，临行对接班人说："塞外吏士，本非孝子顺孙，皆以罪过徙补边屯。"[5] 延光二年（123），安帝"乃以班勇为西域长史，将弛刑士五百人，西屯柳中"。[6] 这些材料都证明东汉屯田西

---

1　参见胡平生、张德芳编撰《敦煌悬泉汉简释粹》。其中有许多条关于戊己校尉及其属下往来的简。

2　《汉书》卷九六《西域传》，第 3926 页。

3　《后汉书·章帝纪》，第 143 页。

4　《后汉书·杨终传》，第 1597 页。

5　《后汉书·班梁传》，第 1586 页。

6　《后汉书·西域传》，第 2912 页。

域是以弛刑之士为主，而家属也一同前往。

汉代的西域屯田，由于携带家属，所以略可看作汉民族移居西域的早期记录。移民对于汉廷经营西域、汉文化的西传以及西域的开发建设，都具有积极意义。这种形式的移民，不论为官、屯卒还是弛刑之士，都是政府统一政策下的产物。魏晋继承汉代经营西域的经验，在西域继续实行屯田政策，《三国志》卷二对此有这样的记载：

> （黄初三年）二月，鄯善、龟兹、于阗王各遣使奉献，诏曰："西戎即叙，氐、羌来王，《诗》《书》美之。顷者西域外夷并款塞内附，其遣使者抚劳之。"是后西域遂通，置戊己校尉。[1]

魏晋的西域政策有着继承性。在中央发生政治斗争的时候，西域包括凉州这样的地方，只是接受最后的结果而已。所以，中央的政治斗争一般不影响这样的地方。不过，在随后到来的中原战乱中，西域的汉族移民方式发生了不小的变化。如果说汉代的西域移民完全属于政府政策的产物的话，那么在魏晋南北朝时期，西域的汉族移民则主要是民间自发的方式。先是，西晋时期张轨据凉州而中原战乱不休，于是"天下方乱，避难之国唯凉土耳"，[2] 民众大量涌入凉州。当时高昌与凉州关系最为密切，应该有一部分移民持续进入高昌。

前凉设立高昌郡，在行政制度上统一了吐鲁番地区（交河除外），所以前凉时中土移民凉州者进一步西进高昌地区也是可能的。

---

1　《三国志》卷二，第 79 页。
2　《晋书》卷八六《张轨传》，中华书局，1974，第 2222 页。

特别后来凉州不保太平，民众涌入高昌，西向以避烽火。这方面吐鲁番出土的墓砖资料给我们提供了一些证明。《唐智宗墓志》说唐智宗的故乡本为酒泉，"因五凉延祸，避难二庭，因此不归"。[1] 这个说法虽然比较模糊，但是其在五凉时期来到高昌，正是所谓高昌郡时期。《张礼臣墓志铭》说张礼臣的祖籍原是南阳，后迁敦煌，"属苻坚肆虐，挺扰五凉，避难西奔，奄居右垒"。[2] 其在前秦时代进入高昌，这个时期也属于高昌郡时期。《杨保救墓志》称："君姓杨，字保救，渤海梨阳人也。避难河右，违逾玉关，卜宅瞻星，保居高昌也。"[3] 这里没有说明杨保救保居高昌的时间，但说明了避难这个原因。这些人都是移民的后代，有的在移居高昌之前还有过迁移。这些墓志文中，一方面对墓主的祖先避难西迁的事实直言不讳，另一方面也提供了他们移居高昌的相对时间。五凉，指的是前、后、南、北、西诸凉政权，时间是 301~439 年。至于"苻坚肆虐"直道出前凉被苻坚消灭的时间。根据吐鲁番出土的晋唐时期的墓砖资料进行的统计，高昌的汉族移民，以敦煌为顶点，在河西地区呈扇形分布。[4] 这些汉族移民，构成了高昌地方政权的汉族社会基础。

　　这里提及的移民资料，多属于前凉设立高昌郡以后，对于巩固

---

1　吐鲁番文馆所：《高昌墓砖拾遗》，载北京大学中国中古史研究中心编《敦煌吐鲁番文献研究论集》第三辑，第 597 页。侯灿、吴美琳：《吐鲁番出土砖志集注》，巴蜀书社，2004，第 618~620 页。

2　侯灿：《解放后新出吐鲁番墓志录》，载北京大学中国中古史研究中心编《敦煌吐鲁番文献研究论集》第五辑，第 609 页。侯灿、吴美琳：《吐鲁番出土砖志集注》，第 610~614 页。

3　侯灿：《解放后新出吐鲁番墓志录》，载北京大学中国中古史研究中心编《敦煌吐鲁番文献研究论集》第五辑，第 600 页。侯灿、吴美琳：《吐鲁番出土砖志集注》，第 539~540 页。

4　吐鲁番出土墓砖，包括墓志、墓表等，目前为止都已刊布，除上引侯灿先生和吐鲁番文馆所公布的以外，还有新中国成立前黄文弼先生发现和整理的《高昌砖集》，1952 年中国科学院刊行增订本，以及斯坦因和日本大谷探险队带走的若干。如今集大成者即是侯灿、吴美琳《吐鲁番出土砖志集注》。

高昌郡甚至后来高昌的建国都有重要意义。而高昌建立郡县制度的基础应该在此之前。王素先生论证这个问题，举证有二，一是高昌居民的土著化，二是戊己校尉的世袭、久任与土著化趋势。[1] 这是从高昌自身具备的建郡条件方面进行的论证。另外，从前凉的需要而言，改戊己校尉为高昌郡，也有强化控制的意图。不论从哪个角度看，戊己校尉这种组织显然不如郡更便于凉州的控制。总之，327年设立高昌郡，可以看作屯田组织地方化的实现，虽然在高昌这个过程来得很漫长。

此后控制凉州的政权，多继承了对高昌郡的统治。前凉之后，高昌郡的上一级政权分别是前秦、后凉、段氏北凉、西凉和沮渠氏北凉等。

高昌建国是高昌历史上的一件重大事件，它标志着高昌政治的空前发展。不过，关于高昌的开国，历史的记载和学者的看法却存在一些分歧。《北史·高昌传》记载：

> 太武时有阚爽者，自为高昌太守。太延中，遣散骑侍郎王恩生等使高昌，为蠕蠕所执。真君中，爽为沮渠无讳所袭，夺据之。无讳死，弟安周代立。和平元年，为蠕蠕所并。蠕蠕以阚伯周为高昌王，其称王自此始也。[2]

和平是北魏文成帝的年号。阚伯周在蠕蠕即柔然的支持下称高昌王。对此，因为《魏书》的《高昌传》缺失，全用《北史》的《高昌传》补入，所以观点一样。而《周书》、《元和郡县图志》、《通

---

1　王素：《高昌史稿（统治编）》第二章第三节"建郡前的高昌"，第97~104页。

2　《北史》卷九七，第3212~3213页。

典》和《资治通鉴》等，都采用了这个说法。高昌称王从 460 年开始，就成了传统的观点。从传世文献的记载中，我们可以清晰地了解到，柔然与北魏的斗争，在高昌称王这个历史事件中发挥了关键作用。某种意义上可以说，北魏与柔然的关系，就是汉匈关系的延续。作为丝绸之路上的弱小势力，高昌不得不在两大势力之间周旋，更希望因此获得意想不到的利益。

冯承钧先生在这个传统观点之后，又提出一个新的看法，他认为高昌国的历史应该从 442 年（北魏太平真君三年）沮渠无讳占据高昌开始算起。但是，这一观点没有深入论述，只是简单一说。他说："高昌之立国，始于沮渠无讳，无讳已称王，不自阚伯周始也。"[1] 侯灿先生同意这个观点。[2] 荣新江先生也属于这派。[3]

王素先生著作《高昌史稿（统治编）》则又回到传统观点，而且对其理由进行了申说。王素认为沮渠氏建国未以"高昌"为名，不能算作高昌王国。他说："该政权的实际领地，虽然仅限于高昌，但该政权的实际建号，无论根据文献资料，还是根据出土资料，都与高昌无关。"[4] 沮渠氏北凉残余势力立足高昌，他们自称凉或大凉，根据《宋书·大且渠蒙逊传》的记载，刘宋朝廷还于元嘉二十一年（444）册封沮渠安周为河西王。沮渠氏未曾以高昌为政权名号，确是基本事实。

1　前引冯承钧《高昌事辑》，第 60 页。

2　侯灿《晋至北朝前期高昌地区奉行年号探讨》一文，高昌国属于第三时段，称作"沮渠无讳高昌称王与麴嘉建立麴氏王朝"，而在另一篇《晋至北朝前期高昌奉行年号证补》一文所附年号一览表中也是把沮渠无讳的承平年号放在高昌国栏目之内。收入侯灿《高昌楼兰研究论集》，新疆人民出版社，1990，第 108、143 页。

3　荣新江：《吐鲁番的历史与文化》，载胡戟、李孝聪、荣新江《吐鲁番》，三秦出版社，1987。荣新江：《〈且渠安周碑〉与高昌大凉政权》，《燕京学报》新 5 期，北京大学出版社，1998，第 65~92 页。

4　王素：《高昌史稿（统治编）》第四章第四节，第 254~255 页。

历史当事人的观念当然是我们描述和研究历史的重要依据，但是，我们的研究也不可能仅仅根据当事人的观念。就沮渠氏占据高昌时期的高昌而言，究竟判断为一级地方组织"郡"合适呢，还是概括为"王国"更符合历史实际呢？如果依然概括为高昌郡，作为一级地方组织名称，其上必须具有更高一级的行政组织，或者是州，或者是国。如果是王国，则意味着相对独立，其上再无更高级的行政组织。显然，后者应该比前者更有说服力。因为沮渠氏统治的高昌，当然是相对独立的。反观王素先生的《统治编》，一方面把这个时期放入高昌郡的范围内讨论，另一方面又承认此时的高昌之地已经由过去的一郡五县变成三郡八县了。在另外的地方，《统治编》也说沮渠氏"第一次在吐鲁番地区建立了一个独立王国"。除了"北凉流亡政权"这种表述以外，《统治编》还使用"安周的高昌政权"概念，这似乎也不是高昌郡有资格享用的词。

《统治编》在这个问题上似乎是陷入了名实之间的矛盾。就名称而言，"高昌国"之称确实始于460年，所谓"高昌称王自此始"的传统说法也应是这个意思，因而不能说是错误的。就实际情况而言，高昌之地的政治建制确实已经不是郡而是王国了，虽然没有称"高昌王"而称"大凉王"。名实之间有了矛盾，理应去名就实。但这对于《统治编》而言也不容易，因为《统治编》在"高昌郡"一章之下安排的是"高昌国"章，如沮渠氏这种名为"大凉"实治高昌的情况确实无法安置。也许，只强调沮渠氏高昌建国的意义而不去纠缠"高昌国"的概念是个解决矛盾的办法。

沮渠氏统治高昌，使高昌完成了从郡到王国的过渡，高昌的历史从此开始了一个新的时期。高昌建国，首先具备了一个王国的体制。这个体制并非高昌固有，是沮渠氏从河西直接带来的。到承平八年（450），经过多年的战争之后，沮渠氏吞并车师，统一吐鲁番

盆地，使王国的体制有了进一步存在的空间，一郡变三郡，小王国
拥有了一定数量的地方机构。这个王国体制，表现在多个方面。以
官制而言，比照中原帝国之下的王国，官员设置一准于此。根据陈
仲安先生的考证，这样的王国官僚设置标准就是"置官限于丞郎以
下"。[1] 在高昌，这个王国体制，正是开始于沮渠氏大凉政权。在
皇帝制度之下的王国体制，其自身不具有完全合法性，所以必须依
赖某皇朝的册封。高昌诸王国，不管是其他民族政权所立，还是当
地百姓拥立，最后都会争取向中原某皇朝称臣纳贡以获得王国的册
封。即使他们在册封之外另搞一套，或者同时接受多方册封，接受
册封都是争取王国权力合法性的重要途径。在高昌，这当然也是开
始于沮渠氏时代。研究高昌政治制度，许多内容都是从沮渠氏统治
高昌时期开始的。麹氏高昌时期盛行的追赠制度，最早的实例也是
大凉时代的。

　　沮渠氏的北凉早在凉州时，就以支持、倡导佛教闻名。在沮
渠无讳抵抗北魏、经略高昌的战略中，是获得佛教僧人法进的支持
的。[2] 因为北凉的这支残余势力的到来，高昌佛教也随之进入一个新
时期。北凉势力的到达，从多个方面推动了高昌的佛教，如造寺立
碑、译经写经、开窟造塔等。[3] 而荣新江先生则证实，发现《且渠安
周碑》的 M 寺，正是凉州形制。[4] 从此，所谓高昌佛教与车师佛教
产生区别，通过比较而发现的各种高昌佛教特征得以成立，这就是：
第一，来自东方（而不是传统的来自西方）的佛教渊源；第二，汉

1　陈仲安：《麹氏高昌时期门下诸部考源》，唐长孺主编《敦煌吐鲁番文书初探》，第 7 页。

2　《高僧传》，中华书局，1992，第 447 页。

3　参见姚崇新《北凉王族与高昌佛教》，《新疆师范大学学报》1996 年第 1 期，第 68~77 页；荣
　　新江《〈且渠安周碑〉与高昌大凉政权》，《燕京学报》新 5 期，第 65~92 页。

4　荣新江：《〈且渠安周碑〉与高昌大凉政权》，《燕京学报》新 5 期，第 65~92 页。

文文本系统，而不是胡语系统；第三，大乘学而非小乘有部的学派特征等。[1] 这里所谓的高昌，当然包括后来的麴氏高昌等。

高昌建国，另一个重要基础也是沮渠氏带来的，这就是人口。北凉的残余势力在沮渠无讳和安周的统率下，无力对抗北魏，只好逃入西域，抢占高昌。而在他们离开河西走廊最后一个根据地敦煌的时候，似乎是带走了所有的敦煌人口。442 年，"夏，四月，沮渠无讳将万余家，弃敦煌西就沮渠安周。……其士卒经流沙渴死者太半"。[2] 虽然损失惨重，但是到达高昌的人口，对比原来这里的人口，仍然是众多的。根据《高僧传》记载的法进故事，高昌发生严重饥荒，与突然到来的这么多人口应该关系密切。但是，这却成了高昌建国的国民基础。来自敦煌的人口、高昌原本的人口，以及后来的车师人口，无疑就是高昌国民的主体，而其中多数应该属于来自敦煌的人口。[3]

土地、人口、制度，这三方面的情况，在沮渠氏大凉时期发生了最显著的变化，一个王国的建立，因此才有了基本的保证。至于柔然立阚伯周，称高昌王，不过完成了实至名归的过程而已。

442 年沮渠无讳占据高昌，次年改元承平。承平二年（444）无讳卒，经过内部的短期政治震荡，沮渠安周即位，仍用承平年号。承平十八年（460）柔然杀安周，立阚伯周之后，高昌的政治继续演进，《北史·高昌传》继续写道：

---

1　陈世良：《从车师佛教到高昌佛教》，敦煌吐鲁番学新疆研究资料中心编《吐鲁番学研究专辑》，1990，第 140~153 页。

2　《资治通鉴》卷一二四，第 3896 页。

3　参见本书的相关章节。通过对吐鲁番出土墓砖资料的研究，可以大体证实高昌国民的来源问题，而统计表明，确实以来自敦煌的数量为最多。

> 太和初，伯周死，子义成立。岁余，为从兄首归所杀，自
> 立为高昌王。五年，高车王阿至罗杀首归兄弟，以敦煌人张孟
> 明为王。后为国人所杀，立马儒为王，以巩顾礼、麴嘉为左右
> 长史。

阚伯周在位时间一共 17 年，他的儿子义成继位后不久就为从
兄首归所杀，此后阚首归一直统治到 488 年。阚氏政府一直奉行柔
然年号。阚氏在高昌统治一共有 28 年的时间。在柔然与高车的斗
争中，高车胜利，遂有高昌王的改换姓氏，这就是张孟明的张氏高
昌。张孟明执掌高昌，从 488 年到 496 年，遂发生内部叛乱，马儒
当上高昌王。马儒在位期间，积极谋求内迁，他的统治只有 5 年时
间，到 501 年高昌人杀马儒而立麴嘉。从此开始的麴氏高昌王朝，
一直到唐贞观十四年（640）唐太宗统一高昌为止，是高昌国历史
上时间最长也是最稳定的政权。

麴氏高昌的历史，因为考古资料，主要是吐鲁番出土文书和出
土墓砖资料的刊布和研究，学术界对这个王朝有了全新的了解。

## 二　高昌国的外事机构：主客曹

高昌建国，经历多个姓氏，至麴氏形势才稳定下来。史书记载
高昌，也以麴氏高昌最为突出。作为丝路王国，高昌国当然有各种
行政机构设置，我们这里尤其希望突出论述的是它的外事机构。

关于麴氏高昌中央行政部门，以《周书·高昌传》记载为详，
其文曰："官有令尹一人，比中夏相国……次有八长史，曰吏部、祠
部、库部、仓部、主客、礼部、民部、兵部等长史也……次有八司
马，长史之副也……"《周书》此载，为出土资料证实的是吏部、库

部、仓部、主客、民部和兵部。文献失载，而为出土资料所证实的还有祀部、屯田和都官三个部门。这样，到目前为止，我们可以确知麹氏高昌中央行政部门有九个，即吏部、库部、仓部、主客、民部、兵部、祀部、屯田和都官。

麹氏高昌这九个中央行政部门的名称应统一称作什么？《周书·高昌传》称以"长史"。长史是这些部门的长官，《周书》这种表述，是有来历。汉代尚书六曹演变成后来的尚书六部，而六部之下诸曹司，魏晋南北朝时期情况并不一致。以西晋为例，中央设三十五曹，而名称并不统一，或称曹，如运曹、化曹；或称部，如驾部、吏部，或不设名，如度支、三公等。如此不统一名称的同级行政组织，一般以长官职衔代称其部门，因为各部门长官职衔是一致的，如吏部郎中、度支郎中、仪曹郎中等。若概括时，则称"曹郎""诸曹郎"。《周书·高昌传》称高昌中央行政部门为"长史"，如当时中原称"郎中"。但有的学者发现麹氏高昌九个行政部门多数称部，认为高昌用"部"这个名称统一了诸部门的称号，所以直言高昌诸行政部门为"诸部"。[1]

从吐鲁番出土资料看，屯田、都官和主客三个部门并未以"部"为名。不仅如此，这三个部门在中原都曾设立过，也多是如此名称。更重要的是，高昌当时人的名称表述才应该是我们今天表述的根据。对此，出土资料中的麹朝官文书并没有给出太多信息，只有同时期的两方墓表，为我们提供了有力的线索和证据。高昌延和十二年（613）《张顺墓表》："……新除侍郎转殿中将军迁陵江将军故张顺……追赠民部、库部、祀部三曹郎中，以彰显号。"[2] 高昌

---

[1]　陈仲安先生即认为高昌已经用"部"统一了中央诸部门。王素先生也直称"诸部"。

[2]　《张顺墓表》，见侯灿《解放后新出吐鲁番墓志录》第44。载北京大学中国中古史研究中心编《敦煌吐鲁番文献研究论集》第五辑，以下简称《墓志录》。

重光元年（620）《张阿质儿墓表》："……新除侍郎迁殿中将军转林令，追赠平汉将军，仓部、库部、主客三曹郎中，敦煌张氏阿质儿之墓表。"[1] 两方当时人写成的墓表文字，不称民部、库部和祀部为"三部"而是"三曹"；不称仓部、库部和主客为"三部"而是"三曹"。可见，在高昌时期，高昌人是称这些中央行政部门为"曹"的。我们认为，在麴朝中央行政部门的名称表述上，还是应当遵从当时人的表述方法，所以本章在统称麴朝中央行政部门时，统称为"诸曹"。

诸曹长官副长官，依《周书·高昌传》的记载应为长史和司马。出土资料证实了传世文献失载的诸曹郎中的存在。从墓表等资料显示的情况看，诸曹郎中比诸曹长史级别要高。[2] 但是，诸曹郎中确实参与政务管理的证据至今没有发现，所以有学者认为诸曹郎中只是一种荣誉官衔。[3] 还有一种诸曹长官是以使职方式存在的，出土资料中常表现为"某某将军领（或兼）某部事"的形式。目前，未见郎中、长史和领（兼）某部事同时担任一曹长官的资料，所以可以认定麴氏高昌的诸曹长官有三种表达方式。长官之下，副长官为司马。其下是参军、主簿和吏。这就是麴氏高昌中央诸曹的官员构成。

麴氏高昌的中央诸曹，就其各曹名称来源以及诸曹郎中官衔的存在来看，只相当于中原王朝尚书省六部之下的诸曹司。但高昌并不存在六部和尚书省二级组织，只有一个高级长官"绾曹郎中"统

---

1　《张阿质儿墓表》，见侯灿《解放后新出吐鲁番墓志录》第51。图版参见穆舜英、王炳华主编《隋唐五代墓志汇编·新疆卷》第108号，天津古籍出版社，1991。以下简称《新疆卷》。

2　见侯灿《麴氏高昌王国官制研究》，《文史》第22辑，中华书局，1984。

3　见王素《麴氏高昌中央行政体制考论》，《文物》1989年第11期，第39~52页。

管诸曹，[1] 所以高昌诸曹在政府组织中的实际地位更与中原的六部相当。另外，中原自汉魏以后，尚书省的发展，使六部与汉代的九卿之制渐有分工，至隋唐六部负责政令，寺监组织负责政务，而高昌似不存在寺监之类的机构，其职可能由诸曹统管，这一点我们从吐鲁番出土的高昌官文书内容事无巨细的特点上可以得到证实。由此我们更应重视高昌诸曹的职掌。

主客是麴氏高昌的一个重要部门，主管外事。若溯源头，至晚可以从汉成帝五尚书之一的主客曹开始，当时的职掌是主外国夷狄事。东汉光武帝时，客曹主护驾羌胡朝贺事。曹魏二十五曹郎，有南主客。西晋增设主客曹，分为左、右、南、北四主客曹郎。南北朝主客曹郎，虽有再分工的变化，但职掌不出汉代主外国夷狄事之范围。陈仲安先生考察高昌诸曹的来源，认为"高昌中枢官制，远承汉魏晋，近继诸凉，而实际脱胎于高昌郡之地方行政组织"。[2] 这个结论是正确的，但对于主客部而言，则一定不是来自传统的地方机构。[3] 所谓诸凉政权，属于王国体制，拥有外交部门是正常的，高昌国主客曹来源的最大可能正在于此。一个位于边疆的地方政权，难免与外国外族往来，设立这种专门机构是理所当然的。麴氏高昌国当丝绸之路要冲，设立专理外国往来的主客曹，更是必须的。

吐鲁番出土文书中，主客曹签署的文件不多，仅得一件，即1967年出土于阿斯塔那78号墓的《高昌延寿十一年（634）主客残

---

1　关于绾曹郎中，侯灿先生、王素先生都有研究。我们也有一些看法，因不属本章范围，暂略。

2　陈仲安：《麴氏高昌时期门下诸部考源》，唐长孺主编《敦煌吐鲁番文书初探》，第 26~27 页。

3　黎虎先生《汉唐外交制度史》（兰州大学出版社，1998），中编为"魏晋南北朝外交制度"，也有"地方行政机构的外交职能"节目的设定，但未见地方有专门的外交机构。外交是国与国之间的问题，本质上只有国家的中央机构才有资格设置专门之司，地方通常只有传递信息、物资、人员的功能，绝非外交职能，自然更不能有专司机构。

奏》，内容如下：

| 1 | □□□□左亲侍散望　臣高　　□ |
|---|---|
| 2 | 威　远　将　军　鞠　　　□ |
| 3 | 客　曹　参　军　臣阴　焕子 |
| 4 | 客　曹　主　簿　臣□　　□ |
| 5 | □寿十一年甲午岁十一月廿五日　□　□　　□ |
| 6 | 虎牙将军中兵校郎领主客事高　　□ |
| 7 | 主　客　参　军　孟　　　□ |
| 8 | 主　客　主　簿　□　　□[1] |

　　这件残奏文书中，时间之下的签署者即为主客曹的官员，而"虎牙将军中兵校郎领主客事高"的签署方式，证明这位高某是此时主客曹的领导，没有长史或者司马的头衔，说明是一种使职化的领任方式，这在麴氏高昌也是常见的。本件文书研讨的不多，其中签署在时间之上的官职很少见。原本在这个位置上签署的官员，都属于门下机构，负责传达王令，现在却出现了"客曹参军"和"客曹主簿"。此客曹，自然与主客曹不是一回事，出现在同一份文件上的不同位置就应该说明二者的不同，但是既然已经存在一个主客曹，这里怎么又出现了词义如此相近的"客曹"呢？或许这是麴文泰延寿改制的一部分，设立客曹发挥类似门下机构的某些功能，具体情况不能确定。[2]

---

1　唐长孺主编《吐鲁番出土文书》贰，第 39 页。整理者注释为"本件第五、六行上有朱文印半方，残存'奉信'二字"。

2　关于延寿改制，参见孟宪实、姚崇新《从"义和政变"到"延寿改制"——麴氏高昌晚期政治史探微》，《敦煌吐鲁番研究》第二卷，北京大学出版社，1997，第 163~188 页。

　　主客部作为一个独立的行政机关，它的职掌自然是相对稳定
的。在吐鲁番出土文书中，以往我们见到比较多的资料是供使文
书，从使者的称呼中，多可明了使者来自何方，而对使者的接待、
保护、迎送等，都可以看作主客部的正常工作。

## 三　出土文书提供的资料

　　吐鲁番出土的高昌官文书中，有一批客馆文书，最多的是供食
账。供食账由于记录了客人的名字，所以从中可以考察出高昌对外
的往来情况。姜伯勤先生就是利用这批文书勾画出高昌与其他族群
的交通以及丝绸之路当时状况的。[1]

　　这里列举部分文书资料，可以看到高昌对外的联系的情况。当
然，这里的资料不仅涉及麴氏高昌的，也有阚氏高昌时期的。作为
高昌国系列的一部分，这些资料具有彼此印证的意义。

　　《高昌主簿张绾等传供帐》，这件文书出自哈拉和卓 90 号墓，
同墓出土了永康十七年（482）文书，这属于柔然年号，而阚氏高
昌为柔然所立，所以奉行柔然正朔。根据残留下来的文书内容，得
知每一事项的书写结构，首先是时间、月份日期、价钱多少、经办
人、办什么事或给什么人。等价物主要是织物，如绁布、毯子等，
而接受人则出现了胡人名字。可见，这是高昌在尽地主之谊，招待
远方的客人。

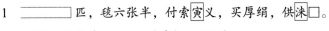

　　　　1　□□□□匹，毯六张半，付索寅义，买厚绢，供渌□。
　　　　2　□□□□半斤，付双（爱），供□渌。

1　参见姜伯勤《敦煌吐鲁番文书与丝绸之路》。

3　□□□出行绁卅匹，主簿张绾传令，与道人昙训。

4　□□□出行绁五匹，付左首兴，与若愍提勲。

5　□□□出赤违一枚，付（爱）宗，与乌胡慎。

6　□□□□阿钱条用毯六张，买沾缋。

7　□□□匹，付得钱，与吴儿折胡真。

8　□□□□赤违一枚，付得钱，与作都施摩何勃

9　□□绁一匹，赤违一枚，与秃地提勲无根。

10　□□月廿五日，出绁二匹，付□富买宾（肉）供□□。

11　□□出毯一张□□□

12　□□出行绁□□□

13　□□□行绁□□□

14　□□行绁三匹，赤违三枚，付隗已隆，与阿祝至火下。

15　□□□张绾传令，出疏勒锦一张，与处论无根。

16　□□□□□□摩何□□

17　□□绁一匹，毯五张，赤违□枚，各付已隆，供鍮头□□□[1]

也是永康年间，在新发现的吐鲁番文献中，出现了一件更有价值的文书。这就是阚氏高昌的送使文书《阚氏高昌永康九年、十年送使出人、出马条记文书》。从永康九年十月到永康十年七月，来自各地的使者经过高昌，高昌要供应马匹运送或者提供给使者们使用，各郡县等地方机构接受任务，出马出人，完成相应任务。这些

---

1　唐长孺主编《吐鲁番出土文书》壹，第122~123页。

使者，有的是前往北方，如"鄢耆王"前往"北山"，有的是南向，如"乌苌使向鄢耆"。文书很重要，内容如下：

1　九年十月八日送处罗干无根，高宁九十人、摩诃演十人；出马

2　　　一匹。

3　九年十月廿日送郑阿卯，高宁八十五人、白芳卅六人、万度廿六人、

4　　　其养十五人；出马一匹。

5　九年十二月二日送乌苌使向鄢耆，百一十八人；出马一匹。高宁

6　　　八十五人、万度廿六人、干养七人。

7　十年闰月五日送鄢耆王北山，高宁八十四人、横截卅六人、白

8　　　芳卅六人、万度廿六人、其养十五人、威神二人、柳婆

9　　　卅七人，合二百五十六人；出马一匹。

10　十年三月十四日，送婆罗门使向鄢耆，高宁八十四人、

11　　　横截卅六人、白芳卅六人、田地十六人，合百八十二人；[出马]一匹。

12　十年三月八日送吴客并子合使北山，高宁八十三人、白芳

13　　　廿五人，合百八人；出马一匹。

14　九年七月廿三日送若久向鄢耆，高宁六十八人、横截卅人、

15　　　　白芳卅二人、威神□□、万度廿三人、干养十四

人、柳

16　　　　婆卅人、阿虎十二人、磨诃演十六人、喙进

十八人、

17　　　　高昌七人。

18　九年六月十二日送婆罗干北山，高宁六十八人、威神

五人、

19　　　　万度廿三人、其养十二人、柳婆卅人、阿虎

十五人、

20　　　　磨诃演十三人、喙进十人、横截卅人；出马一

匹。[1]

　　这件文书的内容是派役，高昌各地的人力畜力为往来使者提供服务。文书的信息十分丰富，丝绸之路上使者往来的频繁程度超过我们的一般想象。虽然不是所有使者信息都完备，但在有限的人名和国家名字中，我们可以看到很多熟悉的历史概念。许多高昌的客人，是经过高昌前往北山的，所谓北山当是柔然的地域。处罗干无根，不知道属于什么系统。"乌苌使"，不用说是来自乌苌国的使者。这里出现了要前往北山的"鄢耆王"，作为高昌的邻居，显然也与柔然有密切联系。"婆罗门使向鄢耆"，这是来自印度的使者，既然是向焉耆进发，应该是完成了使命，开始返程。其中还有"吴客"，可能来自南部中国。"子合使"，子合国的使者，而子合也是丝路常见国名。这么多使者，赫然出现在一张出土文书之中，丝绸之路的场景，自然而然地展现出来。对于这件文书，荣新江先生从

---

[1]　荣新江、李肖、孟宪实主编《新获吐鲁番出土文献》，第162~163页。

中西交通史的视角给予了周密的研究。这份难得的资料，是当时丝绸之路的一幅生动缩略图。[1]

客馆的具体情形并不清晰，客人们是否集中居住，完全没有答案。有一种可能是客人们分开居住。即使客馆是一个固定的所在，是统一居住，从供食账上我们还可以看到，供食也是直接给客人提供食粮，这似乎表明，高昌提供的并不是熟食，或许是客人们自己动手做饭。客人自然有不同，级别不同者供食待遇似有不同，比如供肉，并不是所有客人都可享用的。主客职掌，不过是代表政府迎来送往，并对居住高昌的客人按规定进行供应和照顾。

这方面的吐鲁番文书主要有《高昌延寿十四年兵部差人看馆客使文书》，提供了很重要的接待客人的资料。根据整理者说明，文书经过复原，有官员签署和印文"奏闻奉信"，说明是经过高昌王阅览的文件。高昌的军人，两人一组，被兵部安排看护"客馆"，证明高昌国有客馆设施。客馆，顾名思义，自然是安排客人居住之所。看护时间是五日，可以理解为五日一班。他们并不是看护客馆本身，而是具体到某个客人，似乎是人盯人的保护。文书具体内容如下：

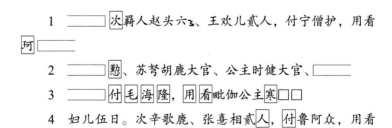

1　　　　　　次羁人赵头六、王欢儿贰人，付宁僧护，用看
珂

2　　　　　　勲、苏弩胡鹿大官、公主时健大官、

3　　　　　　付毛海隆，用看毗伽公主寒

4　　妇儿伍日。次辛歌鹿、张惠相贰人，付鲁阿众，用看

1　参见荣新江《阚氏高昌王国与柔然、西域的关系》，原载《历史研究》2007 年第 2 期，收入荣新江《丝绸之路与东西文化交流》，北京大学出版社，2015，第 42~58 页。

摩奋提

　5　勲妇儿、阿赖　　妇儿、阿□□□□□伍日。次□□□

　6　郑海儿贰人，付参军海相，用看客馆伍日。次良朱识，付畦

　7　亥生，用看汉客张小憙。次氾胜欢，付曹破延，用□□

　8　真朱人贪旱大官好延祐膡振摩珂赖使金穆乌

　9　纥大官伍日。次小张海住，付康善财，用看坞耆来射卑

　10　妇儿伍日。令狐资弥胡，付王善祐子，用看尸不还被旱大官

　11　伍日。次廿日，康阿父师、白埚子贰人，付宁僧护，用看珂寒蜀

　12　━━━━━━━━━━弩胡鹿大官、公主时健大官□□

　13　━━━━━━━━━付毛海隆，用看毗伽公主寒提勲

　14　━━━━━━━━━令康贰人，付鲁阿众，用看摩奋提勲妇儿，

　15　━━━━━━━━━━━━阿父师贰人，付参

　16　━━━━━━━伍日。彤海住，付畦亥生，用看汉客张小憙

　17　━━━━━━━━看真朱人贪旱大官、好延祐

18 ＿＿＿＿＿＿＿＿＿＿＿伍日。次左祀欢，付王善祐子，
用□□

19 ＿＿＿早大官、摩奋大官伍日。次王举子，付张延
憧，□

20 ＿＿＿＿＿＿＿＿＿使屈　浮鍬使伍日。次氾德
悦，付

21 ＿＿＿看坞耆来射卑妇儿伍日。次吕隆伯，付

22 ＿＿＿＿＿＿＿＿＿吕阿识、朱青举贰

23 ＿＿＿＿＿＿寒萻公主　跋提懃、苏弩胡鹿
大官、

24 ＿＿＿日。次吕□得、曹欢儿贰人，付毛海隆，用看
毗伽公

25 ＿＿＿＿＿＿次冯德奴、王拙儿贰人，付
鲁阿众，用看＿＿＿

26 ＿＿＿＿＿＿＿＿妇儿、阿＿＿＿

27 ＿＿＿＿＿＿＿用看客馆□日。次刀
海叙

28 ＿＿＿看汉＿＿次王胡子，□王善祐子，

29 ＿＿懃使＿＿次张苟子、□□洛贰人，□

30 曹破延，用看符离拙使肥沃大官、宁受□符离拙

31 阿利摩珂大官、真朱人贪早大官、好延胡腊振

32 摩珂赖使金穆乌纴大官伍日。次范石儿，付辛

33 伯尔，用看居侮拙使伍日。次赵小儿，付康善财，
用看

34 坞耆来射卑妇儿伍日。侍郎麴延陀、侍讲辛武护

35　　贰人传。

36　　延寿十四年酉岁七月卅日

37　　　　　威远将军兼 兵 部 事鞠　　　　　　文□

38　　　　　　　　　　　　　　　　　武 恭 □ [1]

　　这是阿斯塔那 171 号墓出土的文书，因为有明确的兵部负责人签署，属于兵部文书没有问题。延寿十四年是 637 年，即唐贞观十一年，再过三年，唐朝就统一了高昌。这件文书，让我们理解高昌接待客人的另外一个侧面，从中可了解接待客人的制度安排。从客人名单中，可以看到主要是突厥系统的官员。此时正是高昌与西突厥的统叶护关系密切之时，而唐朝对于高昌的行为很不满，唐太宗这时正在努力避免发生战争，派往高昌的使者不断从长安出发。在这个名单中，有"汉客张小憙"，不知道是否就是唐朝的使者。

　　一件出土文书《高昌竺佛图等传供食帐》，因为同墓出土延寿九年（632）文书，可知是麹氏高昌晚期的。传供食账，在吐鲁番文书中多见，是高昌招待外来客人的一种文书，提供了重要的丝绸之路资料。这件文书的第 5 行，内容是"□僧传，面三斗六升，床米三升，供乌浑摩河先使（使）河干，上二人，中一人，尽十日，合 用"。[2]传，即传令，传达高昌王的命令。根据国王的命令，提供米面若干，谁来食用呢？是乌浑摩河先使河干，一共三人，其中"上二人，中一人"。三人待遇不同，上、中、下应该表示待遇的差别，而这种差别一定来自各自身份的不同，身份不同待遇自然有差别。从同墓出土的文书看，待遇至少分为上、中、下三等。有

1　唐长孺主编《吐鲁番出土文书》贰，第 76~78 页。

2　唐长孺主编《吐鲁番出土文书》壹，第 413 页。

时，几十人同时到达，而在高昌会滞留几十天，都要高昌提供食宿待遇。

这应该是丝绸之路上的通例，而吐鲁番出土文书提供了具体详细的资料。

## 四　高昌翻译举例

在接待外国使者往返的过程中，需要辨别使者身份，交换或者接受具有国书意义的文件，文字和口头翻译是必须的，相关工作的需要是可想而知的。此前学界的研究是注意到主客部这样的高昌行政部门，对于它的职能也多有涉及，但是很少涉及翻译问题，现在看来，有外事工作就一定有翻译。

1."龟兹"译作"丘慈"

古代龟兹国，《汉书·西域传》就是如此书写作"龟兹"，不作他译。《汉书》卷二八下《地理志》上郡条目之下有龟兹，对此应劭的注释为"音丘慈"。而师古的注释是"龟兹国人来降附者，处之于此，故以名云"。不管是作为国名还是古地名，这个最初一定来自音译的汉字，长期以来几乎是确定不移的。

那么，"龟兹"这个词到底是谁为它注音的呢?《汉书》卷七〇《傅常郑甘陈段传》的傅介子传中谈龟兹，而注释为"服虔曰：龟兹音丘慈"。一说是应劭，一说是服虔。服虔与应劭都是东汉人，但应劭略晚于服虔。所以用"丘慈"为"龟兹"注音，最早的应该是服虔，后来被应劭的《集解汉书音义》吸纳，所以后来人们经常引用的是《汉书音义》，如《后汉书·西域传》等。但《后汉书》卷四七《班梁列传》中有如此注释："龟兹国居居延城，去长安七千四百八十里，南与精绝，东与且末，北与乌孙，西与姑墨接。

前书音义龟兹音丘慈。今龟音丘勿反，兹音沮惟反，盖急言耳。自车师前王庭随北山波河西行，至疏勒，为北道。疏勒国居疏勒城，去长安九千三百五十里也。"这样看上去，似乎用"丘慈"为"龟兹"注音也不是完全准确的，所谓"急言"就是指快读而出现的声音。

总之，古代西域三十六国之一的"龟兹"，汉字的翻译长期不变，可以看作中原翻译的权威版本。但是，在吐鲁番出土文书中，我们看到了另外一种龟兹的汉字翻译，即直接用原来注音的"丘慈"二字而不用"龟兹"。

《北凉承平八年（450？）翟绍远买婢契》

1　承平八年岁次己丑九月廿二日，翟绍远从石阿奴

2　买婢壹人，字绍女，年廿五，交与丘慈锦三张半，

3　贾（价）则毕，人即付。若后有何（呵）盗仞（认）名，仰本

4　主了，不了，部（倍）还贾（价）。二主先和后券，钱成

5　之后，各不得返悔，钱者罚丘慈锦七张，入不

6　悔者。民有私要，钱行二主，各自署名为信。

7　券唯一支，在绍远边。　倩书道护。[1]

这是一件用丘慈锦购买奴隶的契约文献，契约中两次提到丘慈锦，所用汉字是"丘慈"而不是"龟兹"。

在吐鲁番出土文书中，有人名用"丘慈"的，所见两例，一是高昌时期，发现一人名"匡丘慈"，是在一件《高昌将阿伯等所领

--------

1　唐长孺主编《吐鲁番出土文书》壹，第92~93页。

人名籍》中。[1] 另一件是《武周载初元年（690）西州高昌县宁和才等户手实》，其中在王隆海的手实中，他的一段土地在王丘慈之北，所以文书中有"南王丘慈"字样。[2] 用丘慈作人名，我们几乎无从说起，但是考虑"丘慈锦"的存在，我们就可以得出结论，认为高昌人在书写丘慈的时候，习惯用此"丘慈"而不是彼"龟兹"。唐朝时的西州继续有人用丘慈命名，可以看作高昌习惯的延续。

玄奘西行途经龟兹，他把龟兹写作"屈支"，并说："旧云龟兹，讹也。"[3] 而玄奘所著《大唐西域记》，也同样记作"屈支国"。[4] 季羡林先生主编的《大唐西域记校注》对"屈支国"的注释是："即今我国新疆维吾尔自治区阿克苏专区库车县。现代维吾尔语称 Kuca(r)，我国古代称龟兹或丘兹或丘慈、屈茨等，均为古代龟兹语 Kutsi 的不同译法。"[5]

龟字读音 qiu，只有在龟兹这个西域地名的时候如此，作为翻译用词，"龟兹"为什么要使用这个"龟"字，真是匪夷所思。从读音上看，"龟兹"显然不如"丘慈"更合适，但是为什么长期以来"龟兹"却始终维持中原翻译的正统地位不变呢？仓促思考，不得正解。[6]

### 2. "可汗"译作"珂寒"

高昌作为丝绸之路上的必经之地，与各个政治实体之间的往

---

1　唐长孺主编《吐鲁番出土文书》壹，第350页。

2　唐长孺主编《吐鲁番出土文书》叁，第499页。

3　《大慈恩寺三藏法师传》，第25页。

4　季羡林主编《大唐西域记校注》卷一，中华书局，1985，第54页。

5　季羡林主编《大唐西域记校注》卷一，第55页。

6　哈拉和卓90号墓出土的一件《高昌主簿张绾等传供帐》文书，提及"疏勒锦"，而疏勒一词就使用了传统的汉字，可见高昌对于西域地名的翻译并非都有自己的一套规则。见《吐鲁番出土文书》壹，第123页。李建强先生为笔者解释，在上古音中，丘、龟读音相近，龟属于上古见母之部，丘属于上古溪母之部。这是可以参考的一种解释。

来是很正常的，事实上也是很频繁的。一件新发现的《阚氏高昌永康九年、十年送使出人、出马条记文书》，记载永康九年、十年（475）间部分途经阚氏高昌往来西域各地的使者，从头一年的六月到第二年的三月，就有八起这类活动，这件"送使文书出自高昌，再次向人们展示它在东西南北各国交往中的咽喉作用"。[1]

高昌从 442 年起，由北凉的残余势力控制，他们占据吐鲁番盆地，仍然自称大凉王国。而此时的北方，柔然与北魏的斗争持续已久，于是形成了以柔然和北魏为中心的两大阵营。北凉是被北魏消灭的，所以高昌很自然地与柔然结盟，而高昌一地也长期受到柔然的政治影响。然而，此时的北方草原势力，包括鲜卑人在内，他们的政治最高首脑通常都叫作"可汗"，后来的突厥人也是如此。"可汗"二字显然是中原的翻译用语。

但是，在高昌我们看到，翻译可汗使用的汉字是"珂寒"。高昌有一寺院就叫"珂寒寺"，根据文书的情况分析，应该是高昌王国系统的寺院，因为文书属于政府，名《高昌曹石子等传供食帐》。属于政府负责供应的寺院，文书写作："次传：三斗，供珂寒寺中。"[2] 本墓是阿斯塔那 517 号墓，出土两方墓志和两件随葬衣物疏，分别属于高昌延昌三十一年（591）和三十七年（597），可知传供食账在此之前。

同墓出土的《高昌都子等传供食帐》，提到"迎贪旱珂寒使"。[3] 而另一件同墓文书《高昌元礼等传供食帐》也提到某"珂寒使"。[4]

---

1　荣新江、李肖、孟宪实主编《新获吐鲁番出土文献》，第 162~163 页。参见荣新江《阚氏高昌王国与柔然、西域的关系》，载《历史研究》2007 年第 2 期，第 4~14 页。

2　唐长孺主编《吐鲁番出土文书》壹，第 263 页。

3　唐长孺主编《吐鲁番出土文书》壹，第 263 页。

4　唐长孺主编《吐鲁番出土文书》壹，第 264 页。

阿斯塔那307号墓出土的文书，有一件《高昌竺佛图等传供食帐》提到供应某"珂寒使口知举贪旱"，以及"南相（厢）珂寒""阿博珂寒使"。[1] 从后文得知，其实口知举贪旱就是南厢珂寒的使者。[2] 不过，在继续检索这些出土的供食账后，又发现出现一个叫作"贪旱珂寒"的人。[3]

阿斯塔那517号墓和307号墓，属于麴氏高昌时期。前者文书，在延昌三十七年（597）之前，而后者文书，因为同墓出土有延寿九年（632）文书，所以应该晚于前者。但是，这些属于不同时期的麴氏高昌文书，在书写可汗之时，都整齐划一地写作"珂寒"，可以证明高昌政府至少在这个概念的翻译上，是使用统一用语的。

麴氏高昌的翻译，是否有其来源呢？一时尚不能确定。但是，同组文书中，比如307号墓中的传供食账，提到"贪旱提懃使"，[4] 还有"提懃珂都虔"。[5] 同是吐鲁番出土文书，哈拉和卓90号墓也出土过《高昌主簿张绾等传供帐》，其中提到"若慜提懃"和"秃地提懃无根"。[6] 哈拉和卓90号墓，属于阚氏高昌时期，使用柔然的永康年号，[7] 而阚氏高昌的存在时间为460~488年。至少在"提懃"一词的使用上，从阚氏高昌到麴氏高昌是没有变化的。这里的提懃，应该就是北魏的"直勤"，而突厥则为"特勤"。据说，陈寅恪先生就

————————

1　唐长孺主编《吐鲁番出土文书》壹，第413、414页。

2　《高昌虎牙都子等传供食帐》，见《吐鲁番出土文书》壹，第414页。

3　唐长孺主编《吐鲁番出土文书》壹，第417、418页。

4　唐长孺主编《吐鲁番出土文书》壹，第414页。

5　唐长孺主编《吐鲁番出土文书》壹，第415页。

6　唐长孺主编《吐鲁番出土文书》壹，第122页。

7　参见吐鲁番文书整理小组的说明，见唐长孺主编《吐鲁番出土文书》壹，第116页。

如此认为。[1] 町田隆吉先生也有这方面的论证。[2] 高昌的"提懃"，其实是可以为这个问题的研究提供一些参考的。[3]

把可汗译作"珂寒"，麴氏高昌的这个译法是否从阚氏高昌时期就已经如此，我们不得而知，暂时没有资料说明。上文所言"特懃"的例证，只能提供一种怀疑，怀疑从阚氏到麴氏，在高昌地方存在一个一以贯之的翻译传统。

北方草原政治首领称谓"可汗"，社仑是柔然第一代可汗，他在不断的征服中发展，势力越来越大，"于是自号丘豆伐可汗。'丘豆伐'犹魏言驾驭开张也，'可汗'犹魏言皇帝也"。[4]《通典》记载到社仑自号"丘豆伐可汗"的时候，自注为"可汗之号始于此"，接下去的正文为"'丘豆伐'犹言驾驭开张也，可汗犹言皇帝也"。[5] 那么，杜佑的这个记载，究竟应该理解为柔然的可汗之始呢，还是应该理解为社仑是第一个使用可汗称号的人呢？大约理解为柔然的可汗称号由此开始之意更恰当。《通鉴》在记述社仑兴起的时候，也注意到他的自称可汗，但没有把"可汗"这种称号作为社仑发明的意思。可是，到胡三省注《资治通鉴》的时候，却说："杜佑曰：可汗之号起于柔然社仑，犹言皇帝也。而拓跋氏之先，《通鉴》皆书可汗，又在社仑之前。"[6] 可见，把社仑理解为可汗称号的发明者，是来自胡三省，而这个理解是来自对杜佑《通典》自注的误解。

---

1　万绳楠整理《陈寅恪魏晋南北朝史讲演录》，黄山书社，1987，第258页。

2　町田隆吉「北魏太平真君四年拓跋燾石刻祝文をめぐって——『可寒』、『可敦』の称号を中心として」『アジア諸民族における社会と文化——岡本敬二先生退官紀念論集』、東京国書刊行会、1984、第88~114頁。

3　罗新：《北魏直勤考》，原载《历史研究》2004年第5期，收入《中古北族名号研究》，北京大学出版社，2009，第80~107页。文中没有涉及吐鲁番文书中的"特懃"。

4　《魏书》卷一〇三《蠕蠕传》，中华书局，2017，第2489页。

5　《通典》卷一九六《边防十二》，第5378页。

6　《资治通鉴》卷一一二胡注，第3534页。

柔然最初接受拓跋氏北魏的统治。柔然的可汗称号，肯定是来自对鲜卑人的模仿，因为社仑是柔然的第六代领袖，而柔然的第一代领袖就是鲜卑主力微的奴隶。罗新先生研究鲜卑早期资料，证明《通鉴》记载的正确性，鲜卑的早期人主确实称作可汗，并引《旧唐书》卷二九《音乐志二》的资料，"北虏之俗，皆呼主为可汗"。[1]罗新先生的结论是，可汗一词，从语源上看可能并非阿尔泰语系原生词语，但至少在鲜卑语中早已存在，可汗并非始见于柔然。[2]

这里以"可汗"为例讨论翻译问题，关心的是"可汗"这一称号的汉译，并不关心"可汗"一词产生的根源。著名的北魏嘎仙洞石壁祝文，称其先祖为"皇祖先可寒"，[3]使用的汉字不是"可汗"。但最后，我们看到还是"可汗"二字的行用成为主流。很可能在北朝，如何翻译"可汗"是有过一个变化过程的。

同是"可汗"一词，在《宋书》卷九六记载鲜卑吐谷浑时，称吐谷浑最初的首领为"可寒"。[4]但《魏书》里记录吐谷浑则依然使用"可汗"二字。现在我们又看到高昌使用的是"珂寒"。

根据《魏书》记载，北魏太武帝拓跋焘的太延元年七月，"粟特国遣使朝献"，[5]这是435年的事。自此以后，粟特朝贡多见于史书记录。《北史》也有"粟特国"的记载，如《魏本纪第二》，太延四年记载"是岁，鄯善、龟兹、疏勒、焉耆、高丽、粟特……等国并遣使朝贡"。[6]对于"粟特"一词的使用，沿袭未改，或者是遵从北朝

---

1　《旧唐书》，第 1072 页。

2　罗新:《可汗号之性质》，原载《中国社会科学》2005 年第 2 期，收入《中古北族名号研究》，第 1~26 页。

3　米文平:《鲜卑石室寻访记》，山东画报出版社，1997，第 55 页。

4　《宋书》卷九六，中华书局，2018，第 2602 页。

5　《魏书》卷四上《世祖纪》，第 100 页。

6　《北史》卷二，第 54 页。

的缘故。但是南朝《宋书·文帝纪》的记载，元嘉十八年（441），在朝贡国的记录中有"肃特国"。[1]而《南史》的《宋本纪第二》，在同一时间也用"肃特"二字。[2]关于粟特的记载，南朝北朝使用不同的汉字进行翻译，差异是很明显的。

在前引的高昌文书中，有"大官"之词，用以表达北方民族的重要人物。在中原的翻译中，使用的是"达官"。明显是音译，但中原的翻译避免与汉语的"大官"一词相混淆，而高昌的翻译并不在意。凡此之类，都证明高昌的翻译确有特殊之处，提供了中国翻译史的宝贵资料。

在中原分裂的时代，因为出现多个政治中心，而每个中心都有对外交往，翻译于是成为任何政权的必需工作。南朝北朝有不同的翻译选择，甚至可以认为有两个翻译系统，这也并不难理解。再加上高昌的证据，那么同一时期的翻译，因为政治分立的原因，导致了翻译上的不一致，成为一个时代特有的文化现象。这里只是举例说明这一问题的存在，更多更具体的情况，还需要更多的研究。

虽然如此，凡此类资料，无不显示高昌作为一个丝路王国，处处表现出丝路特征。不管是专门的外事机构，还是接待丝路的往来人员，包括专门词汇的翻译，都是适应丝路环境的举措，其中不乏长期执行的制度设计。

---

1　《宋书》卷五《文帝本纪》，第 95 页。唐长孺《南北朝期间西域与南朝的陆道交通》一文使用这条史料，认为"肃特"即"粟特"。收入《魏晋南北朝史论拾遗》，中华书局，1983，第 168~195 页。

2　《南史》卷二，中华书局，1975，第 47 页。

# 第二章　安西四镇与丝绸之路

　　汉唐是中国古代盛世，从总体形势到具体制度，唐朝对汉朝的继承明显，发展清晰。就西域而言，唐朝继承了西汉的"西域都护"，直接称作"安西都护府"，西域军政体制在汉朝基础上又加以发展。盛世之间的制度继承，在新的历史进程中，发挥了重要作用。唐人常常自称为汉，以汉朝的历史继承人自居，这是一种历史自觉。研究中国的历史发展规律，孔子曾使用"损益"概念，这对于理解汉唐之间的西域军政体制变迁，也是适合的。

# 一　安西四镇

西汉以西域都护的设立为标志，"汉之号令班西域矣，始自张骞而成于郑吉"，历史过程史载昭然。在都护设立之前，有护南道、北道的使者，担当各自的使命。从物质上供应使者往来，保护使者的安全，已然是其基本职能。都护兼护南北两道，对于丝路各国，"可安辑，安辑之；可击，击之"。都护府在维护丝路平安、保护沿线文化交流方面，发挥了重要作用。

汉代西域都护的建立，不仅对于汉代经营西域、维护丝绸之路发挥了基本的保护、管理功能，也为后代的西域管理提供了成功的样板。后来的朝代，对这个体制继承发展最显著的就是唐朝。

在唐人的概念中，都护府体制是对汉代都护府的继承。作为边疆特殊的军政体制，都护府从唐初就存在于唐朝的制度理念之内。之所以如是观，可以从两部重要文献中得到证明。其一是唐玄宗时期编纂的《唐六典》，有关都护府，该书如此记述：

> 大都护府，大都护一人，从二品；副大都护一人，从三品；副都护二人，正四品上。（汉武帝开西域，安其种落三十六国，置使者、校尉以领护之。宣帝时，郑吉为西域都护，始立幕府；都护之名，自吉始也。至章帝时，废西域都护，令戊己校尉领之。魏、晋之间，有都护左·右军、都护将军之号，遂废都护之名。皇朝永徽中，始置安南、安西大都护。景云二年，又置单于都护。开元初，置北庭都护。今有单于副都护。）长史一人，正五品上；（汉宣帝置西域都护长史一人，自后不绝，今单于则不置。）司马一人，正五品下。（汉武帝置护乌桓校尉、护

羌校尉，各司马二人；元帝置戊己校尉，亦置司马一人，皆都护司马之任也。）[1]

　　《唐六典》以令式入正文，以注释叙述制度沿革，引文中的括号部分就是该书的注释部分，重点是叙述制度沿革历史。[2]在《唐六典》的注释中，很清晰地看到唐代都护府的来源。注释从"汉武帝开西域"讲起，置使者、校尉的中间环节也没有略过，到"郑吉为西域都护，始立幕府"，开始有了都护之名。魏晋时期，都护之名废，而到唐朝永徽中，开始设置安南、安西大都护。甚至在记述都护府的其他官员如长史、司马时，把汉武帝所置护乌桓校尉、护羌校尉以及元帝置戊己校尉的前期历史，都一一列数，一句"皆都护司马之任也"表明，唐朝是把这些汉代职官都看作唐朝大都护府官员的渊源根据。

　　其二就是杜佑的《通典》。《通典》卷三二《职官十四》有"都护"条，我们从中不难看到《通典》对"都护"的历史看法，内容如下：

　　　　汉宣帝地节二年，初置西域都护，为加官也。或以骑都尉、谏大夫使护西域三十六国，有副校尉。始以郑吉为之，后废。

　　　　至后汉永平十七年，复置。（班超为西域都护，大破焉耆、

---

1　《唐六典》卷三〇，第754页。

2　《唐六典》的这个编纂体例，见陈振孙《直斋书录解题》辑本卷六《唐六典》条引韦述《集贤记注》："上手写白麻纸凡六条，曰理、教、礼、政、刑、事典，令以类相从，撰录以进。张说以其事委徐坚，思之历年，未知所适。又委毋煚、余钦、韦述，始以令式分入六司，象《周礼》六官之制，其沿革并入注，然用功艰难。其后张九龄又以委苑咸，二十六年奏草上。"徐小蛮、顾美华点校，上海古籍出版社，1987，第172页。

尉犁，斩其王，自是西域降服，纳质者五十余国。）

晋宋以后，有都护之官，亦其任也。（《齐书》曰："广州西南有二江，川源深远，别置都护，专征讨之事。陈伯超为西江都护，沈颎为南江都护。"）

大唐永徽中，始于边方置安东、安西、安南、安北四大都护府，后又加单于北庭都护府。（麟德元年，改云中都护为单于都护。）府置都护一人，（掌所统诸蕃慰抚、征讨、斥堠，安辑蕃人及诸赏罚，叙录勋功，总判府事。）副都护二人，（掌贰都护事。其安北单于则置一人。）长史、司马各一人。（录事、功曹、仓曹、户曹、兵曹、法曹参军各一人，参军事三人。其安北单于唯有司马、仓曹、兵曹各一人，余并不置。）[1]

杜佑《通典》是古代中国制度史的名著，《四库全书总目提要》评价说："每事以类相从，凡历代沿革，悉为记载，详而不烦，简而有要，元元本本，皆为有用之实学，非徒资记问者可比。考唐以前之掌故者，兹编其源海矣。"[2] 杜佑既然把唐代的都护府与汉代的西域都护府写在一起，根据"以类相从"的写作原则，我们当然能够理解这一历史进程中的继承关系。

《通典》对于都护历史的理解，与《唐六典》有些地方并不一致，比如《通典》发掘出了南齐时有"都护"官职的设置。[3] 当然，我们这里重视的是唐朝对西汉西域都护府体制的继承，这是历史事实。而唐人尤其强调，唐朝对于边疆地区的都护府体制，不仅有继

1　《通典》卷三二《职官十四》，第 896 页。
2　永瑢等编《四库全书总目提要》，中华书局，1965，第 693~694 页。
3　今本《南齐书》卷一四《州郡志》"广州"条，确有此言，但不是"都护"而是"督护"。中华书局，2017，第 292 页。

承更有发展。《通典》同时记录东西南北四大都护府，就是证明。西汉只设置了西域都护府，而唐朝不仅有四大都护府，在不同的时期，还有其他都护府。这是对西汉都护府体制的活用与发展。

唐朝经营西域从太宗开始。贞观十四年（640），唐朝出兵平定高昌，《旧唐书》记载道：

> 时太宗欲以高昌为州县，特进魏徵谏曰……太宗不从，竟以其地置西州，又置安西都护府，留兵以镇之。初，西突厥遣其叶护屯兵于可汗浮图城，与高昌相影响，至是惧而来降，以其地为庭州。于是勒石纪功而旋。[1]

高昌即西汉屯田城，魏晋南北朝时发展成为吐鲁番盆地的政治中心。在高昌故地设置州县，朝廷内有不同意见，因为唐太宗的坚持，不仅建立西州，而且设置了安西都护府。唐朝当然熟知西域的历史，所以设置安西都护府，一方面是对汉代边疆治理体制的继承，另一方面代表着未来的发展规划。贞观十四年，当时的西突厥还有很大影响力，唐朝还没有实现对全部西域的掌控，但安西都护府的设置，显示未来的规划蓝图已经绘制。

唐高宗即位，曾以西突厥阿史那贺鲁为安西都护，结果他却领导了一次重大叛乱。高宗几次派兵平叛，直到显庆二年年底才平定叛乱，唐朝全面控制了西域。《唐会要》记载："至三年五月二日，移安西都护府于龟兹国。旧安西复为西州都督，以麹智湛为之，以统高昌故地。"[2]三年，即显庆三年（658）。汉代西域都护，位于乌垒

---

1　《旧唐书》卷一九八《西戎传·高昌》，第5296页。
2　《唐会要》卷七三，第1566~1567页。

城，也属于龟兹国的范围。唐代把安西都护府直接设置在龟兹国都城，下辖安西四镇，这就是龟兹、于阗、疏勒和焉耆。从此，四镇体系成为唐朝维护丝绸之路最重要的机构。

汉朝称西域都护府，唐朝称安西都护府，虽然有一字之差，但并无本质区别。唐朝军队出征，将军府依然有称幕府的习惯，但安西都护府的设置，显示唐朝的最初制度设计便有长期而稳定的目标。恢复汉朝的治理版图，是隋唐时代统一天下的法理根据，把唐朝的安西都护府设置在汉代的西域都护府所在地，很可能是从一开始就已经制定的计划。《旧唐书·龟兹传》曾经记载："先是，太宗既破龟兹，移置安西都护府于其国城，以郭孝恪为都护，兼统于阗、疏勒、碎叶，谓之'四镇'。高宗嗣位，不欲广地劳人，复命有司弃龟兹等四镇，移安西依旧于西州。"[1] 由此，便有安西都护两次移置龟兹之说，直到被吐鲁番出土的一件《唐天山县南平乡令狐氏墓志》证明有误。[2] 贞观二十二年（648）郭孝恪、阿史那社尔讨平龟兹，郭孝恪因此役战死，《旧唐书》为什么会有如此错误记载？

贞观十四年（640）唐朝平定高昌，朝廷内部虽然有不同的认识，但唐太宗最后还是决定在高昌故地设置西州，不仅施行州县制度，还实行府兵制。与此同时却在交河城设置了安西都护府。都护府体制与州县体制是两套制度，西州虽然是边州，但也是正州，与边疆军政体制的都护府并不配套。虽然安西都护府与西州有合署办

1　《旧唐书》卷一九八《西戎传·龟兹》，第 5304 页。
2　柳洪亮：《安西都护府初期的几任都护》，收入柳洪亮《新出吐鲁番文书及其研究》，新疆人民出版社，1997，第 355~362 页。

公的迹象，[1]但安西都护府从设置之初，其目标就应该是南部的龟兹。龟兹之役，唐太宗朝廷在实施军事进攻的计划时，不可能没有善后安排，而安西都护府迁置龟兹，以郭孝恪为安西都护应该就是具体内容。只不过战争进程尤其是郭孝恪的阵亡打乱了唐朝的部署，这个计划并没有实施，而唐廷依然保存着原来的计划档案，成为《旧唐书》的史源根据。

　　唐朝治下的西域，与汉朝比较已经发生很多变化。从地方组织的视角看，在隋朝西域的西南部分即楼兰、若羌等区域，已经纳入中原的州县体系。楼兰一带，长期由沙州敦煌管辖。唐太宗平定高昌之后，在西域的东北区域施行州县体制，这就是伊州、西州和庭州。此时，伊、西、庭三州已经是通往西域的门户所在，施行州县体制和府兵制度，保证了三州之地成为唐朝经营西域的桥头堡。对此，张广达先生有专文进行系统研究，从西州的建立到后来的节度使体制，唐朝经营西域的战略次第展开。[2]

　　天山南部地区，最初设置的安西都护府和"四镇"，主要依靠于阗、龟兹等国的力量，但在吐蕃的冲击之下，无法保证基本安全。所以，唐高宗时期西域的平安不保，导致朝廷不得不退出"四镇"。直到武则天长寿元年（692）之后，才长期派遣军队驻扎"四镇"，[3]"四镇"各有镇守使，不仅强化了与诸国的联系，也让唐代的都护府体制比西汉的西域都护府更加强大。唐代的丝绸之路比汉代更发达，安西四镇在其中发挥的作用是不可低估的。

---

1　陈国灿：《吐鲁番出土汉文文书与唐史研究》，《隋唐史论集》，香港大学亚洲研究中心，1993，第 295~296 页。

2　参见张广达《唐灭高昌国后的西州形势》，载日本东京大学东洋文化研究所《东洋文化》第 68 期，1988。收入《文书·典籍与西域史地》，广西师范大学出版社，2008，第 114~152 页。

3　参见本书第五章第三节的于阗讨论，于阗有过一个从镇戍到军镇的演变。

## 二　四镇的羁縻州府体制

　　唐朝设立安西四镇，即龟兹、于阗、疏勒和焉耆（碎叶）。唐高宗时期，最初设置的四镇之一是焉耆，后来改成中亚碎叶。于阗是唐朝的安西四镇之一，在唐朝经营西域的过程中发挥着重要作用。于阗与唐朝其他边疆地区一样，在军政体制上也发生了从镇戍到军镇的演变。毗沙都督府与安西都护府是原有的羁縻府州系统，而于阗镇守军与安西四镇节度使是新的军镇系统。从长寿元年武周在四镇驻兵以后，开始军镇化的过程，到安西四镇节度使定型，最终军镇体制后来居上，从权力上控制并支配了原来的羁縻体制。

　　四镇的体制，最初是羁縻府州体制。这里且以于阗镇为例，介绍四镇的最初体制。比较而言，于阗镇因为有出土文书佐证，资料相对丰富。

　　于阗是唐朝安西四镇之一，但是安西四镇始建于何时，传世史料言之凿凿是唐太宗贞观时期。如《旧唐书·西戎传》龟兹条记为"太宗既破龟兹，移置安西都护府于其国城，以郭孝恪为都护，兼统于阗、疏勒、碎叶，谓之四镇"。[1] 也有学者同意此说。[2] 但新资料证明此说有误，因为安西都护府最初设于西州，而直到高宗之初都没有移至龟兹，也就无所谓四镇。[3] 直到显庆三年，因为前一年苏

---

1　《旧唐书》卷一九八《龟兹传》，第 5304 页。

2　陈国灿先生撰写中国大百科 "安西四镇" 条写道：贞观 "二十二年，唐军进驻龟兹国以后，便将安西都护府移至龟兹国都城，同时在龟兹、焉耆、于阗、疏勒四城修筑城堡，建置军镇，由安西都护兼统，故简称安西四镇"。《中国大百科全书·中国历史》（缩印本），中国大百科全书出版社，1994，第 5 页。

3　参见荣新江《新出吐鲁番文书所见西域史事二题》，《敦煌吐鲁番文献研究论集》第五辑，第 339~354 页。

定方平定阿史那贺鲁，才在五月"徙安西都护府于龟兹"，而正月刚刚建立的龟兹都督府，以前龟兹王布失毕儿子素稽为龟兹王兼都督。[1] 此时，四镇的体制才围绕安西都护府而建立起来。

　　四镇建立了，但很快遇到吐蕃势力的挑战。《旧唐书·龟兹传》记载道：

> 其后吐蕃大入，焉耆已西四镇城堡，并为贼所陷。则天临朝，长寿元年，武威军总管王孝杰、阿史那忠节大破吐蕃，克复龟兹、于阗等四镇，自此复于龟兹置安西都护府，用汉兵三万人以镇之。既征发内地精兵，远逾沙碛，并资遣衣粮等，甚为百姓所苦。言事者多请弃之，则天竟不许。[2]

　　安西四镇常驻汉兵，始于武则天统治时期的长寿元年（692），而此前四镇的军事情况其实并不十分清楚，而"焉耆已西四镇城堡，并为贼所陷"一语，可以证明四镇是有城堡这类军事设施的。但是，唐朝在四镇的军事存在一定是有限的，此前有过放弃和多次危机，至少无法与长寿元年以后的存在程度相提并论。

　　唐朝边防的军镇化，有一个逐渐发展的过程，而最初边防的军事防御体系，是继承前朝而来的镇戍体制。[3] 镇的长官为镇将，副官为副将，戍的长官称戍主，副长官为戍副。根据《唐六典》的记录，"镇将、镇副掌镇捍防守，总判镇事"，"戍主、戍副掌与诸镇

---

1　此事，传世史书多有记载，此处引据《资治通鉴》卷二〇〇，第 6309 页。
2　《旧唐书》卷一九八《龟兹传》，第 5304 页。关于王孝杰复四镇，《资治通鉴》置此事于元年冬十月，第 6487~6488 页。
3　参见菊池英夫《唐代边防机关守捉、城、镇等的成立过程》，《东洋史学》第 27 卷，1964，第 31~57 页。

略同"。[1] 镇与戍都有上、中、下三等之分，上镇的镇将，正六品下，中镇将、下镇将，品阶等下一阶。上戍之主，正八品下，下戍之主，正九品下。除了上戍有戍副一人，中下戍无副官。《唐六典》在上镇条的注释中记为："魏有镇东、镇西、镇南、镇北将军之名，晋、宋已后皆因之。隋有镇将、镇副，皇朝因之。"[2] 根据《新唐书·百官志》的记载："防人五百人为上镇，三百人为中镇，不及者为下镇。"[3] 于阗即使属于上镇，这样的镇兵数量也是太有限了。长寿元年以后的四镇驻兵，无论是兵额的数量还是军官的级别，以及军事权限，都不是最初的镇戍体制可以比拟的。[4]

　　于阗确定为四镇之一，同时开始了与唐廷的羁縻关系。根据《册府元龟》的记载："上元二年（675）正月，以于阗国为毗沙都督府，分其境内为十州，以于阗王尉迟伏阇雄为毗沙都督，击吐蕃有功故也。"[5] 从这段行文看，给予于阗王以都督之职是一种奖赏，而这种都督府的羁縻州性质是毋庸置疑的。根据《新唐书·地理志七》的记载，"突厥、回纥、党项、吐谷浑之别部及龟兹、于阗、焉耆、疏勒、河西内属诸胡、西域十六国隶陇右者，为府五十一，州百九十八"。于阗的一府十州，自然在这个范围之内，"毗沙都督府，本于阗国，贞观二十二年内附，初置州五，高宗上元二年置府，析州为十。领州十。阙"。[6] 可惜，《新唐书》所记毗沙都督府所属十州

---

1 《唐六典》卷三〇"三府都护州县官吏"条，第 756 页。

2 《唐六典》卷三〇，第 755 页。

3 《新唐书》卷三九《百官志下》，第 1320 页注释。

4 薛宗正认为四镇没有过镇戍体系阶段，直接就是军镇体系。薛宗正：《唐安西四镇的置废》，收入《中亚内陆大唐帝国》，新疆人民出版社，2005，第 388~399 页。

5 《册府元龟》卷九六四《外臣部·册封二》，第 11341 页。于阗王击吐蕃，孟凡人认为是咸亨二年、三年的事，见其所撰《隋唐时期于阗王统考》，《西域研究》1994 年第 2 期，第 43~60 页。

6 《新唐书》卷四三下《地理志》，第 1134 页。

名称缺失。[1] 这里所谓贞观二十二年内附初置五州，很可能是显庆三年的事，而析为十州无疑则是上元二年的事。毗沙都督府的建立，无疑是于阗与唐廷羁縻关系发展的重要一环，并成为后来关系发展的基础。

《新唐书》记载得很清楚，毗沙都督府隶属于安西都护府。羁縻都督府与中央政府的关系相对松散，"唐兴，初未暇于四夷，自太宗平突厥，西北诸蕃及蛮夷稍稍内属，即其部落列置州县。其大者为都督府，以其首领为都督、刺史，皆得世袭。虽贡赋版籍，多不上户部，然声教所暨，皆边州都督、都护所领，著于令式"。[2] 根据刘统的研究，羁縻府州的领导人，要接受中央朝廷的玺印、告身等符信，并派遣一些汉人官吏前往都督府参与管理，以便于与朝廷的文书往来。[3] 但是，当安西四镇平均有六千多兵卒驻扎在于阗境内的时候，原有的军政体制是不能不有所变化的。

长寿元年，四镇进驻三万汉兵，是四镇军镇化的重要关节点。以唐朝的军事体制而言，于阗从原来的镇戍体制转变为军镇体制。安史之乱爆发之前，于阗王尉迟胜曾经到过中原朝觐，"玄宗嘉之，妻以宗室女，授右威卫将军、毗沙府都督还国"。[4] 可见，此时于阗王的毗沙府都督头衔依旧，并没有新头衔。归国之后，尉迟胜会同安西节度使高仙芝击破萨毗播仙，"以功加银青光禄大夫、鸿胪卿，改光禄卿，皆同正"，所加都是中央官衔。"至德初，闻安禄山反，胜乃命弟曜行国事，自率兵五千赴难。国人留胜，以少女为质而后

1 　刘统《唐代羁縻府州研究》，根据《高居诲行纪》等，考证出于阗羁縻州有绀州、安军州、银州、卢州、湄州、玉州、新福州等。西北大学出版社，1998，第179~180页。

2 　《新唐书》卷四三下《地理志》，第1119页。

3 　刘统：《唐代羁縻府州研究》第三章"羁縻府州的制度与管理"，第31~55页。

4 　《旧唐书》卷一四四《尉迟胜传》，第3924页

行。肃宗待之甚厚，授特进，兼殿中监"。尉迟胜至中原，官阶有
所提升，但是朝廷希望他回归于阗的时候，还是要任命他为"骠骑
大将军、毗沙府都督、于阗王"的。直到贞元初，尉迟胜弟弟尉迟
曜请求让于阗王位给尉迟胜的儿子尉迟锐，朝廷同意，然后任命尉
迟锐"为检校光禄卿兼毗沙府长史"。[1] 虽然因为尉迟胜的坚持，他
的儿子尉迟锐并没有返回于阗，但是他的"毗沙府长史"之任命，
还是能够说明于阗王兼任毗沙府都督是十分固定的。

　　尉迟胜在中原的时候，于阗王由他的弟弟尉迟曜担任。乾元
三年（760），"以于阗王尉迟胜弟守左监门卫率叶护曜为太仆员外
卿，仍同四镇节度副使，权知本国事。以胜至德初领兵赴国难，因
坚请留宿卫，故有是命"。[2] 因为此时尉迟曜是"权知本国事"，属
于代行国王之职，没有毗沙府都督的头衔，但却增加了一个"四镇
节度副使"的头衔，应该是为了与四镇节度使的协同配合。广德时
（763~764），朝廷拜尉迟胜"骠骑大将军、毗沙府都督、于阗王，
令还国"。但是尉迟胜坚辞，并"请以本国王授曜，诏从之"。至
此，尉迟曜应该获得了唐朝毗沙府都督、于阗王的正式册命。而唐
朝贞元初准备让尉迟锐返国接掌于阗国的时候，任命尉迟锐为毗沙
府长史，当时的毗沙府都督一定就是尉迟曜。此事，《悟空入竺记》
有明确的记录，他从天竺归国，于贞元四年到达于阗，说当时于阗
国王是尉迟曜，于阗镇守军使是郑琚。[3] 所以，于阗国作为唐朝的羁
縻府，始终以毗沙都督府的名义与唐朝中央保持最基本的关系，即
使是在于阗的驻军已经军镇化之后。

　　于阗国王总是兼任毗沙府都督，而作为羁縻州，它的上级是十

---

1　　以上引文，俱出《旧唐书·尉迟胜传》，第 3925 页。

2　　《旧唐书》卷一九八《于阗传》，第 5306 页。

3　　《大正新修大藏经》卷五一，第 980 页。

分清晰的，那就是安西都护府。虽然羁縻州的管理要比中原正州宽松，都督、刺史可以世袭，贡赋版籍也可以不上户部，但皆受边州都督、都护所领，这是"著于令式"的，即有着明确的法律根据。安西都护府统领四镇，其执掌《唐六典》有描述："都护、副都护之职，掌抚慰诸蕃，辑宁外寇，觇候奸谲，征讨携离；长史、司马贰焉。"[1] 羁縻府州接受都护府的统领，是包括军事行动在内的，如军事力量的调动等。[2] 安西都护府与羁縻府的隶属关系清楚，又是唐朝行之有效、具有实际效用的法律关系，所以这个组织关系是不可或缺的，是最重要的组织系统保证。同时，这个关系也是我们理解四镇体系的一个重要方面。

## 三　四镇的军镇化

长寿元年唐朝以三万汉兵驻守四镇，西域军事形势发生重大改变，在军事体系上启动了军镇化的进程。[3] 从此以后，唐朝在于阗的汉兵驻扎常态化，一直到贞元时期。[4]《旧唐书·地理志》记载安西都护府，"管戍兵二万四千人，马二千七百匹，衣赐六十二万匹段"。[5] 平均而计，每镇拥有六千人的军队。

大量汉军入驻，改变的首先是西域的军事力量，虽然中原为此

---

1　《唐六典》卷三〇，第 755 页。

2　参见刘统《唐代羁縻府州研究》第四章"羁縻府州对唐朝的义务和贡献"，第 56~59 页。

3　荣新江先生已经十分明确地提出并论证了这个观点，见所撰《于阗在唐朝安西四镇中的地位》，《西域研究》1992 年第 3 期，第 58~59 页。

4　参见张广达、荣新江《〈唐大历三年三月典成铣牒〉跋》，原载《新疆社会科学》1988 年第 1 期，收入张广达、荣新江《于阗史丛考（增订本）》，中国人民大学出版社，2008，第 106~117 页。

5　《旧唐书》卷三八《地理志》，第 1385 页。《资治通鉴》卷二一五记载相同，第 6847 页。《通鉴》此处，胡注往往说明每处驻军人数，而安西四镇却没有交代，当因资料缺乏而略。

付出巨大代价，但其意义重大不可低估。安史之乱发生后，《资治通鉴》记述道："边兵精锐者皆征发入援，谓之行营，所留兵单弱，胡虏稍蚕食之；数年间，西北数十州相继沦没，自凤翔以西，邠州以北，皆为左衽矣。"[1] 胡三省注曰："史言唐所以失河、陇。"这从一个侧面证明唐朝边疆驻兵的正面价值。

　　唐朝在四镇大量驻兵，到底引发了什么变化？王小甫先生认为："我们不妨把武威军视为唐朝军制在西域由行军转镇军的开始。这可能表明，在派遣武威军时，朝廷对此前的西域政策已有所反省，决心派汉军镇守四镇。"[2] 这里所谓的镇军，就是军镇化的开始。武则天长寿三年（694）二月，《通鉴》记载"碎叶镇守使韩思忠破泥熟俟斤等万余人"。[3] 对此，王小甫评论道："在所有有关延载元年西域战事的记载中都已经有了碎叶镇守使韩思忠，这是见于载籍最早的安西四镇镇守使，可以肯定是在王孝杰复四镇以后设立的。"[4] 无疑，这是正确判断。

　　同样属于武则天时期的一件资料，证明疏勒镇称镇军大使。张鷟的一则判文，先介绍背景，为"疏勒镇军大使、左骁卫将田慎状称，安西路远，沙碛极深，国家镇遏，甚为劳弊，一住十年，死亡殆尽，欲益反损，请停四镇"。就此，张鷟对田慎的观点进行了批判。[5] 此事，薛宗正先生认为是圣历元年（698），但不知所据。[6] 推测起来，此事应该属于武则天时期，与《旧唐书》

1　《资治通鉴》卷二二三，第7146~7147页。
2　王小甫：《唐吐蕃大食政治关系史》，北京大学出版社，1992，第114页。
3　《资治通鉴》卷二〇五，第6493页。
4　王小甫：《唐吐蕃大食政治关系史》，第115页。
5　张鷟：《龙筋凤髓判》卷三，田涛、郭成伟校注，中国政法大学出版社，1996，第128页。《全唐文》卷一七四，第779~780页。
6　薛宗正：《唐安西四镇的置废》，《中亚内陆大唐帝国》，新疆人民出版社，2005，第388页。

"言事者多请弃之，则天竟不许"的记载有所契合。韩思忠是碎叶镇守使，而田慎在疏勒镇的职务也相似，属于军事使职，称作"镇军大使"。

于阗驻军的长官，通常情况下就是镇守使。《沙州图经》卷三"张芝墨池"条所记开元四年九月，敦煌县令赵智本劝张芝家后代重新修葺墨池，其中"游击将军守右钤卫西州蒲昌府折冲都尉摄本卫中郎将充于阗镇守使敦煌郡开国公张怀福"就是参与者之一。[1] 张怀福是所见较早的一位于阗镇守军长官。[2] 根据杨炎《四镇节度副使右金吾大将军杨公神道碑》，杨和"自武卫将军四镇经略副使，加云麾将军兼于阗军大使。……又迁金吾大将军、四镇节度副使"。[3] 杨和担任的于阗军大使，类似田慎的"疏勒镇军大使"，应该是于阗镇守使的敬称。

悟空归国，《悟空入竺记》提及四镇的军政负责人，于阗王是尉迟曜，镇守使是郑琚；疏勒国王是裴泠泠，镇守使是鲁阳；焉耆国王是龙如林，镇守使是杨日祐；龟兹国王是白环，四镇节度使、安西副大都护是郭昕。[4] 这种记录的对应性应该是明确的，即以四镇的国王与最高军事指挥官相对应，表明悟空遍访四镇的最高领袖或者是受到当地最高军政领袖的接待。四镇镇守使先于四镇（安西）节度使而存在，这是四镇军镇化的第一阶段。

---

1 唐耕耦、陆宏基编《敦煌社会经济文献真迹释录》第1辑，书目文献出版社，1986，第17页。

2 《沙州图经》写张怀福职务时，作"于阗录守使"，"录"之繁体与"镇"字有形近之处，所以菊池英夫先生校对为"于阗镇守使"，参见其所撰《从西域出土文书看唐玄宗时代府兵制的运用（上）》，《东洋学报》第52卷第3号，1969，第37~38页注释10。学界皆同意菊池英夫的看法。张广达、荣新江《〈唐大历三年三月典成铣牒〉跋》，《于阗史丛考（增订本）》，第112页。

3 《文苑英华》卷九一七，中华书局，1966，第4829页。

4 《大正新修大藏经》卷五一，第980页。郭昕的头衔这里有省略。

　　下一阶段是解决安西与四镇的军事关系问题。安史之乱后，于阗存在一个四镇节度副使，《旧唐书·于阗传》记载乾元三年（760），"以于阗王尉迟胜弟守左监门卫率叶护曜为太仆员外卿，仍同四镇节度副使，权知本国事"。《通鉴》的记载时间更具体。[1] 必须注意的是，当尉迟曜接受这个四镇节度副使的时候，依然是权知国事，不过代理国王职务而已，当时真正的国王依然是尉迟胜。于阗王的任命一定要与"毗沙府都督"相联系，从这个角度说，毗沙府都督的头衔要比四镇节度副使的头衔重要，只有真正的于阗王才有资格同时获得毗沙府都督的头衔，而代理国王是可以拥有四镇节度副使的头衔的。上文已经提及的尉迟锐的情况也能说明此问题。[2] 最新发现的中国人民大学藏和田出土汉文残文书，是一件下级给上级的请示报告，残留最后一行尚属完整，为"沙府长史、节度副使、骠骑大将军、殿中监尉迟宁状上"。其中，"沙"字前残缺，当为"毗沙"而损一"毗"字。节度使当是四镇节度使的简称。这位尉迟宁，是毗沙府长史、节度副使，将军号是骠骑大将军，显然是于阗的大人物。但是，他还不是毗沙府都督，说明还不是于阗王。根据尉迟锐的情况看，这位尉迟宁应该是于阗王的接班人，最大的可能就是尉迟曜的太子。

　　这些资料说明，安西都护府与毗沙都督府传统关系继续保持的同时，四镇或安西节度使与于阗又发生了新的联系。安西或者四镇节度使是镇守使的上级，节度副使与镇守使一样属于节度使的属官，这是一种新型的军事系统与组织，和原来的毗沙都督府与都护的关系并不相同。根据《唐会要》的概括，"安西四镇节度

---

1　《资治通鉴》卷二二一，第 7090 页。
2　以上引文，俱出《旧唐书·尉迟胜传》，第 3925 页。

使，开元六年（718）三月，杨（汤）嘉惠除四镇节度使、经略使，自此始有节度之号。十二年以后，或称碛西节度，或称四镇节度。至二十一年十二月，王斛斯除安西四镇节度，遂为定额"。[1] 武则天时期，四镇确立了镇守军系统，但还没有更上级的节度使，而到开元时期，四镇确立了节度使的体系，安西的军镇化体系建设完成。

于阗存在的节度副使，现在所知的资料多属于安史之乱以后的。于阗王子或者代理国王同时兼任四镇节度副使，现在已知两例。至于杨和也当过镇守军使，后升职为四镇节度副使，与此有所不同。其一，杨和是汉官，与于阗王族不同。其二，杨和担任的都是军事职务，拥有统兵权。不论尉迟曜还是尉迟宁，即使有节度副使之任，但是没有统兵权是可以肯定的。其实，节度副使协调驻军的种种工作，尤其是协助解决后勤供应等问题，这是完全可以理解的。但是，于阗的军事长官，稳妥一点说是最高军事指挥官，一定非镇守使莫属。[2]

开元六年，"安西都护领四镇节度、支度、经略使，副大都护领碛西节度、支度、经略等使"。[3]《新唐书·方镇表》的这个记载如果可信，那么就是安西都护与四镇节度使第一次实现了权力的一体化。前文提及《四镇节度副使右金吾大将军杨公神道碑》记杨和天宝中"自武卫将军、四镇经略副使，加云麾将军，兼于阗军大使。又迁金吾大将军，四镇节度副使"。请注意这里的"经略副使"头衔，是与《方镇表》中"安西都护领四镇节度、支度、经略使"有

---

1　《唐会要》卷七八"节度使"条，第1690页。

2　开元五年，于阗王尉迟眺约突厥诸国叛，被安西副大都护杜暹讨斩，能够说明军权的重要性。参见《新唐书·杜暹传》，第4421页。

3　《新唐书》卷六七《方镇表四》，第1864页。

所对应的。根据《唐六典》的记载："诸军各置使一人，五千人已上置副使一人，万人已上置营田副使一人。"[1] 安西节度使所辖兵力当然在万人以上，他自己的头衔除了安西副大都护以外，还有安西节度使、安西支度使、安西经略使，也许还应该有安西营田使。景云元年（710）唐朝"置河西节度、支度、营田等使"，胡三省注曰："唐制：凡天下边军皆有支度使，以计军资粮仗之用。节度不兼支度者，支度自为一司，其兼支度者，则节度使自支度。凡边防镇守转运不给，则开置屯田以益军储，于是有营田使。"[2] 安西节度使还可以拥有多名副使，比如杨和就是经略副使，还应该有支度、营田副使。根据《旧唐书·封常清传》，封常清在天宝十一载（752）安西节度使王正见去世后，被任命为"安西副大都护，摄御史中丞，持节充安西四镇节度、经略、支度、营田副大使，知节度事"。[3] 说明安西节度使确有营田使之职。

　　比较而言，经略使负责的是军事事务，而营田使当然是后勤事务。现有资料证明，唐朝军队在于阗确有营田，根据中国人民大学藏和田出土文书《杰谢作上镇守军状为床和田苗等用水事》（编号 GXW0167），这一点看得很清楚。杰谢镇属于于阗镇守军下属，他们因为农业用水问题发生困难而状上镇守军，因为原来镇守军指示要与百姓共同使用某处的水灌溉农田，结果产生用水不足问题。曾以为是渠道问题，修理之后依然无效，田苗已经开始受损。因为担心"年终课不充"即考课不能完成任务，特别报告给镇守军，请上级指示。于阗国的继承人能够担任四镇节度副使，升任于阗王后这个职衔依然保留，很怀疑他的所谓副使就是营田

---

1　《唐六典》卷五，第 158 页。

2　《资治通鉴》卷二一〇，第 6660~6661 页。

3　《旧唐书》卷一〇四《封常清传》，第 3208~3209 页。

副使之类。

国家图书馆藏一件于阗出土汉文文书《唐于阗镇守军勘印历》,[1]
能够证明于阗镇守军的很多问题,如镇守军的更基层的军队建制。
第6行是"牒上经略使为请铜铁事",明确用上行文书的词汇。此
经略使其实就是安西(或四镇)节度使的一个头衔,铜铁事一定是
跟武器有关,是经略使负责的军事事务,而镇守军要上报请示,文
欣已经有研究。但第11行"牒毗沙府为勘图事"就是一个平行文书
的方式,商量"勘图"的事。荣新江先生论证于阗镇在四镇中,地
位仅次于龟兹,千真万确。[2]于阗王兼任安西节度副使,是于阗地位
重要的一个有力证明。虽然这件文书的具体时间难以确定,甚至也
不能确定此时于阗是否存在于阗王族担任安西节度副使的情况,但
是既然镇守军牒上经略使,那么可以肯定,即使有这么一位王族任
安西节度副使,显然也是非军事事务的负责人。既然镇守军直接上
报经略使,显然就不需要请示同在于阗的副使了,说明于阗的副使
不管军事。

安西节度使是四镇镇守使的上级,同属于军事使职系统。安
西都护是羁縻府州的上级,属于早期体制的延续,在分工上偏重行
政。就于阗的情况而言,军事系统与安西节度使对接,听令于安西
节度使的当地最高军事当局是于阗镇守使,而与安西都护府对接,
听从安西都护府调遣的是毗沙都督府。因为有很多汉兵驻扎在于阗
当地,后勤保障工作相当繁重,这既与军事部门有关,也与民政部
门有关,所以毗沙都督府与镇守军的协同合作必不可少。但是,就
总体的权力而言,相对于偏重民政的都护、羁縻府而言,节度使、

---

1　参见文欣《和田新出〈唐于阗镇守军勘印历〉考释》,《西域历史语言研究集刊》第2辑,科
　　学出版社,2009,第111~123页。
2　荣新江:《于阗在唐朝安西四镇中的地位》,《西域研究》1992年第3期,第58~59页。

镇守军系统反而是后来居上。

于阗从镇戍到军镇的演变，主要是指军事系统。就民政而言，原有的羁縻府州与都护府系统还是很好地保持下来。这其实是整个四镇地区的状况，非于阗所独有。现在掌握的资料以于阗最为丰富，所以这里不得不以于阗为核心例证进行讨论。

## 四　安史之乱后四镇体制

### （一）《建中四年孔目司帖》

安史之乱后，吐蕃乘机进占河西走廊，安西四镇所在的西域跟中央政府失去联系，但依然为唐朝苦守。然而，四镇等军政机构如何管理安史之乱后的西域呢？机构依旧，管理的体制是否依旧？这是唐朝西域历史的重要问题。吐鲁番、和田、库车等地出土的唐代文献，很具体生动地反映了这个时期的西域状况。《建中四年孔目司帖》就是一件价值极高的出土文献，原文如下：

```
1  孔目司    帖　莲花渠匠白俱满尖离
2  配织建中伍年春装布壹伯尺。行官段俊俊、
3  赵秦璧  薛崇俊  高崇㐌等
4  右仰织前件布，准例放掬拓、助屯及
5  小小差科，所由不须牵挽。七月十九日帖
6      孔目官任    选（？）
   ⋯⋯⋯⋯⋯⋯⋯⋯⋯⋯⋯⋯⋯⋯⋯⋯⋯⋯（纸缝）
7  配织建中伍年春装布，匠莲花渠白俱满地黎
8  壹伯尺了。行官段俊俊  薛崇俊  高崇㐌  赵璧
```

9 等。七月廿日赵璧抄。[1]

这件出土文献，学界的研究已有厚重积累，不仅有多篇专门研究论文，更有学者重新研究的情形，足见该文献的重要性。[2] 学者在研读中，从识读文字，到全篇理解，直至历史意义，分歧差异较多，但肯定文献代表了安史之乱后的四镇状况，证明四镇完好地控制着西域，对此大家意见是一致的。这里先介绍学者们研究的情况，然后展开下面的讨论。

定名。文书定名，是文书认识的综合表现，但这件文书的定名，至今依然不一致。首先，孔目司出现在定名中是不该有问题的，因为这是孔目官司发出的帖，发文机关，可以入名。对此研究者看法比较一致。但是，这个文书应该如何命名，立刻出现分歧。王珍仁、刘广堂用"公牒"命名，很古雅，但似乎不符合唐朝的习惯，而文书中有"帖"字，可能被忽略了。钱伯泉称之为"文书"，

---

1 此文书出自新疆库车，最早在1915年香川默识《西域考古图谱》中予以公布，图版多种，比较清晰的可见王振芬主编《旅顺博物馆概览》，上海古籍出版社，2015，第16页。

2 王珍仁、刘广堂：《新疆出土的"孔目司"公牒析——兼谈大谷探险队与旅顺博物馆之西域文物》，《西域研究》1992年第4期，第86~89页。后来王珍仁再撰文《对旅顺博物馆藏〈唐建中伍年孔目司公牒〉的再研究》，《敦煌学辑刊》1998年第1期，第39~46页。小田义久：《关于大谷探险队将来的库车出土文书》，《东洋史苑》第40、41合刊号，1993，第5~6页。钱伯泉：《〈唐建中伍年孔日司义书〉研究》，《新疆大学学报》1993年第3期，第44~50页。陈国灿：《唐建中七年西州蒲昌县配造秋布花问题》，见陈国灿《斯坦因所获吐鲁番文书研究》，武汉大学出版社，1994，第122~136页。冻国栋：《旅顺博物馆藏〈唐建中五年（784）〉〈孔目司帖〉管见》，原载《魏晋南北朝隋唐史资料》第14期，武汉大学出版社，1996，收入冻国栋《中国中古经济与社会史论稿》，湖北教育出版社，2005，第278~310页。吴青云：《唐孔目司文书考略》，《辽宁师范大学学报》1996年第3期，第65~66页。冯培红：《关于唐代孔目司文书的几个问题》，《辽宁师范大学学报》1997年第1期，第78~79页。陈国灿先生再撰文《关于〈唐建中五年安西大都护府孔目司帖〉释读的几个问题》，《敦煌学辑刊》1999年第2期，第6~13页。荒川正晴：《库车出土〈孔目司文书〉考》，《古代文化》第49卷第3号，第145~162页。使用过此文献进行研究的论文尚不在这个行列之中。

又过于泛化了，虽然不能说不对，但针对性不强。吴青云、冯培红同此。对此，荒川正晴也用"孔目司文书"，情形一致。小田义久、陈国灿、冻国栋称"孔目司帖"，应该赞同。[1]

　　时间。那么，究竟应该写作"建中四年"还是"五年"呢？孔目司派行官分配织造"建中伍年春装布"，这个信息是再清楚不过，所以钱伯泉先生在标题中就写下了"建中伍年"，陈国灿先生称之为"这是一件出土于库车的唐建中五年的'孔目司帖'"，冻国栋先生在论文的题目中就写作"建中五年"，王珍仁先生也是如此。不过，郭富纯、王振芬《旅顺博物馆藏西域文书研究》中，标题作"唐建中四年孔目司帖"。[2]于是出现了截然不同的两种观点。虽然多有"五年"的命名，但笔者认为还是应该写作"四年"比较合适。文书中，除了"建中伍年"这个时间词以外，还有"七月十九日"和"七月廿日"两个日月更清晰的时间词。那么这个七月只能是建中四年的七月。时间已经是秋天，孔目司派人配织明年即建中五年的"春装布"，春装布虽然是明年使用，但配织的安排是在四年无疑，所依孔目司的帖，当然也是建中四年写就。命名文书，当然应该以写作时间为准。

　　孔目官的名字。孔目官姓任，很清楚，但名字的写法过于紧凑，以至于辨识困难。钱伯泉对这个字给了一个方框，表示不能辨识，郭福纯、王振芬也如此处置。陈国灿先生认作"暜"，荒川先生认作"选"，王珍仁先生新论文主张为"选"字。冻国栋认作"善"，荒川与冻国栋都打了问号，表示有倾向性，但不能最终确定。这是认字问题，缺少旁证，笔者倾向于赞同荒川、王珍仁先生

1　冻国栋先生考证了"帖"这种文书形式，现在则可以参考雷闻的考察，见雷闻《唐代帖文的形态与运作》，《中国史研究》2010 年第 3 期，第 89~115 页。

2　郭富纯、王振芬：《旅顺博物馆藏西域文书研究》，万卷出版公司，2007，第 125~126 页。

的看法，应该是个"选"字。

比较以上问题，对于文书内容的理解更重要，见解的不同是更严重的学术分歧。文书中涉及的人名，比如行官四人，先后出现两次，顺序不同说明排名不重要。其中根据唐代双名单称的现象，"赵秦璧"写作"赵璧"并非不能理解。[1] 但是居住在莲花渠附近的那位负责纺织百尺春装布的人，是文书的关键人物，理解如果不确，则影响较大。"白俱满"之后的两个字，到底应该是什么？识作"尖离"的较多，但也有"央离"和"尖鸡"的不同识读。还有莲花渠之后的字，是"匠"还是"近"？这个字在前后两段语句中，前者为"莲花渠匠白俱满尖离"，后者为"匠莲花渠白俱满地黎"。其字是上属还是下属，含义会明显不同，上属则"近"字表达空间位置，下属则以"匠"来指明白俱满尖离身份。如果是"匠莲花渠白俱满地黎"，就把身份词语写在莲花渠地名之前，似乎不太顺畅。不过，这个分歧不会影响整个文书，好像也不能苛责当时的孔目官，大概意思不错就是了。本文倾向于同意"匠"字。

这位姓白的龟兹人，名字叫作"白俱满尖离"，他与后文出现的"白俱满地黎"是否为同一个人？钱伯泉先生认为这是同一个人，离与黎是同音字，不存在问题，那么"尖"字呢？钱先生认为这与武则天时期的"地"字写法接近，武周新字，地写作"埊"，所以误作"尖"字了。这个论证，好像讨于复杂了。总之，这是同一个人，在汉字书写方面用字有所不同，但毕竟还是同一个人。陈国灿先生认为这是两个人，他写道"龟兹白姓居多，白俱满尖离与白俱满地黎二人均是制造匠，表明莲花渠的白俱满家为织造匠户"。

---

1 钱伯泉认为赵秦璧是名字连称，应该为赵璧，字秦璧，如同李白，字太白。吴青云认为写错了，后被冯培红纠正。

但是，如果理解为两个人的话，为什么要写在同一件文书之中呢？
如果是同一个人，整个文书理解起来比较容易。第一天即七月十九
日，根据孔目司的指示，行官到莲花渠去布置白俱满尖离配织春装
布问题。因为一旦布置完成，承担者就要放免"掏拓、助屯及小小
差科"等役务，而这事显然不是承担者自己能决定的，"所由"应该
是关键。所以，行官布置任务，直接到莲花渠的白俱满尖离家，说
明基层组织的工作已经完成，或者同时完成了与基层组织"所由"
的沟通。第二天，此事就有了回音，任务分配下去了，计划落实
了。于是有了下一段文字"配织……了"，行官们完成了配织的任
务，证明组织关系通畅，工作顺利。

　　陈国灿先生理解是两个人："地黎在建中五年的七月廿日已配
织'壹佰尺了'，故在他交纳后，由行官赵璧发给他一纸'抄'文。
但尖鸡的配织，在七月十九日才下达。此二件贴在一起，说明他们
可能是一家人。"春装布的问题下文再讨论，陈先生这样的理解可
能引发多种疑问。第一，孔目司很郑重其事地就白俱满尖离配百
尺春装布下发了帖，甚至派遣行官四人之多去布置此事，结果第二
天却把另外一个人的百尺春装布收了。文书的前后关系存在不对应
的问题，大有张冠李戴的情形。若如陈先生推论的，尖离、地黎两
人是一家人，那么下帖的时候应该体现出他们是一家人才对，不该
如此分明地写成两个人。第二，春装布是重要物资，涉及军队的衣
装，所以才会如此重视，包括放免其他役务，但如此重大事项，配
织时间却不同时，有的人刚刚布置，有的人已经织造完成。之所以
给予配织者种种待遇，所取应该是承担者的劳动技能，因为织布需
要原料，而不管使用棉还是麻，都应该是大量的，应该有一定的时
令性，且当是政府统一供应，所以同一时期统一布置是正常的，不
该如此存在差异。第三，最后一段文字为"配织建中伍年春装布，

匠莲花渠白俱满地黎壹伯尺了",这不该等同于织造完了,核心内容依然是"配织……了"。

　　配织春装布,是安西节度使的重要工作,因为涉及第二年春天战士是否有衣装及时更换的问题。小田、荒川先生赞成"白俱满尖离"与"白俱满地黎"为同一个人的意见。毫无疑问,白氏为龟兹当地人,之所以一个人名字有不同写法,应该是汉人用汉字写胡名的基本问题,对于这些普通百姓而言,没有用字标准化问题,只重视发音,不重视字形,而这正是荒川正晴先生的看法。为什么文书分作两个部分? 其实,就是第一天去布置,第二天去检核。行官并不与白俱满尖离见面,甚至见面也没有意义,他们应该存在语言障碍。所谓布置,是向基层工作人员"所由"布置,所由再与白俱满尖离联系落实,第二天给行官回话,"配织"的工作布置完成,于是行官郑重写入文书,以备下阶段工作使用。这件汉文文书,不该是发给白俱满尖离的,只能是孔目司继续保管,"配织"只是第一步工作,下面应该还存在核查、收纳等环节,而这件孔目司帖的功能还没有最终完成。

　　王珍仁新文很仔细地排列了多篇文章在具体问题上的不同观点,而且特别不同意陈国灿先生的看法。关于"白俱满尖离"与"白俱满地黎",王珍仁认为一人两写,是笔误造成的。陈先生新文再次强调了自己的见解,也提供了一些佐证资料,稍有妥协的地方是认为一个人在如此短的时间内就使用了两个不同的汉字,太难理解。陈先生还试图从文字发音的角度论证,唐朝四镇官府对于龟兹人的名字包括地名等都有一贯的汉字翻译。现在,庆昭蓉的研究给出了进一步的意见,富有启发。这个吐火罗语名字用汉语写作"白俱满尖离"与"白俱满地黎",这是音译,而意译则是"白小葫芦"和"白葫芦"的意思,两人显然是亲戚,只不过庆昭蓉认为"二人具体亲戚关系不明"。[1] 陈国灿先生曾经认为这是兄弟两人，很有可能。在庆昭蓉研究的基础上，不妨进一步推测，这两人更大的可能是父子关系，"白葫芦"是父亲，而"白小葫芦"是儿子。如此，上文的所有分歧便自然化解。同时我们进一步了解到，这种纺织任务，是以家庭为单位进行的。

## （二）孔目司帖的背景

这件孔目司帖的相关研究，已经成果累累，这里重点讨论与"春装布"有关的问题。府兵制时代，卫士有许多东西要自备，后来健儿制成为边军主力，而健儿的衣粮都由国家财政支出。《资治通鉴》在记载唐朝军制转变带来的财政负担时，有过这样一段概括性文字：

> 开元之前，每岁供边兵衣粮，费不过二百万；天宝之后，边将奏益兵浸多，每岁用衣千二十万匹，粮百九十万斛，公私劳费，民始困苦矣。[2]

对于这段文字，胡三省有很具体的注释，"安西衣赐六十二万匹段，北庭衣赐四十八万匹段，河西衣赐百八十万匹段，朔方衣赐二百万匹段，河东衣赐百二十六万匹段，粮五十万石，范阳衣赐八十万匹段，粮五十万石，平卢失衣粮数，陇右衣赐二百五十万匹

---

1　庆昭蓉：《吐火罗语世俗文献与古代龟兹历史》第七章"从戒律与出土文献探讨龟兹佛寺的经营"，北京大学中国古代史研究中心《未名中国史丛刊》第九种，北京大学出版社，2017，第 381 页。
2　《资治通鉴》卷二一五，第 6851 页。

段,剑南衣赐八十万匹段,粮七十万石"。[1]根据《通鉴》的同卷记载,安西四镇"兵二万四千",北庭"兵二万人",就四镇而言,只衣赐一项,每个战士平均25.8匹段。

胡三省的资料不知出处,与《通典》所载,可以相互印证。《通典》所载如下(括号内文字是《通典》自注):

> 自开元中及于天宝,开拓边境,多立功勋,每岁军用日增。其费籴米粟则三百六十万匹段,(朔方、河西各八十万,陇右百万,伊西、北庭八万,安西十二万,河东节度及群牧使各四十万。)给衣则五百二十万,(朔方百二十万,陇右百五十万,河西百万,伊西、北庭四十万,安西五十万,河东节度四十万,群牧二十万。)别支计则二百一十万,(河东五十万,幽州、剑南各八十万。)馈军食则百九十万石。(河东五十万,幽州、剑南各七十万。)大凡一千二百六十万,(开元以前每岁边夷戎所用不过二百万贯,自后经费日广,以至于此。)而锡赉之费此不与焉。其时钱谷之司,唯务割剥,回残剩利,名目万端,府藏虽丰,闾阎困矣。[2]

胡三省注释中,只有衣赐和粮两项,但《通典》有多个项目,有籴米粟(用匹段结算)、给衣、别支和馈军食,共有四项。《通典》自注所列军镇多不全。胡三省注中,没有安西、北庭的军粮用数,《通典》记整个西域二十万匹段。给衣则西域共九十万匹段,安西为五十万,《通典》不如胡三省所记的多。这种差距的原因不明,

---

1　《资治通鉴》卷二一五,第6851页。
2　《通典》卷六《食货六》,第111页。

《通典》明明也说"自开元及于天宝"。

不论《通典》《通鉴》，还是胡三省，强调的基调是一致的，到天宝时期，因为边州军镇的发展，导致供军财政压力巨大，以至于社会开始承受不起。这当然是在指明安史之乱发生的某种征兆。不过，史书如此记载，理据自然没有问题，但如果单纯站在边疆的立场看，正是因为中央政府举全国之力供应边军，从而使边州地区的经济压力比较有限，而边州军镇也能够更加专业地以军事为重，不必心有旁骛，花费很大管理成本去解决供军的经济问题。

《白孔六帖》卷五七《军资粮第一》有"衣赐式"，开篇即引《兵部式》，有如此内容：

> 给赐者用所在军库，绢布相兼。其军每年得赐者不在别给时服限。其赐，每年随庸调预支。诸应有知发军处，所司与兵部计会，量支当年庸调及脚价，留本州，便充兵赐。[1]

为了维护庞大的衣赐，及时供军，唐朝的中央与地方存在着一个系统的保障机制，从"衣赐式"这个专有名词，也能体会唐朝对衣赐的重视。从衣赐到兵部式，能够区别给赐（赐物、衣赐）是纺织品，与"时服"不同，时服是成衣，衣赐是布帛。

《唐六典》度支郎中、员外郎条有相关规定，为"凡物之精者与地之近者以供御，（谓支纳司农、太府、将作、少府等物。）物之固者与地之远者以供军，（谓支纳边军及诸都督、都护府。）皆料其远近、时月、众寡、好恶，而统其务焉"。[2] 足见唐朝对于边军供应

---

1　《白孔六帖》卷五七，上海古籍出版社"四库类书丛刊"本，1992，第 898 页。

2　《唐六典》卷三，第 80 页。

的重视。同卷金部郎中、员外郎条，也有关于赐物的具体规定："凡赐物十段，则约率而给之：绢三匹，布三端，绵四屯。（赀布、绉布、𦆑布各一端。春、夏以丝代绵。）若杂彩十段，则丝布二匹、绸二匹、绫二匹、缦四匹。"[1]

　　上文中，胡三省用"衣赐"，《通典》称"给衣"，加之《唐六典》的"赐物"，都可以理解为同一事物。吐鲁番出土文书中，也有相关资料。阿斯塔那4号墓出土了一组墓主人左憧憙在麟德二年（665）与赵丑胡签订的贷练契约，其中提及"赐物"，引文如下：

1　麟德二年八月十五日，西域道征人赵丑

2　胡于同行人左憧憙贷取帛练

3　三匹。其练回还到西州拾日内，还

4　练使了。到过其月不还，月别依

5　乡法酬生利。延引不还，听拽家财

6　杂物平为本练直。若身东西不在

7　一仰妻儿还偿本练。其练到安西

8　得赐物，只还练两匹；若不得赐，始

9　还练三匹。两和立契，获指为验。

10　　　　练主左

11　　　　贷练人赵丑胡

12　　　　保人白秃子

13　　　　知见人张轨端

---

[1]　《唐六典》卷三，第82页。关于纺织品的量化规定，同卷有记载，如"凡缣、帛之类，必定其长短广狭之制，端、匹、屯、纯之差焉。（罗、锦、绫、绢、纱、縠、绝、绸之属以四丈为匹，布则五丈为端，绵则六两为屯，丝则五两为纯，麻乃三斤为纯。）"，《唐六典》卷三，第82页。

14　　　　　　　知见人竹秃子[1]

　　左憧憙向赵丑胡出贷，帛练三匹，行军归来十日之内偿还，不取利息，若超过十日则取利息。不过，到安西如果获得"赐物"，还两匹练即可。大约行军获得赐物属于常规内容，这个预期是有保证的，所以左憧憙才利用这个机会牟利。[2]

　　兵赐，是战时特殊支出，追求效率可想而知。开元二十三年冬，突骑施进扰安西和西州，朝廷在发给河西节度使牛仙客的敕书中说道："又恐安西资用之乏，卿可于凉府将二十万段物往安西，令随事支拟，及充宴赐。朕则续支送凉州。"[3]因为战时状况，朝廷要给安西发送物资，先令河西支付，然后朝廷再补给河西，这只能理解为河西是距离西域最近的区域，有地利之优。荒川正晴先生认为由河西支付西域，是一种体制性的规定。[4]这是值得重视的意见。可见，朝廷保证边疆军队的军需，平时制度性的供应之外，战时则会再有追加。

　　吐鲁番阿斯塔那 210 号墓出土一件文书，原题《唐总计练残文书》，内容如下：

1　　　────────────┐贰段

1　唐长孺主编《吐鲁番出土文书》叁，第 213 页。
2　麟德二年的这次西域行军，参见荣新江、陈国灿先生的研究。荣新江：《新出吐鲁番文书所见西域史事二题》，《敦煌吐鲁番文献研究论集》第五辑，第 339~354 页。陈国灿：《麟德二年西域道行军的救于阗之役——对吐鲁番阿斯塔那四号墓部分文书的研究》，《魏晋南北朝隋唐史》第 12 期，武汉大学出版社，1993，第 27~36 页。
3　《全唐文》卷二八七《张九龄五》。熊飞校注《张九龄集校注》，中华书局，2008，第 671~672 页。
4　荒川正晴：《关于唐向西域输送布帛与客商的关系》，原载《东洋学报》第 73 卷，乐胜奎译，刊于《魏晋南北朝隋唐史资料》第 16 期，武汉大学出版社，1998，第 342~353 页。

2　　　　右总 [          ] 练八匹

3　前总计准 [          ] 匹贰丈陆尺 　[下残]

4　　　右勘 [     ] 月廿五日被 [     ]

5　　书省 [     ] 七日牒称奉 [     ]

6　　敕守刺史□□□奏伊州三卫 [     ]

7　　首领次 [     ] 请准节 [     ]

8　　旨依奉者，得行从兵 [   ]

9　旨连写如□关至 [     ]　¹

文书有残，研究者普遍认为这是一件事关兵赐的文书。王永兴、李锦绣都如此看待。² 刘子凡总结道："从文书内容看，此事的处理过程大致是伊州刺史向安西都护府申报应受赐物的三卫、首领、行从兵的具体情况，其后安西都护府将伊州刺史所奏上报尚书省兵部，兵部再上奏，得到皇帝批准，同时关吏部协助处理；兵部下符给安西都护府，安西都护府再将皇帝敕旨转发伊州。"³ 这就是战后赐物申领的工作，程序性十分严谨。

唐前期每有征行发生，兵赐是制度性规定，其中卫士、兵募和防丁等，所获各有分别。⁴ 但是，随着边疆军镇化，健儿逐渐取代卫士，兵赐也固定化，成为中央财政的日常支出项目。不论《通典》还是《通鉴》都表示在天宝时期，供军支出成为朝廷重要项目，斥

---

1　唐长孺主编《吐鲁番出土文书》叁，第 43 页。

2　王永兴：《吐鲁番出土唐西州某县事目文书研究》，《国学研究》第 1 卷，北京大学出版社，1993，第 376~382 页。李锦绣：《唐代财政史稿》上卷第三分册，北京大学出版社，1995，第 1235~1240 页。

3　刘子凡：《瀚海天山——唐代伊、西、庭三州军政体制研究》，中西书局，2016，第 47~48 页。

4　参见唐长孺《敦煌所出郿县尉判集中所见的唐代防丁》，收入《山居存稿》，中华书局，2011，第 413~424 页。

力巨大。

安史之乱发生以后，河西、陇右、安西、北庭都调兵遣将，赴中原勤王。有关安西、北庭勤王兵的数字，史书记载有多种。刘子凡的基本判断是安西大约七千人，北庭三千人，双方相加一万人。安西军队共两万四千人，北庭共两万人，所留防的军队占多数。比较起来，河西、陇右和朔方，勤王兵高达总数的一半。[1] 难怪安史之乱后河西防务空虚，被吐蕃乘虚而入。

在中原自顾不暇，河西走廊通道被切断，安西、北庭独力支撑为唐苦守的情况下，虽然兵力减少了大约四分之一，但原来中央的财源被彻底切断，四镇陷入经济困难是可以想象的。张籍《凉州词》中"无数铃声遥过碛，应驮白练到安西"的幸福铃声，安西是再也听不到了。孤军奋战的四镇将士，只能就地取材，坚持战斗。

我们看到的《孔目司帖》，就是在后安史之乱的背景下，四镇解决自身经济需求的具体证据。

### （三）体制性转变

孔目司，是节度使的秘书机构，相当于节度使府的办公厅。[2] 最初，孔目官的出现，属于"行李"之制的一部分。《唐六典》在"行李之命"条下，自注曰：

> 凡别敕差使事务繁剧要重者，给判官二人，每判官并使及副使各给典二人；非繁剧者，判官一人、典二人，使及副使各

---

1　刘子凡：《瀚海天山——唐代伊、西、庭三州军政体制研究》，第 319 页。

2　孔目司与孔目官，是理解《孔目司帖》的关键词，但此前学者看法存在严重分歧，可参见冻国栋《旅顺博物馆藏〈唐建中五年《孔目司帖》〉管见》的介绍分析。

给典一人；四品已上清望官，别给孔目官一人。[1]

节度使府的孔目官，最初应该属于行军制的一部分，因为行军中的指挥官肯定高于四品。行军组织，多是将帅自行选拔，而孔目官并不是节度使府中比较重要的佐官，所以难得一见。随着军镇制度的常态化，孔目官的角色大有加强的意味。研究者注意到，安禄山的重要心腹严庄就是孔目官。《通鉴》天宝十载二月记述道：

> 禄山既兼领三镇，赏刑己出，日益骄恣。自以曩时不拜太子，见上春秋高，颇内惧；又见武备堕弛，有轻中国之心。孔目官严庄、掌书记高尚因为之解图谶，劝之作乱。

于是，胡三省注释："孔目官，衙前吏职也，唐世始有此名；言凡使司之事，一孔一目，皆须经由其手也。"[2]孔目司在使府中既然无所不经手，供军的财务自然也是其中一部分。

日本京都有藤井邻馆藏《唐开元十六年庭州金满县牒》，是一件与孔目司关系密切的文书证据，内容如下：

> 1　金满县　　　牒上孔目司
>
> 2　　开十六税钱，支开十七年用。
>
> 3　　合当县管百姓、行客、兴胡，总壹阡柒佰陆拾人，应见税钱总计当
>
> 4　　贰佰伍拾玖阡陆佰伍拾文。

---

1　《唐六典》卷二"吏部郎中员外郎"条，第35~36页。

2　《资治通鉴》卷二一六，第6905页。

5　　　　　　　　　　　　捌拾伍阡陆佰伍拾文，百姓税。[1]

　　金满县隶属庭州，该牒文是上呈文书，孔目司不是庭州所有，只能是北庭节度使所属。节度使虽然主要职能在于军事，但为了保证军事职能的有效执行，也管理辖区民政。

　　在这件文书出土的几年前，吐鲁番阿斯塔那226号墓出土一组开元十年（722）前后的文书，主要内容与营田有关，包括西州、伊州和北庭，其中有"支度营田使"，是最主要的负责人。通过近三十件文书，我们可以了解边州都护府是如何经营屯田等经济事务的。北庭都护府的营田使，全称支度营田使。根据《唐六典》的记载："凡将帅出征，兵满一万人已上，置长史、司马、仓曹、胄曹、兵曹参军各一人。五千人已上，减司马。诸军各置使一人，五千人已上置副使一人，万人已上置营田副使一人。每军皆有仓曹、胄曹、兵曹参军各一人。"[2]这里没有支度副使的岗位。其实，早在景云元年（710）唐朝已经有了这个设置，《通鉴》在这一年下记载"置河西节度、支度、营田等使"，胡三省注曰："唐制，凡天下边军，皆有支度使，以计军资粮仗之用。节度不兼支度者，支度自为一司；其兼支度者，则节度使自支度。凡边防镇守转运不给，则开置屯田以益军储，于是有营田使。"[3]

　　从阿斯塔那226号墓出土的文书看，伊西庭三州的营田使就是北庭副大使银青光禄大夫检校北庭都护支度营田使上柱国杨楚客。《唐北庭都护支度营田使文书》内容不完整，录文如下：

---

1　池田温：《中国古代籍帐研究·录文与插图》，第210页。

2　《唐六典》卷五，第158页。

3　《资治通鉴》卷二一〇，第6660~6661页。

1　　　　　　　　　　　副使游击□□□□

2　　　　　　　朝请大夫检校北庭副都督兼□□□

3　　　　　中散大夫□□□□□□□上柱国周□□□

4　□□□□副大使银青光禄大夫检校北庭都护□□营田等使
上柱国　杨楚客

5　□□□□如

6　□吾军未报。典康元。又检神状主帅王□忌通。典
康元。

7　　　　　　　　神□冶其所种田军报不

8　　　　　涉欺隐□□□□[1]

在这件不完整的文书中，虽然仅剩下后半部分的署名，但还是透露出一些重要信息。从第 2 行开始，有三位重要官员的署名，第一位是朝请大夫检校北庭副都督兼某某职，第二位是中散大夫、上柱国周某，第三位就是杨楚客。他也是副大使、银青光禄大夫、检校北庭都护支度营田使。他们的官职高低，可以从散官衔看出来，朝请大夫从五品上，中散大夫正五品上，银青光禄大夫从三品。杨楚客的使职，在"营田使"之前有两个空格，应该是"支度"二字。所以，毫无疑问，杨楚客是伊西庭地区的最高官员，同时全面负责军队的物资筹措和供应。

注意胡三省对支度使的执掌解释，"以计军资粮仗之用"。如此，支度营田使是否为孔目司的上级呢？当然不是。孔目司负责的恐怕是文书账目，不该是具体管理。以金满县上呈的文书看，孔目司肯定不负责金满的税收等工作，但是他们需要知道相关数据，于是

---

1　唐长孺主编《吐鲁番出土文书》肆，第 96 页。

金满县要牒文上报。金满县有常住人口，有行客有胡商，这些人都有纳税问题，如果是孔目司直接管理这些事务，是无法想象的，他们不可能拥有这个能力，否则无法理解县政府的功能。

安西四镇的情况也应如此。一方面四镇地区的军镇化在安史之乱前已经完成。节度使与镇守使，都护府与王国机关，军事、民政等分工协作都已经获得组织化落实。《唐六典》规定："诸军各置使一人，五千人已上置副使一人，万人已上置营田副使一人。"[1] 安西节度使所辖兵力当然在万人以上，他自己的头衔除了安西副大都护以外，还有安西节度使、安西支度使、安西经略使，也许还应该有安西营田使。根据《旧唐书·封常清传》，封常清在天宝十一载（752）安西节度使王正见去世后，被任命为"安西副大都护，摄御史中丞，持节充安西四镇节度、经略、支度、营田副大使，知节度事"。[2] 说明安西节度使确有支度、营田等使职。安史之乱前，四镇的基本衣粮供应来自朝廷，也有营田活动，以收获补充军队需要。《唐六典》的相关文字记录如下：

> 凡天下诸军、州管屯，总九百九十有二，（……安西二十屯，疏勒七屯，焉耆七屯，北庭二十屯，伊吾一屯，天山一屯。……）大者五十顷，小者二十顷。凡当屯之中，地有良薄，岁有丰俭，各定为三等。凡屯皆有屯官、屯副。（屯官取前资官、尝选人、文武散官等强干善农事，有书判，堪理务者充；屯副取品子及勋官充。六考满，加一阶，听选；得三上考者，又加一等。）[3]

---

1　《唐六典》卷五，第158页。

2　《旧唐书》卷一〇四《封常清传》，第3208~3209页。

3　《唐六典》卷七，第223页。

这个资料，反映的是《唐六典》修撰时期的情况，是否在安史之乱前一直如此，是无法证明的。但特别给出了四镇的屯田资料，十分珍贵。如安西二十屯，是一个什么规模呢？根据《通典》所记开元二十五年令，这是可以了解的，其文如下：

> 大唐开元二十五年令：诸屯隶司农寺者，每三十顷以下、二十顷以上为一屯。隶州镇诸军者，每五十顷为一屯。应置者，皆从尚书省处分。其旧屯重置者，一依承前封疆为定。新置者，并取荒闲无籍广占之地。其屯虽料五十顷，易田之处各依乡原量事加数。其屯官取勋官五品以上及武散官并前资边州县府镇戍八品以上文武官内，简堪者充。据所收斛斗等级为功优。[1]

这就是说，军队所辖屯田，五十顷为一屯，二十屯共一千顷。按照胡戟先生测算，唐朝亩产一般以每亩一石来估计，[2]那么安西每年屯田所得便是万石。这是一个什么规模呢？上文所列《通典》给出的资料，使用的是"籴米粟"所用的布帛，不是粮食，而和籴有市场浮动问题，难以计算。可以胡三省提供的资料，又恰好没有安西和北庭的军粮数字。只好用河东等军的军粮来推测。胡三省提供的是河东军粮、范阳军粮都是五十万石，剑南七十万石。河东兵55000人，范阳兵91400人，剑南兵30900人，对比他们每年供应的军粮，完全不成比例，一个很重要的原因是，这个供粮数目，应该去除了当地的供应数字。

---

1　《通典》卷二《食货二》，第44页。
2　胡戟：《唐代粮食亩产量——唐代农业经济述论之一》，《西北大学学报》1980年第3期，第74~75页。

虽然有很多未知数，但有一点是比较清楚的，在唐朝前期的制度安排中，对于羁縻州的百姓，唐朝的政策不是获得经济利益。也就是说，西域当地百姓在承担西域驻军的经济负担上是比较轻的。《新唐书》记载："唐兴，初未暇于四夷，自太宗平突厥，西北诸蕃及蛮夷稍稍内属，即其部落列置州县。其大者为都督府，以其首领为都督、刺史，皆得世袭。虽贡赋版籍，多不上户部，然声教所暨，皆边州都督、都护所领，著于令式。"[1] 对于这个记载，是否可以信任？以前研究者基本信任，但近来似乎有些变化。

根据新发现的资料，荣新江、文欣先生著《和田新出汉语－于阗语双语木简考释》，对这组 35 件开元十年纳税简和 4 件开元十五年纳税简进行了介绍、释读和研究。因为是双语木简，典、官署名皆为汉人。但是，这是谁在收税，文章并没有提出主张。[2] 在于阗王府中，有汉人官员，这不是新鲜事，对此刘统有过研究，认为派遣一些汉人官吏前往都督府参与管理，以便于与朝廷的文书往来。[3] 所以，笔者认为这些纳税木简，应该属于于阗王府的征税机构。这与此前吉田丰的结论也是一致的，他认为于阗王国有自己的税务系统。[4] 总之，西域驻军衣粮主要来自中央供应，那么中央这条供应链被切断之后，面临的财政压力反而变得更大了。比较中原的情形，原本就有较好的地方供军，即使中央供应链条中断，还有地方承接，而西域驻军原本不存在这样的地方供应系统，但现在局势陡

---

1　《新唐书》卷四三下《地理志》，第 1119 页。

2　荣新江、文欣：《和田新出汉语－于阗语双语木简考释》，载《敦煌吐鲁番研究》第十一卷，上海古籍出版社，2008，第 45~69 页。

3　刘统：《唐代羁縻府州研究》第三章"羁縻府州的制度与管理"，西北大学出版社，1988，第 31~55 页。

4　吉田丰：《有关和田出土 8-9 世纪于阗语世俗文书札记（一）》，广中智之译，荣新江校，载《敦煌吐鲁番研究》第十一卷，第 147~182 页。

变，不得不由西域地方解决相应问题。

比较建中四年《孔目司帖》与金满县牒孔目司文书，可以发现，最大的区别是安西的孔目司，直接派出官员到莲花渠布置春装布"配织"事项，而且第二天要进行核查，负责的行官还要人人签名。这种管理就是直接式管理。而开元十六年的金满县牒显示，孔目司是通过金满县了解税收资料，绝不是直接管理税收。此时，安西没有金满县这样的下辖政府组织，与龟兹都督府的联系应该是存在的，不可能越过龟兹都督府直接给龟兹百姓布置工作。如建中四年的《孔目司帖》所反映的情形，只能放置在安史之乱后的西域形势下理解。

安史之乱后，中央供应系统中断，四镇军政体制只能应变，节度使、镇守使等军事机构，不得不强化经济功能，部分取代羁縻府，直接进行税收等活动，以确保唐朝军力在西域的存在。这种情况并非安西如此，于阗也一样。丁俊的论文认为"于阗百姓向镇守军纳税，这一点是肯定的"。[1] 这个肯定，不能误解为包括安史之乱前后一直如此，如果严格限制在安史之乱以后，正确率就会大幅度提高。事实上，该论文所用证据，确实都是安史之乱后的文书资料。于阗镇守军在于阗的治理超越军事，直接动手进行税收，可以理解这是军镇地方化的突出表现。

在安史之乱后的总体形势下考察出土文献，学界早有成果。张广达先生著《唐代龟兹地区水利》，就安西当局加强对水利的管理进行讨论，并且充分注意到出土文书的特殊背景。在总结部分，张先生指出："上文讨论的文书大多数，甚或全部，都属于大历、建中年间及稍后的时期。""在唐朝当地政府的心目中，之所以能够维持

---

1　丁俊：《于阗镇守军征税系统初探》，《西域研究》2016 年第 3 期，第 13~23 页。

这种控制，很大程度上取决于仍在有效维持着的农业生产，而农业生产则有水利设施的保证和军队的保护。"[1] 特别是庆昭蓉的一段总结，准确地表达了同一宗旨："在安西都护府设立初期，当地行政可能主要仍由传统体制维系；但随着安西军政日益巩固，唐人治理亦愈加深入。特别是安史之乱后，碛西必须尽可能达到物力人力自给，当局很有可能积极强化资源的征收或管理。《孔目司文书》这种直接派行官下乡征布的行为，反映的大概就是这个趋势。"[2] 这是可以肯定的，作者不过稍有谨慎而已。事实上，荒川先生也是如此论证的。在论文的结语部分，荒川先生认为，像孔目司帖文书反映的军镇直接征发钱物的情况在 8 世纪以前是罕见的，肯定是安史之乱后"从内地调往军需物资事实上已经断绝，各个绿洲的驻军只有自给自足，在经济上不得不依靠绿洲居民"。[3] 可见，研究的结论还是很一致的。

安史之乱后的四镇军政体制，如此看来需要再研究。此前，研究者比较重视安史之乱前后的连续性问题，这是历史的一个侧面。如果从变化的视角考察，应该有利于另一个侧面的发现。张广达、荣新江先生调查于阗出土的汉文文书，时间范围在开元十年（722）到贞元六年（790）之间，认为出土的于阗文资料，与唐朝有关的也应该置于这个范围内考虑，因为和田陷蕃是在贞元六年。[4] 在研

---

1  张广达：《唐代龟兹地区水利》，原文发表于 2000 年，文欣译，收入《张广达文集·文书、典籍与西域史地》，第 71~79 页。

2  庆昭蓉：《吐火罗语世俗文献与古代龟兹历史》第七章"从戒律与出土文献探讨龟兹佛寺的经营"，北京大学出版社，2017，第 389 页。

3  荒川正晴：《关于唐向西域输送布帛与客商的关系》，原载《东洋学报》第 73 卷，乐胜奎译，刊于《魏晋南北朝隋唐史资料》第 16 期，第 15 页。

4  张广达、荣新江：《关于和田出土于阗文献的年代及其相关问题》，原刊《东洋学报》第 69 卷 1.2 号，1988。收入《于阗史丛考（增订本）》，第 48~69 页。

究历史过程中，安史之乱给西域带来的严重影响应该给予更多的重视，包括四镇军政体制发生的改变。

安史之乱发生后的广德元年（763），《通鉴》记载道："边兵精锐者皆征发入援，谓之行营，所留兵单弱，胡虏稍蚕食之。数年间，西北数十州相继沦没，自凤翔以西，邠州以北，皆为左衽矣。"[1]胡三省注曰："史言唐所以失河、陇。"虽然河西失守有过程，但切断朝廷与西域的联络，对于西域而言就是天大事件。直到建中二年（781），朝廷终于获得来自西域的确切而可喜的消息，《通鉴》写道：

> 北庭、安西自吐蕃陷河、陇，隔绝不通，伊西、北庭节度使李元忠、四镇留后郭昕帅将士闭境拒守，数遣使奉表，皆不达，声问绝者十余年；至是，遣使间道历诸胡自回纥中来，上嘉之。[2]

这个时间距离近二十年。事实上，即使这次再次获得联系，西域孤立状态也并没有解除，中央的加官进爵命令，也只有精神鼓励作用。所以，张广达、荣新江先生强调从安史之乱发生到西域陷蕃的贞元六年（790）这三十六年。一方面，所有汉文出土文献和于阗文文献，都属于这个时间段之内；另一方面，西域这三十六年也是最特殊的一个历史时期。

唐朝经营西域，从贞观时期开始，逐步建立起羁縻府州系统，中央设置安西都护府负责四镇等都督府的联络与管理。显庆三年，

---

1　《资治通鉴》卷二二三，第7146~7147页。
2　《资治通鉴》卷二二七，第7303页。《通鉴》所记，当然有根据，《唐会要·安西都护府》《旧唐书·德宗本纪》《旧唐书·回纥传》《新唐书·回纥传》等文献，都有相关记载。可知，当时终于与西域取得联系，让朝廷很兴奋。

安西都护府迁移到龟兹，这个羁縻体系全面建立起来。但是，西域的形势复杂，羁縻体系遭遇巨大挑战，高宗朝后来不得不全面撤出，这就是"拔四镇"。直到武则天长寿元年，王孝杰收复四镇，唐朝开始在西域派驻军队三万人。唐朝对西域的军事管理体制，从原来的镇戍体制转变为军镇体制。到开元时期，完成了军镇化的过程。在这个过程中，基本上双重体制并行，羁縻府州与安西都护府是行政系统，保持着基本的羁縻体系的特点。各地的军镇，服从安西节度使的指挥，是镇守西域的军事系统。就财政体制的安排而言，羁縻府州是自治的，有自己的税收、地方机构和官员系统，安西都护府更类似于羁縻府州与中央的联络机构，所辖所管的内容是有限的。四镇的军事系统，需要羁縻府州提供一些地方性的服务，但军队的后勤保障主要依靠中央财政。安史之乱发生后，西域的环境也发生显著变化，因为来自中央的财政被切断，四镇军事系统不得不依靠西域地方解决军需问题。军政体系依旧，但因为对地方的依赖加深，导致军政体制迅速地方化，军事组织系统不得不大力解决财政问题，甚至直接安排生产活动。与中央脱离的三十六年，西域军民为唐朝苦守，军政体制也有所变化。[1]

### （四）来自于阗镇的证明

四镇体制在安史之乱发生后，为适应新的环境，不得不为生存而求变。龟兹如此，于阗也如此。足证四镇的求变是普遍的。

根据最新的出土资料，至晚到安史之乱发生以后，于阗当地的军事控制进一步强化，整个于阗都受制于军事及其系统的影响，甚

---

[1] 笔者曾撰写《于阗：从镇戍到军镇的演变》（《北京大学学报》2012 年第 4 期），总结唐朝西域军政体制变迁，对于羁縻府州时期、军镇化时期多用笔墨，但没有认真注意安史之乱后西域军政体制的变化，很习惯地忽略了西域这重要的三十六年。

至于阗的当地军人，也并入镇守军系统之中。国家图书馆所藏一件来自新疆和田的汉文文书，藏号 BH1-10，是罕见的重要资料。如何理解这件文书，不仅对于了解唐后期于阗地区的军事政治状况有积极意义，对于安西四镇的理解，也不无参考价值。录文如下：

（前缺）

1　□□

2　应得团结蕃兵总

3　　马军十郎　瑟劳养　勃达仰　阿悉朗

4　　　贺悉达黎　勿日没

5　　步军莽晓　乌北　裴仁捺　逋西　摩割（剒？）

6　　　桑遇黎

7　　　右被□□□（下缺）

（后缺）[1]

　　这件文书虽然有残损，提供的信息却十分重要。首先，这是一件军事文书，是当地驻军向上级军事单位汇报有关军队动向的报告。最后一行"右被……"云云，根据唐代西域的文书，应该是根据上级指示所进行的军事安排，具体内容就是把已经聚集的蕃兵进行了军事派遣，其中隶属于马军的共五名蕃兵，隶属于步军的也有五名蕃兵。所谓蕃兵，就是当地于阗人。因为文书有残损，名单是否不全不能判读，现在只能就文书所提供的内容进行讨论。

　　第2行"总"字后应有一个数字，即总体人数，可惜残缺了。然后分别是马军和步军的名单。值得注意的是，蕃兵名单前"马军

---

1　感谢于阗文书整理小组提供。

十郎"和"步军莽晓"的理解。因为缺少参考的资料，我们难免要
有所推断。"十郎"很明显是个汉人的名称，他很可能是这个马军
建制的军官。相应地，莽晓应该是步军建制的军官。用"十郎"判
定"莽晓"的身份是考虑文书马军、步军的对称性，否则难以理
解。不过，若莽晓也是蕃兵的话，也并非不可理解。因为具有标题
意义的第 2 行标明是"蕃兵"，而"十郎"又不该是蕃兵的名字。
在现有条件下，我们的理解肯定是有局限的。

　　唐朝的军队有马军、步军之分，即骑兵与步兵之分。对于战士
而言，是分配到马军还是步军，从《唐六典》的记载来看，应该是
根据个人素质，"其善弓马者为越骑团，余为步兵团"。[1]唐朝的马军
和步军，最基本的战斗组织是五十人的队，队下再分火，即十人为
一火。从已知吐鲁番文书的情况看，行军出征，确有以队为单位的
文件。阿斯塔那 83 号墓出土的文书《唐先天二年（713）队副王奉
琼牒为当队兵见在及不到人事》和《唐通当队兵死亡、抽调、见在
牒》都是当队上报本队人员情况。前者队副王奉琼，队头氾成素，
后者的队头是氾猫子，他们的报告都是本队人员状况，有的被抽
调，有的没有来，有的死亡等。[2]

　　本件文书，十郎和莽晓都不是书写人，如果他们确实是队头
的话，也不过是被上级单位指定为接收新的蕃兵战斗人员的单位而
已。文书最后一行"右被□□□"，应该是文书书写单位指明来自
上级的新兵分配指示，如此这般执行而已。残缺的字，第一字怀疑
是"镇"字。或许就是镇守军、镇守将等。那么这个文书的书写单
位主体，很可能是常见的杰谢镇文件，根据上级的指示，把新入伍

---

1　《唐六典》卷五，第 156 页。《六典》此处是说明卫士的分工，对于所有唐朝军队，这个原则
　　应该是普遍适用的。
2　唐长孺主编《吐鲁番出土文书》肆，第 7~10 页。

的蕃兵分别分配给相关的马军和步军。

唐朝有一种特殊的军队称作"团结兵",《唐六典》有所提及。[1]
学界研究,以日本日野开三郎为代表,但他的研究有泛化团结兵的
倾向,[2]比较而言,还是方积六先生的研究观点比较可信。[3]团结一词,
如果认定为名词,很容易理解为团结兵,但如果理解为动词,则是
选调、集合之类的词义。这件文书中,"应得团结蕃兵总"一句,是
否可以把"团结"理解成名词呢?第一,唐代的团结兵在《唐六
典》修撰之时尚存在,但后来普遍镇兵化,且《唐六典》没有提及
西域的团结兵。第二,从整个文书来看,这些于阗兵是被纳入当地
的四镇兵马队伍中的,并不是独立成军的,而团结兵一般理解为独
具特色的一个兵种。[4]所以,此文书中的"团结蕃兵",重心是蕃兵,
团结只是动词,即新征召的蕃兵。本件文书中的"团结蕃兵"虽然
不是团结兵,但历史价值却是极高的,因为这件文书毫无疑问地证
明,于阗军镇的兵员,不仅有汉兵,也有蕃兵。这对于我们原来相
关的知识,是一个新的填补。

唐朝在西域发挥中坚作用的军事力量就是四镇的汉兵。与此同
时,于阗也应该有自己的军队。《旧唐书·于阗国传》记载道:"于
阗国,西南带葱岭,与龟兹接,在京师西九千七百里。胜兵四千
人。"[5]长寿元年之前,于阗王国属于四镇之一,但主要靠自己的军

---

1　《唐六典》卷五,第157页。

2　参见日野开三郎《大唐府兵制时代的团结兵的称呼及其普及地域》,《史渊》第61号,1954,
　　第1~26页;又载《东洋史论集》第1卷,第175~200页。《大唐府兵制时代的团结兵》,《法
　　制史研究》第5号,1955;又载《东洋史论集》第1卷,第201~254页。

3　方积六:《关于唐代团结兵的探讨》,《文史》第25辑,1985,第95~108页。

4　笔者的博士学位论文《唐前期军镇研究》专设一章"略论团结兵",可供参考。博士学位论
　　文,北京大学,2001。

5　《旧唐书》卷一九八,第5305页。《新唐书·于阗传》同。

事力量维护安全。而四千人的兵力，略显不足。唐高宗麟德二年（665）三月，"疏勒弓月引吐蕃侵于阗，敕西州都督崔知辩、左武卫将军曹继叔将兵救之"。[1] 说明于阗的兵力有限，无法抗击外来进攻，唐朝只好从西州（今新疆吐鲁番）调兵赴援。唐玄宗天宝十四载（755）安史之乱爆发，唐朝面临空前危机。于阗王尉迟胜，"至德初，闻安禄山反，胜乃命弟曜行国事，自率兵五千赴难"。[2] 尉迟胜作为于阗国王，率兵五千人赶赴国难，用实际行动表达了对于唐朝的忠诚。而在西域，唐朝的汉军和当地蕃兵依然在共同努力，保家卫国。

就于阗的政治体制而言，军镇化的影响也是存在的。荣新江先生根据敦煌本《天宝十道录》中记载的四镇户口数（于阗毗沙府是4787户），证明安西四镇的户口是上报户部的，并非《新唐书》所说的"贡赋版籍，多不上户部"。唐朝显然对当地社会经济的控制更强化了。[3] 文欣通过对《唐于阗镇守军勘印历》中第11行"牒毗沙府为勘图事"的分析，也得出同样的结论。对此，本章讨论的团结蕃兵文书，从军事角度又提供了新证。

《唐大历三年三月典成铣牒》是件和田出土的汉文文书，内容是杰谢百姓杂差科的问题。杰谢百姓是当地的于阗人，他原来属于杰谢居民，因公差事到了六城，本来所有的差科都已经纳足，结果又出现了新的"小小差科"，因为他人与粮食分为两地，无法完成，希望宽限到秋天一定纳足。另外，还有要去杰谢取粮食的问题。最

---

1　《资治通鉴》卷二〇一，第6344页。参见荣新江《新出吐鲁番文书所见西域史事二题》，《敦煌吐鲁番文献研究论集》第五辑，第339~354页。

2　《旧唐书》卷一四四《尉迟胜传》，第3924页。

3　荣新江：《敦煌本〈天宝十道录〉及其价值》，《九州》第2辑，商务印书馆，1999，第116~129页。

可注意者，两件事情百姓都以"胡书"的方式上报给"镇守军"，镇守军翻译之后，"使"给出判文即指示，允许延放到秋天"一切并放者"，允许去杰谢搬运粮食"任自搬运者"。典是镇守军的文书书写者，名字叫"成铣"。那么镇守军使的指示谁去执行呢？文中清楚地说明是"所由者"，即地方基层的负责人。而文书最后一行是"六城质罗刺史阿摩支尉迟信"，但文书似乎未完，下文也无从得知。百姓差科事情由镇守军负责，而所由者很可能就是六城质罗刺史，这反映了怎样的地方军政体制呢？镇守军不是简单地通过羁縻府系统获取物资或者人力资源，而是会直接对当地百姓的差科做出决定。文书中对于"使"的判文十分重视，因为那其实就是来自镇守军的命令。[1] 六城质罗刺史，应该正是接受命令的一方，而他应该是于阗毗沙都督府十州之一的官员。如果这件文书反映的于阗状况是普遍的，那么镇守军在于阗的地位就显而易见了。它已经成为于阗地区最核心的权力机构。

　　如何概括于阗这种地方军政体制呢？或许，用羁縻府的军镇化是恰当的。庞大的军事力量进驻地方，不仅在一般社会生活的层面上给地方带来许多影响，更会促进地方政治体制的变化。因为军事问题涉及国防安全和国家大局，所以常常成为一个时代诸多问题的重中之重。唐朝军镇体制在边疆地区的成长，都是伴随战争而完成的。唐长孺先生曾经把节度使概括为军区，[2] 更准确的概括恐怕是战区，而节度使就是一个地区的战时司令。《唐六典》在介绍天下八

---

1　关于这件文书及其具体概念的解释，张广达、荣新江先生的研究最可信赖，请参考。见《于阗史丛考（增订本）》，第106~117页。

2　唐长孺：《唐代军事制度之演变》，《武汉大学社会科学季刊》复刊第9卷第1号，1948，第98~125页。

节度之后写道："若诸州在节度内者，皆受节度焉。"[1] 这就是说，军队出征，所辖地方给予配合是有制度或传统依据的。因为这种状况持续时间较长，一个新的地方军政体制就成长起来，用欧阳修《新唐书》的说法就是"及府兵法坏而方镇盛，武夫悍将虽无事时，据要险，专方面，既有其土地，又有其人民，又有其甲兵，又有其财赋，以布列天下"。[2] 这就是天宝诸节度的问题。所谓武夫悍将，是特指安禄山、史思明这样的人，至于四镇的军事将领，是保卫边疆的功臣，绝不可以悍将形容。但是，军镇化的体制演变，在四镇还是发生了，至少我们在于阗看得比较清楚。这说明，边疆地区的军镇化确实存在体制性的因素，是长期驻军制带来的必然后果，而西域正经历着整个唐朝都在经历的过程。

唐朝以四镇守护西域与丝绸之路，这是西汉以来的体制性传统。安史之乱发生后，四镇的军事力量一部分赶赴中原勤王，西域兵力严重削弱，但四镇在中央支援断绝的条件下，继续孤守西域几十年。丝绸之路的维护，也面临种种危机，这在绢马贸易中已经有所显现。

四镇陷蕃之后，西域进一步陷入混乱，丝绸之路进入动荡期在所难免。

---

1　《唐六典》卷五，第158页。
2　《新唐书》卷五〇《兵志》，第1328页。

# 第三章　北庭都护府的发展

　　北庭在西域的军事地位重要性，在唐代有一个逐渐发现并最终在制度上获得落实的过程。西汉张骞"凿空"丝绸之路，至唐代，丝绸之路已经拥有近千年历史。丝绸之路的发展，扩大了欧亚大陆各国的交往，物质与文化交流丰富了各国的生活。保证丝绸之路的畅通，除了各国的自身稳定之外，丝绸之路的管理也是不可或缺的一环。丝绸之路管理的重心主要是国际交接部分，对于中国而言，重心就是西域。西汉创立西域都护府，管理西域军政事务。西域各地存在多个屯田校尉，是西域都护府的主要属下，也是重要战略支点。在天山以北，则以戊己校尉为中心，管理天山北部、东部地区。唐朝经营西域，继承的是汉朝传统，设置安西都护府和北庭都护府，都反映了西汉体制的影响。最初，唐朝在北疆以西州为中心展开建设，即使在安西都护府转驻龟兹之后，西州的地位依然重要。安西都护府下辖四镇，四镇驻军数万人，南疆地区终于获得稳定。唐朝继续探索北疆的管理体制，最终设置北庭都护府，把庭州建设为北疆的军政中心。至此，天山南北分别设立军政中心，既分工又配合。唐朝的西域管理体制，终于从汉代的制度模式中发展起来，拥有了唐朝制度特色。南北两个军事政治中心，在保护西域安全、维护丝路畅通上发挥了重要作用。

## 一　平定高昌之役

唐朝经营西域，是从唐太宗贞观十四年（640）平高昌开始的。此前伊州归附是伊州居民的主动行为，唐朝并没有动用军事力量。但是，伊州有一个从西伊州（贞观四年）改名为伊州（贞观六年）的过程。张广达先生认为，这个过程表达的是伊州性质的变化，从羁縻性质转变为正州性质，从而使唐朝可以立足伊州经营西域。[1]

唐朝正式对西域展开军事行动是贞观十四年，起因是高昌联合西突厥对伊吾、焉耆等发动军事攻击，甚至占领焉耆领土，而高昌和焉耆都是唐朝的藩国，唐朝有保护义务。《旧唐书·焉耆传》："十二年，处月、处密与高昌攻陷焉耆五城，掠男女一千五百人，焚其庐舍而去。"[2] 同书同卷《高昌传》的记载是高昌"寻与西突厥乙毗设击破焉耆三城，虏其男女而去。焉耆王上表诉之，太宗遣虞部郎中李道裕往问其状"。[3] 两传记合读，便知原委。高昌与西突厥攻

---

1　张广达：《唐灭高昌国后的西州形势》，原载《东洋文化》第 68 期，1988。收入张广达《西域史地丛稿初编》，上海古籍出版社，1995，第 113~173 页。

2　《旧唐书》卷一九八《西域传·焉耆》，第 5301~5302 页。

3　《旧唐书》卷一九八《西域传·高昌》，第 5294 页。

击焉耆后，焉耆向唐朝控诉，唐朝派使者前往高昌问责。后续，唐朝决定出兵高昌。唐朝《讨高昌王麹文泰诏》写道："高昌麹文泰，犹为不轨，敢兴异图，事上无忠款之节，御下逞残忍之志。"对高昌的内外政策都有否定性的揭示。[1] 最有追问余地的是诏书中有关西突厥的说法：

> 又西蕃突厥，战争已久，朕愍其乱离，志在安辑，乃立咥利始可汗兄弟，庶令克复旧基。文泰反道败德，恶安好祸，间谍酋豪，交乱种落，遂使毡裘之长，亟动干戈，引弓之人，重罹涂炭。[2]

西突厥内部分裂，是在贞观之初，而西突厥两派之间的战争，断断续续几乎没有停止过，西域包括高昌、焉耆等都卷入了西突厥的战争之中。高昌与焉耆之间的战争，其实是西突厥内战的一部分，只因为焉耆和高昌隶属于西突厥的不同派系。高昌参与攻打焉耆，主导者是西突厥欲谷设一派，而在贞观十三年这个时间点上，欲谷设一派势力正旺，大有一统西域的可能。令唐朝难以容忍的是，欲谷设恰恰是唐朝反对的一派西突厥，而唐朝支持的西突厥，即咥利失可汗正不断地遭受失败。对此，《资治通鉴》的一段文字，说明了当时的形势：

> 西突厥咥利失可汗之臣俟利发与乙毗咄陆可汗通谋作乱，咥利失穷蹙，逃奔拔汗而死。弩失毕部落迎其弟子薄布特勒立

---

1　宋绶、宋敏求编《唐大诏令集》卷一三〇，中华书局，2008，第702~703页。

2　《唐大诏令集》卷一三〇，第702页。

之，是为乙毗沙钵罗叶护可汗。沙钵罗叶护既立，建庭于虽合水北，谓之南庭，自龟兹、鄯善、且末、吐火罗、焉耆、石、史、何、穆、康等国皆附之。咄陆建牙于镞曷山西，谓之北庭，自厥越失、拔悉弥、驳马、结骨、火㷸、触水昆等国皆附之，以伊列水为境。[1]

　　这里，乙毗咄陆可汗即欲谷设，他的可汗之位在唐朝的眼里是自称，唐朝不予承认。西突厥内部的分裂，自统叶护之后，已经常态化，西域因此陷入无休止的战乱之中。在西域的战乱中，各个绿洲王国都是西突厥的附庸，没有能力独立自主，对此唐朝也是知情的。[2] 贞观四年（630），高昌王麴文泰曾经赴长安朝见唐太宗，唐朝招待甚厚，赐其妻子宇文氏为李氏，封常乐公主。但后来，西域陷入西突厥的分裂战乱，高昌与唐朝的关系遭遇危机。其间发生一件事，唐朝"征其大臣冠军阿史那矩入朝，将欲议事。文泰竟不遣，乃遣其长史麴雍来谢罪"。[3] 这位阿史那矩，虽然名义上担任高昌国的冠军将军，其实他是西突厥派驻高昌的代表，是高昌的"太上王"。[4] 从统叶护时代，西突厥在西域的各个属国中"遣吐屯一人监统之，督其征赋"。[5] 至于阿史那矩，明显是突厥可汗家族成员，根据嶋崎昌先生的推测，阿史那矩应该是高昌预备袭击伊州的突厥指

1　《资治通鉴》卷一九五，第6151~6152页。《通鉴》的总结是有依据的，参见《旧唐书》卷一九四下《突厥传下》，第5181~5185页。
2　参见吴玉贵《突厥汗国与隋唐关系史研究》第九章"唐朝在西域的活动与西突厥汗国局势的演变"，第312~337页。
3　《旧唐书》卷一九八《西戎传·高昌》，第5294页。
4　薛宗正先生认为高昌在突厥挟持下反唐，颇有道理。见薛宗正《突厥史》，中国社会科学出版社，1992，第292~296页
5　《旧唐书》卷一四四《突厥传下》，第5181页。

挥官。[1] 麹文泰没有能力指挥阿史那矩，只能派人来谢罪。[2]

唐朝决定动用军事力量解决西域问题，表面上看来，是高昌国的罪行引发了唐朝的军事政策调整，其实唐朝针对的是西域形势，尤其是西突厥欲谷设一派的发展。如果唐朝不及时出兵，欲谷设一派长期控制西域，唐朝与西域的关系只能恶化，未来将会更加难以处置。但是，唐朝不能跟欲谷设直接对话，所有出师之名皆来自高昌国，正因为如此，唐太宗的《讨高昌王麹文泰诏》才会把麹文泰描写成西突厥内战的罪人。

从麹文泰应对唐朝使者的语言中，还是能够看到西突厥的影响的，他敢于在唐朝面前泰然自若，是因为背后西突厥力量的存在。麹文泰的态度有个人经验作为判断依据："吾往者朝觐，见秦、陇之北，城邑萧条，非复有隋之比。设今伐我，发兵多则粮运不给，若发三万以下，吾能制之。加以碛路艰险，自然疲顿，吾以逸待劳，坐收其弊，何足为忧也？"[3] 事实上麹文泰的经验已经过时，唐朝的国力以及雄心，显然是隋朝不能比拟的。归纳文献资料可知，为平高昌，唐朝出兵众多，因为唐朝的主要对手设定，始终是西突厥而不是高昌。

高昌国都位于今新疆吐鲁番高昌故城，西突厥欲谷设的力量驻扎在天山北部的可汗浮图城，彼此可以相通声气、互相支援。《旧唐书·侯君集传》的记载比较简略，但很重要：

1　嶋崎昌「唐の高昌国征討の原因について」『隋唐時代の東トゥルキスタン研究——高昌国史研究を中心として』、東京大学出版会、1977、第81~112頁。

2　姜伯勤先生根据吐鲁番出土文书，发现这个时期西突厥与麹氏高昌国来往十分频繁。姜伯勤：《敦煌吐鲁番文书与丝绸之路》第三章第一节"高昌麹朝与东西突厥"，第84~105页。

3　《旧唐书》卷一九八《西戎传·高昌》，第5295页。

　　初，文泰与西突厥欲谷设约，有兵至，共为表里。及闻君集至，欲谷设惧而西走千余里，智盛失援，计无所出，遂开门出降。君集分兵略地，遂平其国，俘智盛及其将吏，刻石纪功而还。[1]

　　平高昌之役，欲谷设未战先逃，高昌王国孤立无援，唐朝战事顺利，很快赢得胜利。其中，欲谷设逃跑是关键。唐朝准备充分应该是欲谷设逃跑的基本原因，所谓充分，不外是兵力投入足和战略针对性强而已。

　　唐平高昌之役，兵力投入没有清晰的记载。按《旧唐书·高昌传》的说法是："太宗乃命吏部尚书侯君集为交河道大总管，率左屯卫大将军薛万均及突厥、契苾之众，步骑数万众以击之。"[2] 虽然没有言及军队数量，但从这个记载可以看到有突厥、契苾部落军队。而突厥的军队，应该是阿史那社尔统率，据《旧唐书》本传贞观"十四年，授行军总管，以平高昌"。[3] 而契苾军队，是契苾何力带领，他的传记也记载了此事：贞观"十四年，为葱山道副大总管，讨平高昌"。[4] 史书多记载这次行军的名号是交河道行军，侯君集为交河道大总管。但同一战役，契苾何力的职务却是"葱山道副大总管"。阿史那社尔统率突厥兵，既然书写在契苾之前，数量理应更多，行军军衔也不应低于契苾何力。阿史那社尔在投降唐朝之前，长期在高昌一带活动，而大本营就是可汗浮图城。所以，最大的可能是阿史那社尔为葱山道大总管。交河道与葱山道是分工协作关系，侯君

---

1　《旧唐书》卷六九《侯君集传》，第 2511 页。
2　《旧唐书》卷一九八《西戎传·高昌》，第 5295 页。
3　《旧唐书》卷一〇九《阿史那社尔传》，第 3289 页。
4　《旧唐书》卷一〇九《契苾何力传》，第 3291 页。

集的交河道行军，重点进攻对象是高昌国，而阿史那社尔的葱山道行军，主攻可汗浮图城。

《侯君集传》中有"刻石纪功而还"的记载，现在所知《姜行本纪功碑》当不在其列，因为此碑是战前预备时期的刻石，不是胜利之后的纪功。《姜行本纪功碑》，简称《姜行本碑》，这里题为"大唐左屯卫将军姜行本勒石□□文"，所缺两字可能就是"纪功"。此纪功是记录他们具体任务的完成，不是平高昌的完成。姜行本担任左屯卫将军之前是将作大匠，"及高昌之役，以行本为行军副总管，率众先出伊州，未至柳谷百余里，依山造攻具。其处有班超纪功碑，行本磨去其文，更刻颂陈国威德而去"。姜行本担任后勤保障工作，非战斗部队。平高昌之后，唐太宗曾用玺书慰劳，晋升为金城郡公，具载于本传。[1]

此碑文补充史籍之处甚多，是我们了解平高昌之役十分珍贵的史料。碑文的文字对于侯君集的称谓更完整："诏使持节光禄大夫、吏部尚书、上柱国、陈国公侯君集交河道行军大总管，副总管左屯卫大将军、上柱国、永安郡开国公薛万钧，副总管左屯卫将军、上柱国、通川县开国男姜行本等爰整三军，龚行天罚……"除了统军者，碑文还写下了姜行本所承担的任务，"五月十日，师次伊吾时罗漫山北，登黑绀所，未盈旬月，克成奇功"，他们的奇功就是伐木制造攻城器械。姜行本的部下，有沙州刺史刘德敏、右监门中郎将衡智锡、左屯卫中郎将屈昉、左武侯郎将李海岸、前开州刺史时德衡、右监门府长王进威等。立碑时间明确是六月二十五日，撰文应该是"瓜州司法参军河内司马……"碑左侧，另有文字很重要，"交河道行军总管左骁卫将军……吴仁领右军……""交河道行军总管左

---

武卫将军……牛进达领兵十五万”。[1]吴仁，即萨孤吴仁，与牛进达一样为当时名将。这是侯君集交河道行军的最详细资料，尤其是牛进达领兵十五万，与前文对应考虑，应该是左军，如此左右军就是三十万。按理必须有中军，也应具备相应的规模。虽然这种纪功碑存在夸大军力的可能性，但侯君集统率的交河道行军实际人数应在二十万左右。

侯君集的交河道行军，与契苾何力的葱山道行军，是一体两面，有分工有协作。但交河道的兵力，不能将葱山道的军力一起计数。若两道行军加起来，总数应该超出二十万。唐朝庞大的军力加上极强的战略针对性，迫使欲谷设闻风而逃。唐朝平高昌之役，以唐朝的全面胜利而告结束。

## 二　设置安西都护府于西州

高昌平定之后，如何善后，唐廷内部存在争议。设置西州，把高昌故地纳入中央的直接统治区是一派意见。以魏徵为代表，则坚持另外一种意见。对此，《唐会要》的记载具有概括性，其言为：

> 十四年八月十日，交河道行军大总管侯君集，副总管牛进达，平高昌国，下其郡三，县五，城二十二，户八千四十六，口三万七千七百三十八，马四千三百匹。太宗欲以其地为州县，魏徵谏曰……上不从，以其地为西昌州，又改为西州。以交河城为交河县，始昌城为天山县，田山城为柳中县，东镇城为蒲昌县，高昌城为高昌县，并为都护府，留军以镇之。初，

---

1　《金石萃编》卷四五（唐五），中国书店，1985，第3~5页。

> 西突厥遣其叶护屯兵于可汗浮图城，与高昌为影响，至是惧而来降，以其地为庭州，并置蒲类县。国威既震，西域大惧。焉耆王诣军门请谒，留兵镇守，刻石纪功而还。[1]

具体如人口数字，《会要》的记载比《册府元龟》更准确，而以高昌之地置西州，西州之下分别设立高昌、交河、天山、柳中、蒲昌五县，在可汗浮图城设立庭州等，是一个系统的改建计划。总之，唐朝的高昌之役，自始至终都是包含可汗浮图城在内的，同时设立西州与庭州两个军政机构，留兵镇守，不仅保障战争的成果，还为后来的进一步经营西域做好铺垫。

在唐朝的善后设计中，西州的重要性明显高过庭州。贞观十四年（640）八、九月，唐太宗的朝廷连续推出政策，针对刚刚平定的高昌："八月癸巳，交河道行军大总管侯君集平高昌，以其地置西州。九月癸卯，曲赦西州大辟罪。乙卯，于西州置安西都护府。"[2] 八月癸巳为二十八日，九月癸卯为九日，乙卯为二十一日。《通鉴》记载此事，八月只言高昌善后事，魏徵反对以高昌为州县，太宗不从。"九月，以其地为西州，以可汗浮图城为庭州。乙卯，置安西都护府于交河城，留兵镇之。"[3] 在诸书记载略有参差的情况下，《通鉴》后出则重视时间，可以为凭。先是朝廷内部有争议，反对设立西州的魏徵意见没有被采纳，西州与庭州同时宣布设置，不久又宣布在西州设立安西都护府。

如果说西州与庭州同时宣布成立，并不能区分二州之间的轻重

---

1 《唐会要》卷九五，第2016页。《册府元龟》卷四二九《将帅部·拓土》记述文字略同，第4868页。

2 《旧唐书》卷三《太宗本纪下》，第52页。

3 《资治通鉴》卷一九五，贞观十四年，第6156页。

关系，那么很快成立的安西都护府，令西州的地位陡然提升。安西
都护府，分明是从西汉的西域都护府传承而来，是唐朝治理西域的
最高军政机构。《唐六典》描述都护府的职掌"都护、副都护之职，
掌抚慰诸蕃，辑宁外寇，觇候奸谲，征讨携离；长史、司马贰焉"。
同时，在叙述都护府来源时则径直从汉武帝开始："汉武帝开西域，
安其种落三十六国，置使者、校尉以领护之。宣帝时，郑吉为西域
都护，始立幕府；都护之名，自吉始也。"[1]这种叙述文字，绝不是简
单的历史介绍，强调历史与现实的联系才是重点。

　　唐朝安西都护府的第一代都护是乔师望，《贞观年中巡抚高昌
诏》中已有"安西都护乔师望"字样，[2]希望围绕乔师望，展开对
高昌的安抚工作。[3]因为安西都护乔师望名字出现在诏书中，并非
完整的职官表达。第二任安西都护郭孝恪，任职资料便相对完整，
如《旧唐书》本传称"贞观十六年，累授金紫光禄大夫、行安西都
护、西州刺史"；[4]《册府元龟》称"郭孝恪为安西都护，督西、伊、
庭三州诸军事"。[5]很明显，郭孝恪是以安西都护兼任西州刺史的，
而《册府》中的文字，是唐朝一般任命方式的体现。郭孝恪是安西
都护，同时是使持节，西州刺史，都督西、伊、庭三州诸军事。这
里，西州的重要性很突出，不仅是安西都护所在地，还是安西都护
的本官，在军事上领导西、伊、庭三州。需要稍加注意，这个时候

---

1　《唐六典》卷三〇，第 754~755 页。

2　许敬宗编，罗国威整理《日藏弘仁本文馆词林校证》卷六六四，中华书局，2001，第
　　249 页。

3　柳洪亮：《安西都护府初期的几任都护》，收入柳洪亮《新出吐鲁番文书及其研究》，第
　　355~362 页。柳先生认为乔师望的任职时间是贞观十四年九月至十六年九月，可从。

4　《旧唐书》卷八三《郭孝恪传》，第 2774 页。

5　《册府元龟》卷三九八《将帅部·抚士卒》，第 4511 页。

西州、伊州、庭州的排序，庭州排在最后。[1]

　　此外，唐朝经营西域的大本营就是西州、伊州、庭州三州，而西州是重心所在。安西都护府所在地是西州，西州与安西都护府的关系是合署办公。[2]此外，唐朝平定高昌之后，在当地采取一系列政策，除旧纳新，废除高昌旧制，推行唐朝制度，接纳高昌为唐朝的有机组成部分，为唐朝经营西域打下了重要基础。简单归纳学界已经研究的相关问题，大约有如下诸项。

### （一）留驻军队，推行府兵制

　　吐鲁番阿斯塔那150号墓出土一组文书，整理小组命名为《唐诸府卫士配官马、驮残文书》，共三件，是多个折冲府马匹等统计文书，涉及归政、大池、三畤、秦城、育善、大候、正平、大顺等折冲府，主要是属于关内道、河东道的军府。[3]这是交河道行军的部队，高昌平定后，继续留驻当地。从伴出文书有贞观十九年（645）的情况看，这组军府文书也应属于这个时期。有多少军队留驻当地，没有清晰的资料，因为西突厥主力主动撤离，安西都护府需要足够的军队保护，这是可想而知的。

　　唐朝宣布建立西州的同时，高昌、交河、天山、柳中、蒲昌等五县也同时建立。史书记载，唐朝还在西州建立了府兵组织，即前庭府、岸头府、蒲昌府和天山府。关于四府的建立时间，张广达先生认为唐太宗贞观十四年（640）平定高昌、设立西州都督府等相

---

1　参见刘子凡《瀚海天山——唐代伊、西、庭三州军政体制研究》第一章第三节"伊、西、庭三州军政体制的建立"中的讨论。

2　陈国灿：《吐鲁番出土汉文文书与唐史研究》，《隋唐史论集》，第295~296页。李方对此观点有继承，见李方《唐西州行政体制考论》第一章，黑龙江教育出版社，2002。

3　唐长孺主编《吐鲁番出土文书》叁，第22~24页。参见陈国灿《吐鲁番出土唐代文献编年》贞观十九年，新文丰出版公司，2002，第27页。

应军政体制，在贞观十四年八月以后不久就建立了府兵制。[1] 而唐长孺先生认为西州当地人口过少，推测四个兵府的建立有先后，即"蒲昌、天山两府设置稍晚，贞观至高宗初只有前庭、岸头两府"，"到高宗时无疑均已建立"。[2] 由新出《唐龙朔二年（662）正月十六日康延愿墓志》等资料，可以认为西州建立不久，府兵系统就建立了起来。[3]

### （二）调查户口，建立唐式户籍体系

在州县等行政系统、折冲府等军事系统建立的同时，户籍体系建立。贞观十四年九月，西州宣布建立的同一个月，在吐鲁番出土文书中就见到了当月的《西州高昌县李石柱等牒上当户手实》，最后一行文字是"贞观十四年九月□日户主李石住牒"，[4] 字迹清晰。唐朝的户籍制度，统计从住户的上报手实开始，然后形成各级户籍。这说明，唐朝几乎在战争结束的同时就开始了户籍调查工作，而工作的方式显然是按照唐朝的制度进行的，这也是唐朝户籍制度落实的开始。手实是户主申报，负有法律责任，其中的主要内容是家口和土地等资料。手实之外，吐鲁番出土文书中还能看到以乡为单位的人口分类统计资料，如《唐西州某乡户口帐》，都属于这个时期新建立的人口资料。[5]

---

1　参见张广达《唐灭高昌国后的西州形势》，原载《东洋文化》第 68 期，1988。收入张广达《西域史地丛稿初编》，第 113~173 页。关于府兵制的资料，张先生使用的是哈拉和卓 1 号墓《唐西州某乡户口帐》。

2　唐长孺：《吐鲁番文书中所见的西州府兵》，《敦煌吐鲁番文书初探二编》，武汉大学出版社，1990，第 29~103 页。

3　参见孟宪实、刘丽《吐鲁番新出赵同墓志初探》，朱玉麒主编《西域文史》第三辑，科学出版社，2008，第 187~195 页。

4　唐长孺主编《吐鲁番出土文书》贰，第 43 页。

5　唐长孺主编《吐鲁番出土文书》贰，第 7~8 页。

　　户籍资料也包括寺院的统计，无疑这也是按照唐朝的制度进行。2004 年，吐鲁番巴达木 113 号墓出土一件文书，首尾俱残，正面均匀地钤有九个"高昌县之印"，可知是官府文书。内容是有关三位僧人的具体资料，文字残留五行，每人资料单独排列。"高昌县之印"，六方完整。背面纸缝存半行文字，上倒书"思恩寺""龙朔二年正月"，文字上也钤"高昌县之印"。"思恩寺"三字，属于骑缝押署之字，其中第一字"思"字右偏，如同一个字的偏旁。此寺名称，属于首见。按照相关制度规定，这是高昌县思恩寺的正式僧籍，是属于高昌县政府保存的一份正规僧籍。[1] 这种僧籍编制，也是唐朝户籍制度的一部分，不过是因为僧人属于特殊的居民，唐朝在寺院管理上有另外一套系统，而僧籍编制与户籍编制是同时进行的。

## （三）移民政策

　　此外，唐朝在西州还有移民政策相伴随。移民是两个方向，高昌国的核心家族，以战俘的名义被迁往中原，主要在洛阳，少数在长安。《旧唐书·太宗本纪》记载贞观十四年十二月，侯君集"执高昌王麹智盛，献捷于观德殿"，[2] 同书的《高昌传》则记载君臣豪杰。[3]《资治通鉴》记录的是"君集虏高昌王智盛及其群臣、豪杰而还"。[4] 君臣、豪杰皆成了唐朝的俘虏。吐鲁番出土文书中，透露出更多的信息。贞观十四年，高昌群臣豪杰被唐朝作为战俘押往中

1　荣新江、李肖、孟宪实主编《新获吐鲁番出土文献》，第 60~61 页。参见孟宪实《吐鲁番新发现的〈唐龙朔二年西州高昌县思恩寺僧籍〉》，《文物》2007 年第 2 期，第 50~55 页。
2　《旧唐书》卷三《太宗本纪下》，第 52 页。
3　《唐会要》卷九五、《册府元龟》卷一〇〇〇《外臣部·亡灭》、《新唐书·高昌传》内容相同。
4　《资治通鉴》卷一九五，第 6156 页。

原，后来安置在洛阳为多。吐鲁番文书中有来自洛阳的信件，他们与依然留在西州的亲戚有通信往来，也透露了当时的情况。有的人成为唐朝的军官，他们自称生活良好。[1]

唐朝平定高昌，在如何善后问题上，魏徵等曾表示反对设立州县，"常须千余人镇守，数年一易，往来交替，死者十有三四。遣办衣资，离别亲戚，十年之后，陇右空虚，陛下终不得高昌撮粟尺布以助中国，所谓散有用而资无用"。[2] 看来，高昌人口稀少这个历史条件，成了唐朝巩固边疆的薄弱环节，魏徵担心因此会牵动中原，造成陇右空虚。唐太宗不听魏徵的建议，实行移民实边的传统政策。《新唐书·太宗本纪》记载贞观"十六年正月乙丑，遣使安抚西州。戊辰，募戍西州者，前犯流死亡匿，听其自首以应募。辛未，徙天下死罪囚实西州"。[3] 看来，主要是罪犯徙边，也属于招募性质。所谓"自首以应募"，当然要赦免其罪。《千唐志斋藏志》收录一方盖蕃墓志，原题《唐故曹州离狐县丞盖府君墓志铭》，记载了志主与兄长一同前往西州的事。[4] 从西州移民的视角看，唐贞观年间移民政策确实获得了贯彻，从而解决当地人口缺乏的问题。到高宗永徽二年，原来迁往中原的高昌移民，获得朝廷安抚新政的支持，随西州刺史麹智湛一同返回高昌原地。《册府元龟》记载："高宗永徽二年十一月丁丑，以高昌故地置安西都护府，以尚舍奉御天山县公麹智湛为左骁卫大将军兼安西都护府（西）州刺史，往镇抚

1　参见陈国灿《吐鲁番所出唐代来自长安、洛阳的文书》，初刊《中国古代社会经济史论——黄惠贤先生八十华诞纪念论文集》，湖北人民出版社，2010。收入《陈国灿吐鲁番敦煌出土文献史事论集》，上海古籍出版社，2012，第136~157页。

2　《唐会要》卷九五，第2016页。

3　《新唐书》卷二《太宗本纪》，第41页。

4　《盖蕃墓志》，河南省文物研究所、河南省洛阳地区文管处：《千唐志斋藏志》，文物出版社，1984，第258页。

焉。"[1] 一方面证明唐廷对于高昌故人已经放心，另一方面高昌故人返回，也有利于增强当地的人力资源。[2]

### （四）官制转换

如何对待高昌原来的国人，是唐朝的重要课题，高昌原来的国王、群臣和豪杰，这是可能存在的敌对势力，不利于西州未来的建设，所以移民中原，能够减少西州在建设之初可能遭遇的问题。可以说，这在战前就已经出台了相应的政策。《册府元龟》卷八四《帝王部·赦宥第三》有如下记载：

> （贞观十四年）九月癸卯，以交河道行军总管侯君集击高昌麹文泰，破之。曲赦其部内大辟罪已下，其佞邪之徒劝文泰为恶并凶逆不变、抗拒官军者，不在赦例。可汗浮图城及从军兵士，非犯十恶，并从赦免；其士卒有父子犯罪以下罪期亲犯、流、大功犯、徒、小功、缌麻犯、杖罪，悉皆放。若妖言惑众、杀人、官人枉法受财、劫贼监治之主守自盗所监治，不在赦限。[3]

所谓"不在赦限"包括各类罪犯，但更重要的是"佞邪之徒劝文泰为恶并凶逆不变、抗拒官军者，不在赦例"。而不赦者，就是被迁徙到中原的群臣和豪杰。如何处理众多的中下层高昌人士呢？这是《贞观年中巡抚高昌诏》中公布的政策：

---

1　《册府元龟》卷九九一《外臣部·备御第四》，第 11478 页。

2　白須净真「唐代吐魯番の豪族——とくに阿史那賀魯の反乱以後における舊高昌豪族への処遇を中心として」『竜谷史壇』72 号、1977 年三月刊、第 47～60 頁。

3　《册府元龟》卷八四《帝王部·赦宥第三》，第 925 页。

宜遣五品一人，驰驿往西州宣扬朝旨，慰劳百姓，其僧尼等亦宜抚慰。高昌旧官人并首望等，有景行淳直，及为乡闾所服者，使人宜共守安西都护乔师望，量拟骑都尉以下官奏闻。[1]

唐太宗专门派遣一名五品官作为使者，前往西州，与安西都护、西州刺史乔师望配合，分别给予高昌旧官人和有威望的民间领袖骑都尉以下的唐朝武散官，相当于唐朝用自己的官职接收了高昌国的官员。这样一来，高昌的官员按照高昌的等级，相应地获得了唐朝的官品，他们在唐朝，依然维护了自己的社会地位，对于唐朝的新政策，可想而知应该是欢迎的。

根据侯灿、吴美琳《吐鲁番出土砖志集注》中的墓砖资料，[2] 排列高昌官员的原来官职和入唐的官职转换如表 8。

表 8　高昌到西州官职转换一览

| 姓 名 | 高昌官职 | 唐官职 | 唐品阶 |
| --- | --- | --- | --- |
| 张延衡 | 仓部郎中、洿林令 | 骑都尉 | 从五品 |
| 王欢悦 | 殿中将军 | 骁骑尉 | 正六品 |
| 宋怀喜 | 厅上干将 | 飞骑尉 | 从六品 |
| 唐武悦 | 兵部参军 | 云骑尉 | 正七品 |
| 杜 相 | 虎牙将军 | 武骑尉 | 从七品 |
| 赵松柏 | 都官主簿 | 武骑尉 | 从七品 |
| 梁延怀 | 库都主簿 | 武骑尉 | 从七品 |
| 张团儿 | 府门子弟将 | 交河县尉 | 从九品 |
| 张行伦父 | 太教学博士 | 交河县尉 | 从九品 |

---

1　许敬宗编，罗国威整理《日藏弘仁本文馆词林校证》卷六六四，第 249 页。

2　侯灿、吴美琳：《吐鲁番出土砖志集注》。

官职对接，新政权接收高昌王国的官员，这是统一的重要一环，减少了冲突，赢得了人才，政治平稳过渡，有利于未来的建设。中国历史上的统一较多，如此清晰的政治理路，让人印象深刻。

平定高昌之后，在西州推行度量衡的统一，这是中国历代悠久传统，唐朝在西州有所行动，这是可想而知的。比如量器斛斗之制，高昌时期有统一的斛斗，契约中或者不必明说，或者写作"官斗斛"。唐朝建立西州，采用唐朝统一的斛斗，但在民间，高昌的斛斗依然沿用了一段时期，所以契约中会特别标明"高昌斛"。[1] 至于其他方面，如文化风貌等，统一之后都在推行，更不必赘言。[2]

平定高昌之后，唐朝设置的新体制从西汉体制起步，安西都护府是西汉西域都护府的继承。但是，就西州、庭州两个新设州的情况看，明显西州受到更多的重视，庭州则几乎成为西州的下级。有如此判断，是因为后来两州的地位发生了根本转变。

## 三　庭州的设立及其危机

平定高昌是唐朝经营西域的开篇之战，而从战争的最初设计到最后胜利，唐朝一直把高昌与可汗浮图城看作双重目标。虽然后来建设重点是西州，但战争的主要对手却是西突厥，从这一点审视西州和庭州，会发现错乱的背景和复杂的前途。

贞观十四年（640），唐朝平定高昌，在高昌设置西州，同时

---

1　参见吴震《近年出土高昌租佃契约研究》，初刊《新疆历史论文续集》，新疆人民出版社，1982。收入《吴震敦煌吐鲁番文书研究论集》，第 445~479 页。

2　参见孟宪实《唐统一后西州人故乡观念的转变》，《新疆师范大学学报》1994 年第 2 期，第 39~51 页。

在可汗浮图城设置庭州。史书记载昭昭，都承认庭州与西州同时建立。根据《元和郡县图志》的记载，"庭州，因王庭以为名也"。[1] 这个命名承续了西突厥"北庭"的概念，称作"庭州"，作为一州之名，自然与王庭不再牵涉。

有关庭州的设置，薛中正先生认为庭州始设于贞观二十年，即阿史那贺鲁投降之时。即《旧唐书·地理志》所记"二十年四月，西突厥泥伏沙钵罗叶护阿史那贺鲁率众内附，乃置庭州，处叶护部落"。[2] 贞观十四年，并没有设置庭州。其中一条根据是原来驻扎在可汗浮图城的西突厥叶护投降，其人便是阿史那步真，而在投降后"携家人属入朝，授左屯卫大将军"。薛中正先生大概把此事理解为因为阿史那步真离开了庭州，唐朝的力量也没有留守庭州。[3]

《册府》卷八四《帝王部·赦宥第三》的一条记载，薛中正先生是引用过的，请见本书第三编第三章第二节"设置安西都护府于西州"所引用。由记载可知唐太宗曲赦高昌，是包括可汗浮图城在内的，都属于善后政策。既然有"可汗浮图城"，说明这里当然有人需要曲赦。其中包括唐朝的从军兵士，也应该是占领该城的士兵。至于阿史那步真入朝，自然不能统率军队，他原来的部落只能继续留在庭州。如果考虑到道路往返，那么高昌战俘押送和阿史那步真入朝应该都是同时期的事情。而唐太宗的曲赦诏令，也只能是这个时候下达。

此外，薛先生没有举证郭孝恪的任职，而郭孝恪的职务是"安

---

1　《元和郡县图志》卷四〇，第 1033 页。
2　《旧唐书》卷四〇《地理志三》，第 1645 页。
3　薛宗正：《北庭历史文化研究》第二卷《唐安西都护府治下的庭州》二"可汗浮图城归唐与庭州初置"，上海古籍出版社，2010，第 77~84 页。

西都护，督西、伊、庭三州诸军事"。[1] 庭州赫然在列。如果此时没有庭州，朝廷的任职断然不会有如此内容。而郭孝恪的任职在贞观十六年九月。[2] 刘子凡引用《括地志·序略》的资料，证明贞观十六年庭州已经被编入《括地志》之中，可证薛先生的说法不确。[3]

《旧唐书·地理志》的记录，最后一句"处叶护部落"难解。孟凡人先生认为，《旧唐书》把阿史那贺鲁的两次投降混为一谈。[4] 一是阿史那贺鲁在贞观十四年以可汗浮图城降唐，但很快又追随欲谷设，继续与唐朝为敌。直到贞观二十二年，欲谷设失败，阿史那贺鲁也只好再次投降，率众内附，根据《唐会要》的记载为贞观"二十二年四月，叶护贺鲁来降"。[5] 阿史那贺鲁两次投降，《旧唐书·地理志》未辨。

庭州设立及其时间，理应无误。《旧唐书》等史籍，对于庭州下属诸县也有记载，如《地理志》北庭都护府条下记载，金满、轮台、蒲类，"已上三县，贞观十四年与庭州同置"。[6] 作为边州的庭州，拥有属县，十分正常，而这些属县与庭州同时设置，也符合常情。

庭州在唐代有一个低潮期。平定高昌之后设立安西都护府，负责西域的军政事务，而都护府设置在西州的交河城，与庭州无涉。贞观十六年，安西都护府军队从西州出发，拦击西突厥对伊吾的袭击，连续进攻取得胜利。在唐朝经营西域的战略中，此时的庭州没

---

1　《册府元龟》卷三九八《将帅部·抚士卒》，第4511页。

2　参见柳洪亮《安西都护府初期的几任都护》，收入柳洪亮《新出吐鲁番文书及其研究》，第355~362页。

3　刘子凡：《瀚海天山——唐代伊、西、庭三州军政体制研究》第一章第三节"伊、西、庭三州军政体制的建立"，第63~64页。

4　孟凡人：《唐北庭都护府建制沿革》，载《北庭史地研究》，新疆人民出版社，1985，第64~78页。

5　《唐会要》卷九四，第2007页。

6　《旧唐书》卷四○《地理三》，第1646页。

有显现出应有的地位。而西州，不仅是唐朝经营西域的大本营，还是政治、军事中心。

在后续的历史发展进程中，庭州因为几乎战事不断，虽然受到关注但地位长期没有改变。在原来西突厥的系统中，庭州因为是北部汗庭而受到重视，这里是西域的北部政治中心。这个政治中心是长期积累的历史结果，同时也有一些必须重视的理由。庭州位于天山北部，与山麓和戈壁之间连绵不断的草原紧密相连，利用天山南北穿越毫无问题。这意味着庭州地理位置优越，交通便利，尤其有利于游牧民族对于草原丝绸之路的利用。唐朝力量未入西域之前，从伊吾经过庭州，向西进入伊犁河谷，进而到达中亚，已经是公认的一条通途。玄奘取经到达伊吾，"法师意欲取可汗浮图城过"，[1] 原本就是要走这条道路，后来受到高昌王麹文泰的邀约才走了高昌之路。

唐朝文献中清晰地记录庭州的地位，但唐朝的主要对手是西突厥，而庭州作为西突厥的大本营，唐朝对庭州有所防范是自然的。阿史那贺鲁是欲谷设的部下，他虽然以庭州投降，但唐朝对他的戒心必然是存在的。事实上，阿史那贺鲁最终还是成为唐朝最危险的对手。阿史那贺鲁以可汗浮图城投降，虽然唐朝建立了庭州，但他依然是庭州的重要力量。他什么时候再次投奔欲谷设，史书没有明确记载。最大的可能是贞观十六年，欲谷设进攻伊州，阿史那贺鲁协同。《旧唐书·西突厥传》记载欲谷设袭击伊州的事如下：

> 遣兵寇伊州，安西都护郭恪率轻骑二千自乌骨邀击，败之。咄陆又遣处月、处密等围天山县，郭恪又击走之。恪乘胜

---

1　《大慈恩寺三藏法师传》，第18页。

进拔处月俟斤所居之城，追奔及于遏索山，斩首千余级，降其
处密之众而归。[1]

此事，《资治通鉴》记载于贞观十六年八月郭孝恪行安西都护职
之后。此时的阿史那贺鲁，不见记载。再出现，是《旧唐书》中被
射匮可汗追击，"贺鲁不常厥居。贞观二十二年，乃率其部落内属，
诏居庭州"。[2]据《新唐书》的记载，在这以后，特别是龟兹战役之后，
"擢累左骁卫将军、瑶池都督，处其部于庭州莫贺城，密招携散，
庐幕益众"。[3]莫贺城属于庭州范围，但不是庭州。

值得注意的是，阿史那贺鲁的驻扎之地一直在庭州附近。后
来，利用唐太宗去世的机会，阿史那贺鲁再次发动叛乱，而《新唐
书》说他是"谋取西、庭二州"，后来"遂寇庭州，败数县，杀掠
数千人去"。[4]叛乱的贺鲁，自号沙钵罗可汗，建牙于千泉，但他东
向进攻的时候，总是以庭州为重要目标。

阿史那贺鲁被平定之后，军政建制在西域北部回到从前的状
态。《高宗本纪》："（显庆三年二月）甲寅，西域平，以其地置蒙池，
昆陵二都护府。复于龟兹国置安西都护府，以高昌故地为西州。"[5]
安西都护府迁置龟兹，管理蒙池、昆陵两大都护府。西州变为都督
府，请高昌国前首领麹智湛担任都督。《册府元龟》记载"（显庆
三年）五月，以左骁卫大将军兼安西都护天山县公麹智湛为西州都
督，统高昌之故地"。[6]因为安西都护府迁离西州，东天山一带包括

1　《旧唐书》卷一九四下《突厥下》，第 5185 页。

2　《旧唐书》卷一九四下《突厥下》，第 5186 页。

3　《新唐书》卷二一五《突厥下》，第 6060 页。

4　《新唐书》卷二一五《突厥下》，第 6060、6061 页。

5　《旧唐书》卷四《高宗本纪》，第 78 页。

6　《册府元龟》卷九六四《外臣部·封册第二》，第 11170 页。

西州、伊州和庭州，整体的军事实力反而下降了。

　　庭州地理位置重要，但唐朝的重视程度一直不高。龙朔二年（662），曾任宰相的来济战死庭州，《新唐书》记载：

> 龙朔二年，突厥入寇，济总兵拒之，谓其众曰："吾尝缢刑罔，蒙赦死，今当以身塞责。"遂不介胄而驰贼，没焉，年五十三。[1]

　　突厥进攻庭州由来已久，已经足够证明庭州战略地位的重要，但唐朝的庭州设置始终无法满足该地的战略需要。来济之死，让庭州一带的危机全面爆发，加强庭州军事力量迫在眉睫。根据孟凡人先生的研究，这就成了金山都护府的设置的背景，而担任者正是著名的裴行俭，他代替来济成为庭州刺史，同时兼任金山都督。[2]

　　金山都护府的建立是庭州发展的重大事件，但学界研判，因为资料不足而意见不同。孟凡人先生认为裴行俭是第一代庭州刺史、金山都护。刘安志曾经认为来济是第一代都护。[3]刘子凡利用新获吐鲁番出土资料，发现龙朔三年十月之前，金山都护尚未存在。[4]

　　从贞观十四年开始，庭州不断遭遇战争，庭州建制的存废也有反复。唐代文献关于庭州的记载十分稀少，与一山之隔的西州形成强烈对比。说明唐朝对于庭州重要性的认识一直比较模糊，其重视程度与西突厥也形成巨大的反差。围绕庭州的危机不断发生，经过

---

1　《新唐书》卷一〇五《来济传》，第 4032 页。
2　孟凡人：《唐北庭都护府建制沿革》，载《北庭史地研究》，第 64~78 页。
3　刘安志：《唐西域边防研究》，博士学位论文，武汉大学，1999，第 6 页。
4　刘子凡：《瀚海天山——唐代伊、西、庭三州军政体制研究》第二章第二节"金山都护府的成立"，第 157 页。

二十多年，终于设立金山都护府。金山都护府的建立表明庭州的战略地位终于获得承认。在西域的军事斗争中，金山与西州成为重要的支撑力量。唐高宗时代，四镇方向的斗争起伏不定，直到王孝杰收复四镇，武则天重建四镇驻军，安西都护府与四镇才终于赢得了较长的稳定期。

## 四　设立北庭都护府

根据孟凡人先生的考证，金山都护府从龙朔二年（662）一直延续到北庭都护府的建立，持续四十年。北庭都护府是金山都护府的升级，一方面，得益于金山都护府的成功；另一方面，对应天山南部的四镇体系，天山北部的军事实力需要继续加强。长安二年（702）北庭都护府的设置，是西域历史的重大事件，也是西域北部地区的大事件。从此以后，西域管理架构获得平衡，丝绸之路的管理终于进入稳定时期。

如果说金山都护府与西州都督府是平行而相互支持的机构，那么北庭都护府的设置，则把这种平行的机构改变为上下级的关系，如同贞观十四年西州领导庭州一样。现在天山北部地区，伊、西、庭三州之地，皆纳入北庭都护府的领导之下。后来，北庭都护府又称北庭节度使，在节度使制度日渐成熟的情况下，军事职能更加突出。《旧唐书》在介绍北庭都护府时，使用如下文字：

> 长安二年，改为北庭都护府。自永徽至天宝，北庭节度使管镇兵二万人，马五千匹；所统摄突骑施、坚昆、斩啜；又管瀚海、天山、伊吾三军镇兵万余人，马五千匹。……在京师西北五千七百二十里，东至伊州界六百八十里，南至西州界

四百五十里，西至突骑施庭一千六百里，北至坚昆七千里，东至回鹘界一千七百里。[1]

统合相关资料，北庭所管辖的军队有两万人，这是指瀚海军（庭州）一万两千人，天山军（西州）五千人，伊吾军（伊州）三千人。[2] 北庭军队的构成，瀚海军具有绝对优势，这是天山军、伊吾军远不能比的。这样的力量结构，实际上是战略重要性的一种表达。与四镇的军队的两万四千人相比，北庭依然能够维持平衡，可以独力应对任何突发事件。

北庭统辖地区广，甚至向西直到突骑施所在的中亚地区。突骑施牙帐，《旧唐书·地理一》和《资治通鉴》记载都是"突骑施牙帐，在北庭府西北三千余里"。[3] 北庭管辖范围从突骑施牙帐到伊吾界，正是丝绸之路的繁荣路段。其中的四至，最北是七千里，这应该是一个模糊距离，表达的是北方概念。总之，北庭辖地是一个辽阔的区域，尤其掌控草原丝绸之路的重要路段，对于东西方联系的作用巨大。

张广达先生曾经论证西州的人力紧张问题，沿着这个思路，从庭州到北庭，人力紧张程度远较西州为甚。北庭时代，西州变成第二道防线，成了北庭的后方。因为接受北庭都护府的指挥，西州在人力上支援北庭变得十分日常。[4] 吐鲁番曾经出土一件开元四年（716）的《唐李慈艺受勋告身》，可以从中看出北庭主力的瀚海军

1　《旧唐书》卷四〇《地理志三》，第 1645~1646 页。

2　《旧唐书》卷三八《地理志三》，第 1385~1386 页；《资治通鉴》卷二一五，天宝十节度，第 6848 页。

3　《旧唐书》卷三八《地理一》序言，第 1385 页；《资治通鉴》天宝元年十节度条，第 6848 页。

4　参见刘子凡《西州与北庭——以北庭的西州士兵与胥吏为中心》，朱玉麒主编《西域文史》第八辑，科学出版社，2013，第 129~143 页。

的兵员来源情况：

1　　瀚海军破河西阵、白涧阵、土山阵、双胡丘阵、伍里
堠阵、东胡袄阵等总陆阵，

2　　准开元三年三月廿二日　　敕，并于凭洛城与贼斗战，
前后总叙陆阵，比

3　　类府城及论台等功人叙勋，则令递减，望各酬勋拾转。

4　　　白丁西州李慈艺<sub>高昌县</sub>

5　　　　　右　可　上　护　军

6　黄门：泾州梁大钦等壹拾肆人，庆州李远

7　託等伍拾漆人，绛州张忠等捌人，鄜州杨元

8　暕壹人，延州王守琳等壹拾贰人，瓜州郭无

9　惑壹人，坊州王阿婢等壹拾陆人，晋州郭

10　敏子壹人，蒲州程崇宪等壹佰叁拾伍人，

11　北庭府任慈福等壹拾肆人，陇州强怀贞

12　等玖人，甘州王怀义等叁人，岐州霍玄庆

13　等壹佰伍拾人，宁州王思智等壹拾玖人，西州

14　石定君等壹拾壹人，虢州蔡大悦等贰人，

15　蔺州陈思香等贰人，总肆佰捌拾伍人，并战

16　若风驰，捷如河决，宜加朝奖，俾峻戎班，

17　可依前件，主者施行。

18　　　　　开元四年正月六日 [1]

文书抄写有遗漏，列举立功人员共 455 人。这些人都是瀚海

---

1　　录文据陈国灿《〈唐李慈艺告身〉及其补阙》，《西域研究》2003 年第 2 期，第 41~42 页。

军的兵士。他们经历了河西阵、白涧阵等六个战阵，获得酬勋十转的奖励。特别需要注意的是，这些受勋兵士来自各地，其中关内道282人、河东道144人、瓜州1人、甘州3人、西州11人，而属于北庭本地的人只有14人。瀚海军是靠全国调配力量支撑的，可见，这是与提升庭州地位并存的政策。考虑到庭州人力有限的问题，唐朝实行全国调集军事力量的办法予以解决。

西汉时期，丝绸之路开辟，同时探索丝绸之路的管理方式，西域都护府不仅是汉朝的制度，更为后代所继承。维护丝绸之路的畅通，军事保护是必备条件。唐朝继承西汉体制，又多有发展，加强西域的军事力量是逐渐探索出来的发展方向。最初，唐朝以西州为基地，设立安西都护府，而安西都护府转移到龟兹，应该是最初的设计如此。庭州的战略地位逐渐被发现，最终围绕庭州建立起北庭都护府，成为新的军政体制。北庭都护府的建立，与天山南部的安西都护府齐头并进，成为管理西域和丝绸之路的双峰。北庭都护府是经过多年的探索才最终设立的，显示出历史发展的螺旋上升特征。

北庭都护府的建立，标志着唐朝西域和丝路管理体制的探索最终完成。事实证明，新体制在维护边疆稳定、丝绸之路畅通方面，发挥了不可或缺的重要作用。

# 第四章　西州屯田体制及其变迁

　　边疆屯田，是西汉以来古代中国经常采用的巩固边境的有效政策。屯田政策的实施，不仅有利于解决军粮供给问题，也为边疆地区持久地展开军事行动提供了有力的物质保证。军事屯田通常都会转为民政，所以屯田也可以看作文化区域发展的阶段性表现。唐朝屯田已经不具有秦汉时期那样的战略意义，但是作为国家巩固边防的补充性政策，依然发挥着重要的功能。

　　不管是开元后期，还是天宝元年，唐朝已经经历的一百二十多年，很多制度业已发生变化，尤其是边防体制，新的形态已经完全取代旧形态，即原有的镇戍体制已经被军镇体制所取代。相应的屯田事业，在这个过程中发生了怎样的改变呢？这便是本章希望讨论的问题。吐鲁番出土文书是研究唐史的新资料，但就反映的空间而言，虽然有部分文书也涉及四镇，但更多的还是以西州为中心，涉及伊、西、庭三州的资料远远多于四镇。所以，这里所谓的西域，其实仅仅是伊西庭地区。

## 一　西州前期的屯田

伊西庭地区的唐代屯田，从传世文献上看，记载清晰的是《唐六典》。唐朝有专门负责屯田的机构，这就是屯田郎中和员外郎，前者从五品上，后者从六品上。"屯田郎中、员外郎掌天下屯田之政令。凡军、州边防镇守转运不给，则设屯田以益军储。其水陆腴瘠，播植地宜，功庸烦省，收率等级，咸取决焉。诸屯分田役力，各有程数。"[1] 对于天下屯田，《唐六典》也有文字记录：

> 凡天下诸军、州管屯，总九百九十有二，（……安西二十屯，疏勒七屯，焉耆七屯，北庭二十屯，伊吾一屯，天山一屯。……）大者五十顷，小者二十顷。凡当屯之中，地有良薄，岁有丰俭，各定为三等。凡屯皆有屯官、屯副。（屯官取前资官、尝选人、文武散官等强干善农事，有书判，堪理务者充；屯副取品子及勋官充。六考满，加一阶，听选；得三上考者，又加一等。）[2]

从中可以清晰地看到，四镇共有 34 屯，伊西庭只有 22 屯，而这 22 屯几乎都在北庭，伊吾军有一屯，天山军有一屯。尤其需要注

---

1　《唐六典》卷七，第 222 页。

2　《唐六典》卷七，第 223 页。

意的是，本节开篇即言"凡天下诸军、州管屯，总九百九十有二"，
所指皆为军队，所以在伊西庭方面，北庭指的是北庭节度使，伊吾
指伊吾军，天山指天山军，与伊州、西州和庭州没有关系。既然是
军队所管，这样的屯田自然也可以称作军屯。

这段文字，反映的是什么时候的唐代屯田？《唐六典》在"总
九百九十有二"之后作注，列举所有屯田数量，然后写道"开元
二十二年，河南道陈、许、豫、寿又置百余屯；二十五年，敕以
为不便，并长春宫田三百四十余顷，并令分给贫人"。因为有开
元二十二年这个陈述，可以相信所谓 992 屯的统计，最晚是开元
二十一年的资料。

屯是屯田的单位，有专门负责的官员，"大者五十顷，小者二十
顷"。那么，992 屯到底应该根据什么来计算面积呢？《通典》所记
开元二十五年令，给出了相关的答案，其文如下：

> 大唐开元二十五年令：诸屯隶司农寺者，每三十顷以下、
> 二十顷以上为一屯。隶州镇诸军者，每五十顷为一屯。应置者，
> 皆从尚书省处分。其旧屯重置者，一依承前封疆为定。新置者，
> 并取荒闲无籍广占之地。其屯虽料五十顷，易田之处各依乡原
> 量事加数。其屯官取勋官五品以上及武散官并前资边州县府镇
> 戍八品以上文武官内，简堪者充。据所收斛斗等级为功优。[1]

《通典》此载很明确，隶属于"州镇诸军"者，一屯五十顷。

西州屯田，上文涉及的《唐六典》资料，表明天山军只有一屯
而已。然而，西州建立于贞观十四年（640），天山军建立已经是开

---

[1] 《通典》卷二《食货二》，第 44 页。

元时期，天山军成立之前的西州屯田情况如何呢？对此，传世文献记载几乎是空白，我们的研究资料，只能依靠吐鲁番出土文献。

可以肯定，天山军成立之前，西州的屯田事业是由西州都督府统一管理的。吐鲁番阿斯塔那 230 号墓出土一件文书，为《武周天授二年（691）总纳诸色逋悬及屯收义纳粮帐》。其中的年月日等文字皆为武周新字，其内容如下：

1 　[＿＿＿＿＿＿＿＿＿＿]授二年腊月廿日以前，总纳诸色逋

悬及屯收义纳粮总叁阡柒伯捌拾陆硕贰斗壹胜（升）。

2 

3 　　　　　五　百　九石三斗六升诸色逋悬

4 　　　　　　四百七十七石粟

5 　　　　　　卅　石米

6 　　　　　二　石三斗六升青稞[1]

这应该是西州都督府有关部门收受粮食的记账，其中一些含义尚不清楚，比如"总纳诸色逋悬及屯收义纳粮"一句中，"屯收义纳"，"屯收"与"义纳"是否为两个项目？这样理解如果有道理的话，那么这个账目其实是三个项目的总收入，一是诸色逋悬，二是屯收，三是义纳。从现存文书的内容看，如今的六行文书都是"诸色逋悬"的粮食收入，总数是五百零九石三斗六升。总数 3786 硕，除了"诸色逋悬"外，屯田和义纳占更大数额，是 3277 硕。[2] 因为不能分离出义纳的数量，所以也无法计算这一年屯田的

---

1　唐长孺主编《吐鲁番出土文书》肆，第 78 页。武周新字，皆改为常用字。

2　"硕"是唐代的一种量器单位，与"石"相同，故常混用。

粮食收益。

那么，接受这些粮食的部门，到底是哪个政府机构呢？阿斯塔那20号墓，出土两件神龙二年（706）的屯田文书《唐神龙二年白涧屯纳官仓粮帐》，给出了我们需要的答案。文书（一）是神龙二年九月十五日白涧屯交纳青稞大麦的记录，文书（二）是白涧屯九月二十九日的交纳记录。内容如下：

文书（一）

1　白涧屯神龙二年九月十五日 纳 青稞杂大麦，交用两

2　硕函量，壹函为壹点，拾点成壹大上 字 。尚建

3　艺献　福　尚建艺献福尚建 艺 献福

4　尚建艺献 福 尚建艺献福尚建

5　艺献福尚建艺献福 尚 建艺献

6　福尚建艺献福尚建艺献福尚

7　建艺献福尚建艺献福尚建艺献

8　福尚建艺献福尚建艺献福　尚

9　建艺献福尚建艺献 福 尚建艺

10　 献 福尚建艺献福　尚建艺献福

11　 尚 建艺献福　尚建艺献福　尚建艺

12　 献 福　尚建艺献福尚建艺献福

13　尚建艺献福　尚建艺献福　尚建艺

14　献福 尚建艺献福 尚建艺献福 尚建

15　艺献福 尚建艺献福　尚建艺献福

16　已上叁拾叁上，计青稞杂大麦陆伯陆拾硕。仓

17　督曹建，监仓官 王口 ， 屯 官侯献，监纳官镇副刘初。

文书（二）

1　艺献福尚建艺献福艺献

2　福尚建艺献福尚建艺献福　　　尚

3　建艺献福尚建艺献福尚建艺

4　献福尚建艺献福尚建艺献福

5　尚建艺献福尚建艺献福尚建

6　艺献福已上壹拾叁上字，计青稞杂大麦贰伯

7　陆拾硕。仓督曹建、监仓官王艺、屯官侯献、监纳

8　官镇副刘初

9　九月廿九日纳青稞杂大麦用函及押署官典▢▢▢▢

10　尚▢▢▢▢▢▢尚▢▢▢▢▢尚▢▢▢▢▢▢[1]

　　两件文书的内容可以交叉对比，了解更多的信息。白涧屯是西州的屯田单位，根据《唐六典》的记载，"凡屯皆有屯官、屯副"，白涧屯的屯官为侯献，他是交纳粮食的一方。收粮的是仓督曹建和监仓官王艺。还有第三方负责监督，这就是监纳官镇副刘初。三方四人，在每个具体单位交接完成之后，他们都要签字，在文书背后的骑缝处，也是他们共同签字画押，以示责任。

　　第一件文书比较完整，因此可以解读。文书从时间开始，说明量制和测量办法，如一函为两硕，一函构成一点，十点构成一个大上字，即"尚"字。为何要如此计数，文书没有说明，但我们可以看到的是，每一个"尚"字完成，上述四人都要签字画押，于是由"尚建艺献福"构成一组字符，表明十函测量完成交接。文书的最

---

1　唐长孺主编《吐鲁番出土文书》叁，第477、478页。文书整理者注释：文书背后骑缝处有"曹建王艺侯献刘初"等押字。

后，要对"尚"字进行统计，即对粮食的总量进行统计，最后是四位当事人的签名。如此我们可以看出，第二件文书的第 9 行之后，是另外一件文书。证明白涧屯交纳粮食在九月连续多次进行，因文书残缺，我们不知总数到底有多少。就现有的数字计算，两次白涧屯上交粮食是 46 尚，460 函，920 石。这是最小数字，因为二十九日的那次没有留下具体数字，全年是否仅仅上交三次也不能确定。

"尚"字逐笔断写共十笔，在唐代经常用来累加计数。阿斯塔那 78 号墓出土的两件文书《唐贞观某年某乡老、小、寡户计数帐草》《唐西州高昌县顺义乡户别计数帐》都是如此。且以后者为例，以做具体观察。高昌县，下辖顺义、和平、礼让等里，而各种户口就是依照这些里的顺序进行统计，根据户主的年龄，有老户、次户、小户、丁户等。具体内容如下：

```
1    顺□
2    老 □□□
3    次户 □□□
4    小户⺊ □□□
5    和平
6   老户  㐅                    寡户
7    厂户 尚尚尚尚尚尚尚小户㐅
8   次户
9    礼让    老尚
10 □□尚尚尚尚尚尚尚尚㐅   寡业
11                  小㐅¹
```

_____
1　唐长孺主编《吐鲁番出土文书》贰，第 50 页。

　　仓督，即粮仓的负责人，但西州有州仓，有县仓，白涧屯上交粮食，是交给州仓还是县仓呢？陈国灿先生认为接收白涧屯粮食的是交河县的粮仓，镇副刘初，应该是白水镇的镇副。[1]

　　白涧屯，可能在白水涧道一带，在地理上与交河县更近。其实，屯田所收粮食放入哪个仓，应该是州仓曹决定，屯田官也一定是先报西州都督府，再由州政府决定放入哪个具体粮仓中。如此，我们就获得一个重要的信息，这个时候的屯田完全在都督府的管辖之下，收获粮食，也是放入地方州县的正仓之中，成为地方粮食收入的一部分。

　　大谷文书3786（二）号文书，池田温先生整理，定名为《唐开元年代西州屯营田收谷计会》，是西州屯田最重要的资料之一。录文如下：

| 1 | 　　　　　八】十顷，收率得干净麦粟床总 |
| 2 | 千三百八十一石五斗八升】五合。 |
| 3 | 　　　　千】三百一十五石六斗青稞 |
| 4 | 　　　千】二百廿一石　小麦 |
| 5 | 　　　　】千七百廿三石六斗六升四合 粟 |
| 6 | 　　　　】一百廿一石三斗二升一合 床 |
| 7 | 七十二】石六斗，天山屯营田五十顷收。 |
| 8 | 三百一】十五石六斗，青稞。 |
| 9 | 　　　　】廿一石，小麦。 |
| 10 | 　　　　】卅六石，粟。 |

---

[1]　陈国灿：《唐西州的屯田与助屯输丁》，《斯坦因所获吐鲁番文书研究（修订本）》，第91~109页。

11　　　　　八石九斗八】升五合，柳中屯营田卅顷收。

12　　　　　一百廿一】石三斗二升一合，床。

13　　　　　八十】七石六斗六升四合，粟。[1]

　　这是开元某年西州各屯上交粮食的总账，第 6 行之前是总数量及分类数量，然后是天山屯和柳中屯的总量与分类数量。柳中屯没有青稞一项，所以天山屯上交的青稞数就成了总账中青稞的数量。如此，池田温先生才有条件填补了许多文书中看不到的数字。

　　通过这件文书，我们知道西州境内除了白水屯外，还有天山屯和柳中屯，天山屯 50 顷，耕地面积最大，柳中屯 30 顷，也具一定规模。天山屯和柳中屯，上交各种粮食是 1381 石。根据上文的计算，白涧屯神龙二年上交至少 920 石。西州如果仅有三屯，那么简单相加便是一年屯田的最少收入，即 2300 石。与上文《武周天授二年（691）总纳诸色逋悬及屯收义纳粮帐》所余总数 3277 石对照的话，是可以解释通的，即屯田收入总数不会超过 3277 石，估算的话，西州屯田每年大体收入约 2500 石。

## 二　营田使时代的西州屯田

　　西州的军政体制有一个演变的过程，在这个过程中，屯田的管理主体也发生改变，营田使成为一个新的屯田管理系统的上级长

---

1　池田温：《中国古代籍帐研究·后图》，第 207 页。符号 "】" 之前的内容，为池田先生补入。图版见小田义久「大谷文书集成」第二卷、图版三七。周藤吉之曾经认为这是地租（即地子），见其《吐鲁番出土佃人文书的研究——唐代前期的佃人制》，《唐宋社会经济史研究》，东京大学出版会，1965，姜镇庆译，收入《敦煌学译文集——敦煌吐鲁番出土社会经济文书研究》，第 1~120 页，所论见第 105~106 页。

官。虽然，这个转变的具体过程依然有很多谜团，但这个过程的存在是毫无问题的。屯田体制的转变具体开始于什么时候，史料给出的答案并不十分清晰，但是开元十年（722）前后应该是一个转折点，具体标志就是营田使的出现。

阿斯塔那 226 号墓出土一组开元十年前后的文书，多与伊吾军的营田事务有关，也包括西州都督府和北庭的相关资料，其中"支度营田使"便是重要角色，文书内容多为向支度营田使申报的资料。因为这组资料十分重要，我们先把文书题目列出以观察基本情况。

> 1　唐高昌县某人残手实
>
> 2　唐开元十年（722）伊吾军上支度营田使留后司牒为烽铺营田不济事
>
> 3　唐开元十年残状
>
> 4　唐开元十一年（723）状上北庭都护所属诸守捉刷田顷亩牒
>
> 5　唐伊吾军典张琼牒为申报刷田斛斗数事
>
> 6　唐开元某年伊吾军典王元琮牒为申报当军诸烽铺刷田亩数事
>
> 7　唐检勘伊吾军刷田顷亩数文书
>
> 8　唐北庭都护支度营田使文书
>
> 9　唐典康元残牒
>
> 10　唐伊吾军牒为申报诸烽铺刷田所得斛斗数事
>
> 11　唐伊吾军上西庭支度使牒为申报应纳北庭粮米事
>
> 12　唐伊吾军诸烽铺收贮粮食斛斗数文书一
>
> 13　唐伊吾军诸烽铺收贮粮食斛斗数文书二

14 唐纳职守捉使屯种文书

15 唐伊吾军诸烽铺营种豆床文书

16 唐伊吾军残牒

17 唐西州都督府上支度营田使牒为具报当州诸镇戍营田顷亩数事

18 唐西州都督府所属镇戍营田顷亩文书

19 唐北庭诸烽剗田亩数文书

20 唐支度营田使下管内军州牒

21 唐上支度营田使残牒

22 唐支度营田使残文书

23 唐残牒

24 唐典杜金残牒

25 唐典杜金残牒

26 唐剗田残文书

27 唐残文书一

28 唐残文书二

29 唐残营田名籍

同墓出土的文书，就相关性而言，强弱不等，但226号墓的文书，相关性极强。伊、西、庭三州的营田事，都要向营田使报告，显然这些都在营田使的职权之内。

营田使，这里全称是支度营田使。有关出征军队的职衔安排，《唐六典》有清楚的记载："凡将帅出征，兵满一万人已上，置长史、司马、仓曹·胄曹·兵曹参军各一人；五千人已上，减司马。诸军各置使一人；五千人已上置副使一人，万人已上置营田副使一人；每军皆有仓曹、胄曹、兵曹参军各一人。"[1]从 226 号墓出土的文书看，这里的营田使就是北庭副大使银青光禄大夫检校北庭都护支度营田等使上柱国杨楚客。第 8 件文书《唐北庭都护支度营田使文书》，[2]内容不完整，具体内容和相关论述请见本书第三编第二章第四节"安史之乱后四镇体制"，兹不赘述。

开元十年（722），西州仍然是都督府体制，但是西州的上级出现了新的管理单位，这就是北庭都护府和伊西庭节度使。刘子凡认为，开元十年、十一年的伊西庭地区，杨楚客以伊西庭节度副大使身份检校北庭都护，同时兼任经略、支度、营田等使。[3]节度使例带管内支度、营田使，根据《唐六典》的记载"诸军各置使一人，五千人已上置副使一人，万人已上置营田副使一人"。[4]杨楚客作为营田使，根据第 2 件文书《唐开元十年伊吾军上支度营田使留后司牒为烽铺营田不济事》，其中的第 11 行、12 行有如下文字：

11　开十闰五月廿四日，被支度营田使留后司五月十八□
12　牒称：伊吾军牒报[5]

从中可以了解到，支度营田使有自己独立的办公机构，即"支度营田使留后司"，此时的支度营田使应该是"检校"状态，所以其机构称作"留后司"。当然，其权力与功能并没有变化，依然可以发号施令。

---

1　《唐六典》卷五，第 158 页。
2　唐长孺主编《吐鲁番出土文书》肆，第 96 页。
3　刘子凡：《唐伊、西、庭军政体制研究》，博士学位论文，中国人民大学，2014。有关伊西庭军政体制的演变，传世文字记载复杂，非本章讨论内容。
4　《唐六典》卷五，第 158 页。
5　唐长孺主编《吐鲁番出土文书》肆，第 90 页。

同墓出土文书中，与西州屯田有关的是两件，即第17、18件文书。《唐西州都督府上支度营田使牒为具报当州诸镇戍营田顷亩数事》和《唐西州都督府所属镇戍营田顷亩文书》，[2]都是西州都督府向支度营田使的报告，具体报告西州镇戍的营田人力与数量，录第17件文如下：

```
1    西州都督府              牒上    敕 ☐☐☐☐
2    合当州诸镇戍营田，总壹拾☐顷陆拾 ☐☐☐
3      赤亭镇兵肆拾贰人，营☐☐顷；维磨戍 ☐☐☐
4      柳谷镇兵肆拾人，☐☐☐肆顷；酸枣戍 ☐☐☐
5      白水镇兵叁拾☐☐☐营田陆顷；曷畔戍兵 ☐☐☐
6      银山戍兵 ☐☐☐☐营田柒拾伍 ☐☐☐
7         右被☐度营田使牒，当州镇戍☐田顷亩 ☐☐☐
8         戍兵 ☐☐☐及营田顷亩 ☐☐☐
9      方亭戍 ☐☐☐谷戍    狼井 ☐☐☐
10        右 ☐☐☐☐
11   牒，被牒称：☐☐☐
12   格令劂 ☐☐☐
13   者 ☐☐☐
14   存 ☐☐☐
```

这里出现了白水镇兵三十多人营田六顷的记录，与上文涉及的白水屯显然是不同的，其中的赤亭镇与柳谷镇，应该属于蒲昌府和

---

1　唐长孺主编《吐鲁番出土文书》肆，第101页。

2　唐长孺主编《吐鲁番出土文书》肆，第102页。

柳中府的范围，而与柳中屯也是无关的。如果说天山屯等属于政府的正式屯田机构的话，那么这件文书汇报的营田则是军队镇戍的兼营。而这些镇戍所营屯田，可以肯定适用的是军人。因为这项报告中使用的概念也是"白水镇兵"等多少名。

阿斯塔那 209 号墓出土一件文书《唐王君子等配役名籍》，是男丁配役名单。其中有的事项不清楚，但标明"屯"字样的，一定是配役屯田，很可能就是所谓的"助屯输丁"。全文如下：

| 1 | 董 □□□□□□□□ 定 |  |  |
|---|---|---|---|
| 2 | 王君子 □□□□□ 定 |  |  |
| 3 | 鞠虔感 | 见定 | 元□□ | 不续到见□ |
| 4 | 赵才达 | 屯 | 白苟□ | □堠烽 |
| 5 | 翟孝贞 | 望子 | 王阿隆 | 屯 |
| 6 | 推隆贞 | □ | 郭通礼 | 见定 |
| 7 | 周智达 | □□ |  |  |
| 8 | 赵 □□ |  |  |  |
| 9 | 鞠德爽 | 见定 | 安苟子 | 捉道 |
| 10 | 鞠昌仁 | 见定 | 窦鞞饨 | 门子 |
| 11 | □佳□ | 捉道 | 贾敏仁 | 见定 |
| 12 | □□子 | 见定 | 史行义 | 屯 |
| 13 | 苏怀达镇将仗身 | 黄祥印 | 屯 |  |
| 14 | 尚思□ [下残] |  |  |  |
| 15 | 马怀定 | 屯 |  |  |
| 16 | 董猪仁 | 捉道 [1] |  |  |

---

1　唐长孺主编《吐鲁番出土文书》叁，第 326 页。

　　同墓出土文书，尤其是同号文书，有武则天时代文书，而时间最晚为神龙二年（706），此件文书也不应超出这个时段。陈国灿先生研究这件文书，认为："这是一件蒲昌府差派兵丁配上诸役的文书，有的配充镇将仗身，有的被差派为捉道或望子。赵才达等人名下注的屯字，当时配往屯田劳作，仅据文书残剩部分统计，这类配上屯的兵丁就有五名。蒲昌府兵所上之屯，可能是柳中屯。"[1] 有关屯田耕种人身份的观点，与黄正建先生的观点很一致。[2] 但是，对照《唐西州都督府上支度营田使牒为具报当州诸镇戍营田顷亩数事》文书，派役文书是地方政府的派役还是军队内部的分工呢？显然，这还是一个有讨论余地的问题。

　　西州都督府要向支度营田使汇报工作，在第20件文书《唐支度营田使下管内军州牒》[3] 中，残留下这样的内容：

```
1    支度营田使
2      管内军州
3   牒准    旨，诸军州所须 ▢▢▢▢▢
4   支度使处分, ▢▢▢▢▢
```

　　虽然文书提及的内容无从知晓，但是支度营田使有"管内军州"的职权，伊吾军属于管内军，西州无疑则属于管内州。

　　从什么时候开始，西州成为支度营田使的管内州呢？这涉及北庭节度使的始建时间。研究者通常比较重视《唐会要》的记载："先

1　陈国灿：《唐西州的屯田与助屯输丁》，《斯坦因所获吐鲁番文书研究（修订本）》，第102~103 页。

2　黄正建：《唐代前期的屯田》，《人文杂志》1985 年第 3 期，第 79~82 页。

3　唐长孺主编《吐鲁番出土文书》肆，第 103 页。

天元年十一月，史献除伊西节度兼瀚海军使，自后不改。"[1] 那么开元时期的屯田、营田事，都应该是在营田使的领导之下进行的。当然，营田使属于上级领导，具体执行工作的还是西州都督府。斯坦因所获的文书中，有一件《唐开元年间西州都督府诸曹符帖事目历》，是西州都督府各曹司公文目录，其中的第 6 行有这样的文字：

> 兵曹符为差输丁廿人助天山屯事。[2]

天山屯，上文已经涉及，应该是西州天山县境内的屯田机构，现在所知其是西州最大的。输丁，即派遣男丁去屯田。尤其需要注意的是，作为政府命令的"符"，发文单位是都督府的兵曹，从而可以明确屯田事在西州是由兵曹负责的。

如果时间判断无误，确定为开元时期，那么这个时候是存在营田使的。兵曹之上是都督府，而营田使属于都督府的上级领导，指挥或者领导屯田事业。在这个地区，自然还是以营田使为最高长官。大谷文书 3473 号，命名为《唐开元十九年正—三月西州天山县到来符帖目》，内容为：

> 营田使牒，为天山屯车牛农具，差人领屯官农具，限牒到日送事。营田使牒，为十八年屯 ☐☐☐☐[3]

---

1　《唐会要》卷七八，第 1690 页。引文之下，《唐会要》的文字为"至开元十五年三月，又分伊西、北庭为两节度"。

2　沙知、吴芳思主编《斯坦因第三次中亚考古所获汉文文献（非佛经部分）》，第 55 页。另有一件文书仅剩四字，为"助屯输丁"，相信与上一文书的输丁性质一致，都是屯田的劳动力。同书，84 页。

3　池田温：《中国古代籍帐研究·后图》，第 215 页。

天山县接到的上级指示，包括都督府各个部门的符、都督府衙帖和营田使的牒，因为这里提供的仅仅是一个提要，看不到详细的内容和格式。营田使的牒是通过都督府转给天山县，还是直接下达到天山县，也不能得出结论。如果是直达，那么营田使的权力就更加清晰。因为天山屯在天山县，所以营田使可以直接给天山县下达指示。不管如何，营田使的领导地位是没有疑问的，而不论是原来的屯田，还是镇戍的营田，显然都在营田使的领导之下。

营田使，全称应是支度营田使，主管屯田、营田等事，在西州之上出现节度使组织之后，营田使因而获得这些职能，这对于西州屯田而言，是管理体制上的一次重要变化。

## 三　天山军时期

根据《唐六典》的记载，西州所在的屯田，只有"天山一屯"。同资料在表述伊州的时候，使用的是"伊吾一屯"，由此可知，伊吾是指伊吾军，天山也应该是天山军。上文涉及西州第一时期的屯田时，我们知道，西州不仅有天山屯，还有白水屯和柳中屯，而《唐六典》明确记载"天山一屯"，说明西州的屯田有进一步的变化。这个变化，其实就是天山军及其之后的情形。

有关天山军的问题，传世文献记载有的清楚有的模糊。比如西州确有天山军，但天山军是什么时间成立的，则各种记载不清。有的记载认为西州成立之时，天山军便已经存在，这显然是误会。也有记载开元二年天山军成立的，也有很模糊地记载天山军是开元时期成立的。刘安志先生利用上文阿斯塔那 226 号墓的文书证明，天山军至晚在开元十年、十一年的时候尚未成立，因为文书中上报营田使的单位是西州都督府而不是天山军，相应地，伊州并没有上报营田资料，上报资料的主体是伊吾军。他最终认为，"天山军很有可能就是在开元十五年之后不久就设置了"[1]。认为开元十年前后尚无天山军的考证是可信的，但具体成立时间依然没有资料证明，现有的结论不可避免具有推测的成分。

天山军的成立，虽然现有的研究没有办法提供最初的时间，但是张九龄《敕天山军使张待宾书》《敕西州都督张待宾书》中，都分明写着西州都督张待宾同时具有"天山军使"的职衔，证明开元二十二年（734）天山军已经成立是没有问题的。[2]天山军的成立，对于西州的屯垦而言，在管理体制上应该发生变化，即如开元十年前后的伊吾军一样，成为伊州屯垦营田的主管部门。根据就是《唐六典》的记载，"天山军一屯"。

天山军成立，西州的屯田营田事业由天山军直接管理，但其上级单位，依然是营田使。然而就在天山军成立之后，西州的屯田事业似乎发生萎缩。我们从上文的文书资料中得知，西州至少有柳中、白水、天山三屯，但是到天山军时代，只剩下了一屯。西州的屯田，比武周时期明显减少。这背后的原因何在呢？

吐鲁番出土的大谷文书中，有一件4915号文书，池田温先生定名为《唐天宝元年七月交河郡纳青麦状》，内容如下：

> 1　浑孝仙纳天宝元年屯田地子青麦贰硕。又
>
> 2　纳吕才艺屯田地子青麦壹硕贰斗。又纳浑定

---

1　刘安志：《唐代西州天山军的成立》，原载朱玉麒主编《西域文书》第二辑，科学出版社，2007。收入刘安志《敦煌吐鲁番文书与唐代西域史研究》，商务印书馆，2011，第206~225页。

2　参见郭平梁《突骑施苏禄传补阙》，《新疆社会科学》1988年第4期，第47~60页。李方证明，张待宾为西州都督，在最晚在开元二十一年已经开始，《唐西州长官编年考证——西州官吏考证（一）》，《敦煌吐鲁番研究》第一卷，北京大学出版社，1996，第271~296页。

3　仙贷种子青麦壹硕贰斗。又纳浑孝仙贷种

4　（子青麦□□斗）。天宝元年七月十三日□史王虔。[1]

这里，出现了"屯田地子"这样的概念。陈国灿先生用不确定的口气说道："这是否意味着天山屯输丁助屯的经营方式又有了变化？"[2] 这里，本章想解释的是，屯田减少可能是政府改变了屯田的经营方式，由原来的官方直接经营，转变为租给农民而收取地租（即地子）。陈国灿先生的看法是可以给予支持的。

这件天宝元年的文书中，浑孝仙和吕才艺都交纳了屯田地子，证明他们都租种了官方的屯田地，而又有文书证明，这些原来的屯田后来可能成为"废屯"。大谷文书 3473 号《唐开元十九年正月—三月西州天山县到来符帖目》记载道："户曹 □□□□□□ 戎等，今年废屯税子粟麦四千石事。"[3] 陈国灿先生认为"戎"前一字应为"宁"，因为西州确有宁戎乡。这说明，宁戎乡一带有废屯，而废屯是名废实不废，继续为政府收益做贡献。上文曾经估计西州三屯每年当有 2500 石的收益，现在看来过于谨慎。宁戎等地的废屯，就有4000 石的地子收益，而这不过是天山县境内的废屯收益，整个西州当然会更多。或者，官营屯田转变为官督民营之后，生产力获得极大提高，也是一种可能。

开元二十二年到二十四年，唐朝与突骑施曾经在西域全境发生全面冲突，当时主管军事工作的张九龄连续给西域各地的军事主管官员发去多封敕文。这些敕文是以皇帝的名义发布的，但其实都是张九龄的手笔。其中，在给北庭都护、瀚海军使盖嘉运的敕书中，

1　池田温：《中国古代籍帐研究》，第 302 页。

2　陈国灿：《唐西州的屯田与助屯输丁》，《斯坦因所获吐鲁番文书研究（修订本）》，第 106 页。

3　小田義久「大谷文書集成」第二卷、第 105 页。

曾经提及"西州近复烧屯，亦有杀伤"。[1] 可见，西州的屯田曾经是突骑施的攻击目标，而朝廷对此也十分重视。郭平梁先生认为烧屯事发生在开元二十二年秋天，[2] 那么西州的屯田损失应该很大，可能一年的收成因此化为灰烬。

唐代的屯田，强调军屯。这不是唐朝的特色，而是古来传统。《册府元龟·邦计部》有屯田目，其序言指出：

> 夫千里馈粮，士有饥色，樵苏后爨，师不宿饱。屯田之利，繇是兴矣。自汉武创制，置吏卒五六万人。充国上状，条便宜十有二事。新莽伪政，则立田禾将军。东汉永平，亦命宜禾都尉。魏晋而下，无代无之。是皆因戍营田，因田积谷，兼兵民之力，省飞挽之劳。比夫负海转输，率三十钟而致一石者，其利岂不博哉！[3]

《册府元龟》的序言，反映北宋初学者的看法。屯田从一开始就与军事行动有关，"皆因戍营田，因田积谷，兼兵民之力，省飞挽之劳"，形成了悠久的传统，所谓"无代无之"。所以，考虑历史上的屯垦，首先是中国悠久的屯垦传统，其次是与军事的密切关系。唐代，这两个特征依然如此。

唐高宗晚年，娄师德为"河源军司马，并知营田事"。因为营田成功，武则天继续给予重用。《旧唐书·娄师德传》记载道：

> 天授初，累授左金吾将军，兼检校丰州都督，仍依旧知营

---

1　张九龄：《敕（瀚海军使）北庭都护盖嘉运书》，《张九龄集校注》卷一〇，第 619 页。
2　郭平梁：《突骑施苏禄传补阙》，《新疆社会科学》1988 年第 4 期，第 47~60 页。
3　《册府元龟》卷五〇三《邦计部·屯田》，第 6026 页。

田事。则天降书劳曰："卿素积忠勤，兼怀武略，朕所以寄之襟要，授以甲兵。自卿受委北陲，总司军任，往还灵、夏，检校屯田，收率既多，京坻遽积。不烦和籴之费，无复转输之艰，两军及北镇兵数年咸得支给。勤劳之诚，久而弥著，览以嘉尚，欣悦良深。"

　　长寿元年，召拜夏官侍郎、判尚书事。明年，同凤阁鸾台平章事。则天谓师德曰："王师外镇，必借边境营田，卿须不惮劬劳，更充使检校。"又以为河源、积石、怀远等军及河、兰、鄯、廓等州检校营田大使。[1]

　　娄师德出将入相，最大的边功不是攻城略地而是营田，用武则天的话说，"不烦和籴之费，无复转输之艰"。屯田的功用，武则天如此说，史书记载也无非如此。[2]

　　不论是四镇还是伊西庭地区，作为唐朝的西部边疆堡垒，"边城粮少"[3]是基本状况，所以当地屯田的重要性更显突出。安史之乱前，中央的调拨与地方生产，共同发挥作用，维护西域稳定，保证军队供应。安史之乱后，来自中央的调拨被迫中断，西域军民只能依靠自己的力量维持形势，守土卫疆压力大增，可想而知。

---

1　《旧唐书》卷九三《娄师德传》，第2975~2976页。此事，《册府元龟》卷五〇三也有记载，见《邦计部·屯田》，第6036页。

2　《册府元龟》记载郭元振的事迹，与娄师德很相似："郭元振，长安中为凉州都督陇右诸军州大使。元振令甘州刺史李汉通开置屯田，尽其水陆之利。旧凉州粟麦，斛至数千。及汉通牧率之后，数年丰稔，遂斛至数十钱。积军粮可支数十年。"《册府元龟》卷五〇三《邦计部·屯田》，第6036页。

3　张九龄：《敕瀚海（军）使（北庭都护）盖嘉运书》，《张九龄集校注》卷一〇，第612页。

# 第五章　唐朝的民族政策
## ——以粟特人为中心

中国自古多民族，历朝历代国民，都是多民族的构成部分。国民的多族成分，不仅是各个历史时期的事实，而且会对当时政治产生影响。在民族之间的平等、自由之外，国民的权利与义务关系、民族文化保存等，无不需要考察研究。本章从唐朝的制度出发，就唐朝的胡人国民进行调查，从而希望对当时的民族文化认同与国家认同问题有所了解。

## 一　胡客与唐臣

唐朝是中外文化交流发达的时期，各民族往来频繁。唐朝作为区域大国，政策相对开放，加之传统的怀柔观念，许多外来族群得以进入唐朝疆域。概括地说，作为客使与客商的外来人群，有的虽然可能长期居住在中国，但是客的身份并不改变。对此，可据《通鉴》唐德宗贞元三年（787）的一条记载进行观察，具体内容如下：

> 初，河、陇既没于吐蕃，自天宝以来，安西、北庭奏事及西域使人在长安者，归路既绝，人马皆仰给于鸿胪，礼宾委府、县供之，于度支受直。度支不时付直，长安市肆不胜其弊。李泌知胡客留长安久者，或四十余年，皆有妻子，买田宅，举质取利，安居不欲归，命检括胡客有田宅者停其给。凡得四千人，将停其给。胡客皆诣政府诉之，泌曰："此皆从来宰相之过，岂有外国朝贡使者留京师数十年不听归乎！今当假道于回纥，或自海道各遣归国。有不愿归，当于鸿胪自陈，授以职位，给俸禄为唐臣。人生当乘时展用，岂可终身客死邪！"于是胡客无一人愿归者，泌皆分隶神策两军，王子、使者为散兵马使或押牙，余皆为卒，禁旅益壮。鸿胪所给胡客才十余人，岁省度支钱五十万缗；市人皆喜。[1]

四十余年中，四千多"胡客"（外国人）都保持客人的身份，接受鸿胪寺的供给，而他们原来都是"外国朝贡使者"。因为安史之乱后，朝廷财政紧张，想免除这项支出，但遭到他们的一致反对，最后李泌给出的政策是要他们自己选择，留在中国就放弃这份待遇，可以"授以职位，给俸禄为唐臣"，否则就遣送归国。结果胡客皆不愿归，都成了唐臣。继续保留使者身份接受鸿胪寺供应的

---

1　《资治通鉴》卷二三二，第 7492~7493 页。

只剩下十多人。多数人成为神策军的兵卒，不仅加强了神策军的实力，而且节约了政府的财政开支。

　　然而，从"胡客"到"唐臣"，身份明显转变，那么是否需要办理手续呢？应该办理什么手续呢？冯承钧先生早年写作的《唐代华化蕃胡考》，较早研究这一问题，但曾经说道："昔日惟有归化之说，而无入籍之法。"[1] 那么成为唐臣是否就是入籍呢？当时或许缺乏相关数据，对于入籍问题无法研究，所以冯承钧先生才会有如此一说。

　　向达先生将各国人在唐朝的情况分作四类："唐代流寓长安之西域人，大致不出四类：魏周以来入居中夏，华化虽久，其种姓犹皎然可寻者，一也。西域商胡逐利东来，二也。异教僧侣传道中土，三也。唐时异族畏威，多遣子侄为质于唐……此中并有即留长安入籍为民者，四也。"[2] 这里，向达先生虽然细分为四种情况，也是可以简约为两类的，即客居与入籍两种。使者、商人、僧侣为一类，他们是临时来华，背景或有不同，但都是临时居住在唐朝的外国人。这些临时居住者，商人应该是经商完毕就归国，使者应该是完成使命即归国。作为质子的或者有归国机会，或者入籍为唐人。宗教人士，完成任务也应该归国。日本僧人圆仁就在中国滞留十年左右，最后返国。而新罗、日本僧人也有编入唐籍的情况。[3] 这些人中，除了入籍的以外，主要都是客居中国的。而所谓魏周来华的人，当然就是入籍之人。

--------

1　冯承钧：《唐代华化蕃胡考》，原载《东方杂志》二十七卷第十七期，1930，收入《西域南海史地考证论著汇辑》，第129~157页。

2　向达：《唐代长安与西域文明》，初载《燕京学报》专号第二，1933年10月。收入向达同名著作，生活·读书·新知三联书店，1957，第1~116页。

3　《唐会要》卷四九："新罗、日本僧入朝学问，九年不还者编入籍。"第1011页。此处之籍，应特指僧籍，而非僧人当编入一般户籍。

　　姜伯勤先生利用吐鲁番出土文书，研究"敦煌吐鲁番所见两类粟特人"，所谓两类，一类是著籍的粟特人，一类是未入籍的粟特"商胡"。[1] 这与《通鉴》所载的胡客与唐臣，恰好相互对应。这就是说，入籍或者被称作著籍的，便是唐臣，而"商胡"与"胡客"一样，是滞留在唐朝的外国人，未曾办理入籍手续。可见，新出资料已经给出了新的知识，唐朝的外国人，是存在加入唐朝国籍现象的。说唐朝不存在"入籍之法"肯定是不准确的。

　　所谓胡客转为唐臣的过程，也被称作化外人的归化，或者称归朝。唐朝户令中有"化外人归朝"的具体规定，并有"化外人于宽乡安置"的具体条款："诸没落外蕃得还，及化外人归朝者，所在州镇给衣食，具状送省奏闻。化外人于宽乡附贯安置，落蕃人依旧贯。无旧贯，任于近亲附贯。"[2] 化外人一般是安置在宽乡入贯，这应该就是具体的入籍之法，所谓"附贯"，即是入籍。入籍唐朝即为唐臣，但是同为入籍之唐臣，这些化外人之间是否还有不同？姜伯勤先生指出："著籍粟特人称为当州百姓、庭州根民、都护人、当县夷胡户等，他们有权受田进丁，同时也有赋税、兵役等封建义务，在刑事诉讼中按唐律判决。"[3]

　　同为入籍之唐臣，化外人在具体表述上还有如此多的不同，那么他们究竟是身份有所不同还是仅仅表述不同呢？吐鲁番出土的大量唐代文书证明，确有很多胡人成为唐臣。我们先看实例，再来探

---

1　姜伯勤：《敦煌吐鲁番文书与丝绸之路》第五章第一节"敦煌吐鲁番所见两类粟特人"，第154~198 页。

2　仁井田陞：《唐令拾遗》，栗劲、王占通、霍存福、郭延德编译，长春出版社，1989，第146页。仁井田陞先生根据的是《白孔六帖》卷三五的"使绝域"条，更具体的是"没著人还户贯令"，四库类书丛刊本《白孔六帖》，上海古籍出版社，1992，第557 页。

3　姜伯勤：《敦煌吐鲁番文书与丝绸之路》第五章第一节"敦煌吐鲁番所见两类粟特人"，第183 页。

究这个问题。吐鲁番出土一件唐高宗时期的买驼契约，其中就涉及
多种身份称谓。这就是《唐咸亨四年（673）西州前庭府杜队正买
驼契》：

1　咸亨四年十二月十二日，西州前庭府队正杜▢▢▢
2　交用练拾肆匹，于康国兴生胡康乌破延边
3　买取黄敦（骏）驼壹头，年十岁。其驼及练即
4　交想（相）付了。若驼有人寒盗您佲
5　者，一仰本主及保人酬当，杜悉不知。三日
6　不食水草，得还本主。待保未集，且立
7　私契；保人集，别市契。两和立契，获指
8　▢验。
9　　　　　　　驼主康乌破延
10　　　　　　买驼人杜
11　　　　　　保人都护人毅
12　　　　　　保人同乡人康莫遮
13　　　　　　知见人张轨端[1]

　　这件契约，我们可以见到几种身份称谓情况。第一，卖骆驼的
人是"康国兴生胡"，名为康乌破延，他是客商，外国人。买骆驼
人杜某，是西州前庭府的低级军官，当然是唐臣。第二，两个保人
是为康国商人康乌破延做担保的，负有一定的法律责任，他们一个
称作"都护人"，一个称作"同乡人"。所谓同乡人应该是杜某的

---

1　唐长孺主编《吐鲁番出土文书》叁，第 485 页。阿斯塔那古墓群第 35 号墓出土，出土时间
　　是 1964 年。

同乡人，不应该是康乌破延的同乡人，但是康莫遮既然肯替康乌破延担保，同时又都姓康，很可能康莫遮也是来自康国，甚至与康乌破延熟悉。而都护人的称谓很少见，姜伯勤先生认为其与州县百姓相同属于入籍之人，但是为什么要如此表述呢？都护，应该指安西都护府，所谓都护府下辖安西四镇，所以都护人很可能是指四镇百姓，他们与西州、庭州百姓应该是有所不同的。不然的话，同一件契约，表述相同会更容易理解。

　　化外人归朝，于宽乡入籍，这是唐朝的制度规定。入籍之后，还有优待，就是赋役令规定的赋役宽免。唐令有这样的内容："外蕃之人投化者，复十年。"同时同令文规定："其夷獠新招慰及部曲、奴被放附户贯者，复三年。"[1] 招慰夷獠与外蕃人投化不同，后者显然更受重视。那么如何理解夷獠与外蕃人？大约不论外蕃人还是夷獠，都属于化外人，他们的归朝都是受唐朝欢迎的，但是他们的身份不同，决定了受到的待遇不同，外蕃人的投化比夷獠招慰更受优待。外蕃人应该是有明确不同国籍的人，而夷獠是游离在所有国籍之外的，可能特指边缘地区的各族居民。

　　唐令规定："诸边远州有夷獠杂类之所，应有输役者，随事斟量，不必同之华夏。"[2] 比如岭南地方"凡岭南诸州税米者，上户一石二斗，次户八斗，下户六斗。若夷獠之户，皆从半输。轻税诸州，高丽、百济应差征镇者，并令免课役"。[3] 高丽人、百济人是特殊

---

1　《天一阁藏明钞本天圣令校证》第 392 页。此条明确为唐令原文，参见仁井田陞《唐令拾遗》引证《通典》，第 610 页。

2　《天一阁藏明钞本天圣令校证》，第 390 页。此条明言是宋令，但是来自唐令是没有问题的。参见《通典》，第 109 页。

3　《唐六典》卷三"户部郎中员外郎"条，第 77 页。参见仁井田陞《唐令拾遗》，第 601~602 页。"轻税"二字，句读有不同，有的学者上属，而李锦绣先生下属，并且找到了"轻税诸州"的其他证据，可以信从。参见李锦绣《唐代财政史稿》上卷第二分册，第 613 页。

人群，所以有特殊政策，而一般夷僚之户，应该与吐鲁番文书中的"当县夷胡户"是同一个概念。[1] 他们在国籍上属于唐朝，但与一般居民又不同。与此同时，唐代史书多留下这样的记载：

> 诸蕃胡内附者，亦定为九等，四等已上为上户，七等已上为次户，八等已下为下户。上户税钱十文，次户五文，下户免之。附经二年者，上户丁输羊二口，次户一口，下三户共一口。（无羊之处，准白羊估折纳轻货。若有征行，令自备鞍马，过三十日已上者，免当年输羊。）

《唐六典》卷三"户部郎中员外郎"条与《旧唐书·食货志》、《册府元龟·邦计部·赋税》、《文献通考·田赋考二·历代田赋之制》的这个记载都很一致，只有主语不同，《唐六典》为"凡诸国蕃胡内附者"，《旧唐书》为"蕃胡内附者"，《册府元龟》为"蕃胡内附者"，《文献通考》为"蕃人内附者"，所指应该相同，但文有异同。同时，也只有《唐六典》记录是"银钱"，其他史书都无"银"字。仁井田陞先生用"诸蕃胡内附者"，采用了《旧唐书》的具体词语，加上了令文的用语"诸"字，也没有采用《唐六典》的"银钱"之说。[2]

可以说，内附之蕃胡所纳税钱并不多，但是上引令文明明说投化人"复十年"，夷僚新招慰"复三年"，这里为什么又开始对内附的蕃胡收钱收羊呢？如此明显的不一致到底应该如何理解呢？是唐代制度存在矛盾，还是我们理解出现偏差呢？李锦绣先生《唐代财

---

1　唐长孺主编《吐鲁番出土文书》肆，第317~318 页。
2　仁井田陞：《唐令拾遗》，第600~601 页。

政史稿》专设一节"蕃胡内附者税银、羊",引证投化人"复十年"等资料讨论此题。她的结论是值得赞同的,即"给复数年,同于编户与税银羊这两种制度实施的关键在于蕃胡的内附是保存其部落还是打散其部落"。[1] 这里可以叙述得更清晰一些,给复十年的外蕃投化与给复三年的新招慰夷僚,关键在于附贯入籍,而税钱税羊的内附蕃胡,是保有部落组织的,他们虽然臣服但并没有以户为单位入籍。

岭南的夷僚户,与西州的当县夷胡户应该都属于内附的蕃胡,虽然没有课役复除,但是享受轻税待遇。所谓轻税,根据李锦绣的考证,就是"半输者,准下户之半"。[2] 上文所引在西域有"都护人",应该是没有脱离原来部落组织的四镇居民,属于夷胡户的一种。由此我们可以得出基本结论:胡客之外,唐朝的国民可以称作唐臣,除了编户之民,还包括保持部落形态的内附之民。

## 二　集中居住

作为唐臣的胡人,既然已经加入唐籍,那么在唐朝的生活如何?姜伯勤先生在上引著作中简单总结说:"他们有权受田进丁,同时也有赋税、兵役等封建义务,在刑事诉讼中按唐律判决。"这当然是不错的。随着研究的深入以及更多新资料的发现,现在我们有条件把他们在唐朝的生活状况的基本面描述得更加清晰。

胡人入籍唐朝,可以散漫地居住,也可以聚集而居。研究发现,在当时的中国,有很多胡人聚落。池田温先生《八世纪中叶敦

---

1　李锦绣:《唐代财政史稿》上卷第二分册,第623页。

2　李锦绣:《唐代财政史稿》上卷第二分册,第619页。

煌的粟特人聚落》，[1] 就用聚落这个概念。张广达先生对六胡州的粟特人情况进行了研究，指出："值得注意的是，昭武九姓还沿着东来中国的交通要道和草原内地建立了许多移民聚落。唐代文献，某些穆斯林文献，特别是敦煌和吐鲁番文书向我们揭示了这些昭武九姓移民聚落活动的某些侧面，这有助于我们进一步了解昭武九姓在唐代政治事变和社会生活中的重要作用。"[2] 荣新江先生延续这个思路，对丝绸之路沿线的粟特人聚落做了全面的调查，他用《西域粟特移民聚落考》和《北朝隋唐粟特人之迁徙及其聚落》两篇论文梳理了丝绸之路沿线的粟特人聚落，并沿着交通线从西域一直延伸到东北的营州地区，把粟特人的中国网络清晰地勾勒出来。[3]

比较起来，池田温、张广达先生所用聚落一词，更主要的含义是集中居住，而荣新江先生则强调这种集中居住的内部秩序，即自治特色，因此"聚落"就有了新的含义。荣新江先生对于粟特人聚落内部的秩序有一个总结：

> 一般的胡人聚落由胡人集团首领萨宝（原意为队商首领）主持，由于大多数粟特人信奉粟特传统的祆教，所以聚落中往往立有祆祠。萨宝即成为粟特聚落中的政教大首领。……北朝隋唐的中央政府对粟特聚落控制有一个漫长的过程，在北朝早

1　池田温：《八世纪中叶敦煌的粟特人聚落》，辛德勇译，原载『ユーラシア文化研究』1、1965。收入池田温《唐研究论文选集》，第3~67页。

2　张广达：《唐代六胡州等地的昭武九姓》，初载《北京大学学报》1986年第2期。收入张广达《西域史地丛稿初编》，第246~279页。

3　荣新江：《西域粟特移民聚落考》，初载《西域考察与研究》，新疆人民出版社，1994。收入荣新江《中古中国与外来文明》，生活·读书·新知三联书店，2001，第19~36页。《北朝隋唐粟特人之迁徙及其聚落》，初载《国学研究》1999年，收入《中古中国与外来文明》，第37~110页。

期，大多数聚落不受政府约束，有关的记载也就较少。以后用任命萨宝为政府官员的方式来控制粟特聚落，到唐朝建立时，把正式州县中的胡人聚落改作乡里，如西州的崇化乡安乐里、敦煌的从化乡之类。而位于唐帝国周边地区的一些胡人聚落，如六胡州、柳城等地，基本上维持着胡人聚落的原状。[1]

聚落本来是泛指所有人类的集中居住形态，在荣新江先生的研究中，则强调聚落的自治特性，并以此与隋唐时代的乡里相区分。他又以《从聚落到乡里——敦煌等地胡人集团的社会变迁》为题继续申论这个看法，强调隋唐时代粟特聚落向乡里的转变，"唐朝建立后，把处于正式州县中的胡人聚落改作乡里，两京地区城镇中的胡人不会再以聚落的形式存在，西州的崇化乡安乐里，敦煌的从化乡，大概都是由胡人聚落改建的"。[2]之所以如此使用"聚落"概念，笔者认为是受到古代文献的影响。英藏敦煌文献 S.367 号文书《沙州伊州地志》记载石城镇，"贞观中，康国大首领康艳典东来，居此城，胡人随之，因成聚落，亦曰典合城"。[3]康艳典所居石城镇，是高宗上元二年（675）所改，并隶属于沙州，此前称之为聚落，正有自治特质。于是，我们可以看到，蕃胡内附，可以分作两种居住形态，一是保有部落、有相当自治特性的聚落；二是相对集中的散居，即乡里。两者之间，既存在共时性的特点，也存在历时性的特点，即有从聚落到乡里的演变过程。

---

1　荣新江：《北朝隋唐粟特人之迁徙及其聚落》，《中古中国与外来文明》，第 109 页。

2　荣新江：《从聚落到乡里——敦煌等地胡人集团的社会变迁》，高田时雄主编《敦煌写本研究年报》3，京都大学，2009，第 25~36 页。

3　参见池田温「沙州図経考」『榎博士還暦紀念東洋史論叢』、山川出版社、1975、第 91~93 页。唐耕耦、陆宏基编《敦煌社会经济文献真迹释录》第一辑，书目文献出版社，1986，第 39 页。

　　根据新出土的粟特人墓葬资料，荣新江先生撰文研究粟特人聚落内部的组织结构，具体探讨了萨宝（萨保）、聚落中的种族构成、婚姻形态、粟特人的日常生活、粟特人的丧葬仪式和粟特人的祆教信仰等重要问题。在这篇重要的研究文献中，荣新江先生依然关心两种粟特人聚落问题，指出："我们所要探讨的粟特聚落，是指具有自治性质的移居地，但从自治聚落到中央或地方官府控制以后的胡人组成的乡里之间，有时会有个过渡阶段，甚至两者在文献材料中不易区分。"[1]

　　吐鲁番出土文书中，曾经在阿斯塔那 35 号墓中出土了《唐神龙三年（707）高昌县崇化乡点籍样》，研究者一致同意高昌县崇化乡是一个粟特人集中的乡里。[2] 池田温先生尤其强调，崇化乡的安乐里才是粟特人集中的地方。[3] 对此，荣新江先生强调"值得注意的一点是，安乐里的粟特人名直译者较多，年龄大多数在四十以上，而且非常集中，表明他们原本是生活在粟特聚落中的胡人，被唐朝强编入乡里"。[4] 可见，池田温先生关注的是粟特人的集中居住问题，而荣新江先生强调聚落向乡里的转变。荣新江先生也指出："粟特聚落的转化，并不是唐朝初年短时间里完成的，在不同的地域有着不同的时间，转化的程度也有所不同。"[5]

　　就敦煌从化乡的情况而言，根据池田温先生的研究，首先是粟特人比较集中，虽然也有其他族群的居民。池田温先生根据从化

---

1　荣新江：《北朝隋唐粟特聚落的内部形态》，《中古中国与外来文明》，第 111~168 页。

2　唐长孺主编《吐鲁番出土文书》叁，第 533~544 页。

3　池田温「神竜三年高昌県崇化郷点籍樣について」『中国古代の法と社会——栗原益男先生古稀紀念論集』、汲古書院、1988。

4　荣新江：《北朝隋唐粟特人之迁徙及其聚落》，《中古中国与外来文明》，第 48 页。

5　荣新江：《从聚落到乡里——敦煌等地胡人集团的社会变迁》，高田时雄主编《敦煌写本研究年报》3，京都大学，2009，第 25~36 页

乡的差科簿，对当乡人口进行统计，发现可能属于粟特人的姓氏高达九成以上，当然还有张、李、王这些汉姓。从名字上看，池田先生统计，那些粟特人姓氏的人，在命名上有一半坚持原来粟特人的命名习惯，而另一半人则已经使用了汉人传统的名字。而这个情况又与年龄相关，年老的粟特人多用粟特式的名字，而年轻人则倾向于使用汉式名字。因为粟特人来华，多以男性为主，所以通婚对象以当地汉人为主就很容易理解，这在粟特人逐渐汉化的过程中也是常见现象。敦煌有祆教寺院，这在《沙州都督府图经》中有明确记载。而池田先生也讨论道，敦煌祆教寺院（祆神）的存在与从化乡正属同一时期。[1]

附贯入籍乡里的胡人称作化外人，他们的入籍是归朝行为，对此唐朝的法律特别鼓励，给予的是"复十年"的优待。但是如果保持原来的部落组织状态，唐令称作"内附"，唐朝虽然也给予轻税的优待，但与落户乡里比较起来，优待的程度相去甚远。这个政策差异，毫无疑问显示了唐朝国家意志的倾向性。说到底，这是唐朝政府利用经济政策性杠杆，吸引粟特人等胡人附贯入籍，在这方面，唐朝政府似乎比较注意避免使用强力。如高昌县崇化乡安乐里的情况，既然如此多的粟特人集中在这里，他们是集体迁徙到这里的推测是可以成立的，一种可能性是受到唐朝优待政策的引导。正如池田先生在研究敦煌从化乡时所指出："粟特人的聚落仕编入乡里时取这样的乡名，当然只能是按照汉人的华夏意识而确定的。这样一来，聚落的居民在可以从唐朝那里得到与一般汉人相同的权利和庇护的同时，相应地也必须负担法定的公课，

---

1　池田温：《八世纪中叶敦煌的粟特人聚落》，辛德勇译，原载『ユーラシア文化研究』1、1965。收入池田温《唐研究论文选集》，第3~67页。

应承征发公务和兵役。”[1]

综合池田温与荣新江先生的研究，两种类型的粟特人聚落主要差别表现在以下几个方面。唐朝不再存在区域性如某州的萨保，粟特人保持原有族群的组织方式的存在规模明显降低，粟特人内部婚姻的传统在保持了一段时间后不可避免地发生变化，就连粟特人命名的方式也会随当地的族群环境而改变，他们的日常生活内容也是如此，乡里体制下的粟特聚落，粟特人的特色在减少，汉化程度在提高，但是祆教的信仰一直存在，粟特人集中的地区依然频见祆教寺院。迁徙汉地的粟特人，汉化的过程具有必然性，从内部组织来看，从早期的粟特人聚落到后来的粟特人比较集中的乡里，这个演变过程基本上是一个时间过程。笔者的观点是，这个过程的进行，从族群的大环境来说具有必然性，从唐朝的国家政策来说也具有相当的鼓励与诱导。不管哪一种聚落，毕竟还是同族人相对集中地居住在一起，此外一定还有其他居住方式，比如散居乡里。对比聚落的居住方式，散居的各族国民，各自的民族文化保持情况一定会千差万别。如果从胡人的方面考虑，总体上的估计，这个过程主要是文化适应性的，即可以认为是一种自由选择的结果。[2]

唐朝政府在对待大规模外来族群的问题上，常常会有针对性地制定政策。贞观四年（630），当唐太宗朝廷击败颉利可汗之后，迅速迎来大规模的来降突厥人。而如何安置他们，是打乱其固有的族群内部关系即部落系统，还是保留其原有系统，以及安置在什么区

1  池田温：《八世纪中叶敦煌的粟特人聚落》，辛德勇译，原载『ユーラシア文化研究』1、1965。收入池田温《唐研究论文选集》，第45页。

2  李鸿宾先生强调唐朝政府的意志，见《论唐代宫廷内外的胡人侍卫——从何文哲墓志谈起》，初载《中央民族大学学报》1996年第6期。收入李鸿宾《隋唐五代诸问题研究》，中央民族大学出版社，2006，第58~71页。

域更恰当等问题上，朝廷进行了很认真的讨论。最后，朝廷在反复争论中选择的政策是保留突厥原有内部系统，安置在河套地区，让他们在内部关系和环境上都比较适应。[1]

　　根据张广达先生的研究，六胡州的设置也是贞观四年灭东突厥之后，最初就是羁縻性质，原有的粟特人社会内部结构保持不变，长官由原来的首领担任。唐高宗时期，派遣汉人为长官，以加强控制。开元十年（722）康待宾叛乱被朝廷平定，唐廷把部分粟特人迁徙到河南及江、淮地区，显然具有惩罚色彩。不过，这些远距离的迁徙的结果并不理想，因为他们纷纷逃跑，最终唐朝政府妥协，再次设立匡、长二州以安置九姓胡人，时间是开元十八年（730）。[2]看来，唐朝政府对于大规模前来的胡人群落，是否采取强硬的离析部落的方法，是要经过认真考虑的。顺应其人传统，防止诱发动乱显然是必须给予重视的问题。即是说，面对此类问题，不可能太一厢情愿地进行乡里化安置。

　　总之，在安置外来族群的时候，唐朝政府的基本政策是采用诱导的方式，而对于大规模的族群，则多采取保留原有聚落组织的方式。强力离散部落使之进入乡里组织的政策，比较少见。

## 三　职业选择

　　粟特人是世界闻名的商业民族，粟特商人是丝绸之路上最活跃的国际商人。入籍唐朝以后，他们的商业传统是否受到影响呢？让我们通过吐鲁番出土文书进行观察。

---

1　参见吴玉贵《突厥汗国与隋唐关系史研究》第七章"唐朝对东突厥的安置"，第227~272页。
2　张广达：《唐代六胡州等地的昭武九姓》，初载《北京大学学报》1986年第2期。收入张广达《西域史地丛稿初编》，第246~279页。

　　贞观二十二年（648），30 岁的庭州百姓米巡职，带着他的一个家奴哥多弥施（15 岁）、一个婢女婆匐（12 岁），还有一头 8 岁的骆驼和 15 口羊，要前往西州（今高昌故城）进行"市易"，向地方有关部门申请手续（"公验"）。一个名字叫作"怀信"的官员在他的申请书上批下"任往西州市易，所在烽塞勘放"等字样，米巡职的申请顺利获得批准。[1] 米巡职是入籍的粟特人，吴震先生认为米巡职是"原出米国之粟特移民后裔"。而申请书中提及"州司"，吴震先生认为是西州政府，这是米巡职贸易完毕向西州政府申请的公验。[2]

　　百姓一定是入籍之人，如果是没有入籍的外来商人，通常称作"兴胡"，如开元十九年（731）二月，外国商人米禄山把女奴失满儿（11 岁）卖给来自京城的唐荣，地点就是西州市场。而米禄山在名字前有"兴胡"字样。[3] 米巡职与米禄山很可能是同族，但是米巡职的申请书上没有月份，只有一个日期，所以不知道米巡职从庭州到西州贸易是什么月份。米禄山在西州卖掉女奴失满儿是开元十九年的二月，不知道米巡职前往西州贸易是否也是相近的月份。不管怎么说，我们通常理解的百姓都是农民，但是米巡职显然不是一般的农民，他至少在农闲的时候是出门贸易的，贸易的物品在羊和骆驼之外还有奴隶，说明米巡职是一个颇有实力的商人。粟特人是著名的商业民族，米巡职虽然入籍唐朝，但显然并没有放弃这个传统。按照吴震先生的说法，米巡职是移民后裔，那就说明粟特移民

---

1　唐长孺主编《吐鲁番出土文书》叁，第 306 页。

2　吴震：《阿斯塔那－哈拉和卓古墓群考古资料中所见的胡人》，《敦煌吐鲁番研究》第四卷，北京大学出版社，1999，第 245~264 页。不过，笔者认为，这里出现的"州司"，不该指西州，而应该是庭州。

3　《唐开元十九年（731）唐荣买婢市券》，唐长孺主编《吐鲁番出土文书》肆，第 164~265 页。

在入籍之后，他们的后裔很可能长期保持着经商的传统。

　　石染典的实例更能说明问题。吐鲁番出土了一件开元二十一年（733）石染典买马契，证明石染典在这一年的正月五日从康思里处买了一匹6岁的马。有保人做证，卖马人也有署名，是一件真实的契约。[1]同墓出土的一件文书，被命名为《唐开元二十一年染勿等保石染典往伊州市易辩辞》，是石染典要求前往伊州市易，政府有关部门对他的询问调查，比如携带的人畜是否合法等。文书最后签署的时间是开元二十一年的正月二十三日，内容是"责保可凭，牒知任去"，批准他前往伊州市易。[2]石染典前往伊州市易所带的商品中就有一匹马，就是之前不久购买的那匹6岁马。

　　不仅如此，在同墓的文书中，还有一件文书与石染典有关，即《唐开元二十年（732）瓜州都督府给西州百姓游击将军石染典过所》。石染典是西州百姓，他前往瓜州市易，获得瓜州政府批准，时间是开元二十年三月十四日，然后离开瓜州前往沙州，途径悬泉、常乐、苦水、盐城戍等守捉，在二十一日到达沙州。沙州市易之后，又要前往伊州市易，沙州批准。到四月六日又获得伊州政府的审批，可能是回西州了。在文书的开头部分，还提到"安西已来"和著名的"铁门关"，证明石染典还曾计划去安西市易。[3]这样，在开元二十年年初，西州百姓石染典应该是从西州到达安西，然后又从安西到了瓜州、沙州、伊州，可能最后返回西州。他的一路所向，都是因为"市易"，很明显是一个地地道道的经商行为。转年

---

1　唐长孺主编《吐鲁番出土文书》肆，第279页。

2　唐长孺主编《吐鲁番出土文书》肆，第277~278页。

3　唐长孺主编《吐鲁番出土文书》肆，第275~276页。王仲荦先生认为石染典最后放弃了去安西的计划，见《吐鲁番出土的几件唐代过所》，《蜡华山丛稿》，第274~314页。参见程喜霖《唐代过所研究》第二章第三节，中华书局，2000，第95~98页。

开元二十一年，他又提出去伊州市易的要求，并获得批准。可见，石染典是个很专业的商人，而他的正式身份是西州百姓。

在石染典的资料中，他的身份另一种说法是"西州百姓游击将军"。游击将军是武散官，品阶是"从五品下"。[1] 这就是说，石染典既是西州百姓，同时也是武散官。按照《唐六典》的说法，武散官都要定期值班，这就是所谓的"番第"，由兵部负责。那么石染典外出经商，一定是选在没有值班任务的时候。可是，在《唐开元二十一年染勿等保石染典往伊州市易辩辞》文书中，石染典要去伊州市易，官府审核资料，保人染勿等向政府担保，说石染典"家宅及妻儿亲等，并总见在。所将人畜，并非寒诶等色。如染典等违程不回，连保之人，并请代承课役，仍请准法受罪。被问依实，谨辩"。这份文件证明，石染典外出经商，政府审查的时候是需要保人担保的。保人不仅担保石染典情况属实，还保证万一石染典不能及时回来，保人"代承课役"。也就是说，石染典还有课役问题。那么，游击将军石染典应该有课役吗？这里保人所谓的课役，或许是指石染典的纳资代役问题。

石染典作为西州百姓，他同时也是一名游击将军。他是入籍的粟特人或者其后裔，毫无疑问。而我们这里最为关心的问题就是，他的经商几乎是畅通无阻的，他从粟特人那里继承下来的传统，在作为唐臣的时候保持完好。我们从石染典的例证上似乎可以看到这样一个事实：入籍的粟特人在职业上显然是可以有所选择的，或者说在唐朝的环境下，石染典这样的粟特人是有职业选择机会的，至少粟特人的经商优势和传统得到了保持。

不仅是石染典，我们在许多文书中都可以看到粟特人参与商

---

1　《唐六典》卷五，第153页。

业活动，如充当保人。石染典买马契约中，充当保人的有"保人兴胡罗世郍（那）年册、保人兴胡安达汉年册五、保人西州百姓石早寒年五十"。兴胡是外籍商人，百姓是入籍国民，但是他们同时出现在这个担保文书中，而这类文书是具有法律效力的，保人是要担负相应责任的。兴胡拥有担保资格，应该是政府允许的，而其他百姓出面担保，意味着他们也一定程度地参与商业活动。此时，他们担保石染典，如果有一天他们需要担保的时候，石染典也责无旁贷。池田温先生也注意到，敦煌从化乡的粟特人是间接参与商业活动的。[1]

不仅如此，敦煌文书中保存的《唐户部格残卷》，记录了垂拱元年（685）八月二十八日的一道敕，可知关于胡人经商的问题，不是西州才有的个别行为，中央政府有统一的权威规定，内容如下：

> 诸蕃商胡，若有驰逐，任于内地兴易，不得入蕃，仍令边州关津镇戍，严加捉搦。其贯属西、庭、伊等州府者，验有公文，听于本贯已东来往。[2]

这道敕，规定了胡人经商活动的管理和范围问题。"诸蕃商胡"是指所有外来商人，他们可以在内地从事商业活动，但是不能进入少数民族地区。敕特别指示边州的关津镇戍要认真负责，严加看

---

[1] 关于从化乡粟特人的商业活动，池田温先生写道："令人遗憾的是几乎没有留下什么确切数据，可以直接反映该乡居民的商业活动。但是通过下记各项事实，可以间接地推察他们与商业活动具有密切关联。"池田温：《八世纪中叶敦煌的粟特人聚落》，辛德勇译，收入池田温《唐研究论文选集》，第41页。

[2] 唐耕耦、陆宏基编《敦煌社会经济文献真迹释录》第二辑，S.1344号，全国图书馆文献缩微复制中心，1990，第571页。

守。不仅是胡商，还有入籍的商人，"其贯属西、庭、伊等州府者"，其中的"其"指代的还是"诸蕃商胡"，他们的身份区别就是后者在西州、庭州和伊州有户籍。他们的经商范围是户籍所在地以东地区。

唐朝的格多来自敕，一旦入格，就意味着永久施行。垂拱元年的这道敕文，完全可以作为上文讨论的石染典的制度背景来看待。石染典贯属西州（称作西州百姓），前往西州以东地区经商，申请公验等，一概顺利，之所以如此，是因为朝廷有相关规定。但是，我们在石染典的资料中，也看到了与垂拱格不相符的内容。石染典是西州百姓，但是在他的经商行程中我们还是看到他在开元二十年计划去安西，还要经过著名的"铁门关"。他前往伊州、瓜州、沙州是符合垂拱格规定的，即"本贯已东来往"，可是安西和铁门关分明在西州之西，为什么他也能够照样前往呢？

这应该从西域的背景来探究。众所周知，高宗时期因为吐蕃的原因，唐朝在西域遇到了巨大的挑战，朝廷被迫放弃四镇，史称"拔四镇"，时间是咸亨元年（670）。其间，唐朝与吐蕃反复争夺西域，但是到垂拱二年（686）再次拔四镇，放弃西域。直到武则天长寿元年（692）十月，王孝杰大败吐蕃，朝廷才重新实现了对西域的控制，恢复四镇建制，并且开始在四镇驻兵。垂拱元年八月，朝廷发出关于胡人经商的敕文之际，正是西域激战正酣的时期。而王小甫先生研究认为，垂拱二年的"拔四镇"，从上一年的一系列行动中已经展开，最初的考虑就是把四镇交给羁縻府州管理。[1]

垂拱元年、二年，对于当时的西州而言，战争压力巨大，甚至政府都无法依法征兵，不得不采取特殊办法，以至于会出现单丁入

---

1　参见王小甫《唐吐蕃大食政治关系史》第二章"唐初安西四镇的弃置"，第68~88页。

伍、合家当兵的情形。[1] 新近出土的文书资料，继续证明了同样的事实，拔四镇是不得已的办法，同时导致西州成为经营西域的滩头阵地，压力空前增大。[2] 四镇放弃之后，西州、庭州和伊州就成了唐朝的西部最前线，只要是国内旅行，这便是最西端，所以只能由此向东。"其贯属西、庭、伊等州府者，验有公文，听于本贯已东来往"，其实正是可以在国内自由往来。只有如此理解，才能够明白，贯在西州的石染典在开元二十年也能前往安西经商。因为从长寿元年（692）开始，四镇再次回到唐朝（武周）的控制之中，安西自然也进入了合法经商的范围。

荒川正晴先生认为"在唐帝国中央的交通、交易管理体制中，如果是外国商人，原则上是被禁止自由往来于帝国的领域内的。然而在这当中，粟特人却是个例外。……不管是定居于中国内地的粟特商人，还是外来的粟特商人，在唐帝国晚辈的交通体制下，这些粟特商人在与掌握着通行权限的各州官员密切接触的同时，进行着交易活动"。[3] 这里，我们讨论的是入籍的粟特人情况，而石染典给出了典型的例证，在职业的选择上，入籍以后的石染典依然顺利地从事着商业活动。唐朝的法律显然是鼓励外来者入籍，种种的优惠条件上文已经涉及，而职业上的选择又不受限制，这从一个角度反映了外来入籍者的有利生存状况。

入华胡人的其他情况，如婚姻、信仰等，都可以视作自由存在的。池田温先生研究的敦煌从化乡，是有祆教的寺院存在的，而这

---

1　黄惠贤：《从西州高昌县征镇名籍看垂拱年间西域政局之变化》，唐长孺主编《敦煌吐鲁番文书初探》，第 396~438 页。

2　文欣：《吐鲁番新出唐西州征钱文书与垂拱年间的西域形势》，《敦煌吐鲁番研究》第十卷，第 131~163 页。

3　荒川正晴：《唐代粟特商人与汉族商人》，《粟特人在中国》（《法国汉学》第十辑），中华书局，2005，第 101~109 页。

无疑是粟特人信仰的中心建筑。根据荣新江先生的研究，安禄山叛乱前，也充分利用祆教对当地的胡人进行了组织。[1]唐代的信仰，基本上属于自由状态。入华胡人与其他国民，都能享受同样的待遇，当然也会遭遇相同的命运，如唐武宗采取打压政策，不仅佛教，祆教等也受到冲击。

至于婚姻问题，学者也多有研究，粟特人之间的通婚很常见，异族之间的婚姻也不可避免。安禄山与哥舒翰的故事是人所共知的。因为汉人数量的优势，入华胡人与汉人之间的通婚终究会成为最主要的婚姻方式，胡人因此走向最终的汉化。这对于中原的多民族传统而言，是上演千年的固定曲目。

## 四　一体多元

唐朝的种族与文化，并非唐朝所独有，一体多元的基本格局，可以看作中国的固有传统。多元即民族文化的多元，而一体即是国家的一体。种族文化的存在方式可以是多样化的，部落式聚落存在与乡里式的聚落存在会有很大不同，但是这都不妨碍国家最高政治原则的贯彻与执行。如果多元民族文化的存在，最终构成了对国家一体原则的冲击，那么无论如何都不能认为这种格局是成功的。唐朝民族区域并不一直太平，叛乱之事确有发生，但总体估计，这种一体多元的体制毕竟还是成功的。

拜读张广达先生的论著《唐代六胡州等地的昭武九姓》很容易感受到，唐朝政府在羁縻州府是否维持的问题上，并不是一意孤

---

1　荣新江：《安禄山的种族与宗教信仰》，原载《第三届唐代学术研讨会论文集》，1997，后收入《中古中国与外来文明》，第222~237页。

行的，而维护国家的统一意志是无法否认的，面对反叛必须加以镇压。唐朝的区域设置，基本情形如此，首都是政治中心，外围是一般正州，边疆地区主要是拥有军事能力的都督府或都护府，最外一层是羁縻府州。羁縻府州以各个民族为主，其组织传统与文化传统等都得保持。中原地区不设羁縻府州，六胡州就不属于传统的中原区域。这种国家区域结构，既是历史的结果，也是制度安排的结果。其中也体现了对于种族与文化的尊重。

入籍的国民，即使是外来族群，也只在最初享受赋税方面的优惠，过了优惠期，就与一般国民没有任何区别。唐朝对于国民的管理，就入籍之民而言，是没有任何种族考虑的，如果说考虑的话，那也是一律平等而已。因为所有国民根本不做任何族群上的区分，没有任何族群上的标识。

根据吐鲁番出土文书，我们可以确信有粟特人获得授田，如"右给得康乌破门陀部田三亩"（65TAM42：63）。[1] 这是一件西州授田记录，其中获得三亩部田的"康乌破门陀"，一定是一位来自康国的中亚胡人。为什么如此认定呢？我们的根据来自习惯，我们认为中国人不会如此命名，"乌破门陀"在汉文中不词，没有意义。然而，除此之外，我们也无法获得更加准确的信息。其他方面，姜伯勤先生已经有了研究和结论。[2]

然而，唐朝的这种管理原则，为我们的研究带来了巨大困难。要在具体的文书资料中识别出不同的民族是一件困难的工作，原因很清楚，唐朝的户籍制度或者人口管理制度，在落实到具体文书上的时候，从来不给出民族标示。以昭武九姓来说，这些来自中亚的

---

1　唐长孺主编《吐鲁番出土文书》叁，第 129 页。
2　姜伯勤：《敦煌吐鲁番文书与丝绸之路》第五章第一节"敦煌吐鲁番所见两类粟特人"，第 154~198 页。

粟特人，是隋唐时期外来人口中最多的，但是在吐鲁番出土文书中，通常我们如果没有详细的墓志文字，一般只有通过名字的独特性来识别，说是识别，其实就是推测。唐朝的户籍等制度，只认国民不认民族。凡是入籍者即是国民，除了最初的优待政策（如免税规定）外，与其他国民待遇完全一致。

这种管理规则在中国是有传统的，而研究者也早就形成了一套民族识别办法。如何识别外来人呢？以中亚为例，研究者从很早的时候开始，就利用一种约定俗成的知识，如中亚人来华，通常会用国家的名字作为自己的姓氏。《北史·西域传》在记述康国的时候有如下记录："旧居祁连山北昭武城，因被匈奴所破，西逾葱岭，遂有国。枝庶各分王，故康国左右诸国并以昭武为姓，示不忘本也。"[1]至于康国左右到底是哪些国家，各书记录各有不同，比如《通典》记录为"米国、史国、曹国、何国、安国、小安国、那色波国、乌那曷国、穆国凡九国"。[2]这种说法流传甚广，是中国中古时期的主流说法。所谓以昭武为姓，甚不可解，而进入中国者，以国为姓，则例证极多。冯承钧总结道"自汉迄唐，中亚之人多以国为姓，安息姓安，康居姓康，月支姓支，天竺姓竺，曹国姓曹"。[3]向达先生也有归纳："凡西域人入中国，以石、曹、米、史、何、康、安、穆为氏者，大率昭武九姓之苗裔也。"[4]除此之外，确实再无良方，而归根结底，是由于古代中国管理国民，并不进行族群区分。

现在所见资料，真正可以确定这些唐臣的原来民族身份，墓志资料是最可宝贵的。2004~2005 年，新疆吐鲁番文物局在交河

---

1　《北史》卷九七《西域传》，第 3233 页。

2　《通典》卷一九三《边防九》，第 5255 页。

3　冯承钧：《唐代华化蕃胡考》，《西域南海史地考证论著汇辑》，第 131 页。

4　向达：《唐代长安与西域文明》，第 12 页。

沟西进行抢救性发掘，发现了一个比较完整的康氏家族墓地，出土了一组墓志。其中高昌延昌三十六年（596）的康某，称作"领兵胡将"，与他相差不远的另外一位名叫康密乃，很显然是胡人名称。但是，他们的后人到了唐高宗时期，已经自称"其先出自中华"了。[1]

　　讨论粟特人汉化不是本章的主旨，本章强调的是，因为唐朝户籍资料中不注明民族，为我们的历史研究带来了很多障碍。但是，就当时的效果而言，我们不得不承认，这个制度是成功的。如果在国民的日常管理中，在所有细节上强调种族性，等于强调不同民族的差异，强化了民族的自我认同，而与此同时，势必产生对国家认同的模糊。一旦民族认同超越某种度，很容易产生对国家认同的否定，政治动乱甚至叛乱就拥有了思想与感情的基础。从唐朝实施的多民族国家管理制度看，在文化多元问题上的宽松，有利于国家认同，没有造成国家认同与民族认同的结构性内部冲突。

　　就一体多元的整体制度安排而言，并非始于唐朝，也没有终结于唐朝。在中国古代的环境中，形成了持续的历史传统，就中国而言，应该说这是一个很重要的经验。

---

1　李肖：《交河沟西康家墓地与交河粟特移民的汉化》，《敦煌吐鲁番研究》第十卷，第85~93页。

# 第六章　来自中亚的蕃将*
## ——碎叶故城出土石沙陁龟符

　　丝绸之路上出土的文物，最能证明丝绸之路的历史。这里通过吉尔吉斯斯坦出土的一件唐代龟符，了解中亚胡人参加唐代丝路建设的史实。

---

*　本章的撰写，十分感谢"石沙陁龟符"的拥有者，吉尔吉斯斯坦比什凯克的阿列克·米哈伊洛维奇·卡梅舍夫先生；承蒙他的慷慨，同意笔者研究这件重要文物，并允许使用照片。感谢吉尔吉斯斯坦国立民族大学孔子学院，是他们承办的"李白与丝绸之路国际学术研讨会"的安排，使笔者得以在会议期间邂逅这件文物。感谢中国旅行社集团新疆公司驻吉尔吉斯斯坦代表姬丰华先生，没有他的介绍，我们就无缘得见这件文物。感谢新疆师范大学文学院周珊院长，石沙陁龟符的照片和测量，都是她亲手完成。感谢朱玉麒教授，一路往复讨论，并提供文学史料。感谢北京市委党校公共管理教研部杨青博士，帮笔者解读相关俄文文献。感谢吴玉贵先生对本章审阅的批评指正。本章匆忙草就，是为初探，多有不妥之处，祈请专家指正。

## 一　石沙陁龟符

吉尔吉斯斯坦比什凯克市的收藏家阿列克·米哈伊洛维奇·卡梅舍夫先生藏有一件唐代官员随身龟符。[1] 此龟符 2006 年出土于碎叶城遗址城墙之外，铜质，长 4.2 厘米，宽长之比为 1∶2 左右，厚不足 0.5 厘米，重 16.6 克。铜符铸作龟形，头部有穿孔，应为穿绳之用；背部刻有三道弯曲横纹和一道竖纹，四足清晰。腹部核心位置是阴刻"合同"字样，在龟颈位置，即第一个字"左"字上有比阴刻文字笔画还深宽的一道斜槽，与"合同"上横相通，可能是铸造工艺的体现。此符阴刻，当有"合同"文为阳文的另一半存在，两者符合，才构成完整的信息。最重要的信息是阴刻文字，从上至下，由右至左，为"左豹韬卫翊府右郎将员外置石沙陁"。很显然，这是石沙陁的个人龟符，随身所带，相当于今天的军官证。[2]

《唐六典》对于随身鱼符是有明确记载的，而总括符节之制的文字云："凡国有大事则出纳符节，辨其左右之异，藏其左而班其右，以合中外之契焉。"[3]《旧唐书·职官二》记载符节之制与《唐六典》一致，有铜鱼符、传符、随身鱼符、木契和旌节五类，其中铜

---

1　阿列克·米哈伊洛维奇·卡梅舍夫先生是位历史学副博士，在比什凯克市，他主持一个古董沙龙，还开设一家古董店。2015 年 10 月 16 日，因为参加"李白与丝绸之路国际学术研讨会"，笔者有机会拜访了阿·米·卡梅舍夫的古董店。他不仅出示了珍藏的石沙陁龟符，还同意我们进行测量、拍照，并慨允我们研究并撰写论文。

2　阿·米·卡梅舍夫先生 2006 年出示了他的这件珍藏，此前并由吉尔吉斯斯坦的专家撰文介绍。见 А. Беляев, С. В. Сидорович. Об одной находке верительной бирки династии Тан с городища Ак-Бешим. Исследования по археологии Кыргызстана. 3/2008. с. 49-53（弗·阿·别良耶夫、斯·弗·西多罗维奇：《关于在唐朝阿克·贝希姆古城遗址发现的一个信号牌的考证》，《吉尔吉斯斯坦考古学研究》2008 年第 3 期，第 49~53 页）。

3　《唐六典》卷八"门下省符宝郎"条，第 253 页。

鱼符"所以起军旅，易守长"，而随身鱼符则"所以明贵贱，应征召"。"随身鱼符之制，左二右一，太子以玉，亲王以金，庶官以铜，佩以为饰。刻姓名者，去官而纳焉；不刻者，传而佩之。"[1]《新唐书》对此记载更具体，其文曰：

> 　　随身鱼符者，以明贵贱，应召命，左二右一，左者进内，右者随身。皇太子以玉契召，勘合乃赴。亲王以金，庶官以铜，皆题某位姓名。官有贰者加左右，皆盛以鱼袋，三品以上饰以金，五品以上饰以银。刻姓名者，去官纳之，不刻者传佩相付。[2]

石沙阤龟符显然也是"题某位姓名"，即官职与姓名。因为石沙阤龟符是"刻姓名者"，按制度规定，去官之后这个龟符是需要纳官的。结合《新唐书》本志上文记录的铜鱼符是"左者进内，右者在外"以及蕃国鱼符是"雄者进内，雌者付其国"的文字，我们得知左为雄、右为雌，左（雄）者由上级保管，右（雌）者由下级保存。现在所见石沙阤龟符是阴刻，这显然就是右（雌）者随身之物。所谓雌雄，应该指"合同"文处的阴阳方式，而不是官职姓名的文字的刻写方式。

　　至于"左豹韬卫"的名称，史载昭然，属于武则天时期的制度。根据《唐六典》的记载，作为十二卫之一的左、右威卫，"光宅元年改为左、右豹韬卫，神龙元年复为左、右威卫"。[3]光宅元年为684年，神龙元年为705年，石沙阤龟符，属于这个时期无疑。不仅如此，此龟符的年代上限还可以继续精确。天授元年（690）九

---

1　《旧唐书》卷四三《职官二》"符宝郎"条，第1847页。

2　《新唐书》卷二四《车服志》，第525页。

3　《唐六典》卷二四，第621页。

月，武则天称帝之后，"改内外官所佩鱼并作龟"。[1]《唐会要》的记载更具体："天授元年九月二十六日，改内外官所佩鱼为龟。至神龙二年二月四日，京文武官五品已上，依旧式佩鱼袋。"[2]佩龟从天授元年开始，这是记载一致的。但是，什么时候改龟符为鱼符，再回到唐高宗时代，则史书记载并不相同，至少有神龙元年和二年之异说。

《旧唐书·中宗本纪》："（神龙元年）二月甲寅，复国号，依旧为唐。社稷、宗庙、陵寝、郊祀、行军旗帜、服色、天地、日月、寺宇、台阁、官名，并依永淳已前故事。神都依旧为东都，北都为并州大都督府，老君依旧为玄元皇帝。诸州百姓免今年租税，房州百姓给复三年。改左右肃政台为左右御史台。"[3]其中的"服色"，应该包括鱼符替代龟符。《旧唐书》的这个记载，有《唐大诏令集》为证，标题为《中宗即位赦》，稍有不同的是甲寅为四日，而《唐大诏令集》注明为五日。[4]《唐会要》这里写作"神龙二年二月四日"，同月同日，唯年不同，元年误为二年，完全有可能。此外，《旧唐书·舆服志》也记载为"神龙元年二月，内外官五品以上，依旧佩鱼袋"。[5]恢复鱼袋之制，不可能两次宣布，只能是误记。而神龙元年二月恢复的可能性最大。

如此，石沙陁的龟符一定产生于 690 年到 705 年之间，后文将证明，该龟符更确切的时间是武周长寿元年之后。而石沙陁在此期间，担任唐朝军官。官员随身配物，属于内外官服之制，对此《旧

---

1　《旧唐书》卷六《武则天本纪》，第 121 页。

2　《唐会要》卷三一"鱼袋"条，第 676 页

3　《旧唐书》卷七《中宗本纪》，第 136 页。此事关涉唐朝成功复辟，《新唐书》《通鉴》都有相同记载。

4　《唐大诏令集》卷二《帝王·即位赦上》，第 6~7 页。

5　《旧唐书》卷四五，第 1954 页。《资治通鉴》卷二〇八也在神龙元年二月甲寅有此记录。

唐书·舆服志》的记载相对完整：

> 高祖武德元年九月，改银菟符为银鱼符。高宗永徽二年五月，开府仪同三司及京官文武职事四品、五品，并给随身鱼。咸亨三年五月，五品已上赐新鱼袋，并饰以银，三品已上各赐金装刀子砺石一具。垂拱二年正月，诸州都督刺史，并准京官带鱼袋。天授元年九月，改内外所佩鱼并作龟。久视元年十月，职事三品已上龟袋，宜用金饰，四品用银饰，五品用铜饰，上守下行，皆从官给。神龙元年二月，内外官五品已上依旧佩鱼袋。六月，郡王、嗣王特许佩金鱼袋。景龙三年八月，令特进佩鱼。散职佩鱼，自此始也。自武德已来，皆正员带阙官始佩鱼袋，员外、判试、检校自则天、中宗后始有之，皆不佩鱼。虽正员官得佩，亦去任及致仕即解去鱼袋。至开元九年，张嘉贞为中书令，奏诸致仕许终身佩鱼，以为荣宠，以理去任，亦听佩鱼袋。自后恩制赐赏绯紫，例兼鱼袋，谓之章服，因之佩鱼袋、服朱紫者众矣。[1]

唐朝的制度，凡是五品官以上都配以随身鱼符，可见原来佩鱼，就是指佩带鱼符，而石沙陁所佩带的龟符是武则天改鱼为龟之后的事，因此可以称作"龟符"。[2]

　　武周时期的龟符，实物仅见于此，但相关信息，也曾有发现。

---

1　《旧唐书》卷四五《舆服志》，第1954页。

2　天授元年十月，武则天朝廷在全国推广大云寺，《通鉴》胡三省注曰："唐制，给品官以随身鱼符，以明贵贱，应征召。高宗给五品以上随身银鱼袋，以防召命之诈，出内必合之；三品以上金饰袋。垂拱中，都督、刺史始赐鱼。天授二年，给佩鱼皆佩龟。其后三品已上，龟袋饰以金，四品以银，五品以铜。中宗初罢龟袋，复给以鱼。"《资治通鉴》卷二〇四，第6469页。胡三省的注释，看来主要根据《旧唐书·舆服志》。

罗振玉《历代符牌图录》中收有两件武周龟符，一为"伪周嘉善门校尉龟符"，另一为"右铃卫索葛达干桧贺龟符"，现有图片文字不甚清，应从定名。[1] 另，《艺林月刊》第十一期刊登《伪周云摩将军龟符》，介绍武周时期阴阳一对的龟符，所刻文字相同，为"云摩将军行十鹰扬卫翊府中郎将员外置阿伏师出第一绮大利上称"。[2]

## 二　鱼符之制

鱼符之制开始于武德元年，可以认为这是唐朝特有的章服之制。鱼符之设，一开始就有鱼袋相配，于是佩鱼符与鱼袋，似乎一开始就是同事异说，所指并无差别。比如，《唐会要》指出鱼袋之设开始于永徽二年，记为："永徽二年四月二十九日，开府仪同三司，及京官文武职事四品五品，并给随身鱼袋。"[3] 但同一件事，《册府元龟》的记载是："高宗永徽二年四月，开府仪同三司及京官文武职事四品、五品，并给随身鱼。"[4] 而《旧唐书》的说法也是"随身鱼"。[5] 究竟是鱼袋还是鱼，显然所指为一事，凡鱼符，皆配有盛鱼之袋。到了咸亨三年，根据《旧唐书》比较明确的说法，在鱼袋方面有了改进："（咸亨三年）五月乙未，五品已上改赐新鱼袋，并饰以银；三品已上各赐金装刀子、砺石一具。"[6] 结合《唐会要》的说法："咸亨三年五月三日，始令京官四品五品职事，佩银鱼。是日，出内鱼

---

1　罗振玉编辑《历代符牌图录》，中国书店，1998，第95页。

2　《艺林月刊》第十一期，1930，第7页。

3　《唐会要》卷三一，第676页。《旧唐书·高宗本纪》和《舆服志》皆记为永徽二年五月，可为一说。但因为《唐会要》提供的日期更具体，更应该值得重视。

4　《册府元龟》卷六〇《帝王部·立制度》，第636页。

5　《旧唐书》卷四《高宗本纪》，第69页。同书的《舆服志》记载相同。

6　《旧唐书》卷四《高宗本纪》，第96页。

袋赐之。"[1] 由此可知，永徽二年之后，鱼符皆配有鱼袋，或称"随身鱼"，或称"随身鱼袋"，从外观上不同品官的鱼袋没有区别。咸亨三年，鱼袋的外观进行改进，强化了等级标志，四品、五品京官的鱼袋配银饰，三品以上另赐金装刀子、砺石一具，于是鱼袋的等级性一目了然。[2]

因为京官五品以上才有资格佩带鱼符，这很快就成了重要的身份识别标志，受到官场的热烈追捧，可能是皇帝始料未及的。永徽五年八月十四日，唐高宗发出新的命令，调整"带鱼之法"，内容如下：

> 恩荣所加，本缘品命，带鱼之法，事彰要重。岂可生平在官，用为褒饰，才至亡没，便即追收。寻其始终，情不可忍。自今已后，五品已上有薨亡者，其随身鱼袋，不须追收。[3]

看上去是皇帝的恩典，但以往人死后收回随身鱼袋的做法肯定遭遇了官场的巨大反弹，皇帝的敕文应该是顺水推舟的送人情手段。人们重视外在身份标志的心理，由此不难看出。[4] 至于石沙陁，因为他是右郎将，根据《唐六典》的记录，作为中郎将的副手，官品为"正五品上"，[5] 当然是有资格拥有鱼符的。

---

1　《唐会要》卷三一，第 676 页。

2　有关唐宋鱼符之制，请参考尚民杰《唐朝的鱼符与鱼袋》，《文博》1994 年第 5 期，第 54~57 页。

3　《唐会要》卷三一，第 676 页。《旧唐书·高宗本纪上》："（永徽五年八月）辛亥，诏自今已后，五品已上有薨亡者，随身鱼并不须追收。"第 73 页。

4　至于鱼袋的形制，黄正建认为日本《古事类苑》的记载有启发，是木质方形，"中间勒以黑皮革，上面饰有鱼形"。见黄正建《"鱼袋"一说》，《中国文物报》1992 年 10 月 11 日第 3 版。

5　《唐六典》卷二四，第 618 页。

　　不仅如此，鱼袋一开始仅仅局限在高级京官身上，是皇帝对他们独特的"褒饰"，不久地方官员也被恩泽了，京官的鱼袋装束开始扩展到地方长官身上。《唐会要》的记载很具体，为"垂拱二年（686）正月二十日赦文，诸州都督刺史，并准京官带鱼袋"。[1] 唐代前期，为官有内重外轻之说，从鱼袋所显示的章服之制，可以看得很分明，都督、刺史的品阶常常高于五品，但在鱼袋的佩带上也不过与京官五品一样，且是后来追加而成。

　　《旧唐书·舆服志》所载"天授元年九月，改内外所佩鱼并作龟"，是武则天的重大改变，不是在鱼袋上下功夫，而是改换了内容，于是出现了龟符。《唐会要》记载此事为"天授元年九月二十六日"，[2] 时间最详尽。据《朝野佥载》的解释："汉发兵用铜虎符。及唐初，为银兔符，以兔子为符瑞故也。又以鲤鱼为符瑞，遂为铜鱼符以佩之。至伪周，武姓也，玄武，龟也，又以铜为龟符。"[3] 龟符，因为到神龙复辟时取消，成为武则天时期特有的文物。至久视元年（700），武则天政府再次加工龟符，根据《唐会要》的记载："久视元年十月十三日，职事三品已上龟袋，宜用金饰，四品用银饰，五品用铜饰。上守下行，皆依官给。"[4] 最终，鱼袋在久视元年三品饰金、四品饰银、五品饰铜成为定制，虽然此时应成为龟符，已经没有"鱼符"之制，但《唐会要》《旧唐书·舆服志》依旧使用的是"鱼袋"一词。对比此前咸亨三年的鱼袋变化，此次改变让三、四、五品官员的鱼袋正式置于同一序列之中，等级性增强。石沙陁龟符，如果是久视元年之后的物品，应该还有一个黄铜装饰的

1　《唐会要》卷三一，第 676 页。《旧唐书·舆服志》也有相同的记载。
2　《唐会要》卷三一，第 676 页。
3　张鷟:《朝野佥载》补辑，中华书局，1979，第 178 页。
4　《唐会要》卷三一，第 676 页。

鱼袋。

神龙元年，唐朝恢复了鱼符之制，这让鱼符与鱼袋至少名实获得一致。

依照胡三省的意见，鱼符、龟符的功用有两个。其一，"明贵贱"。因为符中书写清晰的职官，高低贵贱，一望可知。所谓"明贵贱"，是从外观上展现等级性，一个很重要的配套装饰是鱼袋，三品以上金饰，四品银饰，五品铜饰，此制在武则天时期终于发展成熟。其二，"应征召"，即身份证件，获得召见时可以出示，以明身份不误。高宗时期，开始发给五品以上官员"银鱼袋"，"以防召命之诈，出内必合之"，可见仅有鱼符是不够的，所以才为防止伪诈而设计了新的鱼袋，顾名思义，就是为鱼符另外设置了"鱼袋"，而鱼袋除了与鱼符一致的信息之外，一定还有另外更加详尽的信息，所以才能达到如此功能。只有五品以上的官员才配有鱼袋，"出内必合之"，即出入大内必须阴阳合符。现在我们通过石沙陁龟符可以清楚地明白，所谓"合之"，就是宫中召见官员的时候，拥有合同的另一半，阴阳相符才能通行。

唐朝的官场文化，品级高低是区分贵贱的基础。只有五品以上的职事官才能佩带鱼符，开始是京官，后来才扩大到地方长官都督、刺史。根据《唐律疏议》的定义，"议贵，谓文武职事官三品以上，散官二品以上及爵一品者"，[1]"五品以上之官，是为'通贵'"。[2]总之，唐代官场，五品是重要分水岭，而鱼符、龟符之设，正是从京官五品开始，最后推广到地方长官而止。如今，面对石沙陁龟符，一个问题自然出现：一个身在碎叶的军官，怎么有资格获得龟符呢？

---

1　长孙无忌等：《唐律疏议》卷二一，第316条，中华书局，1983，第399页。

2　《唐律疏议》卷二，第39页。

《旧唐书·舆服志》的说法，"自武德已来，皆正员带阙官始佩鱼袋，员外、判试、检校自则天、中宗后始有之，皆不佩鱼。虽正员官得佩，亦去任及致仕即解去鱼袋"。此说也得到后人的赞同，《唐会要·鱼袋》篇中收录了苏冕的一段议论，内容如下：

> 苏氏记曰：自永徽以来，正员官始佩鱼，其离任及致仕，即去鱼袋。员外、判试并检校等官，并不佩鱼。至开元九年九月十四日，中书令张嘉贞奏曰：致仕官及内外官五品已上检校、试判及内供奉官，见占阙者，听准正员例，许终身佩鱼，以为荣宠。以理去任，亦许佩鱼。自后恩制赏绯紫，例兼鱼袋，谓之章服。[1]

结合《旧唐书·舆服志》和苏冕的议论，从武德到开元，只有正式职事官五品以上官员才有佩带鱼袋的资格，至于"员外、判试、检校"这类官员，因为出现得就晚，是武则天以后才出现的，所以没有资格佩带鱼符。

然而，这种传统说法，在面对石沙陁龟符时，将如何理解？

员外官问题，事实上并不是从唐中宗时期才出现，《舆服志》的说法有误。根据《通典》的记载："国初，旧有员外官，至此大增"，不是首次出现，只是大量增加而已。员外官，最初称作"员外"，"至永徽六年，以蒋孝璋为尚药奉御，员外特置，仍同正员。自是员外官复有同正员者，其加同正员者，唯不给职田耳，其禄俸赐与正官同。单言员外者，则俸禄减正官之半"。[2]《通典》

---

1　《唐会要》卷三一，第 677 页。
2　《通典》卷一九《职官一·历代官制总序》，第 472 页。

提供的证据很具体，看来《舆服志》与苏冕所论，是基本情形。石沙陁龟符中写明是"左豹韬卫翊府右郎将员外置"，没有"同正员"字样，"员外置"也不是"员外特置"，但他却拥有龟符。要么是这种书写，包含了特置与同正员的含义，要么就是简写，即武则天时期已经扩大了龟符的发放范围，员外一律同正员，享受同样的待遇，或者至少享受龟符这种外在等级标志性极强的佩带物。

从开元二年（714）的一道敕，我们知道佩带鱼符的问题一直处于膨胀状态之中。《唐会要》记录如下：

> 开元二年闰二月敕："承前诸军人，多有借绯及鱼袋者，军中卑品，此色甚多，无功滥赏，深非道理。宜敕诸军镇，但是从京借，并军中权借者，并委敕封收取。待立功日，据功合德，即将以上者，委先借后奏。其灵武、和戎、大武、幽州镇军，赤水、河源、瀚海、安西、定远等军，既临贼冲，事藉悬赏，量军大小，各封金鱼袋一二十枚，银鱼袋五十枚，并委军将，临时行赏。"[1]

五品职事官，一直是鱼袋佩带的最低界限，因为人们趋之若鹜，最低界限不断被突破，甚至发生品阶不到五品，竟然进行借用之事。

---

[1] 《唐会要》卷三一，第677页。《册府元龟》卷六〇《帝王部·立制度》：三月癸卯，诏曰："章服所施，贵贱攸别，苟容僭越，未为奖劝。承前诸军人，多有借绯及鱼袋者，军中卑品，此色甚多，无功滥借，深非道理。宜敕诸军镇，但是从京借鱼袋及无灼然功者、军中权借者，并委州军长官敕到并即收取。待立功日，据功合郎将已上者，委军将先借后奏。其灵武、和戎、大武、幽州镇军，赤水、河源、瀚海、安西、定远等军，既临贼冲，事籍悬赏，量军大小，各封赐金鱼袋五十枚，并委军将临时行赏。"第636~637页。《册府》此载，比《唐会要》更全面一些。

开元二年的这次敕文，要求严守既定规定，甚至要收回借用者。虽然如此，还是给军镇一些特权，允许军将使用鱼袋临时行赏。从中我们不难看出，军队尤其是前线军队，是突破五品界限的主要力量。为什么这个问题军队最突出，敕文也有解释，是因为"既临贼冲，事藉悬赏"，两军阵前，需要这种悬赏以鼓士气。

分析此敕文，开篇即指明范围，曰"承前诸军人"，而"承前"是此前之意，但前到什么时候并不清楚。而低品借用鱼袋的事例既然是"军中卑品，此色甚多"，也可以认为这种事已经具有了一个相当长的过程。开元二年是唐玄宗开始整顿政治秩序的时期，而整顿的对象，历史印象是武周以来的无序，或许低品借用鱼袋事，武周时期已经开始。根据《朝野佥载》的记录，朱前疑因为专事逢迎，连续升迁，上书说听到"嵩山唱万岁声"，武则天"即赐绯鱼袋。未入五品，于绿衫上带之，朝野莫不怪笑"。[1] 可见超品赐鱼袋在武周时期已经存在。但是，开元二年的整顿，并不包括石沙陁，因为石沙陁是明确无误的五品官，并非"军中卑品"。根据石沙陁龟符，《通典》的记载还是可信的，员外官是物质待遇低于正员，在章服之制上，二者是完全一致的。

唐朝京官五品以上，皆佩鱼袋。李白有《对酒忆贺监诗》"金龟换酒处，却忆泪沾巾"，而李白自序说："太子宾客贺公于长安紫极宫　见余，呼余为谪仙人，因解金龟换酒为乐。没后对酒，怅然有怀，而作是诗。"[2] 贺知章与李白一见如故，为了尽兴以金龟换酒。贺知章的金龟，与石沙陁的龟符是相同的，是他官员身份的证明。

---

1　《朝野佥载》卷四，第 92 页。
2　安旗主编《李白全集编年注释》，巴蜀书社，1990，第 826~827 页。同书引王琦注释，认为贺知章使用的金龟是"所辖杂玩之类，非武后朝内外官所配之金龟也"，实不知在李白的叙事中，贺知章只有用官员身份的证物换酒才能体现对李白的重视。

对于李白此说，现在看来有两点值得注意。其一，金龟换酒是不可能的，这种身份证明显然是不能出卖的，更准确的说法应该是抵押换酒；其二，金龟在天宝时已经不存在了，当时官员佩带的应该是鱼符，但"金龟"之说还是存在的，用武则天时期的典故指代鱼符，应该是李白的一种典雅说法。鱼符之制在宋朝还有回响，但已经发生变化。[1]

## 三　碎叶城

石沙陁龟符出土于碎叶城，即今吉尔吉斯斯坦托克马克市附近的阿克·贝西姆古城。碎叶城是唐朝著名的"安西四镇"之一，以李白故乡闻名于世。有关唐代碎叶城的问题，利用传世文献、阿拉伯文献和考古资料，证明碎叶城今地即阿克·贝西姆古城，请参考张广达先生的名篇《碎叶城今地考》。[2] 后来，碎叶考古获得重大进展，这就是 1982 年杜怀宝造像碑基座、1997 年汉文残碑的先后发现。[3] 对于新发现的文物，已有诸多研究，如内藤みどり、周伟洲先生等的论文。[4] 以造像碑而言，残留的碑座上

1　鱼袋的唐宋演变，可参见王雪莉《宋代服饰制度研究》，博士学位论文，浙江大学，2006 年。

2　张广达：《碎叶城今地考》，原载《北京大学学报》1979 年第 5 期；收入张广达《西北史地丛稿初编》，上海古籍出版社，1995；再收入《张广达文集·文书、典籍与西域史地》，第 1~22 页。收入新书时，作者增加了后记。

3　加藤九祚执笔「中央アジア北部の仏教遺址の研究」『絲綢之路学研究中心的研究紀要』第 4 号、奈良絲綢之路学研究中心、1997、第 148~150 頁。

4　内藤みどり「アクベシム発見の杜懷宝碑について」加藤九祚执笔『中央アジア北部の仏教遺址の研究』、第 151~158 頁。此文由于志勇编译成中文，发表在《新疆文物》1998 年第 2 期，第 102~108 页。周伟洲：《吉尔吉斯斯坦阿克别希姆遗址出土唐代杜怀宝造像题铭考》，荣新江主编《唐研究》第六卷，北京大学出版社，2000，第 383~394 页。周伟洲：《吉尔吉斯斯坦阿克别希姆遗址出土残碑考》，《边疆民族历史与文物考论》，黑龙江教育出版社，2000，第 307~313 页。

有杜怀宝的职名，为"安西副都护碎叶镇压十姓使上柱国杜怀宝"。此碑是杜怀宝为父母建造的佛教功德碑，像虽残缺，但知道是一佛二菩萨像。

关于杜怀宝任职碎叶的时间，周伟洲先生赞同内藤みどり的观点，约在高宗调露元年底至二年初，也赞同永淳元年西突厥车簿叛乱时杜怀宝依然驻扎在碎叶。但是，众所周知，垂拱二年（686）唐朝"拔四镇"，即退出四镇。所以，杜怀宝造像碑的竖立时间只能是调露元年至垂拱二年之间。周先生还论证了杜怀宝造像碑座发现证明了碎叶城的确切位置等学术意义。开元二十七年八月，根据《通鉴》的记载，碛西节度使盖嘉运与突骑施可汗吐火仙之战，"嘉运攻碎叶城，吐火仙出战，败走，擒之于贺逻岭"，[1] 可见碎叶城依然是突骑施的可汗大帐所在地。根据杜环《经行记》的记载，碎叶城在天宝七载（748）被摧毁，[2] 此外再少记载。

作为四镇之一的碎叶城，唐朝在垂拱二年放弃之后，于武则天长寿元年（692）重新夺回。《通鉴》记载道："会西州都督唐休璟请复取龟兹、于阗、疏勒、碎叶四镇，敕以孝杰为武威军总管，与武卫大将军阿史那忠节将兵击吐蕃。冬，十月，丙戌，大破吐蕃，复取四镇。置安西都护府于龟兹，发兵戍之。"[3] 唐朝恢复四镇之后，派兵驻守，西域获得了长期的稳定。那么，唐朝派驻了多少军队呢？对此，《旧唐书·龟兹传》记载道:

其后吐蕃大入，焉者已西四镇城堡，并为贼所陷。则天临

---

1　《资治通鉴》卷二一四，第6838页。
2　《通典》卷一九三《边防九》"石国"条所引，第5275~5276页。《新唐书·西域传下》也有记载，第6246页。
3　《资治通鉴》卷二〇五，第6487~6488页。可参见《旧唐书》卷九三《王孝杰传》，第2977页。

朝，长寿元年，武威军总管王孝杰、阿史那忠节大破吐蕃，克
获龟兹、于阗等四镇，自此复于龟兹置安西都护府，用汉兵
三万人以镇之。既征发内地精兵，远逾沙碛，并资遣衣粮等，
甚为百姓所苦。言事者多请弃之，则天竟不许。[1]

同书《地理志》记载安西都护府，"管戍兵二万四千人，马二千七百
匹，衣赐六十二万匹段"。[2] 这样，就出现了两个驻兵数字。《旧唐
书·地理志》在记载各个节度使军马数量之前，有一注释，可以
看作时间界限："开元已前，每年边用不过二百万，天宝中至于是
数。"[3] 即指兵马衣粮的总数。所以，《地理志》所记兵马，是天宝中
的数字，而《龟兹传》所记的三万数字，是长寿元年的数字。因为
涉及行政辖区的演变，比如北庭与安西的关系经常发生变化，所以
统计起来颇费周折。[4]

　　史书所记恢复四镇驻兵之后，总数是"汉兵三万"，这是驻守
四镇的全部军事力量吗？当然不是，很明显，这仅仅是"汉兵"人
数。唐朝兵力，从来就有蕃兵蕃将的传统，而石沙陁龟符的出现，
再一次证实了这一问题。石沙陁作为唐朝的军官，一定属于驻守碎
叶的军队，而他的名字已经透露出重要信息，这位来自石国的蕃
将，[5] 名为沙陁，现在不仅是唐朝的将官，也承担着唐朝赋予的使命，

---

1　《旧唐书》卷一九八《龟兹传》，第 5304 页。
2　《旧唐书》卷三八《地理志一》，第 1385 页。《资治通鉴》卷二一五记载相同，第 6847 页。
　　《通鉴》此处，胡注往往说明每处驻军人数，而安西四镇却没有交代，当因资料缺乏而略。
3　《旧唐书》卷三八《地理志一》，第 1385 页。
4　有关西域及四镇驻兵数量，吴玉贵先生 2015 年 12 月 8 日来信赐示："长寿元年安西都护府
　　负责西、伊二州之外西域防成，兵力配置三万，应是指安西全辖境言，不应仅限四镇；天宝
　　兵马数二万四千专指四镇节度使，另有北庭二万兵力，负责天山以北防御，总数四万多。"
5　《新唐书·西域传下》介绍"碎叶"，是在石国条目下进行的，其载碎叶"西属怛罗斯城，石
　　（国）常分兵镇之"，第 6246 页。这说明，石沙陁出唐朝的碎叶城任职是正常的。

享受唐朝的相应待遇。上文已经讨论，石沙陁的龟符一定产生于天授元年（690）到神龙元年（705）之间，现在可以进一步缩短这个区间，因为武则天天授元年改鱼符为龟符，但当时碎叶等四镇尚不在武周朝廷的掌握之中，只是到了长寿元年之后，碎叶才再次成为唐朝的边城，所以石沙陁的这件龟符出现在碎叶城，不会早于长寿元年（692）十月。石沙陁正是唐朝镇守碎叶城的军官。既然有石沙陁这样的蕃将，碎叶城也一定存在一定数量的蕃兵。这便补充了"汉兵三万"镇守四镇的传统记载，蕃兵蕃将是不该计算在"汉兵三万"这个概念之中的。

然而，石沙陁所在的军队，属于唐朝的什么系统呢？对此，前文已经涉及，"左豹韬卫翊府"即"左威卫"在武则天时期的称呼。有关左右威卫的变迁，史书有清晰的记载，《唐六典》的记载文字如下：

> 隋初，置左、右领军府，炀帝改为左、右屯卫，皇朝因之。至龙朔二年，改为左、右威卫，别置左、右屯营，亦有大将军等官。光宅元年改为左、右豹韬，神龙元年复为左、右威卫。将军各二人，从三品。……左、右威卫大将军·将军之职掌如左、右卫。其异者，大朝会则率其属被黑质鍪、甲、铠，执黑弓箭、黑刀、黑韒，建青麾、黑麾、黄龙负图旗、黄鹿旗、駏牙旗、苍乌旗，为左、右厢之仪仗，次立武卫之下。翊府翊卫、外府羽林番上者，则分配之。在正殿前，则以诸队立于阶下；在长乐、永安门内，则以挟门队列于两廊。凡分兵主守，则知皇城东、西面之助铺。[1]

---

1 《唐六典》卷二四，第 621 页。

由此不难看到，左右威卫的日常职责是充当皇帝大朝会的仪仗，在皇城东西两面的各个"助铺"当值。然而，石沙陁龟符证明"左豹韬卫"，他们没有在京城承担自己的任务，却到万里之外的碎叶担任驻防任务。对此，我们应该怎样理解呢？

石沙陁所在的军队，属于左豹韬卫，并且是"翊府右郎将"。府兵制度，天下府兵皆名属十二卫，而十二卫都有内府与外府之分。外府，即天下各地折冲府，内府就是三卫，即亲卫、勋卫和翊卫，而三卫的具体负责部门即中郎将府。因为三卫的士兵都是高官后代，在入仕、考课和晋升上都有一定的优势，所以在唐朝受到特别的重视。[1]现在我们看到，石沙陁是左豹韬卫翊府右郎将，属于三卫系统，这枚龟符，不仅是有关碎叶的重要出土资料，也是理解唐朝府兵制度的重要资料。就碎叶城的历史而言，石沙陁龟符是继杜怀宝造像、汉文残碑发现之后第三件出土文物，因为有清晰的文字，时间性也比较清楚，是目前所知证明碎叶城之存在弥足珍贵的资料。

就龟符实物而言，石沙陁龟符的发现，对于理解唐朝的鱼符之制，意义重大。[2]

唐朝控制西域的重要军政机构是安西四镇，即龟兹、于阗、疏勒和碎叶。安西四镇未见设置折冲府，所以四镇的"汉兵"皆来自其他地区的调遣，包括其他地区的折冲府。在和田，曾经发现开元

1　参见吴宗国《唐贞观廿二年敕旨中有关三卫的几个问题——兼论唐代门荫制度》，北京大学中国中古史研究中心编《敦煌吐鲁番文献研究论集》第三辑，北京大学出版社，1986，第148~175页。

2　因刘子凡兄提供信息，得见祁小山、王博主编《丝绸之路·新疆古代文化》（新疆人民出版社，2008）一书，其中图版第144页刊有一件唐代铜龟符照片（正反两面），标示长4.1厘米，宽1.9厘米，厚0.45厘米，为1980年焉耆县博格达沁古城出土。与石沙陁龟符形制最接近，应是唐代同期之物。因为文字从照片上无法识读，进一步的研究尚无法展开。

十七年文书，其中印有"右豹韬卫□□府之印"，[1]刘后滨、王湛撰文认为这是和田设有折冲府的证明。[2]而刘子凡对此类现象解释为使职因没有自己的专用印，故使用旧印。[3]旧印利用，解释力更强。再者，于阗等四镇地区属于特殊的羁縻州府体制，若设置折冲府，是没有办法解决地团问题的。本章更重视的是石沙陁的龟符，能否如机构印一样理解呢？显然不能。因为龟符上有明确的名字，是完全个人化的身份证明物件，他人不能持有，如果石沙陁升职，只有以新符换旧符，他人依然不能持有。

　　石沙陁是特殊的蕃将，或许他也率领一支蕃兵。若如此，我们对于蕃兵蕃将以及员外官等，皆需谨慎研究对待。石沙陁龟符显示，唐朝对于蕃兵蕃将，也纳入十二卫体系进行管理，特置员外官系统，以示与府兵内外府之别。

---

1　荣新江、李肖、孟宪实主编《新获吐鲁番出土文献》，第 360 页。

2　刘后滨、王湛：《唐代于阗文书折冲府官印考释——兼论于阗设置折冲府的时间》，《西域研究》2013 年第 3 期，第 23~30 页。

3　刘子凡：《唐伊、西、庭军政体制研究》，第 227~229 页。

# 第四编　丝路道路交通

# 第一章　麴文泰与玄奘丝路行

列举古代丝绸之路上的行者，唐玄奘一定名列其中。使者是代表国家的官员，肩负着一国之使命，正因为如此，使者出行有国家作为后盾，行资理当厚重。与使者不同，高僧前往西域取经，皆因学术动力，内心愿望强烈，但毕竟物质资源有限，所付辛苦，自然更多。正因为如此，他们的个人意志，更会令人钦佩。若以玄奘这类佛教学者为例，他们在文化交流中的贡献，备受历史称颂，理所当然。

玄奘的历史功绩，无不源于西域取经。而他取经之所以成功，是因为有贵人相助，这就是高昌王麴文泰。这里希望从麴文泰的角度，证明文化巨匠玄奘取经的一些不被注意的细节。

## 一　取经的文化史意义

佛教传入中国，是中国古代的文化大事。在评论中国文化史的时候，有一种观点很流行，即强调中方在中外文化交流中的被动性。这一点，不同时代显然是不同的，中古时代中国佛教学者前往印度取经，前赴后继，实为一幅波澜壮阔的历史画卷。若说这个时代中国也是被动的，显然不符合历史事实。

在西域的大概念中，是包含印度在内的。佛教传入中国，情况复杂多样。传入路线以及传入方式等，都值得深入研究。

见于史书，最早前往西域求取佛经的是朱士行。朱士行是河南颍川人，是著名的早期出家的中国人。他更有影响的壮行便是前往西域取经。根据《出三藏记集》的记载，朱士行取经的动因是佛经翻译的困扰。《般若经》最初翻译为汉语称为《道行经》，《道行经》实际上是《般若经》的简本，据说是东汉后期翻译成汉语的佛经，因为翻译是"口传"，许多地方存在问题。朱士行在洛阳研究此经，称之为《小品》，发现存在很多不通之处，于是发誓求《大品》。甘露五年（260），朱士行从雍州出发，到达于阗，果然获得了"正品梵书，胡本九十章，六十万余言"。[1] 这就是著名的《般若》，称作《大品》，就是全本。后来，朱士行派弟子弗如檀把梵本送回中原，而汤用彤先生认为弗如檀是于阗人，后来翻译此经的重要人物无叉罗也是于阗人，证明于阗已然是大乘佛教的中心。[2] 如此说，朱士行前往于阗取经，显然是有备而来，取得《般若》全本，并非偶然遭

1　释僧祐：《出三藏记集》卷一三《朱士行传第五》，苏晋仁、萧鍊子点校，中华书局，1995，第 515~516 页。

2　汤用彤：《汉魏两晋南北朝佛教史》第六章，北京大学出版社，1997，第 106 页。

遇。朱士行后来留在于阗，老死于斯。

　　朱士行取经成功，为后人做出了榜样。东晋时法显取经事迹，留下名著《法显传》，在玄奘之前，他是最为著名的丝路高僧。法显西行，不仅超越此前的佛教学者，也到达了张骞、甘英等前辈未曾到达之地。如果用张骞的事迹来衡量，对于天竺故事，张骞不过是通过"所传闻"有所了解，而法显则是亲履其地，是"所见"的内容。大约在朱士行之后，西行求法成为追求佛学的新途径，许多僧人走上这条路。汤用彤先生描绘从朱士行到法显中原僧人的西域取经，用"西行求法之运动"为题来描述。[1] 章巽先生描述法显西行之前，西晋有竺法护，东晋初有康法朗、于法兰，东晋中期以后有竺佛念、慧常、进行、慧辩、慧叡、支法领、法净、昙猛等，这些都是法显之前的先驱。对于法显的贡献，汤用彤先生概括为"海路并遵，广游西土，留学天竺，携经而返者，恐法显为第一人"。[2] 法显西域取经，所取所译佛经，如《摩诃僧祇律》是佛教戒律五大部之一，意义重大；《涅槃经》等，对于中国佛教发展也有支撑性作用。此外，法显的一个突出贡献就是留下《法显传》。这是一部重要的丝绸之路文献，在记录丝绸之路的贡献上，前无古人。朱士行西行，当然十分重要，但朱士行传叙述他从雍州前往于阗，几乎只用了一句话。而《法显传》则记述清楚明白，十分详细。

　　现在的《法显传》，主要由佛教文献记载下来（《出三藏记集》《高僧传》等），但最初的《法显传》来自法显本人。东晋安帝义熙十二年（416），法显在建康道场寺，应人之请，写出自己的求法经历，而邀请之人，就是名僧慧远。从《法显传》跋文看，原来曾经

1　汤用彤：《汉魏两晋南北朝佛教史》第十二章，第 266 页。
2　汤用彤：《汉魏两晋南北朝佛教史》第十二章，第 267 页。章巽也采此说，见东晋沙门释法显撰，章巽校注《法显传校注》序，中华书局，2008，第 3 页。

有过一个简本，"其人恭顺，言辄依实。由是先所略者，劝令详载"。
跋文是慧远文字，开篇即云："晋义熙十二年，岁在寿星，夏安居
末，慧远迎法显道人。既至，留共冬斋。因讲集之际，重问游历。"[1]
慧远是佛门领袖，他对法显游历的重视，具有历史意义。法显记载
自己的游历，包括道路情形、旅伴状况、各国风情，尤其是寺院
制度等，他所记载皆是佛教所重之事，很可能都来自慧远的询问。
"因讲集之际，重问游历"，"重问"一词，具有反复询问之意，可知
我们今日所读，法显当日所写，一个重要的来源是慧远所问。

　　法显的成功，也为后人立下榜样。玄奘的丝路行，便是重要
的后续。玄奘的历史功绩表现在很多方面。作为佛学家、哲学家、
旅行家和翻译家，在中国，大约是《西游记》的缘故，他的名字
家喻户晓。玄奘的人生，核心事件是他的西域取经，翻译家、旅
行家等称号，都离不开他的西域行。西域是历史概念，用今天更
习见的概念来表述，玄奘西行，走的正是丝绸之路。玄奘行走在
丝绸之路上，是丝路历史的见证人，也是丝路功能的证明人。作
为佛教学者，他是丝绸之路的文化使者，是丝绸和平与交流主题
的践行者。

　　与法显相比，玄奘丝路行成绩更大，立功更多。玄奘是佛教
翻译家，他翻译的佛经强调信、达、雅，成为后世翻译的质量标
准。他带回的佛经，不仅丰富了中国佛经的宝库，在印度佛教衰落
之后，也成为世界佛教历史的宝库。玄奘因为撰写《大唐西域记》，
忠实地记录了所见所闻，成为那个时代关于中亚和印度最珍贵的历
史资料。《大慈恩寺三藏法师传》，虽然以玄奘弟子的名义发布，但
基础史料皆来自玄奘。作为《大唐西域记》的姊妹篇，史学价值同

---

1　《法显传校注》，第153页。

样巨大，无可替代。若列举丝绸之路上的历代伟人，玄奘作为文化巨匠，一定名列其中。关于玄奘的研究著作汗牛充栋，关于玄奘的历史功绩，研究者无不详加考索，巨细无遗。

　　以玄奘为代表的取经者，代表并证明了中国文化的一种内在精神，面对真理而勇往直前。在佛教中国化的进程中，这些历经磨难的取经者发挥了重要作用。不仅如此，在中古时期，取经者获得广泛支持，呈现出特有的时代风貌。玄奘取经能成功，高昌王麴文泰的大力支持是重要原因，不管是佛教中国化还是丝路文化交流史，这都是值得书写的一笔。高昌王花费大力气支持玄奘取经，这跟高昌王室的佛教信仰有着紧密的联系。

## 二　高昌王室与佛教

　　高昌即今新疆吐鲁番市，位于丝绸之路的要道，是中原与西域交往的必经之地。"时西戎诸国来朝贡者，皆涂经高昌。"[1] 当然，中原前往西域，高昌也是必由之地。高昌的交通地位，不仅决定了高昌在西域的实际影响，也决定了高昌的文化特色。佛教，作为当时的重要文化思想，正处在向中原传播的高潮时期，一方面，来自西域的僧人不断前往中原；另一方面，中原的僧人也热衷于前往西域取经。高昌位于交通必经之路，佛教自然不会不留下影响。

　　1. 高昌国的佛教基础

　　高昌从西汉时开始，从最初的屯田据点不断发展，是中原政权经营西域的重要滩头阵地。不管是屯田高昌、柳中还是全面撤回敦煌，高昌作为中央政权的派出机构，不得不紧密依托凉州。于是，

---

1　《旧唐书》卷一九八《高昌传》，第 5294 页。

进入十六国时期，高昌的戊己校尉不得不面临地方化的选择。327年，戊己校尉化作前凉治下的高昌郡，就是最终的一个结果。从此以后，高昌地方深受凉州的影响，在文化上也不得不接受凉州化的事实。

从中原的视角看，凉州处于中原的最西部，佛教传入中国，凉州也成为事实上的第一站。"陇西为佛教自西域来华之要道，传译上有极重要的关系。"汤用彤先生在名著《汉魏两晋南北朝佛教史》中，专门辟有"河西之传译"，讨论河西在佛教东传过程中的地位。[1]河西佛教一时之间发展迅猛，成为中国佛教最繁荣、影响最大的一个地区。

凉州佛教的发达，一是因为当地统治者的重视、提倡和支持；二是因为与西域相接，占地利之先。对此，《魏书·释老志》有言：

> 凉州自张轨后，世信佛教。敦煌地接西域，道俗交得其旧式，村坞相属，多有塔寺。太延中，凉州平，徙其国人于京邑，沙门佛事皆俱东，象教弥增矣。[2]

凉州佛教，主要指十六国时期"五凉"佛教而言。《魏书》所言，也包括了从张轨的前凉到沮渠氏的北凉。太延，是北魏太武帝拓跋焘的年号，太延五年即439年，北魏平定北凉，即所谓的"凉州平"。胜利一方的北魏把北凉的精英人物多掠往北魏的首都平城，即所谓的"徙其国人于京邑"。从佛教的角度说，因为北凉的沙门

---

1　汤用彤：《汉魏两晋南北朝佛教史》，第274~279页。
2　《魏书》卷一一四《释老志》，第3294页。

都前往平城，从而带动了北魏佛教的迅速发展。[1]

自 327 年开始，前凉张骏征服高昌，把戊己校尉新编成高昌郡以后，高昌就成为凉州的一部分。对比凉州，高昌不仅隶属于凉州，同时还属于西域，所以不仅凉州文化的特色在高昌得到体现，西域与中原联系的便利，也让高昌拥有了更多的资源。日本羽溪了谛先生的《西域之佛教》，在 20 世纪 20 年代初版，其中已经有高昌佛教的专门章节，对于传世史料中的高昌佛教进行了总结归纳。书中指出："据此等史实以观，公元第五世纪之前半，高昌之佛教，固甚发达，且其国沙门复多远赴印度巡礼灵迹，则此国对于佛教之信仰，不可谓不炽热矣。"[2] 但是，当时的高昌出土资料多未面世，学界对高昌的历史认识还存在着许多不可避免的局限。比如，车师与高昌，在未统一以前，一直是两个并存的政治实体。在高昌郡时代，佛教也表现出两套系统。根据陈世良先生的归纳，车师佛教属于胡语系统，而高昌佛教属于汉语系统；车师佛教属于佛教东传的部分，而高昌佛教属于汉地佛教西传的部分；从教派上说车师佛教属于小乘，而高昌佛教属于大乘。从车师佛教到高昌佛教的转变，关键就是北凉余部势力到达高昌。[3] 正因为如此，高昌的一些佛教现象在时间上

---

1　不仅是佛教，因为北凉的文化水平整体上高于当时的北魏，北凉文化很快就极大地影响了北魏，所以陈寅恪先生论证北魏的文化传统有一重要的方面即北凉文化。陈寅恪先生论述道："西晋永嘉之乱，中原魏晋以降之文化转移保存于凉州一隅，至北魏取凉州，而河西文化遂输入于魏，其后北魏孝文、宣武两代所制定之典章制度遂深受其影响，故此北魏、北齐之源其中亦有河西之一支派，斯则前人所未深措意，而今日不可不详论者也。"陈寅恪：《隋唐制度渊源略论稿》叙论，上海古籍出版社，1982，第 2 页。

2　羽溪了谛：《西域之佛教》，贺昌群译，商务印书馆，1999，第 208 页。

3　陈世良：《从车师佛教到高昌佛教》，敦煌吐鲁番学新疆研究资料中心、新疆文物编辑部编《吐鲁番学研究专辑》，1990。收入陈世良《西域佛教研究》，新疆美术摄影出版社，2008，第 113~124 页。

则比中原发生得迟缓，比如关于佛教寺院的称谓问题等。[1]

　　当北凉政权被北魏消灭以后，北魏得到了北凉各个方面的精英及其文化，但是可以肯定的是这些都不是全部。北凉的西部地区还在抵抗，沮渠无讳、沮渠安周是北凉抵抗势力的政治领袖。在北凉的沮渠氏家族中，还有一些重要成员一起西进以躲避北魏的攻击。1972 年在阿斯塔那古墓发现的《且渠封戴墓表》，官为冠军将军，根据侯灿先生的研究，他很可能是北凉最后一任国王沮渠牧犍世子沮渠封坛。[2] 阿斯塔那 383 号墓出土的《北凉承平十六年武宣王沮渠蒙逊夫人彭氏随葬衣物疏》表明，北凉政权创始人沮渠蒙逊的夫人也千里迢迢来到了高昌。沮渠蒙逊的继承人是沮渠牧犍，牧犍的母亲在他继承王位后去世，可能彭氏不是蒙逊的正妻，而是沮渠无讳、安周兄弟的母亲。当蒙逊去世之后，彭氏便随儿子过活，而当沮渠无讳兄弟选择继续抵抗北魏，节节败退来到高昌的时候，彭氏也只能随儿子一同前来。[3] 此外，如官职"龙骧将军、散骑常侍"的张幼达，显然也是这个时期同来高昌的北凉高官。[4]

　　北凉灭亡，北凉余部的部分核心成员最后转移到了高昌，比高昌郡更高层次的北凉文化也随同这些人员一起转移到了高昌。其中，佛教就是极其重要的组成部分。根据梁慧皎所撰《高僧传》，沮渠无讳（传中称景环）选择高昌作为抵抗北魏的最终根据地，是

1　参见王素《高昌佛祠向佛寺的演变——吐鲁番文书札记（二）》，《学林漫录》第十一集，中华书局，1985，第 137~142 页。

2　侯灿：《大凉且渠封戴墓表考释》，刊载于《亚洲文明论丛》，四川人民出版社，1986。收入侯灿《高昌楼兰研究论集》，第 99~107 页。

3　参见柳洪亮《吐鲁番发现北凉武宣王沮渠蒙逊夫人彭氏墓》，《文物》1994 年第 9 期。收入柳洪亮《新出吐鲁番文书及其研究》，第 146~153 页。

4　《大凉张幼达及夫人宋氏墓表》，见侯灿、吴美琳《吐鲁番出土砖志集注》，第 10~12 页。侯灿先生在说明中指出，张幼达应该是跟随沮渠无讳、沮渠安周来到高昌的"这批高级官吏之一"。

在征求了法进意见后进行的。而最后，因为高昌饥荒，法进献身饥民而死。其文如下：

> 释法进，或曰道进，或曰法迎，姓唐，凉州张掖人。幼而精苦习诵，有超迈之德，为沮渠蒙逊所重。逊卒，子景环为胡寇所破，问进曰："今欲转略高昌，为可克不？"进曰："必捷，但忧灾饿耳。"回军即定。
>
> 后三年景环卒，弟安周续立。是岁饥荒，死者无限。周既事进，进屡从求乞，以赈贫饿，国蓄稍竭，进不复求。乃净洗浴，取刀盐，至深穷窟饿人所聚之处，次第授以三归。便挂衣钵著树，投身饿者前云："施汝共食。"众虽饥困，犹义不忍受。进即自割肉，和盐以啖之。两股肉尽，心闷不能自割，因语饿人云："汝取我皮肉，犹足数日，若王使来，必当将去，但取藏之。"饿者悲悼，无能取者。须臾弟子来至，王人复看。举国奔赴，号叫相属，因舆之还宫。周敕以三百斛麦以施饿者，别发仓廪以赈贫民。至明晨乃绝，出城北阇维之。烟炎冲天，七日乃歇。尸骸都尽，唯舌不烂。即于其处起塔三层，树碑于右。[1]

对于《高僧传》的这个说法，是不可全信的。背后的玄机在于，法进自杀有另外的政治背景，即当沮渠无讳去世之后，沮渠安周抢夺了无讳儿子乾寿的王位，导致乾寿率人投奔了北魏。[2]

法进不是一般僧人，他是高僧昙无谶的高足，影响巨大。《高

---

1　《高僧传》，第447页。

2　参见孟宪实《北凉高昌初期的内争索隐——以法进自杀事件为中心》，朱玉麒主编《西域文史》第一辑，科学出版社，2006，第135~143页。

僧传》同传记载，当初因为法进投入昙无谶门下声名鹊起，转而追随他的人也有很多，"于是从进受者千有余人"。上引传文也可以证明，在法进来到高昌之时，也有弟子追随而来。法进所代表的一批较高水准的高僧来到高昌，对于推动高昌地方的佛教发展，是理所当然的。法进是张掖人，他的影响所及也应该以河西地区为主。而北凉余部是挟持了敦煌等地的百姓一起来到高昌的，也就是说，法进所影响的社会民众，如今恰好成为高昌的主要居民。法进自杀事件之后，安周不敢怠慢，不仅立刻发粮救助饥民，而且"起塔三层，树碑于右"，隆重纪念法进。安周似乎不去计较法进给自己统治带来的危机，其实是担心如果应对失当，凭借法进的影响力，法进的逝世会成为民众反抗自己的动员令。

凉州地区佛教发达，原因在于统治者在政治上的支持以及丝绸之路往来僧人的影响。不仅如此，十六国时期凉州地区出身的僧人之多也令人印象深刻。陆庆夫先生作《五凉佛教及其东传》一文，就专门统计过"五凉僧人活动表"以与往来凉州的西域、中土僧人相区别。[1] 而讨论凉州佛教，政治人物的态度、僧人的努力、佛法活动如佛教洞窟和造像的修建，还有译经、写经等，都有史料可以支持。其实，在这些佛教活动的背景中，题中应有之义是民众的基础。没有民众的基础，以上所有的佛教活动几乎都难以说起。政治人物在佛教历史上常被赋予重要作用，是因为他们拥有政治资源，在通常的意义上具有领袖的功能，对于民众有示范带头作用。僧人是佛教领域的专家，他们的修行甚至神迹，在佛教信仰的宣传中往往会发挥突出作用。但更重要的是民众，因为一个地区信仰的最终

---

1　陆庆夫：《五凉佛教及其东传》，收入陆庆夫《丝绸之路史地研究》，兰州大学出版社，1999，第243~261页。

状况是由民众决定的。比如凉州本土僧人的众多，绝对就是民众信仰基础雄厚的具体体现，只有民众的积极支持才是社会风气得以存在发展的基础，只有在佛教风气浓厚的社会里，才会有更多的人选择出家为自己的人生目标。讨论高昌佛教，也应该注意到高昌国民的基本情况。

北凉高层从沮渠蒙逊开始就十分重视佛教，沮渠无讳与高僧法进的关系也是一种证明。安周为法进起塔立碑，也留下了许多遵法重道的证据。根据学者的研究，这些证据可以分为几个部分。第一，佛教译经写经。吐鲁番发现的早期佛经写经，北凉之前的只占有很小一部分，多数是北凉及其以后的，而即使早期佛经也多由北凉王族沮渠无讳等携带而来。第二，北凉在高昌留下的佛教建筑和壁画，如著名的吐峪沟早期佛教洞窟和壁画。第三，石塔以及著名的《安周造寺碑》等与佛教有关的建筑部件等。在这些研究中，贾应逸先生比较重视鸠摩罗什的译经对高昌的影响。[1] 而姚崇新先生的几篇论文则比较全面地揭示了相关问题。[2] 总之，高昌郡时期的高昌佛教是存在的，但是作为后来高昌佛教的基础，则是由北凉余部带到高昌的。北凉余部在高昌建立的王国自称大凉，从政治上把高昌从一郡之地改造成一个小王国，从文化上也极大地提升了高昌，而佛教就是最重要的组成部分。

### 2. 高昌王室与佛教

麴氏高昌的王室来自金城，什么时候进入西域，记载并不明

---

1　贾应逸：《鸠摩罗什译经和北凉时期的高昌佛教》，收入贾应逸《新疆佛教壁画的历史学研究》，中国人民大学出版社，2010，第 317~333 页。

2　姚崇新：《北凉王族与高昌佛教》，初刊《新疆师范大学学报》1996 年第 1 期，收入姚崇新《中古艺术宗教与西域历史论稿》，商务印书馆，2011，第 165~182 页。姚崇新：《试论高昌国的佛教与佛教教团》，载《敦煌吐鲁番研究》第四卷，收入《中古艺术宗教与西域历史论稿》，第 183~230 页。

确。第一代国王麹嘉出现在历史舞台上，是作为马儒的右长史出现的，时间是北魏太和二十一年（497）。几年以后，高昌再次发生政治变动，高昌人"相与杀（马）儒而立（麹）嘉为王"，原因是高昌在是否移民北魏境内问题上出现争执，而马儒是主张移民的。[1] 麹嘉在这次政治变动中是受益者，究竟是被动地受益还是有计划地谋取，历史记载简略，我们已经无从知晓。不过，高昌的历史确实从他开始进入一个比较稳定的时期，从501年至640年。高昌虽然是一个小王国，但在当时的动乱背景下，却实实在在成为一个相对长久的政治体。

麹嘉建国之后不久，就派僧人前往内地学习，但姚崇新研究认为，麹氏高昌佛教是从麹坚在位后期进入一个新阶段的。[2] 高昌的佛教基础，上文已经论及，在社会民众基础、僧人专业团队和政治人物支持等方面都有清楚的证明。那么，作为高昌国统治上层的王室，其佛教信仰到底如何，这在诸多方面既是麹文泰佛教问题的一个背景，也是理解他大力支持玄奘的一个重要切入点。

首先，麹氏高昌王室对于佛教支持有力。麹乾固延昌十五年（575）所立《麹斌造寺碑》是件很有说服力的资料。麹宝茂建昌元年（555）十二月，折冲将军、新兴县令麹斌把四十亩土地赠送给寺院，为了郑重其事，他请高昌王麹宝茂、世子麹乾固，还有高昌国众多高级官员都在契约上署名为证。事情过去近二十年，麹斌的儿子麹亮制作了这个造寺碑，为已经去世的父亲当年的善举做证。碑文正面是一篇歌颂麹斌行为的骈体文，背面是当年订立的捐田契

---

1 《魏书》卷一〇一《高昌传》，第2430页。

2 姚崇新：《试论高昌国的佛教与佛教教团》，见《中古艺术宗教与西域历史论稿》，第215页。

约。[1]根据《麴斌造寺碑》，有"宁朔将军、绾曹郎中麴斌者，河州金城郡□□□之从叔也"句，所缺字当为"高昌王"的含义。麴斌作为麴氏高昌王室成员，捐献土地给寺院，具有一定的代表性。而国王、世子和高官都能够在他的捐地契约上署名，最有力地证明了高昌王室对佛教的态度。多年以后，麴斌之子麴亮继承父亲继续担任新兴县令，他把父亲当年的捐地契约重新刻写到石碑上，不仅要纪念父亲的善举，更有继承乃父遗志，继续支持佛教的宣导意图。

正是在麴亮为乃父立碑的时期，也就是麴乾固作为高昌王的时期，现在知道以麴乾固名义抄写的佛经，有多件流传至今。

（1）延昌三十一年（591），高昌王麴乾固写《佛说仁王般若波罗蜜经》卷上。此为原题。池田温先生《中国古代识语集录》题为《仁王般若波罗蜜经》，取消了"佛说"二字。[2]王素《吐鲁番出土高昌文献编年》依旧用原题，保留"佛说"二字。[3]姚崇新引用此资料，在"仁王"之后括注"护国"二字。[4]此经有两个译本，鸠摩罗什译本名《佛说仁王般若波罗蜜经》，唐朝不空译本名为《仁王护国般若波罗蜜经》，两个译本如今都有流传。[5]该经只有两卷八品，篇幅不长。但是，麴乾固这一年十二月十五日抄写的这件佛经一共

---

1　《麴斌造寺碑》摹本，请见黄文弼《吐鲁番考古记》，科学出版社，1958，第51~53页。研究论文参考马雍《突厥与高昌麴氏王朝始建交考》，原载《向达先生纪念论文集》，新疆人民出版社，1984。收入马雍《西域史地文物丛考》，文物出版社，1990，第146~153页；《麴斌造寺碑所反映的高昌土地问题》，原载《文物》1976年第12期，收入《西域史地文物丛考》，第154~162页。

2　池田温『中国古代識語集録』、東京大学東洋文化研究所、1990、第143~144頁。

3　王素：《吐鲁番出土高昌文献编年》，新文丰出版公司，1997，第209页。

4　姚崇新：《试论高昌国的佛教与佛教教团》，见《中古艺术宗教与西域历史论稿》，第218页。

5　《大正新修大藏经》卷八《般若部四》，两个版本俱收，而不空译本之前还保留唐代宗的序言，知道不空的翻译是遵照唐肃宗的遗诏而行。

是"一百五十部"。[1]

（2）某年高昌王写《佛说仁王般若波罗蜜经》。文书原件藏柏林印度艺术博物馆，只有残损的题记部分。在题记部分还有"《仁王经》一百五十部"，且其他部分也能与上件一一对应。荣新江先生撰文首次介绍此件文书于国内，认为应该属于延昌卅一年麴乾固写经一百五十之内。[2] 这个意见可以遵从。

（3）延昌三十三年（593）《仁王经》。《仁王经》是《佛说仁王般若波罗蜜经》的简称，而这个写本已经用了这个简称。池田温先生恢复为《仁王般若波罗蜜经》，王素先生恢复写本的固有简称《仁王经》，姚崇新先生则继续使用《仁王护国般若波罗蜜经》。[3]《仁王经》是一种简称，至少在高昌时代已经有了如此简称。延昌三十一年的麴乾固写经，标题部分写作《佛说仁王般若波罗蜜经》，但题记部分则写作"敬写《仁王经》一百五十部"，已经使用《仁王经》这个简称。不过，这次写经的题记残缺过多，看不到此次写经的总数。

1980~1981 年间，吐鲁番文物局在清理柏孜克里克千佛洞前的塌方土的时候，获取了很多汉文佛经残片。其中有一残片为《佛说仁王般若波罗蜜经》卷下，整理者比对出是该经的第七品《受持

---

1　另有一件同名佛经，也为麴乾固所抄写。见荣新江《海外敦煌吐鲁番文献知见录》，江西人民出版社，1996，第 151 页。《知见录》提到赫尔辛基大学图书馆藏有延昌三十一年（591）写经题记，但未言及具体题目。这里根据是姚崇新先生的论文，见姚崇新《试论高昌国的佛教与佛教教团》，《中古艺术宗教与西域历史论稿》，第 218 页。姚崇新此文是其硕士学位论文，而指导教师正是荣新江教授，所以他的引证是可以信任的。

2　荣新江：《柏林印度艺术博物馆藏吐鲁番汉文佛教经典札记》，《华学》第 2 辑，中山大学出版社，1996，第 314~317 页。

3　池田温『中国古代籍帐集録』、第 146 页、图版第 64 号。王素：《吐鲁番出土高昌文献编年》，第 211 页。姚崇新：《试论高昌国的佛教与佛教教团》，见《中古艺术宗教与西域历史论稿》，第 218 页。

品》。[1] 对比延昌三十三年抄写的《仁王经》，笔迹很接近。很希望这就是同时抄写的《仁王经》卷下。

（4）延昌三十七年（597）《金光明经》卷三。[2] 这次写经完成于延昌三十七年十月十六日，各家著录引用也无异称。《金光明经》共四卷，为北凉昙无谶翻译，道宣《大唐内典录》卷三有著录。[3] 因为题记文字残损，不知道这次麹乾固共抄写多少部。

（5）延昌三十七年《守护国界主陀罗尼经》。写经原文已经残损，只有三字"界陀罗"，此定名从池田温先生。[4]

（6）延昌三十九年（599）《大品经》卷一八（《摩诃般若波罗蜜经》）。写经完成于延昌三十九年五月二十三日，题记中称此经又作《八时般若波罗蜜经》，一共写经八部。[5]

（7）延昌四十年（600）《大品经》（《摩诃般若波罗蜜经》）。写经完成于当年的六月九日，高昌王麹乾固"敬写《八时般若波罗蜜经》八部"，与上一年同一部经的抄写数量一样。[6]

这些出土文献，能够证明高昌王麹乾固的崇佛活动的一个侧面，因为出土文献的获得具有偶然性，并且只有麹乾固的这些资料被集中发现，所以可以反映出麹乾固崇佛的突出表现。现在发现的这些麹乾固写经中，因为有"题记"文字，我们不难看到高昌王写经的动因和许多具体情况。

继承麹乾固王位的麹伯雅也是一位佛教的崇尚者。根据《续高

---

1　新疆维吾尔自治区吐鲁番学研究院等编著《吐鲁番柏孜克里克石窟出土汉文佛教典籍》，文物出版社，2007，第 60 页。

2　池田温『中国古代籍帳集録』、第 151 頁。

3　收入《大正新修大藏经》卷五五，第 255 页。

4　池田温『中国古代籍帳集録』、第 151 頁。

5　池田温『中国古代籍帳集録』、第 152 頁。

6　池田温『中国古代籍帳集録』、第 153 頁。

僧传》卷二五《慧乘传》的记载："从驾张掖，蕃王毕至，奉敕为高昌王麹氏讲《金光明》，吐言清奇，闻者叹咽，麹布发于地，屈乘践焉。"[1] 麹伯雅对慧乘的恭敬表现，不仅在于慧乘的出色宣讲，也在于麹伯雅对佛教的理解与尊重。而慧乘宣讲的《金光明经》，在麹伯雅父亲的写经中也赫然在列，所以慧乘所讲，很可能是应麹伯雅所请。

麹伯雅的王妃张氏也是一位崇道者。玄奘法师在高昌开讲《仁王般若经》的时候，"太妃已下王及统师大臣等各部别而听"。[2] 麹文泰与玄奘法师结为兄弟，"遂共入道场礼佛，对母张太妃共法师约为兄弟"，在道场举行仪式的时候，这位张太妃就是最重要的证明人，也可证明张太妃对于此事的赞同。后来，玄奘法师同意暂留高昌一月讲经，太妃的态度是"甚欢，愿与师长为眷属，代代相度"。[3] 张太妃显然是麹文泰礼敬玄奘的重要支持者。

高昌王室的佛教信仰，构成了麹文泰的佛教信仰基础。因为高昌王麹文泰对玄奘的大力支持，成就了中国佛教历史上的一件大事，麹文泰因此而获得重要的历史地位。理解麹文泰及其家族对于佛教的信仰，是理解麹文泰支持玄奘取经的关键所在。

### 3. 麹文泰的奉佛

麹文泰的父祖两代，都有鲜明的崇佛证据，这是我们理解麹文泰佛教思想的渊源。他的母亲对于麹文泰的佛教影响，也不能忽略以待。麹氏高昌的佛教，在麹氏王族的带领下，呈现出一番繁荣景象。

麹文泰在挽留玄奘留住高昌的时候，说过这样一番话：

---

1　《续高僧传》卷二五，《高僧传合集》，上海古籍出版社，1991，第312页。
2　《大慈恩寺三藏法师传》，第21页。
3　《大慈恩寺三藏法师传》，第20页。

> 朕与先王游大国，从隋帝历东西二京及燕、代、汾、晋
> 之间，多见名僧，心无所慕。自承法师名，身心欢喜，手舞足
> 蹈，拟师至止，受弟子供养以终一身。令一国人皆为师弟子，
> 望师讲授，僧徒虽少，亦有数千，并使执经充师听众。[1]

麴文泰此言，在于表达自己的虔诚之心，但透露出他游历中原，对于名僧有自己的鉴别能力。有关玄奘的传记，对于玄奘的佛学造诣之高，确实都有认同。麴文泰的佛学认识与史载相似，这说明他自己有良好的佛学修养，对玄奘的崇拜是有佛学基础的。[2] 这也可以部分归因于麴文泰信奉佛教的家族。

麴文泰年号延寿，共十七年（624~640），其间麴文泰王室的写经活动留下了一些珍贵记录，从一个侧面反映了麴文泰的奉佛及其倾向。现在所知，共有如下写经被发现。

（1）延寿四年九月，经生令狐欢写《仁王般若波罗蜜经》卷上题记。因为有"奏闻奉信"朱印，知其属于高昌王麴文泰的写经。[3]

（2）延寿十四年五月三日，高昌清信女供养《维摩诘经》卷下题记。池田温《中国古代识语集录》题目为《维摩诘经卷下达僧平

---

1　《大慈恩寺三藏法师传》，第 19 页。
2　或以为这段话中"僧徒虽少，亦有数千"是表明高昌当时拥有的佛教僧人数量，如羽溪了谛《西域之佛教》，贺昌群译，第 211 页。笔者怀疑，此句应与前句联系起来考虑，即"令一国人皆为师弟子"的前提下，僧徒会有数千人。唐灭高昌，所获人口是"户八千四十六，口三万七千七百三十八"（《唐会要》卷九五，第 2016 页），如果真是几千僧人的话，大概要每户一僧或者两户一僧，数字过大，无法想象。
3　藤枝晃编『高昌残影』、法藏館、1978、第 64~65 页。题记内容为"延寿四丁亥岁九月 / 经生令狐欢抄。用 / 纸十九章。崇福寺 / 法师玄觉覆校 /"。池田温『中国古代識語録』第 181 页题为《仁王般若经卷上经生令狐欢等题记》。这里从王素《吐鲁番出土高昌文献编年》，第 280 页。

事沙门法焕题记》。[1] 此题记分行写明"经生令狐欢写　曹法师法慧校　法华斋主大僧平事沙门法焕定"，而他们的这些行为，都是受雇于"清信女"。从题记中有文字曰"弟子托生宗胤，长自深宫，赖王父之仁慈，蒙妃母之训诲，重沾法润"。可知，此清信女是当时高昌王麹文泰的女儿。同月日，该清信女的三件同样的写经题记被发现，池田温先生怀疑其中一件可疑。作为王室成员，麹文泰公主的史料价值很高。

（3）高昌法师智序、沙门法焕等校定《金光明经》卷第一题记。此题记，池田温《中国古代识语集录》题为《金光明经卷一大僧平事沙门法焕题记》，这里依据王素定名。[2] 题记残留部分只有三行文字，录文如下：

<blockquote>
金光明经卷第一　　　　　　　经生辅文开抄用纸廿二张

　　　　　　法师智序　　　　三校

　　　　法华斋主大僧平事沙门法焕定 [3]
</blockquote>

本件题记，题记部分所残文字如此，有关供养人的情况一无所知，但是对比上一件，某法师校，而此题记明言是"三校"，比上一件似乎更严格。更重要的是"法华斋主大僧平事沙门法焕"的角色依然是"定"，即审定之意。法焕可能是当时的高昌佛教领袖，姚崇新认为他是高昌中央僧官。[4] 另外，《金光明经》在高昌王室写经中

---

1　池田温『中国古代識語集録』、第183~184頁。这里题目从王素《吐鲁番出土高昌文献编年》，第305~306页。

2　王素：《吐鲁番出土高昌文献编年》，第335页。

3　池田温『中国古代識語集録』、第184頁。

4　姚崇新：《试论高昌国的佛教与佛教教团》，载《敦煌吐鲁番研究》第四卷，收入姚崇新《中古艺术宗教与西域历史论稿》，第183~230页。

不是第一次出现，麴乾固延昌三十七年（597）就有《金光明经》卷三的写经题记。而麴伯雅时期，也曾在凉州听讲《金光明经》。可见高昌麴氏王室对于《金光明经》一直都有供养。所以，这件写经题记虽然没有写明供养者，但笔者怀疑供养人也是王室中人。

写经是奉佛的表现，在麴氏高昌王室，这是有传统的。但是，麴文泰超越祖先的奉佛举动，是以资助玄奘一事为代表的。没有麴文泰的资助，玄奘到底会取得多大成绩，我们是无从判断的。玄奘受到麴文泰的大力支持，玄奘取经的物质和外部条件，都是麴文泰提供的。玄奘停留高昌，应麴文泰之邀讲《仁王般若经》。玄奘讲经，成为高昌的重大事件。《大慈恩寺三藏法师传》记载为：

> 后日，王别张大帐开讲，帐可坐三百余人，太妃已下王及统师大臣等各部别而听。每到讲时，王躬执香炉来迎引。将升法座，王又低跪为磴，令法师蹑上，日日如此。[1]

参加法会的是高昌的最高统治集团，王妃以下，佛教界的统师、王国的大臣都到场聆听。而高昌王麴文泰的表现最突出，不仅持香炉迎接引路，而且以身为磴，请法师升座。这不仅是对法师的恭敬，更是对佛法的恭敬，也是以身作则为国民敬佛进行导引。

麴文泰对玄奘的支持，以国王的身份而言，不能排除政治上的需要，但是从王室多年一贯的奉佛传统来看，也无法否认麴氏家族的佛教信仰是真实存在的。当然，对于后世来说，高昌王室的佛教信仰问题已经无法引起人们的重视，高昌王室的佛教信仰，最多不过是玄奘取经成功的一个注脚而已。

---

1　《大慈恩寺三藏法师传》，第21页。

## 三　高昌王的鼎力之助

麹文泰是个历史小人物。他是被唐太宗消灭的高昌国的国王，这个弹丸小国与唐朝的辽阔版图相比不过是三百六十分之一。唐灭高昌，得人口 37738 人，[1] 这便是麹文泰的全部国民，在唐代这不过是中州水准。[2] 唐玄奘的事迹可以在多种辞书中查到，麹文泰只有在讲到大唐经营西域的伟大战争时才会被提起，而且形象也不高大。通常，人们更注意伟大人物之间的关系，而小人物则遭忽视。比如唐玄奘与唐太宗，《中国大百科全书》的唐玄奘条目（杨廷福撰）除了介绍唐玄奘及其功绩以外，专有一段讲他与唐太宗的关系，而一言不提麹文泰。[3] 有人认为讲太宗与玄奘的文章过多，发现高宗与玄奘的关系也有意义，于是撰文论证。[4]

说麹文泰与唐玄奘的关系完全被忽略，也不尽符合事实。《中国大百科全书·宗教卷》的唐玄奘条目（高扬撰）就用唐玄奘"受到高昌王麹文泰礼遇"一句概括了他们的关系。[5] 然而，他们的关系是"礼遇"一词能概括的吗？讲玄奘故事的文章很多，大约为了强调玄奘的个人意志，总是有意无意地不讲或少讲麹文泰对玄奘的帮助，最多只是按《大慈恩寺三藏法师传》的记载如实叙述而已。当然，确有学者看到了麹文泰对唐玄奘的意义。汤用彤先生曾专门讲授过《玄奘法师》，指出高昌王麹文泰对玄奘的帮助，"此乃师能达

1　《唐会要》卷九五，第 2016 页。

2　唐代上州人口需四万人以上，中州人口要两万人以上，见《唐六典》卷三〇。

3　《中国大百科全书·中国历史》（缩印本），中国大百科全书出版社，1994，第 850 页。

4　夏金华：《唐高宗与玄奘》，黄心川、葛黔君主编《玄奘研究文集》，中州古籍出版社，1995，第 40~49 页。

5　《中国大百科全书·宗教卷》，中国大百科全书出版社，1988，第 439~440 页。

印度最要之一著"。[1]冯其庸先生在讲到高昌时指出：玄奘在"高昌
王麹文泰的帮助下，遂得以继续西行，成其正果。所以这里也可以
说是唐玄奘西天取经的第二个起点"。[2]日本前嶋信次、加藤九祚编
的《丝绸之路事典》的玄奘条目（前嶋信次撰）中在讲到麹文泰对
玄奘的种种支持时指出：玄奘能够在印度学习多年并带回那么多经
书都源于麹文泰的支持。[3]诸位学者已说明了麹文泰与玄奘关系的重
要意义，但是更仔细讨论仍然是有余地的。

### 1. 麹文泰对玄奘西行路线的影响

玄奘西行意志之坚决是经常被论及的，这里不再多言。应该说
明的是，玄奘的个人计划中原来并没有高昌一站。《大慈恩寺三藏
法师传》（以下简称《慈恩传》）第一卷，记载玄奘九死一生来到伊
吾（相当于今天的新疆哈密市），高昌王麹文泰听说后，"即日发使，
敕伊吾王遣法师来，仍简上马数十匹，遣贵臣驰驱设顿迎候。比停
十余日，王使至，陈王意，拜请殷勤。法师意欲取可汗浮图过，既
为高昌所请，辞不获免，于是遂行……"[4]（着重号为笔者所加）玄奘
西行的全部行进计划我们并不知道，但不走高昌是一定的，以至于
当受到麹文泰的邀请时他还曾坚持原计划，最后因为"辞不获免"
才赴高昌。

如果按玄奘的原计划走可汗浮图城（今新疆吉木萨尔）而不走
高昌，么奘的西进路线就与他后来实际行走的路线大不相同。杨廷
福先生对此事的判断是："玄奘在伊吾停留十余日，本拟逾天山循道
西行经可汗浮图城直奔突厥王庭，请得统叶护可汗的保护以达印度

---

1　《玄奘法师》（讲授提纲），《玄奘研究文集》，第 2 页。
2　《〈吐鲁番市志〉序》，《敦煌吐鲁番研究》第三卷，北京大学出版社，1998，第 19~21 页。
3　前嶋信次、加藤九祚編『シルクロード事典』、芙蓉書房、1981、第 361 頁。
4　《大慈恩寺三藏法师传》第一卷，第 18 页。以下凡引此书，只注明页数，不另给注号。

北境。"[1]走可汗浮图城的计划由《慈恩传》可知，但请统叶护保护的计划不知所据。既然不走高昌而走可汗浮图城，也就不会再从可汗浮图城赴高昌，那么玄奘的原计划大约是从伊吾到可汗浮图城，再到轮台（今新疆乌鲁木齐市附近），再到弓月或现在的新疆伊宁，再到碎叶（西突厥王庭）。若果然如此，玄奘就不会走天山南部的传统北道，而焉耆、龟兹、姑墨等也就不会出现在《大唐西域记》中的现在位置上了。

因为麹文泰的盛情邀请，玄奘西行的路线得以改变，以此路线为线索的《大唐西域记》才呈现出如今的面貌。去的路线受到麹文泰的影响，回来的路线也同样受到麹文泰的影响。麹文泰本想留玄奘长住高昌为导师，千方百计而玄奘不肯，不得已求其次，结为兄弟，相约归来后住高昌三年（第20页）。十几年以后玄奘名震五印度，"法师即作还意，庄严圣像。诸德闻之，咸来劝住"，玄奘决意归国，不听其劝。戒日王留玄奘不住，又问玄奘归国路线："不知师欲从何道而归？师取南海去者，当发使相送。"玄奘的回答是："玄奘从支那来，至国西界，有国名高昌，其王明睿乐法，见玄奘来此访道，深生随喜，资给丰厚，愿法师还日相过，情不能违，今者还须北路而去。"（第101~102、113页）戒日王遂作书"使达官奉书送法师所经诸国，令发乘递送，终至汉境"（第113页）。

自法显取经陆路往而海路归以后，海路便成了西行者经常选择的重要路径。季羡林先生曾经引用日本学者足立喜六译注《大唐西域求法高僧传》（东京，1942，第9页）的统计，唐初往印度求法僧人所行路线的情况是：往路，陆路23人，海路40人，不明2人；

---

1　杨廷福：《玄奘年谱》，中华书局，1988，第117页。

返路，陆路 10 人，海路 9 人，不明 5 人。[1] 往返合计，选择海路的人次（49 人次）明显多于选择陆路的人次（33 人次）。季先生已指出，在中印交通史上，唐初是个大转变时期，即由陆路发达变为海路发达。[2] 王邦维先生则进一步认为，海路发达起来可以义净于咸亨四年（673）取海路赴印度一事为代表，"从义净这个时期开始，海路就逐渐成为主要的通道"。[3] 毫无疑问，玄奘正逢这个转变期，虽然走海路有戒日王的护送，但为了赴麴文泰的三年之约，才选择了陆路归国。

正是由于玄奘受到麴文泰的影响从陆路返回，《大唐西域记》的面貌才能如我们今天所知的这样。否则，至少从活国以下，包括今天中国新疆境内的塔什库尔干、喀什、和田以及尼雅古城等皆不在《大唐西域记》的记载中了。

玄奘以旅行家闻名于世，主要是因为《大唐西域记》。《大唐西域记》以玄奘旅行路线为线索，山川地理、历史社会、风土人情无所不记，所记当时中亚印度及其交通状况如今都成了珍贵甚至唯一的资料。麴文泰影响了玄奘的往返路线，因而间接地影响了《大唐西域记》的内容，麴文泰与玄奘的关系因此就应该书写一笔。

### 2. 人力物力的支持

这一点是人所共知的。麴文泰留玄奘不成，便支持玄奘西行。玄奘在高昌讲经一月，麴文泰以此时间为玄奘做各种准备。最后，玄奘从麴文泰的高昌获得如下人力和物力："四沙弥以充给侍。制

---

1　季羡林：《玄奘与〈大唐西域记〉》第四节 "唐初中印交通的情况"，《大唐西域记校注》，第 101 页。

2　季羡林：《玄奘与〈大唐西域记〉》第四节 "唐初中印交通的情况"，《大唐西域记校注》，第 101 页。

3　王邦维：《义净和〈大唐西域求法高僧传〉》，见义净著，王邦维校注《大唐西域求法高僧传校注》，中华书局，1988，第 10 页。

法服三十具。以西土多寒，又造面衣、手衣、靴、袜等各数事。黄金一百两，银钱三万，绫及绢等五百匹，充法师往返二十年所用之资。给马三十匹，手力二十五人。"（第21页）这些人力物力对于玄奘而言意味着什么呢？

首先，让我们了解一下这些财物较具体的含义。吐鲁番出土了麴氏高昌时代的文书，使我们对那个年代的经济情况有了一些概念。《高昌内臧奏得称价钱帐》是一件出自阿斯塔那514号墓的文书，内容是关于某年贸易税的报告书，其中详列每件贸易的商品、数量及从中所得税钱数量。每一项贸易的记录格式基本一致，如：

> "（三月某日）伦遮买金八两半，与供勤大官，二人边得钱二（文）"；"（三月）廿四日，曹遮信买金九两，与何刀，二人边得钱二文"。
>
> "起正月一日，曹迦钵买银二斤，与何卑尸屈，二人边得钱二文。即日，曹易婆□买银二斤五两，与康炎毗，二人边得钱二文"；"次三日，何阿陵遮买银五斤二两，与安婆口，（二人边得）钱五文"。
>
> "即日（四月五日）康□□迦买丝十斤，与康显愿，二人边得钱一文"；"（四月某日）何力买丝八十斤，□□迦门□，二人边得钱八文"；"五月二日，车不吕多买丝六十斤与白迦门□，二人边得钱三文"。[1]

此账涉及的商品还有许多，这里仅列举金、银、丝三项。三者皆以重量为交易单位，金银的具体形态容易理解，丝可能是生丝。

---

1　唐长孺主编《吐鲁番出土文书》壹，第450~453页。

这种税似乎应称作交易税，其税额也应与交易额有关。[1] 金应即黄金，不论八两半还是九两皆收钱二文，平均四两半征钱一文。银的交易税平均每斤征钱一文，零头可能有舍入。丝的交易税前两项是每十斤一文，很整齐，但不知为什么第三项税额大变，成了每二十斤一文了。钱，应是银钱。麴氏高昌中晚期，据卢向前先生的研究，正是银钱本位时期。[2] 不同商品的税额不同，应说明各种商品的价格不同。若依东晋南朝"百分收四"[3] 的税制计算，高昌的金、银、丝的价格也可以推算出来，金每斤征银钱四文，金价每斤约一百文。银每斤二十五文。丝每斤二文半。

玄奘得金百两，合银钱约 625 文，数量虽不多，但作为贵金属，以上文所举高昌交易税的全年统计来看，大大超过高昌一年的黄金总交易量。三万银钱是个庞大数字。假设高昌每年的黄金交易量为五十两，高昌从中收税三万银钱需 240 年。仍以上文为例，其文书有残，余下交易税（称价钱）总数不足 350 文，其中有五个月明言无称价钱，所以全年不会超过 600 文。即以 600 文计算，玄奘所得三万银钱需高昌 50 年所得称价钱。阿斯塔那 48 号墓出土一组延昌二十七年（587）的高昌兵部买马奏行文书，一匹马最贵的 45 文，最便宜的 32 文。[4] 即以一匹 40 文来计算，玄奘的三万银钱可买马750 匹。500 匹的绢和绫，若以高昌曾存在的评估价格推算，以每匹40 文计，又是两万文。

此外，为了玄奘能顺利西行，麴文泰给沿途二十四国国王都写

1　参见朱雷《麴氏高昌国的"称价钱"》,《魏晋南北朝隋唐史资料》第 4 期, 1982, 第17~24 页。

2　卢向前:《高昌西州四百年货币关系演变述略——敦煌吐鲁番文书经济关系综述之一》,《敦煌吐鲁番文书论稿》, 第 217~266 页。

3　《隋书》卷二四《食货志》, 第 689 页。

4　唐长孺主编《吐鲁番出土文书》壹, 第 338~344 页。

了国书，每书附大绫一匹为信。大绫相信比绫贵重，二十四匹至少得有一万银钱。为了寻求西突厥叶护可汗的保护，又献"绫绡五百匹、果味两车"（第 21 页）。果味不知如何计算，加在一起，总不会低于两万银钱。

"给马三十匹"，《续高僧传·玄奘传》记为"给从骑六十人"，不知孰是。即以马三十匹为计，也是一个不小的数字。这可能是专门为了运输的。四位小沙弥应该是专用来侍奉玄奘生活起居的，而二十五人既名为手力，应该是专门负责马匹管理及其他体力活动的。前嶋信次之所以强调玄奘带回众多的佛像和经书是缘于麹文泰的援助，应是针对这二十五人而言的。高昌的劳动力因为雇佣劳动的存在，其价格也是可以计算出来的。据宋杰先生研究的高昌的谷物价格和雇佣劳动的日价格计算，[1] 麹文泰给唐玄奘派用的二十五人，二十年的雇佣价格相当于高昌银钱五万多文。

其实，远行他乡，无论经费还是伴侣都是很需要的。玄奘以前的法显、宋云西行皆非一人独行。宋云是以北魏使者身份西行，一路不仅费用充足，还有能力捐资建寺；随员虽未言多少，但从曾留下四人给两个寺院以供洒扫的情况来看，随员一定不少。[2] 法显一人归国，但并非一人前往。《法显传》开篇即言"法显昔在长安，慨律藏残缺，于是遂以弘始元年岁在己亥，与慧景、道整、慧应、慧嵬等相契，至天竺寻求戒律"。[3] 后来一人归国，指的是与同往伙伴的分离，由于是搭乘商船，并非真正的一个人回来。经费问题，往

---

1　参见宋杰《吐鲁番文书所反映的高昌物价与货币问题》，《北京师范学院学报》1990 年第 2 期，第 67~76 页。

2　杨衒之著，范祥雍校注《洛阳伽蓝记校注·宋云行记》，上海古籍出版社，1978，第 251~342 页。

3　《法显传校注》，第 2 页。

往决定西行成败。再以法显为例，在焉夷国，"为焉夷国人不修礼义，遇客甚薄，智严、慧简、慧嵬返向高昌，欲求行资"，"法显等蒙符公孙供给，遂得直进西行"。[1] 同舟共济的同伴，只是因为经费问题不得不分道别进，而智严等再无消息。《法显传》有一些记载，反映的是法显的观察，如北天竺的乌苌国凡有伽蓝五百，"若有客比丘到，悉供养三日。三日过已，乃令自求所安常"。[2] 待客之法不为宽厚。而与此相比毗荼国就要好一些："见秦道人往，乃大怜愍，作是言：'如何边地人，能知出家为道，远求佛法？'悉供给所须，待之如法。"[3] 而对客僧招待最好的应属中天竺的摩头罗等国。[4] 法显之所以有这么多这方面的观察，与法显的体验一定密切相关。玄奘的记录中没有这方面的内容，所到之处大受欢迎，经费充足一定是玄奘免受冷遇的一个重要原因。

玄奘原来也约有同伴，只是在他们的西行请求遭到唐廷拒绝之后不再如玄奘那样坚持，最后只剩得玄奘一人。玄奘一人西行的危险在到伊吾之前已充分证明了，这是因为西行取经最大的敌人不是人类而是恶劣的自然环境。从敦煌到伊吾，玄奘的行路并未错，这已被斯坦因证明过了，[5] 玄奘的危险来自缺少旅伴和缺乏旅行经验（打翻水袋）。若不是胡人送的那匹识途老马，玄奘可能与许多人一样不知所终。[6] 由于受到麹文泰的强力资助，过高昌以后玄奘一路顺风。沙弥四人，一人曾在遇贼时救过玄奘并因而拯救了全体（第46

---

1　《法显传校注》，第8、11页。

2　《法显传校注》，第28页。

3　《法显传校注》，第44页。

4　《法显传校注》，第47页。

5　斯坦因：《玄奘沙州伊吾间之行程》，收入冯承钧《西域南海史地考证译丛》第一卷，商务印书馆，1995，第22~33页。

6　《大慈恩寺三藏法师传》第一卷，第17页。

页）。玄奘不仅不用为经费问题劳神，而且可以从容回绝施舍，有时竟可以施舍他人。"自高昌王所施金、银、绫、绢、衣服等，所至大塔、大伽蓝处，皆分留供养，申诚而去。"（第40页）可见，玄奘在印度从容专研佛学，不但不为经费问题所困，而且有经济实力保持与佛学界的礼尚往来，这对他日后的成功都不是无益的。

章巽先生撰《大唐西域记导读》在列举麴文泰对玄奘的种种物资支援后说道："诸位，任何事物总有它的物质基础，以上这许多，就是当时玄奘西行的物质基础啊！不过，我们也应从相对的角度来看，物质基础固然不可少，主观的毅力也是最为重要的，譬如早于玄奘二百年去印度的法显，他并没有如玄奘所得的雄厚的物质基础，不是也完成了他的伟大的旅行吗？"[1] "不过"之后，麴文泰的物质支持就显得可有可无了。且不说这些物资背后所包含的精神意义，只是这种强调玄奘毅力的倾向就足以抹杀麴文泰对玄奘的巨大帮助，而许多文章在拼命表扬玄奘的时候甚至一字不提麴文泰，不是无意地忽略麴文泰对玄奘的帮助，就是有意地对这一帮助视而不见。

### 3. 国际关系援助

麴文泰对玄奘的帮助显然不限于物资和人力，国际关系方面的援助也是很重要的。玄奘西行，所经之国众多，个人身份因而不是无关紧要的问题。冯其庸先生强调高昌成为玄奘的第二个起点，是否可以这样理解：其一，在高昌获得人力物力装备；其二，在高昌获得新的身份。此前，玄奘不过是个普通僧人，现在又有了高昌王弟的名义。这一新关系是在高昌出发之前二人约定的，"供入到道场

---

1　章巽、芮传明：《大唐西域记导读》，巴蜀书社，1990，第11~12页。

礼佛，对母张太妃共法师约为兄弟，任师求法"。[1]第二起点，即新的起点，从此玄奘更具备了成功的条件。

玄奘西行，可分为几个阶段：长安到高昌，高昌到碎叶，碎叶到迦毕试、印度诸国。高昌以前，玄奘一人西进，历尽艰辛，曾一度险些葬身戈壁。这一段路是玄奘此行最危险的。在印度的时候曾受到强盗的威胁，但每每能轻易地化险为夷，并往往能教育一些人皈依佛门，所以总令人觉得不那么危险。玄奘西行的一帆风顺是从高昌开始的。也就是从高昌开始，玄奘拥有了一个政权靠山。麴文泰"遣殿中侍御史欢信送至叶护可汗衙。又作二十四封书，通屈支等二十四国，每一封书附大绫一匹为信。又以绫绡五百匹、果味两车献叶护可汗，并书称：'法师者是奴弟，欲求法于婆罗门国，愿可汗怜师如怜奴，仍请敕以西诸国给邬落马递送出境。'"[2]玄奘不是高昌使者，但是有高昌专使的护送，玄奘受到高昌保护是再明显不过的了。

高昌虽然是个小国，但由于地处丝绸之路的要冲，与西域诸国往来频繁，递送玄奘一行之请求诸国不难办到。《旧唐书·高昌传》载："西戎诸国来朝贡者，皆涂经高昌。"唐太宗贞观四年，高昌王麴文泰入朝，"西域诸国咸欲因文泰遣使入贡"。[3]《吐鲁番出土文书》中有高昌时期的客馆文书，记录着许多高昌款待西域诸国使节等各色人的情况。[4]由于高昌在西域诸国中享有特殊地位，诸国与中原贸易往来所需高昌的地方很多。现在，高昌王麴文泰派出特使，发出

---

1 《大慈恩寺三藏法师传》第一卷，第 20 页。

2 《大慈恩寺三藏法师传》第一卷，第 21 页。

3 《资治通鉴》卷一九三，贞观四年十二月，第 6083 页。

4 如《高昌众保等传供粮食帐》《高昌传供帐》《高昌崇保等传寺院使人供奉客使文书》，唐长孺编《吐鲁番出土文书》壹，第 238~240、412~419、455 页。

国书，请沿途各国照顾玄奘一行。据玄奘给麴文泰的谢启，麴文泰要求诸国"煦饰殷勤，令递饯送"（第23页）。这对于各国而言实在是太简单了。于是我们看到，除了焉耆（因与高昌有过战争）以外，诸国对玄奘一行的照顾都很周到。传记一般都有夸大传主个人魅力的倾向，《慈恩传》在玄奘离开高昌，麴文泰倾都相送之后写道："其所经诸国王侯礼重，皆类此也。"这是典型的夸大其词。此时，玄奘还只是个普通僧人，还没有名扬天下，他在西域诸国心目中的重要性无论如何不可能比高昌国王的国书更高。

到印度之前，玄奘享受过特使护送的待遇，除了麴文泰的特使以外，西突厥叶护可汗也派了特使。依杨廷福先生的推测，玄奘原本也是要找叶护可汗帮助的，但实际的情况是由麴文泰的介绍玄奘才与叶护可汗见面。麴文泰在给叶护可汗的信中希望叶护给玄奘以切实的帮助，而且如何帮助也进行了具体说明。为了让叶护可汗帮助玄奘，麴文泰给叶护准备了专门的礼物"绫绡五百匹，果味两车"，无疑，这都是草原民族特别需要的。玄奘与叶护正式见面之后，"更引汉使及高昌使人入，通国书及信物，可汗自目之甚悦，令使者坐"（第28页）。可汗特别高兴，至少部分因素是礼物引起的。几天以后，"可汗乃令军中访解汉语及诸国音者，遂得年少，曾到长安数年通解汉语，即封为摩咄达官，作诸国书，令摩咄送法师到迦毕试国。又施绯绫法服一袭，绢五十匹，与群臣送十余里"（第29页）。迦毕试国位于当时印度的北方，因为从此国"东进行六百余里，越黑岭，入北印度境，至滥波国"（第36页）。迦毕试国可能是西突厥控制的最南边界。此后，仍有迦毕试国使者护送玄奘。在那揭罗喝国境内，灯光城西南有一个瞿波罗龙王所住之窟，玄奘"欲往礼拜，时迦毕试国所送使人贪其速还，不愿淹留，劝不令去"（第38页）。特使的存在很明显，可能是叶护可汗的指示。护送玄奘到哪里，传文未载，据下文的内容看，应是迦湿弥罗国。"法师初入其境，至石门，彼国西门也，王遣母弟将车马来迎"。近王城，"王率群臣及都内僧"前来相迎（第43页），玄奘被当作国宾受到隆重欢迎和接待。而在此前，他也路过一些国家，但都没有惊动当局的记录。玄奘从此正式进入学习状态，一停就是两年。玄奘在印度游学曾遭遇强盗，都是在两年以后，那时似乎再没有特使护送了。

从麴文泰给叶护可汗的信中就可以了解到，高昌的影响无法与西突厥相比。叶护可汗，《旧唐书·突厥传下》称统叶护可汗，传文称其"勇而有谋，善攻战。遂北并铁勒，西拒波斯，南接罽宾，悉归之，控弦数十万，霸有西域，据旧乌孙之地。又移庭于石国北之千泉。其西域诸国王悉授颉利发，并遣吐屯一人监统之，督其征赋。西戎之盛，未之有也"。玄奘从碎叶顺利到达迦湿弥罗国，都可以看作叶护可汗的功劳。以西突厥的强盛，如迦毕试国不可能不礼遇叶护可汗的贵宾，而迦湿弥罗国隆礼接待迦毕试国的国宾也十分正常。看起来各国是对玄奘法师的尊敬，实际上是尊敬玄奘背后所代表的国家。而玄奘之所以拥有了这样一种十分有利的身份，无论如何不能不归功于麴文泰。即以叶护可汗而言，由于西突厥不信佛教，他个人对玄奘以及玄奘所追求的事业既无了解也毫无兴趣。他劝玄奘不要去印度，理由是："彼地多暑，十月当此五月，观师容貌，至彼恐销融也。其人露黑，类无威仪，不足观也。"（第28~29页）他把玄奘当作观光客了。但是他还是把玄奘安全送到了目的地，对于他而言，这不过是举手之劳。更重要的是麴文泰，两国本来就有姻亲关系，何况此次又是重金卑辞的请求，这么一点小事如何能够回绝？

玄奘来自高昌，这一点是很重要的。在龟兹，玄奘一行受到包括国王在内的热烈欢迎，而玄奘住宿的第一家就是高昌人的寺院，"有高昌人数十于屈支（龟兹）出家，别居一寺，寺在城东南。以法师从家乡来，先请过宿，因就之，王共诸德各还"（第25页）。第二天，接受国王的招待，又赴最有名的阿奢理儿寺。高昌人的优先权很充分地表现了出来。在阿奢理儿寺发生的事，也可补充上段所论。阿奢理儿寺的住持曾游学印度二十多年，在当地最受国王和国人的尊重，号称独步。其实，他的佛学修养比玄奘尚不如，但他开始时的态度很能证明玄奘的角色："见法师至，徒以客礼待之，未以知法为许。"（第26页）玄奘在他的心目中主要不是求学的僧人而是国王的客人，寺院所做的不过是作为有名的文化单位接受参观访问而已。在玄奘还没有名震印度之前，也就是在他前往印度的行程中，主要是国王或国家客人的这一角色在研究中是常常被忽略的。

　　比较法显、宋云和玄奘三者在西行路上的情形可以很容易发现他们的区别。三者皆为求法西行，但三者身份不同，于是经历有异。宋云是北魏使者，人多财大，身带国书，所至常与国王交往，不见困顿记录。玄奘无使者之名，但有高昌王弟名义，受高昌国等特使护送，也一路顺利。最艰苦的是法显，经费一直是大问题，同伴不得不时聚时散，所受待遇也最低。如法显一样西行的僧人很多，没有留下姓名的更多，论毅力不该相去太远，而成绩不可同日而语者，不能不考虑拥有条件的差异。玄奘在语言的准备上比法显充分，但在人力的准备上不如法显。没有麴文泰在物力人力和国际关系上的支持，玄奘与法显的情况相去不远，是否能取得法显那样大的成绩，实难预料。

　　郭朋先生在《佛国记注译》一书的序言中开始就把法显和玄奘进行对比，主旨是强调法显的不容易。说"玄奘取经时值29岁盛年"还差不多,不过又说"且有唐皇诏令,沿途国家接待迎送",[1]则不知从何谈起。

## 四 玄奘心中的麹文泰

谈到麹文泰对玄奘的帮助,玄奘的感受应该是最重要的。前文已经涉及,玄奘原计划本来不到高昌,所以麹文泰对他的热情和帮助也是玄奘未曾想到的。当麹文泰为玄奘的行资准备完毕之后,"法师见王送沙弥及国书绫绢等至,惭其优饯之厚",于是上启以谢。启文先讲西行的动机,再言麹文泰的大力支持,"伏对惊惭,不知启处,决交河之水比泽非多,举葱岭之山方恩岂重。悬度凌溪之险不复为忧,天梯道树之乡瞻礼非晚。傥蒙允遂,则谁之力焉,王之恩也"(第23页)。麹文泰对玄奘的支持已转变成巨大的精神动力,玄奘表示从此再不怕任何艰难险阻了。玄奘一人西行,在抵达伊吾之前险些丧命,麹文泰与他一见如故,立刻就给予如此大的支持,抚今追昔,玄奘为麹文泰的真情所感动,他的感谢当然也是真心真意的。

玄奘对麹文泰的恩情是一直记在心中的,他更念念不忘与麹文泰的三年之约。十几年以后,戒日王问玄奘归国是走海路还是陆路的时候,玄奘的回答是:"玄奘从支那来,至国西界,有国名高昌,其王明睿乐法,见玄奘来此访道,深生随喜,资给丰厚,愿法师还日相过,情不能违。今者还须北路而去。"(第113页)这个回答,也是对麹文泰的评价,玄奘对麹文泰感激之情依然浓烈。

十七年以后,玄奘风尘仆仆来赴麹文泰的三年之约。但此时的

---

1　郭朋注译《佛国记注译》,长春出版社,1995,第1页。

西域形势已经发生很大变化。突厥的强盛已是昨日星辰，当年阻止玄奘西行的唐太宗和他的朝廷才是这里的真正主人，至于麴文泰已在几年前亡故，他的高昌国已成了唐朝的一个州。玄奘没有再到高昌故地，他决定直接回中原。在他的请求报告被批准以后，玄奘经长安赴洛阳与唐太宗会面。从此，玄奘在唐太宗的支持下开始了巨大的翻译工程。玄奘与唐太宗的关系也成为学者们关注的焦点。在与唐太宗见面时，在《大唐西域记》的进表中，以及其他场合，玄奘都尽可能表示自己的西行皆赖皇朝，从来没有一句谈到麴文泰。玄奘把麴文泰忘记了吗？没有。

《大慈恩寺三藏法师传》并不是玄奘的自传，而是玄奘弟子慧立所撰，后又为另一弟子彦悰增修五卷，共十卷。前五卷的内容是西域取经的历程，后五卷是归来后译经的事迹。慧立从玄奘译经二十余年，彦悰的序言把慧立的情况也进行了交代。慧立崇尚玄奘的学行，"因循撰其事，以贻终古。及削稿云毕，虑遗诸美，遂藏之地府，代莫得闻"，直到临死才令门徒取出（第3页）。玄奘一人到达高昌，慧立并未随行，但我们看到《慈恩传》记录高昌事甚详，尤其是玄奘给麴文泰所上谢启竟是全文照录。全传虽以第三人称写成，但有的地方明明表达的是玄奘的情感。如"法师见王送沙弥及国书绫绢等至，惭其优饯之厚"，"惭"字的使用只能是玄奘的主观感受。总之，慧立所记玄奘事迹，其资料应来于玄奘，或录自玄奘所述，或来自师门命令，但无论如何，都一定程度地反映了玄奘的意图。

对于唐太宗而言麴文泰是罪人，对于玄奘而言麴文泰是恩人。在唐太宗面前，玄奘不能谈到麴文泰，但在自己心中他不能忘记麴文泰。每与弟子谈及西域之行，玄奘对麴文泰的感激就不免溢于言表，终于有了《大慈恩寺三藏法师传》的诞生。不过，慧立书成而藏于地府，虽言理由是"虑遗诸美"，但他也一直没做修改，至临死才予以公布，一定另有原因。怀疑就是由于麹文泰在唐廷中的罪人地位造成的。

值得一提的是在高昌故地吐鲁番发现了迄今最早的《大唐西域记》残片，据推测唐玄奘与麹文泰后人的联系未断，此乃玄奘亲手赠送给麹文泰儿子麹智湛《大唐西域记》的一部分。[1]

玄奘的成就是伟大的，而他的一切成就的基础就是西域问学求法，而这不能没有麹文泰的帮助。当然，归来以后的译经也是很重要的，这也不能离开唐太宗等皇帝的支持。不过比较而言，麹文泰是雪中送炭，唐太宗是锦上添花。麹文泰与玄奘的故事，堪称丝绸之路上的一段历史佳话。

---

1　柳洪亮:《〈大唐西域记〉传入西域的年代及有关问题》，原载《西域考察与研究》，又见《新出吐鲁番文书及其研究》，第372~381页。

# 第二章　西州与伊州之间的道路

西州与伊州是相邻的两个州府，在唐朝的西域经营中，与天山北部的庭州共同组成掎角之势，在拱卫西域的历史进程中，发挥了重要作用。相邻的行政州府，交通往来十分正常，又恰好居于丝绸之路的主干道，彼此的往来交通，不仅是丝绸之路的一部分，也是丝绸之路的一个缩影。本章主要利用出土文献，对于西州伊州的交通进行考察，希望为丝绸之路的理解提供一个微观的视角。

## 一　道路

唐代西州与伊州的交通，传世文献记载并不充分。幸有敦煌出土的《西州图经》残卷（P.2009）提供了非常重要的信息。在残留的 56 行文字中，有 37 行提及西州通往各地的道路，而这 11 条道路每条都有自己的名称。出土文献再次弥补了传世记载的不足。为了充分利用这件出土文献，录《西州图经》残卷如下：

西州图经残卷（P.2009）

1　道十一达。

2　　赤亭道

3　　　右道出蒲 ◻◻◻◻

4　　　碛卤杂沙 ◻◻◻◻

5　　新开道

6　　　由道出蒲 ◻◻◻◻

7　　　观十六年 ◻◻◻◻

8　　　有泉井 ◻◻◻◻

9　　　之扼，今见阻贼不通。

10　花谷道

11　　　右道出蒲昌县界，西合柳中向庭州七百卅里，

12　　　丰水草，通人马。

13　移摩道

14　　　右道出蒲昌县界移摩谷，西北合柳谷，向庭

15　　　州七百卅里，足水草，通人马车牛。

16　萨捍道

17　　　右道出蒲昌县界萨捍谷西北，合柳谷向庭

18　　　州七百卅里，足水草，通人马车牛。

19　突波道

20　　　右道出蒲昌县界突波谷西北，合柳谷向庭

21　　　州七百卅里，足水草，通人马车牛。

22　大海道

23　　　右道出柳中县界，东南向沙州一千三百六十

24　　　里，常流沙，人行迷误，有泉井咸苦，无草，行

25　　　旅负水担粮，履践沙石，往来困弊。

26　乌骨道

27　　　右道出高昌县界北乌骨山，向庭州四百里，

28　　　足水草，峻崄石粗，唯通人径，马行多损。

29　他地道

30　　　右道出交河县界，至西北，向柳谷，通庭州四

31　　　百五十里，足水草，唯通人马。

32　白水涧道

33　　　右道出交河县界，西北向处月巳西诸蕃，

34　　　足水草，通车马。

35　银山道

36　　　右道出天山县界，西南向焉耆国七百里，多

37　　　沙碛卤，唯近峰足水草，通车马行。

38　山窟二院

39　丁谷窟，有寺一所，并有禅院一所。

40　　　右在柳中县界，至北山廿五里丁谷中，西

41　　　去州廿里，寺其依山构，揆崄疏阶雁塔

42　　　飞空，虹梁饮汉，岩蛮纷纠，丛薄阡

43　　　眠，既切烟云，亦亏星月，上则危峰迢遰，

44　　　下轻溜潺湲，实仙居之胜地，谅栖灵之

45　　　秘城，见有名额僧徒居焉。

46　宁戎窟寺一所

47　　　右在前庭县界山北廿二里宁戎谷中，峭崄三

48　　　成，临危而结，极曾蛮四绝架回而开轩，既

49　　　庇之以崇岩，亦暇之以清濑，云烝霞郁，

50　　　草木蒙笼，见有僧祇，久著名额。

51　古塔五区

52　　圣人塔一区

53　　　右在州子城外东北角。《古老传》云：阿育王之

54　　　所造也。按内典《付法藏经》云：瑜伽王于阎浮

55　　　提造八万四千塔，阿输伽即阿育王也，其塔

56　　　内有故碑碣，与道俗同，故此塔俗称圣人塔。（后

缺）[1]

　　《西州图经残卷》，只剩下道路、山窟和古塔三个项目，而"古塔"一项，本有五区塔要介绍，但遗憾地只介绍了一区。从书写格式上看，《西州图经》与《沙州都督府图经》也是一致的，一级目录顶格，二级目录退一格，内容退两格书写。正是因为《西州图经》所余道路条目比较完整，为我们研究西州与周边的交通提供了最可依据的基本史料。为了更简要地观察西州与周边道路交通的要点，归纳《西州图经》的书写规则，我们制表9以便讨论。

表9　西州道路一览

| 名称 | 途径 | 路况 | 里程 | 到达 |
| --- | --- | --- | --- | --- |
| 赤亭道 | 出蒲昌 | ？ | ？ | ？ |
| 新开道 | 出蒲昌 | 今见阻贼不通 | ？ | ？ |
| 花谷道 | 出蒲昌，西合柳中 | 丰水草，通人马 | 730里 | 庭州 |

1　唐耕耦、陆宏基编《敦煌社会经济文献真迹释录》第一辑，书目文献出版社，1986，第54~55页。

续表

| 名称 | 途径 | 路况 | 里程 | 到达 |
|---|---|---|---|---|
| 移摩道 | 出蒲昌移摩谷，西北合柳谷 | 足水草，通人马车牛 | 740 里 | 庭州 |
| 萨捍道 | 出蒲昌萨捍谷西北，合柳谷 | 足水草，通人马车牛 | 730 里 | 庭州 |
| 突波道 | 出蒲昌突波谷，西北与柳谷合 | 足水草，通人马车牛 | 730 里 | 庭州 |
| 大海道 | 出柳中，向东南 | 自负水粮，往来困弊 | 1360 里 | 沙州 |
| 乌骨道 | 出高昌北乌骨山 | 唯通人径，马行多损 | 400 里 | 庭州 |
| 他地道 | 出交河西北，通柳谷 | 足水草，唯通人马 | 450 里 | 庭州 |
| 白水涧道 | 出交河西北 | 足水草，通车 | | 处月以西诸蕃 |
| 银山道 | 出天山县西南 | 多沙碛，近烽处多水草，通车马 | 700 里 | 焉耆国* |

\* 唐耕耦、陆宏基编《敦煌社会经济文献真迹释录》第一辑，第 54 页。

《西州图经》是唐朝修撰的图书，当时有系统的制度规定，各个地方都要定期修撰这种图书，而此事归尚书省兵部职方司负责。《唐六典》的记载反映了唐朝的制度规定："职方郎中、员外郎掌天下之地图及城隍、镇戍、烽候之数，辨其邦国、都鄙之远迩及四夷之归化者。凡地图委州府三年一造，与板籍偕上省。"[1]之所以由兵部掌管地图，是因为地图涉及军事信息，属于军事资源。地图的编制，反映中国古代史学发达的一个侧面。志书实用性自不必说，学术价值也早为学界所公认。通过《西州图经》可知，西州通往周边地区的道路，尤其是通往庭州的最多，竟然有六条之多。一条往焉耆，一条往处月，一条往沙州。赤亭道和新开道文字有残，没有路况、里程以及目的地的书写，相信就是伊州。那么西州与伊州之间

---

1 《唐六典》，第 161~162 页。

的道路就是两条：赤亭道和新开道。

交通通过道路实现，历史文献中，也都体现出对道路交通的重视。《新唐书·地理志》的记载比较详细。首先，《新唐书》在"伊州伊吾郡"的条目下，记录了"纳职"这个下县。然后写道："自县西经独泉、东华、西华驼泉，渡茨其水，过神泉，三百九十里有罗护守捉；又西南经达匪草堆，百九十里至赤亭守捉，与伊西路合。"[1]根据这个记载，我们获悉西州至伊州的道路，正式的名字为"伊西路"。其次，伊西路的中点是赤亭。在"伊州伊吾郡"条目下，《新唐书》不仅记录了伊西路，也记载了伊州至玉门关、阳关以及北庭的道路。但在"西州交河郡"的名目下，记载了西州通往焉耆、北庭和石城镇、播仙镇的道路，却偏偏没有记载通往伊州的道路。这不该是《新唐书》作者的遗漏，伊西路已经讲到赤亭，而赤亭在西州界内，这相当于已经完成了记载。从伊州纳职县前往西州，至赤亭便与伊西路会合，从赤亭再向西自然便是西州之路。所以，赤亭道完全可以理解为从西州前往伊州的道路。那么《西州图经》所谓"赤亭道"与《新唐书》的"伊西路"是否为同一条路呢？如何理解新开道呢？这是西州与伊州交通问题首先遇到的问题。

郑炳林先生《敦煌地理文书汇辑校注》一书，在《西州图经》之后注释"赤亭道"时，叙述了三个含义。其一，"赤亭道，即指经赤亭之伊西道"。其二，"赤亭道自西州到伊吾，取伊吾道至瓜州"。这个叙述如果不涉及道路名称含义，可以不论。其三，"P.2005《沙州都督府图经》十九所驿从瓜沙之间的阶亭驿折向北经新井、广显、乌山、双泉、第五、冷泉、胡桐等驿到伊州柔远县赤崖驿。所

---

1 《新唐书》卷四〇《地理四·陇右道》，第1046页。

指路线当即赤亭道东段"。[1] 从《西州图经》的道路命名规律来看，如移萨道的命名是因为移萨谷，萨捍道是因为萨捍谷，突波道是因为突波谷，乌骨道是因为乌骨山，而他们的目的地都是庭州。以此来看待赤亭道，命名原理一致，因为必经重要的赤亭，所以也把伊西路称作赤亭道，或者唐朝原本称作赤亭道，《新唐书》称作伊西路。

《西州图经》称赤亭为赤亭守捉，这是比较晚的概念。罗振玉先生根据《西州图经》中称"前庭县"，而《新唐书·地理志》解释说："本高昌，宝应元年更名"，[2] 所以认为写成于"乾元之后，贞元以前"。[3] 此说获得学界的肯定。这件唐后期的《西州图经》，对赤亭的称呼也应该是这个时期的。根据吐鲁番出土文书提供的信息，赤亭最初是赤亭烽，赤亭镇与赤亭守捉都是后来的改称。

阿斯塔那 78 号墓出土一组蒲昌县文书，是蒲昌县发给赤亭烽的通知，发放粮食以及让赤亭烽帮助寻找丢失的牛等事。赤亭归属蒲昌县管理，这在镇戍体系时代是正常的。但是，在这组文书中，有十件都是涉及赤亭烽的，但有一件文书值得特别注意，事关赤亭的级别到底如何理解的问题。这就是第 16 件文书《唐西州蒲昌县下赤亭烽帖为镇兵粮事》：

1 _____] 帖赤亭烽

2 _____] 斫

3 _____] 赤亭镇兵十 [_____

4 _____] 依数给讫上 [_____

1　郑炳林：《敦煌地理文书汇辑校注》，甘肃教育出版社，1989，第 77 页。

2　《新唐书》卷四○《地理四·陇右道》，第 1046 页。

3　罗振玉：《敦煌石室秘录》，见《罗振玉学术论著集》第二集，上海古籍出版社，2010，第 5~6 页。

5 　□□□令柳大质□□□[1]

文书整理者提示，本件盖有"蒲昌县之印"，根据同出文书，这些文书的发出单位都是蒲昌府，第 1 行"帖"字之前的残损部分，就应该是"蒲昌府"三个字，而赤亭烽的长官称作"烽帅"，证明赤亭就是一座烽，而此时长官具体名字是"冯怀守"。关键是第 3 行"赤亭镇兵十"如何理解，"镇"读如上属，则为"赤亭镇"，如下属则是"赤亭"的"镇兵"。如果是前者，则"赤亭镇"此时已经存在，而同时存在赤亭烽与赤亭镇。如果下属读法正确，则此地仍然是赤亭烽，但值班士兵都称作"镇兵"。赤亭所在地，今天依然可以找到，有可能既存在赤亭镇又存在赤亭烽吗？此地比较局促，赤亭烽与赤亭镇同时存在的可能性不大。从唐长孺先生的整理小组为此文书定名来看，整理组认为"镇兵"是一个词，即"镇"字下读，所以只有赤亭烽而没有赤亭镇。

阿斯塔那 78 号墓是一个严怀保夫妻墓。夫人左氏先葬，根据出土的《严怀保妻左氏墓表》，贞观十六年（642）严氏去世时为四十五岁。[2] 严怀保后葬，而赤亭烽这组文书随他埋入，时间不确切，估计最晚不过高宗时期。所以赤亭烽属于唐初应该没有问题。

吐鲁番阿斯塔那 226 号墓出土一组开元十年、十一年前后的文书，西州和伊吾军向北庭汇报营田数据，其中《唐西州都督府上支度营田使牒为具报当州诸镇戍营田顷亩数事》，是西州都督府的报告，其中提及西州管辖的多个镇戍的营田数量，而"赤亭镇兵肆拾贰人，营□□顷"，此外还有维磨戍、柳谷镇、酸枣戍、白水镇、

---

1　唐长孺主编《吐鲁番出土文书》贰，第 56 页。
2　侯灿、吴美琳：《吐鲁番出土砖志集注》，第 433~434 页。

银山戍等。[1] 在军镇化之前，唐朝的边防体系主要是镇戍组织，镇有上中下三等，上镇将正六品下。戍也有三等，上戍主正八品下。[2] 镇戍是边防预警系统的重要组织，且是国家组织的正式名称，之下再有烽、铺等更基层组织机构，已经不在国家正式级别之内。赤亭，由烽升级为镇，最初什么时间已经不可考，最晚到开元十年已经如此。

　　吐鲁番出土文书中，有一组申请过所的档案，时间是开元二十一年（733），当时赤亭的准确称呼是"赤亭镇"。这是王奉仙过所申请档案中透露的信息。王奉仙从京师到安西，从安西到西州，从西州到赤亭镇等过程，对于赤亭的正式称呼是"赤亭镇"，证明至晚到开元二十一年还没有改称赤亭守捉。[3] 根据阿斯塔那509号墓出土的文书《唐开元二十二年杨景璠牒为父赤亭镇将杨嘉麟职田出租请给公验事》，第1行写作"镇押官行赤亭镇将杨嘉麟职田地七十六亩……"[4] 可见，开元二十二年赤亭镇依然没有改称。

　　西州都督府建立天山军，是西州军政体制的重要变化，但是有关天山军建立的历史记载并不清晰。根据刘安志先生的考证，天山军的建立可能在开元十五年之后。[5] 那么赤亭从烽到镇的升级变化，是否随着天山军的成立一同完成，现在还没有确切资料给予证明。至于从镇到守捉的再次升级，同样无法证明。但从道路交通的视角看，伊西路以赤亭为中心点，则是没有问题的。

　　有关伊西道路问题，学者的认识存在着严重分歧。《西州图

---

1　唐长孺主编《吐鲁番出土文书》肆，第101页。

2　《唐六典》卷三〇，第755页。

3　唐长孺主编《吐鲁番出土文书》肆，第292~293页。

4　唐长孺主编《吐鲁番出土文书》肆，第311页。

5　刘安志：《唐代西州天山军的成立》，原载朱玉麒主编《西域文史》第二辑，收入刘安志《敦煌吐鲁番文书与唐代西域史研究》，第206~225页。

经》中的赤亭道和新开道因为也是从蒲昌县出发，冯承钧先生认为其也是通往庭州的。[1] 程喜霖先生著《唐西州图经残卷道路考》，认为赤亭道和新开道都是西州通往伊州的。有关伊西路，程先生认为有两条路，一是从罗护守捉走北线，即天山南麓到赤亭，然后经过蒲昌到达西州的伊西北路，与今天的铁路、公路走向基本一致。另一条是从罗护穿过莫贺延碛到达赤亭，再西进经过蒲昌、柳中达到高昌，是传统的伊西路，应该称作伊西南路。"此道当为伊西南路，大概因自然条件恶劣，唐置西州之初，一度闭塞不通。贞观十六年又重开通行，故名新开道。"[2]

对于程先生的观点，陈国灿先生不赞同。陈先生认为，《新唐书》所记，由纳职县经罗护到达赤亭的道路，是伊西北道，即新开道，另有伊西南道，是传统的伊西路。[3] 两位先生对于南道、北道的理解完全相反，程喜霖认为南道是新开道，陈国灿认为北道才是新开道。同时，南北两道都路经赤亭守捉，双方并没有异议。伊州西州之间的道路，皆以赤亭为中心，赤亭以东，再可细分为南北两条道路。如此理解，两条道路都可以命名为赤亭道，观察《西州图经》的道路命名，似乎也是如此规律。

在《西州图经》的逻辑中，新开道是赤亭道之外的一条道路，而两《唐书》都未曾记载。《西州图经》残余的文字为"右道出蒲……观十六年……有泉井……之厄，今见阻贼不通"。[4] 在《西州图

1 冯承钧：《高昌城镇与唐代蒲昌》，原载《中央亚细亚》1942 年第 1 卷第 1 期，收入《冯承钧学术论文集》，上海古籍出版社，2015，第 301~312 页。

2 程喜霖：《唐西州图经残卷道路考》，唐长孺主编《敦煌吐鲁番文书初探二编》，第 533~554 页。

3 陈国灿：《唐西州蒲昌府防区内的镇戍与馆驿》，原刊《魏晋南北朝隋唐史资料》第 17 辑，2000，收入《陈国灿吐鲁番敦煌出土文献史事论集》，第 258~294 页。

4 唐耕耦、陆宏基编《敦煌社会经济文献真迹释录》第一辑，第 54 页。

经》的十一条道路记载中，只有这条道路有时间记录，因为其中的
"观十六年"一定是"贞观十六年"。这个时间应该就是开发这条道
路的时间。这个时间点的伊州、西州发生了什么事情，是否可以找
到开发新路的动因，这是应该思考的一个方向。

贞观十六年（642），《唐会要》记载道："十六年，咄陆既并沙
钵罗之众，自恃强盛，遣兵寇伊州，安西都护郭孝恪击破之。"[1] 对
此，《资治通鉴》记载得更详细，其文如下：

> 西突厥乙毗咄陆可汗既杀沙钵罗叶护，并其众，又击吐火
> 罗，灭之。自恃强大，遂骄倨，拘留唐使者，侵暴西域，遣兵
> 寇伊州，郭孝恪将轻骑二千自乌骨邀击，败之。乙毗咄陆又遣
> 处月、处密二部围天山，孝恪击走之，乘胜进拔处月俟斤所居
> 城，追奔至遏索山，降处密之众而归。[2]

根据这个记载，安西都护、西州刺史郭孝恪是从乌骨道进击，
"邀击"就是拦击，把乙毗咄陆可汗的军队在庭州之外进行拦截，
保卫了伊州。看来，西突厥是沿天山北麓东行进行袭击的，而具体
的目标是伊州。伊州在天山南麓，山北有伊吾县，伊吾县至少是
攻击伊州的第一个目标。根据《西州图经》的记载，乌骨道是西
州至庭州最近的道路，只有四百里，但道路艰难，平时只有人可以
通过，如果骑马则损失很大。郭孝恪应该是为了争取时间，出其不
意，给西突厥造成打击。然而，乌骨道是条固有的道路，从《西州
图经》看，新开道与乌骨道是截然不同的两条道路。所以，西州可

---

1　《唐会要》卷九四，第 2007 页。

2　《资治通鉴》卷一九六，第 6177 页。

能因为这次西突厥的袭击，开辟了一条从西州至伊州的新道路。新开道，既不同于传统的伊西路，又不可能是乌骨道，如果仅仅是西州与伊州的道路的话，那么伊西路已经是最便捷的道路。所以，新开路应该是从西州前往山北的道路，又与伊州相关，比较大的可能是从蒲昌出发，经过赤亭翻山进入巴里坤盆地。[1]

　　可惜《西州图经》有关伊西路的记载已经残损，新开道到底是一条怎样的道路，毫无线索。[2]伊州的州府所在地在天山之南，而伊吾军在山北，甘露川（今巴里坤草原）中央偏南，在蒲类海（今称巴里坤湖）东，现有大河故城遗址，保存完好。其实，这里就是伊吾军。伊吾军，《元和郡县图志》记载是景龙四年置，[3]在立军之前，该地应该也有相应的预警或军事设施。西突厥从天山北麓进攻伊州，第一个目标应该就是后来伊吾军所在地方。敦煌出土《沙州伊州地志》残卷，记录伊吾军比较详细，先记载伊吾军的建立时间"景龙四年五月日奉敕置，至开元六年移就甘露镇，兵士三千人，马一千卅匹"，又记载伊吾军的"四至"，内容为"东南去伊州三百里。西南去西州八百里。西去庭州七百八十里。东北接贼界"。[4]由此可知，伊吾军开元六年的新驻地，原来为甘露镇，而这里通往西

---

1　现在吐鲁番市东北部"七角井"，有唐代烽燧遗址，应该就是从吐鲁番进入巴里坤草原的必经之路。

2　巫新华在《吐鲁番唐代交通路线的考察与研究》一书中，用较大篇幅考证西州与伊州的道路，最终没有得出确切结论，书中的表述为"新开道在赤亭道之后，自新开道再往后为西州通庭州诸道。根据《西州图经》叙述道路的逻辑顺序，它只可能是西州通庭州或西州通伊州的道路。我们认为，新开道是在原西州通伊州的道路之外新开的一条道路"。青岛出版社，1999，第127页。

3　《元和郡县图志》卷四〇，第1030页。《唐会要》卷七八记载为"景龙四年五月置"，第1690页。

4　S.0367，唐耕耦、陆宏基编《敦煌社会经济文献真迹释录》第一辑名为《唐光启元年书写沙州伊州地志残卷》，第41页。郑炳林：《敦煌地理文书汇辑校注》，第68页。

州是八百里。唐代道路交通里程的记录，都是道路里程，那么西州到甘露镇显然是有道路相通，而这条路记录很少，应该就是《西州图经》所记的新开道。[1]

新开道强化了天山南北的联系，甘露镇（后来的伊吾军）由此可以得到来自庭州、西州和伊州三个方向的支援。伊西庭作为一种战略掎角的态势，因为新开道的出现，相互协调的条件进一步完备起来。那么，伊西交通路线由此获得新知，西州与伊州的交通可知有两条道路：一是赤亭道（伊西路），西州至伊州；二是新开道，西州至伊吾军。新开道也是经过罗护守捉的，而罗护通赤亭的道路可能原本就存在，所谓新开，可能是罗护至甘露镇的部分。[2]

## 二 里程

道路里程是交通的一个重要方面，传世文献的重视程度也甚高。《旧唐书·地理志》记载到每一州郡，都会清楚地记录该地到京师与东都洛阳的里程。就伊州的情况而言，《旧唐书》的记载是"在京师西北四千四百一十六里，至东都五千三百三十里"。[3] 关于西州，《旧唐书》的记载是"在京师西北五千五百一十六里，至东都六千二百一十五里"。[4] 从西州前往京师，要经过伊州，那

---

1 郑炳林先生认为新开道是"蒲昌县南通玉门关到敦煌的道路"。见郑炳林《唐五代敦煌新开道考》，收入郑炳林主编《敦煌吐鲁番文献研究》，兰州大学出版社，1995，第472~483页。严耕望先生权威著作《唐代交通图考》第二卷《河陇碛西区》，讨论过伊西道路，但没有涉及新开道，见上海古籍出版社"严耕望史学著作集"，2007年。

2 当然，赤亭南北两道问题，尤其是《新唐书》所记道路究竟属于哪条路，还需要更多资料证明。

3 《旧唐书》卷四〇《地理三·陇右道八》，第1643页。

4 《旧唐书》卷四〇《地理三·陇右道八》，第1645页。

么西州到伊州的里程则用西州到京师的里数减去伊州到京师的里数即可，结论是 1100 里。同时，如果依东都洛阳来计算的话，西州至伊州的距离则是 885 里。如果记载正确，这个误差应该不存在。

利用《元和郡县图志》的记载，发现伊西与两京的距离同样里程不一。伊州的"八到"："东南至上都四千四百三十里。东南至东都五千一百六十里。"[1]西州的"八到"："东南至上都五千三十里。东南至东都五千里。"如西州条所记，怎么从西州前往长安比前往东都还远呢？显然是里程数字有误。同书关于伊西里程，记载清晰，是 730 里。具体道路的里程，《新唐书》从纳职县到赤亭有一个总里程，390 加 190，共 580 里。而根据《元和郡县图志》纳职县"东北至州一百二十里"，这样从伊州到赤亭就是 700 里。

那么，西州到赤亭的里程，肯定不是 30 里。继续按照《元和郡县图志》的说法，蒲昌县"西南至州一百五十里"，那么蒲昌县到赤亭，按照现在的图衡量，也将近 150 里。如此，西州到伊州则是 1000 里。但是，也不能断然认为《元和郡县图志》记载有问题，比如伊州的纳职县距离伊州 120 里，柔远县距离伊州 240 里，这两个里程与敦煌出土的《沙州伊州地志残卷》所记分毫不差，或许它们的资料来源是一致的。

如此一来，根据这些记载求得各种里程数，可靠性都需要考虑。敦煌山上的《西天路境一本》，是简单的行路记录，或许这种文献，能够提供另外一种可靠的里程信息。这个资料中，从甘州到肃州，"又西行五日到肃州"。[2]而《元和郡县图志》记载甘州到肃州

---

1　敦煌出土《天宝年间地志残卷》，在伊吾郡下标注"京四千八百，都五千六百"，显然是里程数，所记又有差别。唐耕耦、陆宏基编《敦煌社会经济文献真迹释录》第一辑，第 56 页。

2　唐耕耦、陆宏基编《敦煌社会经济文献真迹释录》第一辑，第 7~8 页。

的里程是 400 里。五日行 400 里，这是可以认可的。不过，同是这份资料，从伊州出发，"又西行一日，至高昌国"。高昌国即西州，从伊州一日走到西州，这实在太可疑。当初玄奘从伊州到高昌，将近七日，是因为高昌王提供的马匹充足，[1] 所以无论如何不能一天到西州。[2]

有关西州与伊州的里程，唐朝的出土文书也能提供一些重要信息。阿斯塔那 509 号墓，出土一组过所申请档案，其中王奉仙的档案中，介绍了他在伊州、西州、安西之间往返的过程，对于我们理解西州到伊州之间的里程有所帮助。截取相关文字如下：

　　125　安西给过所放还京人王奉仙

　　126　　　右得岸头府界都游弈所状称上件人无向北庭行文，至

　　127　　　酸枣戍捉获，今随状送者。依问王奉仙得款贯京兆府华

　　128　　　源县，去年三月内，共行纲李承（胤）下驮主徐忠驱驴，送兵赐

　　129　　　至安西输纳了。却回至西州判得过所，行至赤亭为患，

　　130　　　复承负物主张思忠负承仙钱三千文，随后却趁来至

　　131　　　酸枣，趁不及，遂被戍家捉来。所有行文见在，请检即知

---

1　《大慈恩寺三藏法师传》，第 18 页。
2　前文引程喜霖、陈国灿、巫新华诸先生也征引清代行程记录，足资参考。

132　　　　者。依检：王奉仙并驴一头，去年八月廿九日，安西大都护府

133　　　　给放还京已来过所有实。其年十一月十日到西州，都督

134　　　　押过，向东，十四日，赤亭镇勘过，检上件人无却回赴北庭来

135　　　　行文者。又问王仙得款：去年十一月十日，经都督批得过

136　　　　所，十四日至赤亭镇官勘过，为卒患不能前进，承有债

137　　　　主张思忠过向州来，即随张忠驴驮到州，趁张忠不及，至

138　　　　酸枣戍，即被捉来。所有不陈却来行文，兵夫不解，伏听

139　　　　处分。亦不是请军镇逃走及影名假代等色。如后推问，

140　　　　称不是徐忠作人，求受重罪者。又款：到赤亭染患，在赤

141　　　　亭车坊内将息，经十五日至廿九日，即随乡家任元祥却

142　　　　到蒲昌，在仕祥傔人姓王不得名家停止。经五十日余。今年

143　　　　正月廿一日，从蒲昌却来趁张忠，廿五日至酸枣，趁不及

144　　　　□□□□□□州，所有不陈患由及却来文，

145　　┃＿＿＿＿＿＿＿＿＿＿＿＿┃顷从西行到安昌城死讫者

146　　┃＿＿＿＿＿＿＿＿＿＿＿＿＿＿┃无过所，今[1]

　　从第 132 行"依检"之后，开元二十年八月二十九日，王奉仙从安西大都护府出发，十一月十日获得过所向东出发，十四日过所在赤亭镇检验勘过，其后因病停留，再有行程。从这个过程中可以获悉，王奉仙从西州到赤亭镇行走五日。十四日，王奉仙已经在赤亭镇办好过所勘过手续，看来他不是当日晚才到赤亭镇，即证明他并没有用满整五天。从西州出发也有过所勘过程序，似乎是到达西州办完手续就赶路出发。人行距离，每天约近百里，是考察道路里程的基本数据，由此出发，通过行路日期计算里程，也是可以获得相关信息的。

　　阿斯塔那 506 号墓，出土一件《唐开元十九年康福等领用充料钱物等抄》，其中有多人领受程料的记录，其中，有多次八日程料的记录，可能与伊州西州交通有关。现抄录部分资料如下：

23　吕璿俫贰、人仵（五）：马当、鞠星ₐ、赵如真、王义

24　宾等各捌日程斬，共计陆伯肆拾文。

30　陇右市马使俫叁人，各捌日程料，

31　共计贰伯肆拾文。

34　杜泰八日程料，并典，共贰伯肆拾

35　文。

36　┗＿＿┛嘉琰、翟滔辉、康元厌等叁人捌日程料。

37　□月廿五日翟滔领，计叁伯贰拾文。滔。

————————————

1　唐长孺主编《吐鲁番出土文书》肆，第 292~293 页。

40　折冲卫神福傔贰人，权太虚等

41　肆人各捌日程料，计陆伯肆拾文。

42　九月廿七日付将泰虚领。

43　折冲朱耶彦傔壹人，鞠琰傔壹人，

44　卫神子壹人，各捌日程料，计陆伯肆拾

45　□□月廿七日付将泰虚领

46　梁既□神易并傔贰人，各捌日程料，

47　□叁伯贰拾文。九月廿七日付傔人

48　□□易领。

55　伊吾军子将权戳等一十五人十二人（白身三人品官各

八日）程料，计

56　钱壹阡肆伯肆拾文。十月三日康福领。[1]

　　如此多的八日程料，所行路程与目的地应该是一致的。尤其是伊吾军子将一行十五人，应该是返回伊州。所以，这些八日行程所指，应该都是伊州。陇右市马使也是返回陇右，但他们的程料看来是各地分别支付的，西州支付由西州到达伊州的程料，伊州以东至瓜州或者沙州，当由伊州支付。

　　伊州与西州的道路交通，按照《元和郡县图志》的说法是730里。《沙州伊州地志》残卷记录，伊吾军与西州是800里，大体都在八日行程的范围之内。因为传世文献的里程记载常常差异甚大，能否通过出土文书记载，进一步弄清里程问题，这里提供的仅仅是一个思路。

---

1　唐长孺主编《吐鲁番出土文书》肆，第404~407页。

## 三　旅人

伊州、西州的道路上谁是旅人，这才是交通的重要问题。古代中国的交通道路，都是由国家建设、国家维护的。围绕道路，还有馆驿等设施，设有专业的管理机构负责运营，政府公干，往来的人马都有系统的供应。保障道路畅通，是国家运行正常的有机组成部分。[1]

往来西州、伊州之间的人员，现在看来的资料，首先是军政组织内部的人员，他们通常都是在执行公务。从上文所引《唐开元十九年康福等领用充料钱物等抄》的情况看，两地的公务人员往来，还是比较频繁的。这件文书，是开元十九年九月一日至十月十日之间的记录，上文判断不误的话，八日程料是发给西州前往伊州人员的，在不足 45 天的时间里，有几十人前往伊州方向。如果有相应的伊州资料，前往西州的国家工作人员，数量也应该相仿。道路的繁忙情形，由此可见一斑。

同墓（阿斯塔那 506 号）出土的几件文书,《唐天宝十四载（755）交河郡某馆具上载帖马食䭓历上郡长行坊状》，记录了天宝"十三载正月一日已后至十二月卅日以前"，即一年之内一个馆的马料支出情况。一年之内，凡是经过该馆的马匹、驴、骡，凡是属于长行坊即政府所有，都需要在当馆支取食料，而这份账目 57 笔，这里往返算作一笔。

---

1　这个主题的研究，参见孙晓林《关于唐前期西州设"馆"的考察》,《魏晋南北朝隋唐史资料》第 11 辑，武汉大学出版社，1991，第 256 页。陈国灿《唐西州蒲昌府防区内的镇戍与馆驿》，原刊《魏晋南北朝隋唐史资料》第 17 辑，收入《陈国灿吐鲁番敦煌出土文献史事论集》，第 258~294 页。殷晴《唐西州等地的交通设施及其管理制度》,《吐鲁番学研究》2003 年第 2 期，第 84~89 页。

33　　长行驴陆硕，三月十八日送酒果，四月九日回，来往食麦叁卧陆胜。付

34　　　　驴子阎驾奴、李庭倩、郝宾。

馆驿的繁忙程度，全由官府行为决定。比如当年的八月二十八日，就有多次付出马料的记录。

49　　　廿八日，细马伍匹，食麦粟伍卧。付押官尚□宾。

50　　　同日，征马叁拾匹，食麦粟壹硕伍卧。付槽头常大郎。　押官尚大宾。

52　　　同日，征马叁拾匹，食麦粟壹硕伍卧。付槽头常大郎。　押官尚大宾。

53　　　同日，郡坊石舍回细马伍匹，并石舍送　大夫帖马伍拾伍匹，食麦

54　　　粟贰硕伍卧。付马子张什仟。

廿五彦

55　　　同日，大夫过驒北庭，征马伍匹，食麦蹭伍卧。判官杨千乘。[1]

这件文书的写作主体，还不能确定是哪个馆驿，可能并不在伊西路上，但伊西路上的情形也可以大致如此想象，即唐朝官府的军政人员是行走在这条路上的主要旅人。

---

1　唐长孺主编《吐鲁番出土文书》肆，第 421~424 页。

阿斯塔那509号墓出土一件文书《唐开元二十一年西州都督府案卷为勘给过所事》，是申请过所留下的档案资料。过所，即政府通行证，是旅行的合法证明。考察申请过所的人，多与政府行为有关，有的是政府官员，有的是归乡士兵，有的是执行公干的雇员，不一而足。他们共同构成了伊西路上旅人的群像。

孟怀福是坊州人，文书中称他是"安西镇满放归兵"，即在安西镇结束了镇守任期的士兵。他本来是跟随军队组织集体行进的，但去年即开元二十年的十月七日，到达柳中县的时候发病，不能继续行路，只好留下来，"每日随市乞食，养才存性命"，因为"其过所粮递并随营去"。现在病情好转，要返回家乡，所以请求过所。西州仓曹审查了历史记载，得知去年十月四日确实发放过程粮，然后给户曹发去公文，解决孟怀福的过所问题。档案文件从开元二十一年正月二十一开始，至二十九日决定发予过所。[1] 坊州属关内道，在长安的正北方。孟怀福所在的行营不知多少人，作为军事调动与部署的一部分，这类行动一定此伏彼起、相互衔接，成为丝绸之路上的常见队伍。

阿斯塔那509号墓出土《唐开元二十一年唐益谦、薛光泚、康大之请给过所案卷》，其中第一段文字如下：

1　　前长史唐侄益谦　奴典信　奴归命

2　　　婢市满儿　婢绿珠　马四匹

3　　　问得牒请将前件人畜往福州，检

4　　无来由，仰答者。谨审：但益谦从四镇来，见

5　　有粮马递。奴典信、奴归命，先有尚书省

---

1　　唐长孺主编《吐鲁番出土文书》肆，第282~286页。

6　过所。其婢失满儿、绿叶二人，于此买得。

7　马四匹并元是家内马其奴婢四人，谨

8　连元赤及市券，白如前。马四匹，知不委，

9　请责保入案。被问依实。谨牒。元

10　　开元廿一年正月　日，别将赏绯鱼袋唐益谦牒。

11　　　连元白。

12　　　　　　　　十一日

"前长史唐佺益谦"，即唐长史的侄子唐益谦，他带两奴两婢和四匹马前往福州。他们来自四镇，有合法的"粮马递"证明文件。从下文看，唐长史名唐循忠，他有位薛姓的媵人也同行，而薛氏所带有一位佺男、四位男奴、三位婢女、一位作人、八匹马、五头驴。

20　福州都督府长史唐循忠媵薛年拾捌

21　　佺男意奴年叁拾壹　奴典信年贰拾陆

22　　奴归命年贰拾壹　奴捧鞭年贰拾贰

23　　奴逐马年拾捌　婢春儿年贰拾　婢绿珠年拾叁

24　　婢失满儿年拾肆　作人段洪年叁拾伍

25　　马捌匹一乌骠草八岁，一枣骝父九岁，一骢草八岁，一骷父六岁，一骢敦六岁，一骝父七岁，一骠父二岁，一骢父二岁。

26　　驴伍头并青黄父，各捌岁。

27　　右得唐益谦牒，将前件人马驴等往

28　　福州。路由玉门、金城、大震、乌兰、僮（潼）关、蒲

| 29 | 津等关。谨连来文如前，请给过所者。 |
| 30 | □检来文，无婢绿珠、失满儿，马四匹 |
| 31 | □同者。准状问唐益谦得款：前件婢 |
| 32 | □于此买得，见有市券、保白如前。其 |
| 33 | 马并是家畜，如不委，请责保者。依 |
| 34 | □市券到勘，与状同者。依问保人宋守廉 |
| 35 | 等得款：前件马并是唐长史家畜，不 |
| 36 | 是寒盗等色。如后不同，求受重罪者。[1] |

这是官员家属，一个庞大的队伍。其中，前福州长史唐循忠并没有出现，所有人都是他的随从而已。据《旧唐书·地理三》，福州属于江南东道，"开元十三年，改为福州，依旧都督府，仍置经略使"[2]。所谓都督府，属于中级，长史正五品上。五品官员，级别已经很高，应该有对等的接待制度，甚至过所也不必自己亲自办理。如西域最高长官封常清也有路经某馆的记录，但相应手续肯定不必长官亲自办。

与唐长官同卷宗的薛光沘，甘州张掖县人，只有二十六岁。他的母亲赵氏六十七岁，妻子张氏二十二岁。此外还有驴十头。他的申请过所辞中，是要"将母送婆神枢到此，先蒙给过所还贯"，"婆神枢"三字难解，整理者没有做专有名词，应该不是地名，"还贯"含义清楚，是回老家。去年已经给过所，但因为患病不能出发，现在病情好转，但过所已经过期，所以再次申请。卷宗的最后，是批准了他的请求。[3] 薛光沘申请过所，是所见唯一的个人缘由。薛光沘

---

1　唐长孺主编《吐鲁番出土文书》肆，第268~270页。

2　《旧唐书》卷四〇《地理志三》，第1598页。

3　唐长孺主编《吐鲁番出土文书》肆，第271~274页。

的个人情况，是在西州任职还是做工，完全不知情。

正月二十四日受，二十五日行判又一例申请过所事。申请人是"陇右别敕行官前镇副麴嘉琰"，他携带十六岁的儿子清、十二岁的奴乌鸡、十三岁的婢千年以及二十六岁的作人王贞子、二十三岁的作人骆敬仙同行，此外还有十头驴和一匹马。关于奴婢，特别强调"已上家生"，而作人也叙述了来龙去脉。麴嘉琰是去年开元二十年九月，从临洮军来此，而王贞子和骆敬仙就是当时被麴嘉琰雇用而来，他们拥有更专业的称呼"驱驮客"，应该是专门为人充当帮手的。麴嘉琰被问及离开后的国家义务问题，而他弟弟麴嘉瓒承诺"所有户徭一事以上，并请嘉瓒只承"，由此观察，麴嘉琰就是西州高昌人。麴嘉琰虽然有官职，即镇副，又是"别敕行官"，却很像是在临洮军做生意，不然也不会雇用驱驮客。[1] 往来丝路上的商人，自然是常见的旅人。

同时正月处理的王奉仙过所案卷，讲述了王奉仙在丝绸之路上的往返故事。王奉仙也是驱驮客，京兆府华源县人，开元二十年三月，"共行纲李承（胤）下驮主徐忠驱驴，送兵赐至安西输纳了"。"却回至西州，判得过所，行至赤亭，为身患，复见负物主张思忠，负奉仙钱三千文，随后却趁来，至酸枣趁不及，遂被戍家捉来。"王奉仙的上级负责人是徐忠，徐忠的头衔是驮主。驮主徐忠的上级负责人是行纲李承胤。行纲是运送兵赐的负责人，手下再有分工，驮主负责一个单位，而王奉仙和他的一头驴属于徐忠这个驮队。至于张思忠，他有自己的驼队，文中"张忠驴驮"，应该是另外一个驮主，可能也隶属于李承胤行纲，所以才有欠王奉仙三千钱的机会。安西送兵赐，肯定是为政府雇用，当然也有正当身份与过

---

1　唐长孺主编《吐鲁番出土文书》肆，第 282~287 页。

所，而王奉仙因为在赤亭患病，所以耽搁行程，独自停留下来。得知张思忠前往西州，于是"随张忠驴驮到州，趁张忠不及"，在酸枣戍被查出没有过所，遭到扣押，需要解决过所问题。[1] 运送政府物资的驮队，是丝绸之路上的搬运工，在这条大通道上来往不断，是丝绸之路上最醒目的人群。很自然地令人联想到丝绸之路上的代表性诗作张籍《凉州词》："无数铃声遥过碛，应驮白练到安西。"没有这些驮队，丝绸之路的诗意也会淡化许多。

同类的故事主人公还有二十六岁的蒋化明。他是京兆府云阳县嵯峨乡人，在"凉府"就是凉州府被敦元暕雇用"驱驮至北庭"，正赶上当地"括客"就是调查户口，他就被就地入籍，成为金满县百姓。他没有别的营生手段，继续做驱驮客，为"郭林驱驴伊州纳和籴"，而郭林也写作"郭琳"，他的身份是北庭子将。开元二十一年正月十七日到达西州主人曹才本家停，十八日欲发，遂即权奴子盗去蒋化明的过所，最后驴也死了，"所纳得练并用尽"，被北庭傔人桑思利追捉到了官府。傔人是唐朝军队的一种身份，专门为长官服务，只有节度使、副使一级才有傔人。北庭傔人，应该是北庭节度使的随员。此案到二十九日官府有了处理批复，允许桑思利把蒋化明带回北庭。[2] 蒋化明，是郭琳作人，在这个案卷中也被称作"郭林驱驴人"，是依靠雇佣劳动获得生活资料的打工者。这个群体，竟然是丝绸之路上的常客。

商人的队伍中，石染典应该是最有名气的一位。他是西州百姓，也有游击将军的身份，多次往来西州、伊州、沙州、瓜州和安西等地从事贸易。阿斯塔那 509 号墓出土多件与他相关的文书。其

---

1　唐长孺主编《吐鲁番出土文书》肆，第 290、293 页。
2　唐长孺主编《吐鲁番出土文书》肆，第 291~292 页。

中《唐开元二十一年染勿等保石染典往伊州市易辩辞》，是有人替他提供担保，最后官府批准了他前往伊州"市易"的要求。文书内容如下：

1　☐☐☐☐☐石 染 典 计 程 不 回，连☐☐☐

2　罪者。谨审：但染勿　等保石染典在此见有家宅

3　及妻儿亲等，并总见在。所将人畜，并非寒诚等

4　色。如染典等违程不回，连答之人，并请代承课

5　役，仍请准法受罪。被问依实。谨辩。元

6　　　　　开元廿一年正月　日

7　　　　石染典人肆，马壹，骡、驴拾壹。

8　　　　请往伊州市易，责保

9　　　　可凭，牒知任去。谘。元[1]

与石染典相关的过所文件，尤其是有着各个关津镇戍签押的文书，[2] 是丝绸之路的珍贵文献，证明唐朝管理相关道路交通的有效性。

当然，也有许多国际友人。《新获吐鲁番出土文献》刊载一组文书《唐天宝十载交河郡客使文卷》，记录当年宁远国多个班次几十人的使者前往唐朝，而路经交河郡（西州）的情况就保留在这件残破的文书中。他们前往长安，自然要经过伊西路。在这些客人经过的文档中，有来自伊州的记录。"使伊吾县丞刘庭怀并典一人，九月十一日东到，至廿三日发向西。"延后一页，又有"伊吾县丞

---

1　唐长孺主编《吐鲁番出土文书》肆，第 277~278 页。

2　唐长孺主编《吐鲁番出土文书》肆，第 275~276 页。

刘庭怀并典……”的文字。[1] 作为伊州派出的使者，刘庭怀通过西州继续向西，多日以后一定是完成出使返回伊州，并在西州再次留下记录。可惜文书有残，不能获得更多信息，但作为丝绸之路的一部分，唐朝的伊西路是一条繁忙的交通线，这是没有疑问的。

---

1　荣新江、李肖、孟宪实主编《新获吐鲁番出土文献》，第336~339页。有关这组文书的研究，参见毕波《怛逻斯之战和天威健儿赴碎叶》，《历史研究》2007年第2期，收入《秩序与生活：中古时期的吐鲁番社会》，第377~402页。毕波《吐鲁番新出唐天宝十载交河郡客使文书研究》，《西域历史语言研究集刊》第一辑，收入《新获吐鲁番出土文献研究论集》，第344~376页。

# 第三章　敦煌与伊州之间的道路

　　敦煌，自丝绸之路开辟以来，作为通往西域的"门户"，不仅受到历朝历代的重视，也受到历史研究者的重视。敦煌与伊州的交通，是丝绸之路的重要组成部分，自然反映了古代丝绸之路的诸多特征。因为敦煌吐鲁番出土文献的出现，远比仅靠传世文献进行研究的地域拥有更多证据，历史面貌因而更加丰富多彩，所以我们有条件进行更具体的研究探讨。

## 一　敦煌与伊州道路记载

　　敦煌在丝绸之路上的地位，讨论比比皆是。但总结其地位的根本，还是《隋书·裴矩传》所载《西域图记》序的说法最为经典，其言为：

> 发自敦煌，至于西海，凡为三道，各有襟带。北道从伊
> 吾，经蒲类海铁勒部，突厥可汗庭，度北流河水，至拂菻国，
> 达于西海。其中道从高昌，焉耆，龟兹，疏勒，度葱岭，又
> 经钹汗，苏对沙那国，康国，曹国，何国，大、小安国，穆
> 国，至波斯，达于西海。其南道从鄯善，于阗，朱俱波、喝槃
> 陀，度葱岭，又经护密，吐火罗，挹怛，忛延，漕国，至北婆
> 罗门，达于西海。其三道诸国，亦各自有路，南北交通。其东
> 女国、南婆罗门国等，并随其所往，诸处得达。故知伊吾、高
> 昌、鄯善，并西域之门户也。总凑敦煌，是其咽喉之地。[1]

敦煌是通往西域的咽喉要地，西域三条通道最后都汇总于敦煌，即
"总凑"敦煌。敦煌的这个地位，是由地理位置决定的，山河理路，
让敦煌的"西域门户"地位得以凸显。汉代通西域以来，敦煌的地
位即如此，裴矩所述，不过是事实概括而已。

　　唐代的敦煌交通，向北到达伊州，经过伊州可以到达铁勒、突
厥所在地，进一步西行，可以到达拂菻国和西海，即拜占庭和地
中海。在《西域图记》的文字中，这条道路被称作"北道"。对比
《汉书·西域传》可以发现，从西汉到隋唐，通往西域的道路并非
一成不变，敦煌通伊州的道路，并非从汉朝经营西域时就具备，而
是在经营西域的过程中逐渐发展出来的。《汉书》的说法是：

> 自玉门、阳关出西域有两道。从鄯善傍南山北，波河西行

---

1　《隋书》卷六七《裴矩传》，第 1772 页。

> 至莎车，为南道；南道西逾葱岭则出大月氏、安息。自车师前
> 王廷随北山，波河西行至疏勒，为北道；北道西逾葱岭则出大
> 宛、康居、奄蔡焉。[1]

《汉书》的"北道"，在《隋书》中是中道，而《隋书》中所谓"北道"，是从敦煌至伊吾开始，这条道路《汉书》在这段文字中并未涉及。在《汉书》的记载中，有关敦煌与伊吾的交通，有这样的记载："元始中，车师后王国有新道，出五船北，通玉门关，往来差近，戊己校尉徐普欲开以省道里半，避白龙堆之厄。车师后王姑句以道当为拄置，心不便也。"[2]既然是通玉门关，自然就是通过玉门关到达敦煌，这个"新道"能够"避白龙堆之厄"，可见比较容易通行，又能够"省道里半"，距离变得更近，节省一半里程。元始是汉平帝年号，共有七年（前86~前80），证明最晚在这个时候，一条"新道"已经出现，但是随后西汉末王莽的政策导致了西域动荡，开发新路的事情只能停滞下来，《汉书》确实也没有了下文。这条新道发现和使用之前，观《西域传》的"车师"条，汉朝与匈奴争夺车师，汉朝往来车师的方向主要是南方，间或也有北山，南方即楼兰、焉耆方向，应该经由唐朝熟知的银山道；北山即天山，由天山北麓进入或者影响车师。总之，新道之前，伊吾（今哈密）与车师之间没有通道。

　　《后汉书》再次提起西域的交通，敦煌至伊吾已经是一条很成熟的路，至少东汉时期这条路已经畅通，当然已经开辟完成。《后汉书·西域传序》相关文字如下：

---

1　《汉书》卷九六上《西域传》，第3872页。
2　《汉书》卷九六下《西域传》，第3924页。

　　自敦煌西出玉门、阳关，涉鄯善，北通伊吾千余里，自
伊吾北通车师前部高昌壁千二百里，自高昌壁北通后部金满城
五百里。此其西域之门户也，故戊己校尉更互屯焉。伊吾地宜
五谷、桑麻、蒲萄。其北又有柳中，皆膏腴之地。故汉常与匈
奴争车师、伊吾，以制西域焉。

　　自鄯善逾葱领出西诸国，有两道。傍南山北，陂河西行至
莎车，为南道。[1]

这段道路的记载，颇有疑惑。如果从敦煌通伊吾，经过玉门是正常
的，为什么要经过阳关？为什么要涉鄯善？如果这段文字没有或者
后移"阳关，涉鄯善"五字，则明白无误。对此暂且不论，我们仍
能读通东汉时期西域道路的基本情况，即比较西汉可知，从敦煌到
伊吾的这条路线不仅从无到有，并且变得重要。正是如此，伊吾与
高昌，被称作"西域之门户"，"故汉常与匈奴争车师、伊吾，以制
西域焉"。伊吾和高昌成为兵家必争之地。尤其需要强调的是，从
敦煌"北通伊吾千余里"，紧接着是"自伊吾北通车师前部高昌壁
千二百里……"说明从敦煌到达高昌，中间必经伊吾，先伊吾而后
高昌。

　　从东汉经营西域的历程看，伊吾、高昌的西域门户地位是从最
初便确立下来的。东汉明帝时开始，终于决定经营西域，时间是永
平十六年（73），这也是初通西域的时间。《后汉书·西域传》的记
载十分清楚，其文如下：

　　十六年，明帝乃命将帅，北征匈奴，取伊吾卢地，置宜

---

1　《后汉书》卷八八《西域传》，第2914页。

禾都尉以屯田，遂通西域，于寘诸国皆遣子入侍。西域自绝
六十五载，乃复通焉。明年，始置都护、戊己校尉。及明帝
崩，焉耆、龟兹攻没都护陈睦，悉覆其众，匈奴、车师围戊己
校尉。建初元年春，酒泉太守段彭大破车师于交河城。章帝不
欲疲敝中国以事夷狄，乃迎还戊己校尉，不复遣都护。二年，
复罢屯田伊吾，匈奴因遣兵守伊吾地。时军司马班超留于寘，
绥集诸国。和帝永元元年，大将军窦宪大破匈奴。二年，宪因
遣副校尉阎槃将二千余骑掩击伊吾，破之。三年，班超遂定西
域，因以超为都护，居龟兹。复置戊己校尉，领兵五百人，居
车师前部高昌壁，又置戊部候，居车师后部候城，相去五百
里。[1]

东汉恢复西汉的经营理念，在塔里木盆地西缘设置西域都护，
在吐鲁番盆地设置戊己校尉。后来，东汉在经营西域的力度有所降
低，决定羁縻西域的时候，伊吾、高昌仍然是最后控制的地区。东
汉与西汉相比，伊吾之地变得十分重要。[2]伊吾与高昌的"西域门户"
地位，和敦煌通伊吾的道路，显然是联系在一起的，没有这样一条
道路的支撑，东汉经营西域的门户就无从说起。

至三国时，这条道路早就是一条成熟之路。但传世文献的
记载，并非皆然一致。比如《魏略·西戎传》中的文字，有如下
表述：

---

1　《后汉书》卷八八《西域传》，第 1910 页。
2　余太山认为，永平十六年很重要，"至迟在这一年，伊吾登上历史舞台，成为西域门户。东
　汉用兵伊吾乃打击匈奴之需要，伊吾道开辟，则是伊吾屯田的结果"。此说值得支持。见余
　太山《裴矩〈西域图记〉所见敦煌至西海的"三道"》，《早期丝绸之路文献研究》，上海人民
　出版社，2009，第 84 页。

　　西域诸国，汉初开其道，时有三十六，后分为五十余。从建武以来，更相吞灭，于今有二十道。从敦煌玉门关入西域，前有二道，今有三道。从玉门关西出，经婼羌转西，越葱领，经县度，入大月氏，为南道。从玉门关西出，发都护井，回三陇沙北头，经居卢仓，从沙西井转西北，过龙堆，到故楼兰，转西诣龟兹，至葱领，为中道。从玉门关西北出，经横坑，辟三陇沙及龙堆，出五船北，到车师界戊己校尉所治高昌，转西与中道合龟兹，为新道。[1]

"今有二十道"，联系上下文，"道"应是"国"之误。更重要的，"前有二道，今有三道"，所谓"今"是什么时候，李锦绣、余太山先生认为是"曹魏时期"。[2]这里所谓"新道"指敦煌至高昌，未言及伊吾，但从出玉门关、辟龙堆、出五船北这些标志看，就是《汉书》中的新道，但这里没有提及伊吾，而是直接到达戊己校尉所治的高昌。而从上引《后汉书》的资料看，从敦煌到伊吾然后再到高昌这条道路的开辟使用在东汉已经很成熟。如此一来，《后汉书》与《魏略》所记，便出现了问题，到底是敦煌通伊吾，还是敦煌直通高昌？

　　《魏略》之后，北魏似乎坚持了同一个说法。北魏时，多次遣使通西域，对于西域的道路记载以董琬归来的报告为主，记入《魏书》，其言如下：

　　出西域本有二道，后更为四：出自玉门，渡流沙，西行

1　《三国志》卷三〇《魏志·乌丸、鲜卑、东夷传》，裴松志注引《魏略·西戎传》，第859页。
2　李锦绣、余太山：《〈通典〉西域文献要注》，上海人民出版社，2009，第68页。

二千里至鄯善为一道；自玉门渡流沙，北行二千二百里至车师
为一道；从莎车西行一百里至葱岭，葱岭西一千三百里至伽倍
为一道；自莎车西南五百里葱岭，西南一千三百里至波路为一
道焉。自琬所不传而更有朝贡者，纪其名，不能具国俗也。其
与前使所异者录之。[1]

出玉门关前往车师的道路，是否就是新道，因为北魏没有使者走过
这条路，所以记载简略，如同《魏略·西戎传》所言新道，只说高
昌，未言及伊吾。

唐朝杜佑《通典》在介绍这条道路的时候，明显继承了《魏
略》之说，其文如下：

前往西域有二道，自元始以后有三道。从玉门关西出，经
婼羌转西，越葱岭，经悬度，入大月氏，为南道。从玉门关西
出，发都护井，回三陇沙北头，经居卢仓，从沙西井转西北，
过龙堆，到故楼兰，转西诣龟兹，至葱岭，为中道。从玉门关
西北出，经横坑，辟三陇沙及龙堆，出五船北，到车师界戊己
校尉所理高昌，转西与中道合龟兹，为新道。[2]

如此一来，西汉发现的新北道，从《魏略》到《通典》，就被描绘
成敦煌通往高昌的道路，[3]那么《后汉书》所记的敦煌通伊吾之路

---

1　《魏书》卷一〇二《西域传》，第 2451 页。
2　《通典》，第 5194 页。
3　今天学者也会如此理解，王炳华先生认为新北道，就是唐朝敦煌与西州之间的"大海道"。
　　见王炳华《"丝绸之路"新疆段考古新收获》，原载《新疆社会科学》1982 年第 3 期，收入
　　王炳华《西域考古历史论集》，第 1~32 页。

呢？因为《通典》遵从《魏略》，造成了巨大的分歧。事实上，敦煌通往伊吾的道路为北道乃正宗之说，通过《隋书》的记录，理应没有异议，但《通典》不从《隋书》从《魏略》，从而导致混乱，是必须警惕的。

"北道从伊吾"，这是《隋书》采用《西域图记》的观点，叙述敦煌通西域的三条道路之一。汉唐之间，通往西域的交通，经过一番变化之后，门户的地位开始属于敦煌，东汉时期，曾经有伊吾、高昌门户之说，至隋唐，敦煌重新获得西域门户的地位。研究西域交通，从敦煌开始，敦煌的枢纽地位岿然不动。从历史实际到学术理路，都有必然性。

唐代文献，因为唐朝实际经营和敦煌资料的存在，有关道路行程的记载，明显超越以往。《旧唐书·地理志》记载沙州（敦煌），有如下文字：

> 沙州下　隋燉煌郡。武德二年，置瓜州。五年，改为西沙州。贞观七年，去"西"字。天宝元年，改为燉煌郡。乾元元年，复为沙州。旧领县二，户四千二百六十五，口一万六千二百五十。在京师西北三千六百五十里，至东都四千三百九里。[1]

《旧唐书》只交代州郡通往京师（长安）和东都（洛阳）的路程里数，与邻州的具体道路里程并不交代。不过，传世文献对此是有补充的。《通典》记载敦煌郡"东至晋昌郡二百八十里。南至故南口烽二百五十里，烽以南吐谷浑界。西至寿昌废县中界五十里，以破

---

1　《旧唐书》卷四〇《地理三·陇右道八》，第1644页。

石亭为界。北至故咸泉戍三百三十六里，与伊吾郡分界。东南到晋昌郡界三百五十里。西南到郡废寿昌县界三百九十里。西北到河苍烽二百四十二里，与废寿昌县分界。东北到伊吾郡界三百八十六里”。[1] 而在“伊吾郡”条下，记为“南至燉煌郡界一百四十里”。[2] 如《通典》所述，那么伊吾郡至敦煌只有四百三十里。《元和郡县图志》，每州都有“八到”项目，沙州的八到：“东南至上都三千七百里。东南至东都四千五百六十里。东至瓜州三百里。西至石城镇一千五百里。西至吐蕃界三百里。北至伊州七百里。”[3] 该处的“八到”，除了京都和吐蕃之外，与周边地区的交通只列入三项，东方的瓜州，北方的伊州和西方的石城镇。[4]

敦煌出土《沙州城土镜》（P.1691），所记沙州（敦煌）的四至，比传世文献更丰富：“东去京师三千七百五十九里，去洛阳四千七百九里。四至：东至瓜州三百一十九里，西至石城一千五百八十里，西北至西州一千三百八十里。”[5]《沙州城土镜》有“至今大汉乾祐二年己巳岁”，当为 949 年。对比《元和郡县图志》，沙州与瓜州的距离多出“一十九里”；可见《元和郡县图志》所记是约数，《沙州城土镜》所记更具体。

《沙州城土镜》记载了沙州与西州的道路里程，但《元和郡县图志》沙州条下却没有这方面的内容。不过“西州条”下有“东南

---

1　《通典》卷一七四《州郡四》，第 4556 页。

2　《通典》卷一七四《州郡四》，第 4557 页。

3　《元和郡县图志》卷四〇，第 1026 页。

4　《元和郡县图志》卷四〇“伊州”条，“八到”记载伊州与敦煌道路：“东南取莫碛路至瓜州九百里。正南微东至沙州七百里。”与“沙州条”所记一致，沙州与伊州七百里。第 1029 页。

5　唐耕耦、陆宏基编《敦煌社会经济文献真迹释录》第一辑，第 43 页。

至金沙州一千四百里"[1]的记录，或许是"沙州条"下缺误。同是敦煌出土的《西州图经》"大海道"条，记为"右道出柳中县界，东南向沙州一千三百六十里，常流沙，人行迷误，有泉井咸苦，无草，行旅覆水担粮，履践沙石，往来困弊"。[2]就沙州与西州的里程来看，两件出土文献差距只有二十里，可以忽略。由此可知，《元和图志》所记也是约数。敦煌（沙州）通往伊州和西州，确有两条道路，直接前往西州的称作"大海道"，但经过伊州至西州，路程增多，但更容易通行，如玄奘所行。是否因此文献常常省略经过伊州的过程，直接表述为敦煌通西州，亦是情有可原。

《沙州城土镜》没有记载伊州，而伊州是敦煌最重要的邻州。《沙州、伊州地志》残卷，就伊州部分而言，应该并没有残缺，但记载确实比较混乱，公廨、户口数字都有参差。[3]没有记载伊州与邻州的交通道路，或许是编写体例使然。但是，最奇怪的是以沙州为核心的此条中，出土文献中都没有关于沙州与伊州的交通路线以及路程里数。

沙州与伊州交通的重要性，我们下一节还要强调。在这里，我们必须指出，如此重要的交通路线，传世文献的记载令人无法满意，使出土文献再次成为记载的主角。《沙州都督府图经》，不仅弥补了传世文献记载的不足，而且给出了更加详细的根据。严耕望先

---

1　《元和郡县图志》卷四〇，第 1031 页。

2　P.2009，唐耕耦、陆宏基编《敦煌社会经济文献真迹释录》第一辑，第 52 页。

3　《沙州伊州地志》（S.367）残卷，记录伊吾军比较详细，先记载伊吾军的建立时间"景龙四年五月日奉敕置，至开元六年移就甘露镇，兵士三千人，马一千卌匹"，又记载伊吾军的"四至"，内容为"东南去伊州三百里。西南去西州八百里。西去庭州七百八十里。东北接贼界"。唐耕耦、陆宏基编《敦煌社会经济文献真迹释录》第一辑名为《唐光启元年书写沙州伊州地志残卷》，第 41 页。

生的名著《唐代交通图考》，正是根据《沙州都督府图经》，[1]复原了沙州、瓜州与伊州的交通基本状况。《沙州都督府图经》，见敦煌文书 P.2005 号，共有文字 513 行。此外，P.2695 号，保留文字 79 行。P.5034 号 217 行。另有一件 S.2593 号，背面只留下 6 行文字。严耕望先生指出：

> 瓜、沙两州有道通伊州（今哈密），亦皆可考见于《沙州都督府图经》。沙伊道曰稍竿道；瓜伊道曰第五道，一曰莫贺延碛道。高宗、武后时代，此东西两道曾交替使用。第五道者，由瓜州常乐县县驿西北行二十七里二百步至新井驿；又一百五十一里，中经广显驿至乌山驿；又北六十九里二百六十步至双泉驿；又六十四里八十步至第五驿，盖第五烽建置。又北入莫贺延碛，六十八里三十步至冷泉驿；又八十四里至胡桐驿；又八十里至赤崖驿，在伊州柔远县西南境。又西北经两驿二百四十余里至伊州治所伊吾县，去瓜州九百里。……稍竿道者，由沙州州城驿西北行，一百一十里至兴胡泊，又一百三十二里至河仓城（今大方盘城），又三十里至玉门故关城（今小方盘城），又折北行盖六十六里至咸泉戍，为沙伊州分界处。又北至稍竿馆，置稍竿戍。又北至伊州治所伊吾县，去沙州七百里。[2]

---

1　唐耕耦、陆宏基编《敦煌社会经济文献真迹释录》第一辑，第 2~23 页。

2　严耕望：《唐代交通图考》第二册《长安西通安西驿道下：凉州西通安西驿道》，上海古籍出版社，2007，第 445 页。此文之后是具体论证，见第 445~452 页。陈国灿先生赞同严耕望的考证，见《唐五代敦煌四出道路考》，《敦煌学国际研讨会文集》（石窟·史地·语文篇），辽宁美术出版社，1995，收入陈国灿《敦煌史事新证》，甘肃教育出版社，2002，第 423~444 页。

由此论证，可以画出一张清晰的沙州伊州交通地图。出土文献的学术价值，再次充分展示。

## 二　敦煌与伊州的运输

敦煌也称沙州。沙州与伊州的交通，传世文献不乏记载，但给人印象不显。比较而言，出土资料则给出了更详细具体的证据。唐高宗时期，敦煌与伊州的运输，敦煌文献中有一件《唐总章二年（669）八月九月传马坊牒案卷》（P.3714 号背），可以认为是迄今为止最为翔实的文献，实实在在地证明敦煌与伊州的交通十分繁忙，与传世文献记载的空乏相比，文书的价值显得十分突出。

《唐总章二年八月九月传马坊牒案卷》文书虽然有残，但现有内容已经十分丰富。录文如下：

1　传驴卅六头，去七月廿一日给送帛练使司马杜雄充使往伊州

2　□三头在伊州坊，程未满。

3　十六伊州满，给送蒲桃酒来。

| 4 | 孔行威驴乌 | 次 | 丁丑奴驴青 | 次 |
|---|---|---|---|---|
| 5 | 赵孝积驴青 | 次 | 曹德文驴青 | 次 |
| 6 | 张行威驴青 | 次 | 韩刚子驴青 | 次 |
| 7 | 索行威驴青 | 次 | 张长命驴青 | 次 |
| 8 | 王智惠驴青 | 次 | 孙通驴青 | 次 |
| 9 | 张住驴青 | 次 | 张怀智驴青 | 次 |
| 10 | 张行满驴青 | 次 | 宋善生驴青 | 次上 |
| 11 | 张君政驴青 | 次 | 泛玄度驴青 | 次 |

12　前件驴被差送帛练往伊州，今还至县，请定

13　肤第。谨牒。

14　　　　　　　总章二年八月廿一日前校尉杨迪牒。（后，

纸缝）

15　　　付司　　迁示

16　　　　　　　廿一日

17　　　八月廿一日录事令狐顺受

18　　　主簿　敬。付司法。

19　　　　连行白。

20　　　　　　　廿一日。（后，中空，纸缝）

21　马坊

22　□传马叁匹去七月廿一日给使帛练司马杜雄□

23　卢孝顺马爪　　次　　郭义顺马爪　　次

24　马善住马惢　　次

25　牒上件马去七月廿一日被差送帛练往伊州

26　呈满□□充乘使人□□□州

27　□□□到县，请定肤第。谨牒。

28　　　　总章二年八月廿一日前校尉杨迪牒。

29　　　付司　　迁示。

30　　　　　　　廿一日。

31　　　八月廿一日令狐顺受。

32　　　主簿　敬付司法

33　　　　连行白

34　　　　　　　廿一日。

35　马坊

36　二四，去七月廿二日给使人杨玄往伊州，停经

十四日，

37　覆使人参军乘来。令狐君节马赤　　次

38　吴智惠马赤　　次

39　牒上件马给使人杨玄乘往伊州　　呈满，覆

40　乘至此，请定肤第。谨牒。

41　　　　　　总章二年八月廿一日充行马子吴惠。

42　　　　　　　前校尉杨迪。

43　　付司　　迁示。

44　　　　　　　廿一日。

45　　　　八月廿一日录事令狐顺受。

46　　　　主簿　　敬。　付司法。

47　　连行　白

48　　　　　　廿一日。（后为纸缝）

49　传马坊

50　马一十九匹，去七月廿四日送殷大夫往伊州。

51　十匹呈未满，在伊州坊未还。

52　九匹停经十二日，覆给使人甘元柬等乘。

53　一匹回至内涧戍北廿里致死，给得使人公验唐孝积。

54　八匹见到：

55　郭延客马赤　　次　　　张安都马赤　　次

56　解玄惠马者白　次下　　杨仁马念　　次

57　左孝积马念　　次　　　唐满生马留　　次

58　张武通马留　　次　　　夏惠马赤驳　　次

59　牒上件马，差送使往伊州，今还至，请定肤第。

60　谨牒。

61　　　　　　总章二年八月廿日行马子郭延客。

62　　　　　　　前校尉杨迪。

63　　　　　　付司　迁示。（后为纸缝）

64　　　　　　　　廿一日

65　　　　　八月廿一日录事令狐顺受。

66　　　　　主簿　　敬。　付司法。

67　　　　　连行　白

68　　　　　　　　廿一日。（后行中空）

69　张慈晈马念　　曹满臣马赤　　王景仁驴青

70　赵怀道驴青　　令狐君才马爪　　宋君意马乌

71　令狐德敏马念　贺万机马念　　索君意马骠

72　泛保住马紫　　索怀本马留　　孔行威驴青

73　丁丑奴驴青　　赵孝积驴青　　曹德文驴青

74　张行威驴青　　韩刚子驴青　　索行威驴青

75　张长命驴青　　王智惠驴青　　孙通驴青

76　张住驴青　　　张怀智驴青　　张行满驴青

77　宋善生驴青　　张行政驴青　　泛玄度驴青

78　卢孝顺马爪　　郭义顺马爪　　马善住马念

79　令狐君节马赤　吴伯惠马赤　　郭延客马赤

80　张安都马赤　　解玄意马者白　杨住马念

81　左孝积马念　　唐满生马留　　张武通马留

82　夏惠马赤驳

83　　　　　右件人并不违程。（后为纸缝）

84　程师憙马爪

85　　　　　右件人马去六月卅日差送使往伊州，八月三日

86　　　　　到县，计违二日。

87　赵君孝马爪　　曹行政马爪　　索万成驴青

88　　叱于粪堆驴青

89　　右件人马驴，去七月四日差送铁器往伊州，八月

90　　七日到县，计违二日。

91　张才智驴青

92　　右件人驴频追不到。

93　牒件勘如前，谨牒。

94　　　　八月廿　日，佐赵信牒，

95　　　　程师惠等伍人使往伊

96　　　　州，计程各违贰日，论

97　　　　情不得无责。据职制律，（后为纸缝）

98　　　　诸公使应行而稽留者，

99　　　　壹日笞叁拾，叁日加壹

100　　　　　等。计师惠等所犯合

101　　　　　笞叁拾，并将身咨注。

102　　　　　其不违程者，记；其张

103　　　　　才智频追不到。牒坊

104　　　　　到日，将返其新备驴

105　　　　　及今月廿一日所阅马驴，

106　　　　　并长官检阅讫记。咨。

107　　　　　行白。

108　　　　　　　廿五日。

109　　　　　　　依判，迁示。

110　　　　　　　廿五日。

111　　　马坊件状如前，牒至，准状，收牒。

112　　　　　　　　总章二年八月廿五日。（后

为纸缝）

113　　　　　　　　　　　　　佐赵信

114　　　尉　行（签字）

115　　　　　　　　　　　史

116　　　　　　　　八月廿一日廿五日行判无稽。（后行中空）

117　　前官杨迪牒，为夏惠等马送使还，请定肤第。

118　　总章二年八月廿　日传驴□张德意等辞

119　　张德意驴青　次　　　　　泛行惠□意驴青　次下

120　　张海德驴青　次　　　　　张师德驴青　次下

121　　县司：意德前件驴被差（送）帛往伊州，程满，送

122　　蒲桃来至县，请定肤第。谨辞。

123　　　　　　付司　　　　迁示

124　　　　　　　　　　廿七日

125　　　　　　　八月廿七日录事令狐顺受。

126　　　　　　主簿　敬。付司法。

127　　　　　　连行白。

128　　　　　　　　　　　　廿七日。（后中空约二行）

129　　十二月十日大使处分，作羞面奢遮至，十三日状

130　　□传马驴八十头匹，去七月廿五日送庭州帛练使杜雄（廿七匹马，五十三头驴）

131　　　九匹马，伊州住还死：△张仁洪马赤　　△张智积马赤　　△袁树马赤

132　　　△令狐还成马赤　　△竹元贡马瓜　　△张意彦马㝵　　△马祥马紫

133　　　△王保意马㝵　　△阴怀智马赤。

134　　　八头驴伊州往还死：曹行通驴青　辛道子驴青

135　　张士惠驴青　张□德驴青　泛怀立驴青　辛□□
驴青

136　　泛行素驴青　张玄识驴青

137　　九匹覆乘送鹰苟使　△郭义顺　△马善住　△贾惠

138　　△张惠意　△卢孝顺　△康僧保　△张怀德　△马
方□

139　　△李住子

140　　十四见到：△阴回道马忩　次　△曹僧住马瓜　次

141　　△画武仁马瓜　次　△泛行惠马忩　次下

142　　△张万树马留　下　△张怀直马紫　次

143　　△翟回达马瓜　次　△宋玄静马忩　次下

144　　△泛威马紫　次下　△许□寿马瓜　次下

145　　驴廿二头覆乘：宋善生　王智惠　孙通　张师德

146　　　马文达　张智及　泛玄度　张怀智　张江　张
行满

147　　　张行威　韩刚子　索行威　张长命　贾德文

148　　　赵孝积　孔行威　丁丑奴　张君政　泛行惠

149　　　张德意　张海德

150　　廿一头见到：

151　　　张行仁驴青　次　唐威子驴青　次下

152　　　王彻驴青　次下　阚智惠驴青　次下

153　　　赵玄感驴青　次　令狐智颙驴青　次下

154　　　孔客郎驴青　次下　画益寿驴青（一匹留伊备成）[1]

---

1　唐耕耦录文为"一匹留仅满成"（唐耕耦、陆宏基编《敦煌社会经济文献真迹释录》第四辑，
　第428页），荒川正晴录文为"一匹留□备成"。荒川正晴『ユーラシアの交通·交易と唐帝
　国』第四章「唐代公用交通システムの研究」第3節『伝送による交通』、名古屋大学出版会、
　2010、第190頁。

```
155        伍季驴青   次下   孟武政驴   次
156        曹备寿驴青  次下   刘万寿驴青   此
```
（后缺）[1]

　　这件出土文书对于理解唐朝前期的交通运输体制十分重要，从体制方面进行解释研究的成果也很突出。[2]传世文献的记载比较模糊，严耕望先生依据《沙州图经》给出了沙州与伊州的确切交通路线证明，那么，这件出土文献则提供了沙州与伊州之间具体而真实的交通证明。

　　根据《元和郡县图志》的记载，沙州至伊州是七百里，卢向前推测，这件文书的所属单位当为沙州敦煌县。文书中，"马子"是重要的参与者，运输物资或者送使的责任人，而卢向前讨论，这些马子，都是百姓的个人承担者。政府有专门的机构负责交通运输，这就是"马坊"，他们的工作及其流程，在这件文书中反映得十分清楚。按照荒川正晴的看法，维护巨大的交通运输系统的良好运行，是唐帝国赖以存在的重要基础。马坊的负责人为"前官杨迪"，所谓"前官"，其实就是"前校尉"。校尉是府兵制时代折冲府的军官，折冲府之下的组织单位为团，团的长官为校尉，品阶为从七品下。杨迪是前校尉，说明是转业军官，因病因伤或者年龄关系退出军队，成为敦煌县马坊的负责人。

　　这件文书所涉及的事实，都是总章二年（669）六月七月的运

---

1　唐耕耦、陆宏基编《敦煌社会经济文献真迹释录》第四辑，第417~428页。

2　参见卢向前《伯希和三七一四号北面传马坊文书研究》，载《敦煌吐鲁番文献研究》，中华书局，1982，收入卢向前《唐代政治经济史综论——甘露之变研究及其他》，第198~224页。荒川正晴『ユーラシアの交通・交易と唐帝国』第四章「唐代公用交通システムの研究」第3節『伝送による交通』、第181~202頁。

输事件，而八月是报告的写作时间，请县进行审核批准。没有同一规模的数据可以进行对比研究，仅仅此文书而言，我们就可以认识到，沙州至伊州的运输量极大，彼此交通往来频度极高，这是丝绸之路上极其繁荣的一段陆路交通线。

观察这件文书，中间有缺环，第 128 行与第 129 行之间不能衔接，中间空缺多少无法了解。但即使如此，我们依然能够获得很多重要信息。下面制表 10 以示。

表 10　沙州至伊州运输情况

| 次数 | 前往时间 | 驮马等数量 | 任务 |
| --- | --- | --- | --- |
| 1 | 7 月 21 日 | 驴卅六头 | 给送帛练使司马杜雄充使往伊州；十六伊州满，给送蒲桃酒来 |
| 2 | 7 月 21 日 | 传马叁匹 | 给使帛练司马杜雄□（骑乘） |
| 3 | 7 月 22 日 | 马二匹 | 给使人杨玄往伊州 |
| 4 | 7 月 24 日 | 马十九匹 | 送殷大夫往伊州 |
| 5 | 6 月 30 日 | 一匹 | 送使往伊州 |
| 6 | 7 月 4 日 | 二驴二马 | 送铁器往伊州 |
| 7 | 7 月 25 日 | 传马驴八十 | 去送庭州帛练使杜雄（马廿七，驴五十三） |
| 8 | 8 月 20 日 | 驴四 | 送帛往伊州，程满，送蒲桃来至县 |

这里的顺序，是文书原本的，不知道为什么时间出现颠倒。从六月底到七月底，这是一个不完整的统计。帛练使杜雄出现多次，可见从沙州运往伊州和庭州的帛练，都是由这位杜雄承担的，他的地位不低，因为可以骑乘传马。两次运输帛练，三次送使，一次运输铁器。为了节省畜力，来回都很努力运输物资或者人员。比如，第一次返回时就运输了葡萄酒。总之，现在所知，一共动用马 54 匹，驴 95 头。

　　马和驴，都有行程要求，满程或者不满程，是一个很关键的因素。以第一次为例，"传驴卅六头，去七月廿一日给送帛练使司马杜雄充使往伊州，□三头在伊州坊，程未满。十六伊州满，给送蒲桃酒来"，十六头驴返回，完成任务，应该是程满者。剩下的因为程未满，被留在伊州坊，中间缺字，因为"三"字明显，似乎无法填充。但可以明白，沙州与伊州的联动性很强，足以证明处于同一个制度系统之中。等在伊州的其他驴，其实就是在等待运输的任务。程满的含义尚不能确定，很可能是"马子"等都要任务规定，比如往返不能空行，完成的称作"程满"。

　　其中，违程是比较容易理解的，即超期到达。文书给出了违程者的惩罚标准和依据，说明政府的管理及其制度，是长期施行，成效明显的。

　　唐朝政府负责管理全国的运输体系，从驿传到道路，从人工到畜力。不仅如此，管理交通运输的最高责任单位是兵部，一个重要的国家强力部门。《唐六典》对于兵部之下的驾部司职能，有以下如此归纳，其言为：

　　　　驾部郎中、员外郎掌邦国之舆辇、车乘，及天下之传、驿、厩、牧官私马·牛·杂畜之簿籍，辨其出入阑逸之政令，司其名数。凡三十里一驿，天下凡一千六百三十有九所。（二百六十所水驿，一千二百九十七所陆驿，八十六所水陆相兼。若地势险阻及须依水草，不必三十里。每驿皆置驿长一人，量驿之闲要以定其马数：都亭七十五匹，诸道之第一等减都亭之十五，第二、第三皆以十五为差，第四减十二，第五减六，第六减四，其马官给。有山阪险峻之处及江南、岭南暑湿不宜大马处，兼置蜀马……凡驿皆给钱以资之，什物并皆为

市。凡乘驿者，在京于门下给券，在外于留守及诸军、州给
券。若乘驿经留守及五军都督府过者，长官押署；若不应给
者，随即停之。）……凡诸卫有承直之马，（诸卫每日置承直马
八十匹，以备杂使。诸卫官、诸州、府马每月常差赴京、都为
承直，诸府常备，其数其多。开元二十五年，敕以为天下无
事，劳费颇烦，宜随京、都近便量留三千匹充扈从及街使乘
直，余一切并停。）……[1]

地方州县，则是交通运输的具体管理部门。州郡之内，户曹参军是具
体负责人。《唐六典》规定："户曹、司户参军掌户籍、计帐，道路、
逆旅，田畴、六畜、过所、蠲符之事，而剖断人之诉竞。"[2] 户曹参军，
是都督府的设置，而州称司户。虽然有此分工，但在县令的执掌之
下，《唐六典》有如此说明："京畿及天下诸县令之职，皆掌导扬风化，
抚字黎氓，敦四人之业，崇五土之利，养鳏寡，恤孤穷，审察冤屈，
躬亲狱讼，务知百姓之疾苦……若籍帐、传驿、仓库、盗贼、河堤、
道路，虽有专当官，皆县令兼综焉。县丞为之贰。"[3]

　　从敦煌出土的这件资料看，县一级的运输机构是马坊，而此时
的敦煌县马坊，负责人是一位前校尉。从这位杨迪所写的牒文看，
马坊是县下所属，杨迪的牒文都是请示性的，而最后定夺批示来自
县府官员。官员的批示，引用法律条文，而程满、程未满等都不是
随意性概念，尤其标准和规定，可见管理运输，是有制度依据的。

　　从《唐总章二年八月九月传马坊牒案卷》来看，牒文都是申
请确定"肤第"的，很明显这是传马、传驴等管理的固定程序和内

---

1　《唐六典》卷五，第 162~163 页。

2　《唐六典》卷三〇，第 749 页。

3　《唐六典》卷三〇，第 753 页。

容，每一次任务归来，都要重新核定"肤第"，以便下一次任务继续使用。这件文书，由多件牒文黏着而成，应该是马坊的存档文件或者负责制定"肤第"的部门的留档文件。不知道是巧合还是制度原本如此，这批文件都是关于伊州往返的内容。按理，敦煌前往邻州都会有运输需要，为什么这个文件中只有前往伊州方向的呢？或许，运输工作的申报审批，就是按照路线进行核算统计的。

　　吐鲁番出土文书中，有如此记载：

　　　　一　每年伊州贮物叁万段，瓜州贮物壹万
　　　　段，剑南诸州庸调送至凉府日，请委府
　　　　司，各准数差官典部领，并给传递往
　　　　瓜、伊二州，仍令所在兵防人夫等防援日任
　　　　夫脚发遣讫，仰头色数具申所司。其伊、
　　　　瓜等州准数受纳，破用见在，年终申金
　　　　部度支。[1]

　　这是唐高宗仪凤四年金部旨符的相关内容，所记载的伊州每年贮物三万段，而这里的所谓"贮物"，自当帛练等。运输这些织物的任务，交给凉州地方政府，具体的运输方式即"传递"。《唐总章二年八月九月传马坊牒案卷》中，杜雄负责由敦煌运送帛练前往伊州，他的职责当时"差官"，称作"帛练使"。虽然不能肯定，他所运送的帛练是否来自剑南等州的庸调，但从沙州到伊州的传递任务

1　大津透「唐律令制下の力役について——儀鳳三年度支奏抄、四年金部旨符試釈」『史学雑誌』95卷十二号、1986、第1~50頁。宋金文、马雷译《唐令制国家的预算——仪凤三年度支抄、四年金部旨符试释》，收入《日本中青年学者论中国史·六朝隋唐卷》，中华书局，1995，第430~484页。大津透先生利用的吐鲁番出土文书，主要是张礼臣墓（阿斯塔那230号墓）出土的文书，复原唐高宗时期的财政资料，此次所引，见第441页。

是比较稳定的，因为有国家固定的财政任务。

杜雄运送物资前往伊州，也有一次前往庭州（第130行），率领八十匹头的驼队运送帛练。从这个资料看，沙州前往庭州是途经伊州的。可见，伊州是交通要道。通过伊州再前往西州和庭州，显示出伊州是东天山的交通中心与枢纽。这对于理解伊州的庞大贮物不无关系。

道路交通和运输，在那个时代主要是国家使用，军队调动、物资运送、官员往来等，无一不是国家行为。也有百姓行走在运输大动脉上，但多处于为国家服役状态，也不属于私人行为。比较社会化的交通，大约只有僧人的往来，尽管僧人情况各种各样，但与一般百姓依然大有不同。总之，政府维护交通是正常之举，理据充分。只要国家正常时期，交通的维护与管理通常也会正常的。

## 三　运输的民众负担

长途运输有很多不确定性，但是具体承担人要负责一切。政府监督，负责管理与惩罚，但最后的压力，都有"马子"等具体人承担。这个负担到底有多重？从《唐总章二年八月九月传马坊牒案卷》（P.3714号背）的资料看，卢向前先生认为："这显然说明传马传驴的性质是私人的"。私人参与政府的运输，肯定是以服役的方式进行的。唐代的服役，个人的负担是明显的。

吐鲁番阿斯塔那509号墓出土一件文书，整理者命名为《唐城南营小水田家牒稿为举老人董思举检校取水事》，是以城南一老人董思举为首的一些农户给政府书写的状，为的是合理分配利用城壕中的积水灌溉的事，内容如下：

1　　城南小水营小水田家　　　　　状上

2　　　　○○老人董思举

3　　　　右件人等所营水田，皆用当城四面豪（壕）

4　　　　坑内水，中间亦有口分，亦有私种者。非是

5　　　　三家五家，每欲浇溉之晨，漏并无准。

人

6　　　　只知家有三○，两人者。重浇三回○○○

7　　　（悍）独之流，不蒙升合，富者因滋转赡，贫

有

8　　　　者转复更穷。总缘无检校人，致使○

前件老人○○○差前件老人

9　　　　强○欺弱。○○○○○○○○○○○

性质清平，谙识水利，望差　庶得无漏。○○立一牌榜，

水次到，

10　　　○○○○检校，便须趁灌○○庶望均

转牌看名用水，庶得无漏。

11　　　○有不依次第取水用者。请罚车牛一道

12　即　　远使。如无车牛家，罚单功一月日驱使。

忌无漏并　长安稳，请处分

13　此即了　庶望均平其田苦共有请○人

14　牒　件　如　前，谨　牒。[1]

状文虽然有残，但大体上能够看清问题所在。为了合理使用城壕之水，老人董思举给政府提出了很具体的建议。因为使用这里的水

---

1　　唐长孺主编《吐鲁番出土文书》肆，第339页。

灌溉，政府没有管理，导致有人以强凌弱，从而招致贫富不均，混乱不堪。他建议政府介入管理，立水牌，令人们依次用水，均匀分配。特别之处是，老人还建议，如果有人违背规矩，可以采取罚则，具体办法是"有不依次第取水用者，请罚车牛一道即远使。如无车牛家，罚单功一月日驱使"。远使，即为政府出差远方，既然有车有牛，一定是承担运输任务。如果没有车没有牛的人家，可以罚一个月劳作，为政府"驱使"。我们今天已经很难理解"远使"的负担到底有多重，但罚一个月的驱使还是能够理解的。在当时人看来，这两种惩罚方式应该程度相当。老人董思举之所以有如此建议，可以理解为在当时人看来，这种惩罚方式足够沉重。从而可以证明，如果参与政府的长途运输，对于百姓而言，是一个沉重的负担。

老人董思举的状文，虽然是吐鲁番出土，但对于说明唐朝前期的民众运输负担，应该有普遍性。敦煌盛行民间结社，在结社行为中，最重要的就是社条修订。对于百姓而言，接受官府派遣远赴他州公干，其实是最痛苦和最重的负担。为此，我们看到民间结社数据中，有的结社为了支持同社成员，修订结社社条，加入远行支持条款。这就是《申年五月社人王奴子等状》（S.1475V2–3），内容如下：

1　社司　　　　状上

2　右奴子等，先无兄弟姊妹男女至亲及远行

3　条件馈脚。今因李子荣斋，对社人商量，

4　从武光晖远行及病损致酒，社人置条件：

5　社内至亲兄弟姊妹男女妇远行、回及亡逝，人各

6　助借布壹匹吊问。远行壹千里外，去日，缘公事送

7　酒壹瓮；回日，馈脚置酒两瓮。如有私行，不在送

8　限。请依此状为定。如后不移此状，求受重罚，请处

9　分。如有重限出孝，纳酒两瓮。

10　牒件状如前，谨牒。

11　　　　　申年五月　　　　日社人王奴子等牒[1]

此"申年"，大约是816年。这个社利用李子荣斋会的机会，宣布的一项新"条件"，也就是社条的补充条款。所有参加斋会的人都签署了名字，而起草的这份文件强调，以后依此状为定。这个状，明显就是唐朝的公文书式样，非常郑重其事。今后"社内至亲兄弟姊妹男女妇远行、回及亡逝"，都要给予支持。尤其是强调"缘公事""远行壹千里外"这个前提，至于因私则与此无关，"不在送限"。以敦煌为中心，一千里之外，当然是外州，如西州、于阗等地。之所以如此，理由只有一个，因公远行千里，对于平民而言，不仅困难巨大，也比较常见。所以，这个民间结社才有了这个条款。

另一件残文书《社人索庭金等状》，问题也与此相关。S.5759号文书，内容如下：

1　社人索庭金等

2　右社内有人远行［缺］

3　馈，所行人事，用上勤劳［缺］

4　从今巳后，有洗馈及［缺］

5　直家生，如其有洗馈者［缺］

---

1　宁可、郝春文辑校《敦煌社邑文书辑校》，江苏古籍出版社，1997，第713页。

6  看临事便宜破除［缺］

7  今日已后，一依此状为定［缺］

8  罚一席，请处分。[1]


　　文书残缺不全，但可以看到也是关于社人远行和洗馂的事情，并且也有"一依此状为定"的自我肯定用语。社人索庭金等提议，社内有人远行，要给予支持，方式为送迎，"洗馂"。当然，这就是结社成员内部的一种集体支持措施，因为远行公差对任何人来说都是一个沉重的负担，社人的支持至少具有精神意义。

　　在敦煌出土的契约文书中，我们也能见到相关资料，个人参与国家运输行为，要有一定的付出，负担不轻。下面这些契约资料，都是个人为"充使"而租借畜力，或者是骆驼，或者是驴，租借需要费用，如果发生意外，还有一定的负责。从上文《唐总章二年八月九月传马坊牒案卷》资料就可以看出，马驴等远途运输，有相当高的死亡率。

　　敦煌出土契约文书，有如下几件，涉及百姓参与长途运输的资料。

　　第一，《唐乾宁三年（896）平康乡百姓冯文达雇驼契》（P.2885 背）：


1  乾宁三年丙辰岁二月十七日，平康乡百姓冯文达

2  奉差入京，为少畜乘，今于同乡百姓李略山

3  边，遂雇八岁黄父驼一头，断作雇价，却回来


---

1　宁可、郝春文辑校《敦煌社邑文书辑校》，第 713 页。

4　时，生绢五匹。见立典物，分付驼主。[1]

第二，《壬午年（922？）苏永进雇馲驼契》（津博 4402 背）：

1　壬午年正月廿六日立契。押衙苏永进伏缘家于阗

2　充使，欠少畜乘，遂于都头邓裁连面上雇

3　陆岁馲驼壹头。断作雇价大紫帛绫一匹为定。

4　　　　　　立契押衙苏永进[2]

第三，《癸未年（923？）张修造雇驼契》（习字，北殷 41）：

1　癸未年四月十五日张修造遂于西州充使，欠阙

2　驼乘，遂于押衙王通通面上雇父驼壹头。

3　断作驼价官布十六匹，长柒捌，到日还纳。

4　驼若路上贼打病死，一仰同行见。若若非

5　理押损走却，不驼主知事，一仰修造。[3]

第四，《丙午年（946）洪润乡百姓宋禹□雇驼契》（P.2652 背）：

1　丙午年正月廿二日洪润乡百姓宋禹□充

2　使西州，欠少题驼畜，遂于同乡百姓厶专甲

3　面上（雇）八岁馲驼一头，断作驼价生绢一匹，

4　正月至七月便须填还，于限不还者，准乡

---

1　沙知辑校《敦煌契约文书辑校》，江苏古籍出版社，1998，第 303 页。

2　沙知辑校《敦煌契约文书辑校》，第 307 页。

3　沙知辑校《敦煌契约文书辑校》，第 309 页。

5　元礼（例）生利。所有路上驼伤走失，驼（后缺）

6　在，须立本驼，驼价本在。（如若疮出病死者，得同行
三人征见）若有身东西不平

7　善者，一仰男厶专甲面上折雇价立本驼。[1]

第五，《年代不详队头程住儿雇驴契》（S.1403）：

1　（前缺）月十六日队头程住儿今往甘州充使，

2　（前缺）遂于僧福性面上雇七岁怀身课

3　（前缺）断作雇价上好羊皮九张。到上州日

4　（前缺）分付，如若不还，便任掣夺。便皮（价）

5　（前缺）归，仰住儿赔掣。如若身东西

6　（前缺）驴。其驴走失，及非用损，雇

7　（前缺）驴（中缺）雇价本在，仰立

8　本驴。今两共面平章为定。恐人无信，

9　故立此契，用为后凭。书上四主字。

10　　　　　　　　　　十二月十六日雇驴人程住儿（押）

11　　　　　　　　　口承人父兵马使程庆庆（押）

12　　　　　　　　见人徐贤者

13　　　　　　　　见人队头程憨奴（押）

14　　　　　　　　见人程善住（押）

15　　　　　　　　见人竹加进（押）[2]

1　沙知辑校《敦煌契约文书辑校》，第315页。
2　沙知辑校《敦煌契约文书辑校》，第317页。

　　以上契约共五件。最后一件没有时间标志，因为有"队头"概念，应该是府兵制度尚存的时代，所以时间可能最早。第一件，唐昭宗乾宁三年（896），为唐末期，实际上即张氏归义军时期。另外三件，属于五代时期，即曹氏归义军时期。

　　五件契约，提及远行，最早的一件是前往甘州充使，两件充使西州，一件充使于阗，一件充使入京。除了入京之外，其他都是前往临州的。这里的"充使"，应该不是使者，只能是使者的随从劳力。因为要骆驼等充当驮运工具，随员的可能性也小，负责运输，属于随团劳作的可能性更高。从目的地的情况看，如同出土文献中不见沙州与伊州的交通资料，这里也没有伊州的消息。西州与沙州的交往，显然很重要。唐朝的沙州与西州，官方往来似乎并不密切，因为中间隔着伊州。但是，在归义军时期，伊州的记载忽然减少了，沙州却与西州有了更多的往来。

　　这些资料反映了怎样的历史背景呢？根据荣新江先生的研究，此事的背景是清楚的。唐宣宗大中二年（848），张议潮率领敦煌人起义，在沙州推翻吐蕃统治，建立归义军地方政权，并首先恢复了对沙州、瓜州、肃州、甘州的控制。两年以后，收复伊州，并移民四十多户沙州人前往居住。大中十一年，伊州刺史王和清曾经派使者到达沙州，汇报回鹘人的动静，证明当时伊州依然在归义军的领导之下。乾符三年（876）四月二十四日，敦煌文书有记载回鹘"打破伊州"的文字，这应该就是伊州陷落于回鹘的时间。从此，伊州属于西州回鹘的一部分。后来，西州回鹘与归义军保持了长期的友好关系，所以使者往来比较频繁。[1]

---

1　荣新江《归义军史研究——唐宋时代敦煌历史考索》专设一章"归义军与西州回鹘之关系"，其中第二节为"伊州的易手"，第四节为"曹氏归义军与西州回鹘的文化交往"，以上所述史事，皆来自这一章。上海古籍出版社，1996，第351~397页。

上文契约中的西州，其实不单纯指代一个地名，而是指西州回鹘。至于伊州，因为已经归西州回鹘所有，自然被涵盖在西州概念之下。如果从交通道路的视角来看，前往西州回鹘，主要的路线依然是沙州与伊州之间的道路。毕竟，与沙州和西州之间的大海道相比，沙州通过伊州再前往西州更加顺畅。

## 小结　居安思危的战略思维

荣新江先生曾用"写本之路"来定义丝绸之路，[1] 论证写本不仅是丝绸之路的记录，属于丝绸之路的一部分，在丝绸之路的研究中，写本的重要作用性更加无可替代。上文所讨论的西州与伊州的交通、敦煌与伊州的交通，主要利用的就是吐鲁番出土文书，若没有出土文献，丝路上的形形色色人群，我们无从得知。当初的写本，如今正变成重要的史料，对于丝绸之路的研究，发挥着无可替代的重要作用。

其实，此前严耕望先生的《唐代交通图考》，对于唐代各地的交通问题已经有过权威研究。严先生不仅使用传世文献，也很重视利用例如敦煌、吐鲁番出土文献进行研究，研究严谨，所以可靠。在讨论本课题之初，对于交通的军事性质原本并没有清醒认识，随着研究的深入才发现，唐朝的法令和制度设置，在保证整体战略方面，令人难以置信地细致和系统。定期地搜集整理交通文献和地图，不仅是一种国土信息的搜集整理，也是国土资源的调查与掌握，毫无疑问，这不仅有利于国家管理，也有助于战争获胜。

居安思危并不仅仅停留在思想层面，通过对这些史料的了解，

---

1　荣新江：《丝绸之路也是一条"写本之路"》，《文史》2017 年第 2 辑，第 75~103 页。

我们可以很容易地发现，在唐朝这是一个基本战略。这个战略处在国家最高层面，由兵部负责，基本资料都保存在兵部，而地方政府要密切配合，共同编织和完成这个国家战略。从这样的国家战略角度，也能加深我们对古代中国政治与文化的确切理解。

# 第四章　中国与南亚的丝路

　　张骞出使西域，作为世界大动脉的丝绸之路开辟完成，中国与世界的联系终于建立起来。一方面，中国与世界的联系加强，交流程度不断加深。另一方面，中国与当时世界各个地区的联系并不平衡。相对于西亚、欧洲，与中国联系最为密切的是南亚地区。中印之间因为佛教而显现出特别之处。中国僧人纷纷前往取经，构成了丝绸之路的特别景观，佛教成了吸引中国僧人的唯一原因。僧人的西域求法记录，是当时丝绸之路留下来的珍贵文献。与使者代表的国家层面不同，僧人的记录不仅关涉国家、地理、历史和风土人情，他们更重视当地的佛教情形，他们的见闻成为研究丝绸之路非常重要的原始资料。前往印度的中国僧人，除了瞻仰胜迹之外，探寻佛教如何服务于当时的中国，是求法僧人的主要目的。经过求法僧人的努力，佛教传入中国的状况，一改以往的被动接受局面，中国僧人的主动前往，为佛教中国化做出很重要的贡献。

丝绸之路是贯穿欧亚大陆的交通孔道，在前近代发挥着联络世界、沟通文化、传递文明成果的重大作用。当时中国与世界的联系，几乎都是通过丝绸之路（陆上、海上）完成的。中国的文明成果（如四大发明等）与世界分享，接受来自域外的文明结晶，促进文化发展，为世界文明的交融做出贡献，都是与丝绸之路分不开的。但就中国与世界上的主要文明体的交往而言，不得不承认，印度是极具特殊意义的。中国人对域外的热情，只有在印度发生过。中亚的僧侣与印度的僧侣一样，在向中国介绍他们信仰的宗教时，宁愿亲自来华。但是，中国僧人前往取经的，几乎只有印度一个目的地。从丝绸之路的历史研究视角看，中国与南亚的特殊关系，是值得重视的。

## 一　中国与印度关系的特殊性

在古代世界的重要文明体系中，如果从其他文明体的视角来看，中国最为遥远，它们与中国的联系也最为薄弱。如果以中国代表东亚，印度代表南亚次大陆，剩下的就是北非和西亚，以及地中海北岸的古希腊、古罗马。如果从西方的视角看，北非、西亚和地中海北岸都是环地中海地区，历史上也与这个地区的联系最为密切。因为在苏伊士运河开凿之前，北非与西亚的联系并不困难。所以环地中海可以看作一个更大的文明区域，则南亚次大陆与东亚成为相对遥远的文明所在。

从地中海东岸的两河流域向东，毗邻地区就是伊朗高原。波斯帝国兴起之后，两个地区的联系获得加强。不仅如此，因为伊朗高原与中亚的联系，中亚与南亚次大陆的联系并不困难，所以波斯帝国的征服不仅有向西的方向，也有向东的方向，最后波斯帝国的御道直接修建至印度河流域。通过伊朗的居中联络，地中海地区与印度的联系于是建立起来。有关印度古史，传说中还有更早的雅利安入侵。此后，印度遭受的入侵最著名的是亚历山大（前327~前325），以及后来的塞琉古一世（前305年前后）等。军事征服与战争的范围，与文化交流的范围通常是一致的，印度遭受征服的历史证明印度与地中海区域有着比较紧密的联系。

在印度与地中海地区往来频繁的时候，不论是地中海周边的文明体还是印度，对于更东方的中国都所知甚少。印度用"支那"称呼中国，这个习惯在亚历山大东征印度的时候已然存在，所以学者推测中印之间的往来和了解，在此之前应已存在。[1]这种推论，与张骞见到邛竹杖推测中印的往来存在是一样的。现在，考古学界提供了越来越多的资料，证明前张骞时代，中国与西域的联系是普遍的，交通路线的存在也是理所当然的。但是，亚历山大东征的时代，地中海周边的人们不知道有中国的存在，这是一个基本状况。对于中国，直到罗马帝国时代，西方才有了相对准确的中国知识。

张骞出使西域，作为世界联络大动脉的丝绸之路完成开辟，中国与世界的联系终于建立起来，[2]从此，因为丝绸之路的功能，世界具有了整体意义。丝绸之路开辟之后，一方面，中国与世界的联系加强，交流程度不断加深。另一方面，中国与当时世界各个地区的

---

1　方豪：《中西交通史》，岳麓书社，1987，第120页。
2　张骞出使西域之前，中西方的联系已然存在，但是这不足以降低张骞出使的意义。张骞的"凿空"意义依然存在，因为中国文明的最高级代表，只能是中国政府。张骞开辟中国与丝绸之路的联系，代表中国参与到世界一体化进程，缺少中国的丝绸之路，不具有世界意义。

联系并不平衡。受制于地理因素的阻隔，交通便利的区域之间联系
更密切，而相对于西亚、欧洲，与中国联系最为密切的是南亚地
区。对此，唐人的认识已经很清晰，杜佑在《通典·海南序略》中
写道：

> 海南诸国，汉时通焉。大抵在交州南及西南，居大海中洲
> 上，相去或三五千里，远者二三万里。乘舶举帆，道里不可详
> 知。外国诸书虽言里数，又非定实也。其西与诸胡国接。元鼎
> 中，遣伏波将军路博德开百越，置日南郡。其徼外诸国，自武
> 帝以来皆献见。后汉桓帝时，大秦、天竺皆由此道遣使贡献。
> 及吴孙权，遣宣化从事朱应、中郎康泰使诸国，其所经及传
> 闻，则有百数十国，因立记传。晋代通中国者盖鲜。及宋齐，
> 至者有十余国。自梁武、隋炀，诸国使至逾于前代。大唐贞观
> 以后，声教远被，自古未通者重译而至，又多于梁、隋焉。[1]

《通典》的记述，与丝绸之路的发展相呼应，从汉代开始交通
南海，到唐朝达到前所未有的巅峰状态。《通典》自注所述的时间
界限："本初纂录，止于天宝之末，其有要须议论者，亦便及以后之
事。"[2]《通典》所记述的内容可以视为到盛唐为止的历史，也能反映
盛唐时期的中国认识。从中我们不难看出，在唐代的史家眼中，中
国对于南海世界的了解，明显有　个渐进的过程，而距离远近与熟
悉程度成正比，越近越熟悉，越远越陌生。这种基本情形，不仅南
海，西域也莫不如此。

---

1　《通典》卷一八八《边防四》，第 5088 页。

2　《通典》卷一，第 1 页。

西域，作为陆上丝绸之路的主要组成区域，在中原的地理知识中，也是越近越熟悉。大体而言，新疆（狭义的西域）最为熟悉，然后比较熟悉的是中亚，再然后是波斯、阿拉伯，之后是西亚、小亚细亚（东罗马、土耳其），最后是希腊、罗马等欧洲区域。在中国的文献中，印度属于西域地区，与中亚相毗邻，事实上印度的西北部确实与中亚连为一体。就熟悉的程度而言，印度的状况大约与中亚相似，确实是中国比较熟悉的国度。熟悉度决定于来往的密切度。张骞出使西域，其实仅仅到达了中亚，波斯、天竺都是听说的对象，但随后中国寻找通往印度的道路，表现出极大的热情和积极性。据《通典》的记载，天竺通中国是在东汉时期，"桓帝延熹二年、四年，频从日南徼外来献"。[1]

唐朝是丝绸之路的繁荣时期，中国与中亚、波斯、大食都有直接频繁的往来，或者利用陆路，或者利用海路，都是促进丝路繁荣的活动。唐高宗显庆三年，唐朝平定了西突厥阿史那贺鲁的叛乱，中亚地区纳入唐廷的控制。唐朝特别派出使者在中亚设置州县。《唐会要》载：

> 龙朔元年六月十七日，吐火罗道置州县，使王名远进《西域图记》，并请于阗以西，波斯以东十六国，分置都督府，及州八十、县一百一十、军府一百二十六，仍以吐火罗国立碑，以记圣德。诏从之。[2]

王名远的使名为"吐火罗道置州县使"，据《通鉴》所载，吐

---

1　《通典》卷一九三《边防九·西戎五》，第 5261 页。

2　《唐会要》卷七三，第 1568 页。

火罗不过是一道而已，当时同类情况有十六国，均置都督府、州县等，都隶属于安西都护府。[1]《唐会要》另一处就记载为"西域既平，遣使分往康国及吐火罗国，访其风俗物产，及古今废置，尽图以进，因令史官撰《西域图志》六十卷"。[2]

有使者前往，有专门的图书记载，中国对于中亚的了解自然比较清楚。对于南亚次大陆，印度当时并不是一个统一的国家，中国与印度的联系，其实要划分为许多地区。《通典》记载说，隋炀帝经营西域，广召各国，但因天竺未来而深以为恨。唐太宗贞观十五年，印度遣使至中国，贞观二十二年，王玄策出使印度，是对天竺的回访。[3] 对于印度情况多样的各地，唐朝的了解显然也有一个过程。比如，《册府元龟》在唐高宗显庆三年，留下这样一段记载，其文为：

> 三年八月，千私弗国王法陀拔底、舍利君国王失利提婆、摩腊王施婆罗地多，并遣使朝贡。三国并南天竺属也，国皆绝远，未尝与中国通，至是泛海累月方达交州，并献其方物。[4]

当中国已经与天竺互派使者的时候，南天竺才第一次派使与中国交往。可见，南亚次大陆各地与中国的交往也有不平衡的情况。

不管怎样，综合比较，中国与印度的交通依然是最发达的。如何做出这个判断呢？在国家层面的交往中，使者的往来当然最具代

---

1 《资治通鉴》卷二〇〇，第 6324~6325 页。

2 《唐会要》卷七三，第 1567~1568 页。

3 《通典》卷一九三《边防九·西戎五·天竺》，第 5262 页。有关王玄策事迹，《旧唐书》《新唐书》和《资治通鉴》等都有清晰的记载。相关研究参见孙修身《王玄策事迹钩沉》，新疆人民出版社，1998。

4 《册府元龟》卷九七〇《外臣部·朝贡第三》，第 11232 页。

表性。民间的交往，以商业贸易交往最有意义。就此而言，所有的国家与中国交通，都有相似性，人员物资，有来有往。但是，只有南亚次大陆（或者称印度）情况特殊，中印之间因为佛教而显现出特别之处。当时印度和部分中亚地区都流行佛教，佛教僧人前往中国传教，代有其人。中国僧人也纷纷前往取经，构成了丝绸之路的特别景观。必须申明的是，中国僧人只有因为佛教才远赴他国，佛教成了吸引中国僧人的唯一原因。由此，也凸显了中印交往的特殊性，中国与其他国家的交往都远不如与印度的关系，南亚成了中国与外界交往最为深入的地区。

## 二　求法僧人行记概况

中国有记录的西域求法僧人，第一位是三国时代的朱士行。朱士行，颍川人，嘉平二年（250）在洛阳白马寺受戒。260年，他从雍州出发到达于阗国，获得大乘经典《大品般若》，他抄写了梵文本，派弟子送回中原，自己留住于阗，直至去世。朱士行是有记载的第一位出家的中原僧人，也是第一位赴西域取经的中原僧人。虽然于阗不是南亚天竺，却开创了中原僧人赴西域取经的先河。朱士行没有留下行记，他的事迹主要记载在佛教文献中，释慧皎《高僧传》卷四记载清晰，而慧皎的资料来源是朱士行的弟子法益，朱士行在于阗"散形"之后，法益回到中原。[1]

真正赴南亚取法成功，并留下清晰记录的是法显。399年，六十五岁的法显从长安出发，经过陆路到达南亚，遍历北、西、中、东天竺，并在师子国居住两年，最后在东晋义熙八年（412）

---

1　《高僧传》，第145~149页。

七月回国，而他归国之路正是海上丝绸之路。法显西域求法是有同伴的，除了慧景、道整、慧应、慧嵬四人之外，在河西还遇到智严、慧简、僧绍、宝云、僧景等人，这些人有的到达印度，有的半路牺牲，有的留在印度，有的最终回到中国。[1] 可见当时佛教中人，赴西域求法已经蔚然成风。

　　法显在南亚停留十三年，不仅带回大量的佛经，尤其是佛教戒律，还写下了《佛国记》这部行记。《佛国记》，又称《法显传》《释法显行传》《历游天竺记》《历游天竺记传》《昔道人法显从长安行西至天竺传》等，虽然只有一万多字，却是中原僧人西域求法的第一部行记，对于印度次大陆和丝绸之路的记录，都是弥足珍贵的。[2]

　　比较而言，唐朝是西域求法的高峰时期，留下来的行记也更多更知名。

　　玄奘《大唐西域记》。玄奘在唐太宗贞观元年开始西域求法的行程，贞观十八年返回到达于阗。玄奘接受唐太宗的要求，把自己的行程写成《大唐西域记》十二卷，成为当时记载西域史地的权威性著作。玄奘在向唐太宗《进〈西域记〉表》中说："所闻所见，百有卅八国。"而中亚南亚地区缺少同时期的历史记录，于是《大唐西域记》便成为研究南亚各国历史、地理、政治、经济、宗教的珍贵史料。玄奘从陆路前往南亚，经过中亚许多重要国家和地区，在印度也多所游历，故《大唐西域记》也是丝路名著。[3] 与《大唐西域记》并存的一部玄奘个人传记《大慈恩寺三藏法师传》，其中的前

1　参见杨曾文《佛国记中求法僧考述》，杨曾文、温金玉、杨兵主编《东晋求法高僧法显和〈佛国记〉》，宗教文化出版社，2010，第146~155页。

2　有关《佛国记》的版本，请参考章巽校注《法显传校注》。

3　参见季羡林主编《大唐西域记校注》。

五卷也是记录西域求法经历的。因为此书有许多玄奘提供的资料，可以视为玄奘的部分自传。[1] 两部书对读，可以更好地理解玄奘西行取经的历程。[2]

　　玄奘之后，唐代西域求法僧人中，影响比较大的是义净。义净深受玄奘的影响，在唐高宗咸亨二年（671）他从广州乘坐波斯商船赴印度，在印度求学十几年。中途，义净在永昌元年（689）曾经返回中国广州，获得纸笔等材料后再赴印度，武则天天授二年（691）派大律把他的著述带回中国。证圣元年（695），义净回到洛阳，来回皆从海路。义净在自己还没有回来的时候，先把自己写的《南海寄归内法传》四卷寄回中国了。这部书其实重点是写印度寺院的管理制度，义净希望以此改良中国的寺院管理。[3]

　　义净的另外一部著作对于我们探讨的主题更有价值，即《大唐西域求法高僧传》。义净在印度各地游历的时候，遇到过许多同来印度求法的唐朝高僧，也听说过一些唐朝高僧的故事，于是有了这部著作。书中记述了唐初以来五六十位到过印度的僧人事迹，尤其能够反映丝绸之路当时的盛况。[4] 这些唐朝僧人前往印度的往来路线，都在丝绸之路的框架之内，包括陆上丝绸之路和海上丝绸之路相关转换使用的情况，都能为我们的研究提供最为珍贵、真切的资料。

　　除了传世的文献之外，也有另外惊喜。敦煌藏经洞中发现的P.3532号文书，经过伯希和、罗振玉的研究，确定为《慧超往五

---

1　参见《大慈恩寺三藏法师传》。

2　章巽、芮传明《大唐西域记导读》，充分利用《大慈恩寺三藏法师传》的资料理解、修正今本《大唐西域记》的某些记载讹误。

3　义净著，王邦维校注《南海寄归内法传校注》，中华书局，1995。

4　参见《大唐西域求法高僧传校注》。

天竺国传》。慧超是新罗人，早年资料不详，大约生于武则天时代，开元七年（719）在广州出家，四年之后即前往天竺巡礼，开元十五年（727）回到长安。因为敦煌残卷首尾不全，他的往来路线也不清晰，学者根据文中记述，基本认定他是循海路前往，从他的行记顺序，知道他先在东天竺巡礼，然后经过中天竺、南天竺、西天竺和北天竺诸国，最后辗转中亚，可以肯定是从陆路返回中国。[1]

与众多的文献记载一样，中原僧人西域取经的资料，很多湮没在历史的风尘之中。季羡林先生曾经列过一个简表，说明很多僧人的记录都消失了，如释道安的《西域志》，支僧载《外国事》，智猛《游行外国传》，释昙景《外国传》，竺法维《佛国记》，释法盛《历国传》，竺枝《扶南记》，惠生《惠生行传》，等等。[2]其中，只有《惠生行传》的部分文字保留在《洛阳伽蓝记》中，其他皆不复存在。所以，至今尚存的僧人行记资料，因为是汉文记载的大宗，其史学价值，不管是证明当时的南亚历史，还是对于丝绸之路研究，都是无可替代的。[3]

僧人的西域求法记录，是当时丝绸之路留下来的珍贵文献。与使者代表的国家层面不同，僧人的记录不仅关涉国家、地理、历史和风土人情，更重视当地的佛教情形。这样，不仅为印度记录了属于他们的宗教历史，也更具体地记录了丝绸之路的信息，这些记录成为我们今天研究丝绸之路非常重要的原始资料。

---

1　慧超著，张毅笺释《往五天竺国传笺释》，中华书局，2000。
2　季羡林：《玄奘与〈大唐西域记〉》，《大唐西域记校注》，第 1~141 页。
3　当然就学术研究而言，其他方面的资料也一样提供着历史信息，是研究过程中不可能忽视的，如王玄策的资料、正史的资料等。

## 三　西域求法的意义

从中国出发的丝绸之路，最初是从陆路开始的，早期也是陆路发达。不论是张骞的丝路"凿空"，还是班超的丝路维护，因为向西加强国际联系是汉朝针对北方草原的匈奴势力所定的策略，所以陆路成为丝路的主轴，而南海的利用价值有限。魏晋以后，佛教传入中国的力度加大，而传播的来源，不仅有来自南亚次大陆的僧人，也有来自中亚的僧人。以中亚佛教而言，因为先行中国一步，所以进入中国的佛教，难免带着中亚的特色。而这一切，对于中国僧人的求法而言，都是不能忽略的现象。所以，陆路受到中原的重视有其必然性。

正因为如此，第一个西域求法的中原僧人朱士行首先来到于阗国，不仅得到了大乘经典，甚至留居于阗，并终老于此。从《法显传》所记载的内容来看，僧人的求法过程是不能省略的，沿途的佛教寺院都是拜访的对象，僧人们并没有把印度当作唯一目的地的想法。所以西域求法僧人的行进，不单单是路过，行进本身也有价值。僧人们尤其重视所到之处的佛教状况、当地政府的佛教政策等，当然还有政治、人文、地理的描述。我们虽然至今依然称作西域求法，但决不可简单地理解为寻求佛经。根据《法显传》，在弗楼沙国，慧达、宝云、僧景三人"遂还秦土"，[1]即归国，而其他人继续前进。对于慧达等三人而言，他们到此就完成了求法任务，并非必到印度不可。

僧人行路的条件，不仅取决于道路的自然状况，也受制于各地的政治形势。法显与伙伴在敦煌坐夏之后，分头出发。法显等

---

1　《法显传校注》，第34页。

五人"随使先发"。这个使者，应该是敦煌太守李暠派往西域的。因为法显在敦煌坐夏，也是李暠资助的，随使上路也应该属于李暠供给的内容。[1] 行路需要费用，这是任何人的必需，能够获得资助，自然很重要。在焉耆，因为当地人"不修礼义，遇客甚薄，智严、慧简、慧嵬遂返向高昌，欲求行资"。而法显"得苻行堂公孙经理"，[2] 即获得有很高身份的苻姓公孙资助，就没有遇到智严他们的问题。

玄奘也是从陆路前往，在伊吾意外获得高昌王麴文泰的盛情邀请，于是前往高昌国，并获得高昌王的大力支持，在行资方面有了根本保障。《大慈恩寺三藏法师传》详细记载了高昌王给予玄奘人力、物力的支持："四沙弥以充给侍。制法服三十具。以西土多寒，又造面衣、手衣、靴、袜等各数事。黄金一百两，银钱三万，绫及绢等五百匹，充法师往返二十年所用之资。给马三十匹，手力二十五人。"[3] 往返二十年所用之资，玄奘一次获得，从此不必在这个问题上再费周折，后来的求法顺利也与此不无关系。[4]

如果比较玄奘与法显的行进路线，我们会发现玄奘所行之路，比法显明显更远。法显虽然行路较近，却更加危险。从中国前往南亚，就魏晋隋唐时期的历史资料所显示的情况看，陆路交通大约有三条主干线，即葱岭路、中亚路和吐蕃路。葱岭路，法显所行，也是玄奘归来的路线。中亚路，玄奘所行，沿天山北麓西行，绕过天山南下。吐蕃路，是唐朝与吐蕃和亲之后的一条通往南亚之路，从

---

1　《法显传校注》，第 3 页。

2　《法显传校注》，第 8 页。

3　《大慈恩寺三藏法师传》，第 21 页。

4　玄奘获得高昌王的支持并非仅仅行资一项，参见孟宪实《唐玄奘与麴文泰》，季羡林、饶宗颐、周一良主编《敦煌吐鲁番研究》第四卷，收入孟宪实《汉唐文化与高昌历史》，第256~272 页。

西藏进入尼泊尔（当时文献作"泥波罗"），然后前往印度。

　　中印之间的交通，包括陆路和海路问题，学界早有注意。季羡林先生根据《大唐西域求法高僧传》进行统计，去时路，陆路 23人，海路 40人；归时路，陆路 10人，海路 9人。季先生认为，唐初是中印交通从以陆路为主转变为以海路为主的时期，原因与航海技术提高有关。[1] 王邦维先生研究义净，对《大唐西域求法高僧传》进行了校注，并以《义净和〈大唐西域求法高僧传〉——代校注前言》为题展开了对该书的研究。[2] 在这篇文献中，王先生提出陆路丝路与海上丝路正在发生转变，中印之间的交通，正从以陆路为主转变为以海路为主，"从义净文中对年代时间的记载推断，这种转变大致发生在高宗麟德年以后"。[3] 结论显然更具体。不管是陆路行进还是海路行进，僧人都有行路衣粮问题。我们看到有两种情况比较普遍，一是随从国家使者，经常使用的概念是"使人"。而使者或者道从海上，或者行走陆路。跟随使者，理应由使者出资。如玄照，是执行唐高宗的命令寻求长生药品，费用由国家承担也是不难理解的。二是随从商人。海上行进，通常是由商人承担费用。不论是使人还是商人，都不是单纯的费用提供者，僧人广受尊敬，他们的信仰也能给同行者带来便利。

　　然而从我们今天的角度看，僧人的西域求法，最重要的一项贡献是增加了丝绸之路的文献记载，丰富了丝绸之路的研究资料，对于后人的丝绸之路研究提供了难得史料。与国家使者不同，僧人是

---

1　季羡林：《玄奘与〈大唐西域记〉》，《大唐西域记校注》，第 101 页。

2　在王邦维先生的另一部专著《唐高僧义净生平及其著作论考》中，有关《大唐西域求法高僧传》的研究成为该书的第七章，题为"论《大唐西域求法高僧传》"，并把《求法僧一览表》作为文章的附录。重庆出版社，1996，第 166~186 页。

3　王邦维：《义净和〈大唐西域求法高僧传〉——代校注前言》，见《大唐西域求法高僧传校注》，第 8 页。

私人前往，他们人数众多，行记具有独特的视角，对于多方位的丝绸之路研究是极其可贵的。

正是因为有大量求法僧的存在，让唐代的中印丝绸之路，焕发出特别的光彩。中古时期，外来宗教纷纷传入中国，祆教、摩尼教和景教被称作"三夷教"，但是只有佛教享受了不同的待遇，没有得到"夷教"的歧视性称谓。不过，佛教刚刚传入中国的时候，受到攻击的重要原因之一就是外来这个特征。佛教渐渐中国化，中国渐渐接受佛教，佛教逐渐与其他外来宗教划清了界限。

比较佛教与"三夷教"的异同，我们可以发现"三夷教"纯粹属于外来宗教，即"三夷教"完全是由胡人带进中国的，从不见中国人去主动求取。只有在佛教问题上，中国人表现出前所未有的主动精神，众多的僧人九死一生去求法，从而在佛教传播中国的过程中发挥了积极作用。佛教进入中国，产生了各式各样的问题，中国僧人对此了如指掌。如何令佛教更好地传播，如何避免和解决现有的问题，如何赢得佛教的未来，无不取法高僧们的内心所急。比较而言，外国僧人对于中国佛教现存的问题，自然有很多隔膜。传经颂法自然有益，但如何更有针对性地解决中国问题，显然中国僧人更有发言权。

中国高僧的求法，为的是满足中国的需求，解决中国佛教发展中的问题。

法显（334~420）是山西临汾人，[1] 而《佛国记》开篇即言"法显昔在长安，慨律藏残缺，于是遂以弘始二年岁在己亥，与慧景、道整、慧应、慧嵬等同契，至天竺寻求戒律"。[2] 很清楚，法显前

---

1　法显籍贯有不同记载，张玉勤认为是山西临汾人，见《法显籍贯考》，收入杨曾文、温金玉、杨兵主编《东晋求法高僧法显和〈佛国记〉》，第198~203页。

2　《法显传校注》，第2页。

往印度取经是有重点的，就是"寻求戒律"，克服因为戒律缺乏，中国僧团涣散无纪的问题。法显的努力，也大有成效。佛教戒律中的"五部律"，被法显带回四部，从而确立了法显在"中国佛教戒律发展史上的重要地位"。[1] 其实，到达印度的僧人，并非一定都回中国传播佛教，法显的一位同伴道整，最后就受到印度的吸引，决定留住印度。"法显本心于令戒律流通汉地，于是独还。"[2] 在斯里兰卡（当时称"师子国"），《法显传》有一段在师子国无畏山僧伽蓝的记载，其情其景，至今读来，仍能体悟法显的感情世界，其文为：

> 法显去汉地积年，所与交接悉异域人，山川草木，举目无旧，又同行分披，或留或亡，顾影唯己，心常怀悲。忽于此玉像边见商人以晋地一白绢扇供养，不觉凄然，泪下满目。[3]

因为法显内心有在中土传播佛教的目标，每每以中土为念，所以有强烈的思乡情绪也很自然。其实，这就是克服千难万险取经的精神动力。

玄奘西行求法的目的更广泛。高昌王麹文泰崇敬玄奘，希望玄奘留住高昌，充任国师，他并不知道玄奘内心的需求。玄奘离开高昌之前留书感谢高昌王，其中也叙述了心曲，佛教传入中国，已经出现很多问题，他说："远人来译，音训不同，去圣时遥，义类差舛，遂使双林一味之旨，分成当现二常；大乘不二之宗，析为南北

---

1　李四龙：《法显西行求法的目的与意义》，杨曾文、温金玉、杨兵主编《东晋求法高僧法显和〈佛国记〉》，第86~94页。
2　《法显传校注》，第120页。
3　《法显传校注》，第128页。

两道。纷纭争论，凡数百年。率土怀疑，莫有匠决。"[1] 这是佛教传入
中国之后发生的重大问题，翻译不准确甚至大有歧义，造成了严重
的分歧与纷扰。如果不从翻译角度彻底解决，这种困扰必将长期存
在下去。玄奘取经成功准备归国，印度的僧人，从那烂陀寺的一般
僧人，到戒贤法师，再到戒日王，都曾真诚劝阻玄奘，希望玄奘留
在印度。玄奘或者大力称赞中国文化，或者强调在中国推广佛法的
重要意义，或者指出阻碍佛法传播会受到报应惩罚等，但终究是要
回归中土的。[2] 在当时的中国与印度，就求法僧而言，确实存在两
个中心的问题，如道整便留住印度，而法显、玄奘等则坚持归国传
道。不过就佛教传播中国而言，自然是后者贡献更大。[3]

　　义净是玄奘之后前往印度取经成绩最大的一位，但《宋高僧
传》虽然把义净放在全书第一名的位置上进行介绍，重点却是他的
译经工作，有关求法动机，则没有涉及。[4] 王邦维先生认为："义净
最注意的不是教理上的问题，而是戒律方面的规定和僧伽内部的制
度。义净的目的是想用印度正统的典范，来纠正当时中国佛教的偏
误，矫治时弊，力挽颓风。"义净撰《南海寄归内法传》，重点介绍
印度的佛教寺院组织与戒律，从写作动机上，就是针对中国寺院的
建设，毕竟他山之石，可以攻玉。[5]

　　《南海寄归内法传》中，也多有这方面的记载，在有限的文字
中可以感知西域求法僧人的拳拳中土之心。道生法师，并州人，贞
观末年由吐蕃路入印度，"多赍经像，言归木国，行至泥波罗，遘疾

---

1　《大慈恩寺三藏法师传》，第 22 页。
2　《大慈恩寺三藏法师传》，第 102~103、112~113 页。
3　参见宁梵夫《重估"边地情结"：汉传佛教中对印度的逐渐容受》，纪赟译，收入沈丹森、
　　孙英刚编《中印关系研究的视野与前景》，复旦大学出版社，2016，第 65~76 页。
4　赞宁：《宋高僧传》，中华书局，1987，第 1~4 页。
5　王邦维：《唐高僧义净生平及其著作论考》第一章"义净生平考述"，第 28 页。

而卒"。[1] 玄会法师是京师（长安）人，他从北印度进入，时间并不长，但"梵韵清澈"，梵语水平已经很高，"少携经教，思返故居，到泥波罗，不幸而卒"。他们的心愿并未完成。成都人会宁律师，高宗麟德年中从南海到达诃陵洲，与当地僧人智贤一同翻译《阿笈摩经》，其中有关如来焚身的故事，与《大乘涅槃》很不同。他派弟子运期把翻译好的《阿笈摩经》送回中国，呈交朝廷，他自己准备继续工作，但后来就没有了消息，估计已经身故。[2] 爱州的大乘灯禅师，是玄奘弟子，在印度多年，每叹曰"本意弘法，重之东夏，宁志不我遂，奄尔衰年，今日虽不契怀，来生愿毕斯志"。[3] 义净与大乘灯禅师在那烂陀寺曾经见到另一位中国僧人，齐州道希法师的遗物，不胜唏嘘。道希携带"唐国新旧经论四百余卷"，显然是为了与梵本查证的，但是"当于时也，其人已亡。汉本尚存，梵夹犹列，睹之潸然"。[4] 对于中国的佛教，这些僧人的牺牲是有价值的，作为求法僧人队伍中的一员，他们与玄奘、义净这些获得巨大成功者的精神是一致的。正是因为他们的大量存在，为成功者承担了分母功能，才使成功取经拥有了更大的可能性。有文字记录的求法僧人仅仅是这支队伍中的一小部分，更多的人湮没在浩瀚的历史尘埃之中，但他们的功绩是需要承认的，他们是看不见的分母，发挥了无法替代的作用。

　　不只是这些有记录的僧人，凡是前往印度的中国僧人，除了瞻仰胜迹之外，如何让佛教服务于当时的中国，依然是众多僧人西行的初衷。获得梵文经典，学习熟悉梵文，了解印度佛寺制度，

---

1　《大唐西域求法高僧传校注》，第49页。

2　《大唐西域求法高僧传校注》，第76~77页。

3　《大唐西域求法高僧传校注》，第88页。

4　《大唐西域求法高僧传校注》，第36、88页。

弄清佛学理论，凡此种种，都对中国佛教的发展有益。特别是，经过求法僧人的努力，佛教传入中国的状况，一改以往的被动接受局面，以中国为本位，僧人们主动前往，积极求索，为佛教中国化做出了重要贡献。[1]

---

1　佛教中国化是个很有传统的概念，现在有学者使用另外的概念，内涵与外延似乎更加清晰，
　　这就是"佛教中心"。参见周伯戡《从边国到中土：佛教中心由印度到中国转移的一种解
　　释》，刘学军译，收入沈丹森、孙英刚编《中印关系研究的视野与前景》，第43~64页。

# 附录　丝绸之路的世界意义
## ——读荣新江《丝绸之路十八讲》

丝绸之路研究，一直属于历史学的研究范畴。在中西交通史、中外文化交流史的学科中，丝绸之路研究长期占据核心地位。古代中国与西亚、欧洲和非洲的交往历史，在丝绸之路的研究框架下，往往能得到充分展现。如今，有了中国的"一带一路"倡议，古今对话激活一系列研究项目，古老的丝绸之路研究再逢新春。北京大学历史学系暨中国古代史研究中心博雅讲席教授荣新江在北京大学长期主讲中外关系课程，多年的研究皆以丝绸之路为核心，2022年底，他出版《从张骞到马可·波罗：丝绸之路十八讲》（江西人民出版社，以下简称《十八讲》）一书。就其个人学术而言，这是锦上添花之作；对于中国学术而言，有类王冠明珠之贡献。

## 一　整体性的丝绸之路

丝绸之路研究的视角，理所当然是多层次、多方位的。正因为如此，丝绸之路研究概念虽然只有一个，但因为牵涉的时间长、国家多、内容繁，丝绸之路研究的特征往往言人人殊，整体性缺乏，碎片化严重。针对这种状况，荣新江先生的《十八讲》特别重视丝绸之路的世界性视角，强调整体性研究，与此同时，还关注重大历史进展。之所以选取张骞和马可·波罗为起止点，正是看重历史人物所代表的重大历史性。

丝绸之路的重要性人所共知，关于丝路起点的学术争论延续多年，而提及交通便与丝绸之路取得联系，泛丝绸之路化的情形大量存在。荣新江教授强调丝绸之路的世界性，是两种文明交往的道路。"丝绸之路是一个交通道路的概念，但不是一般的交通道路，而是两种或两种以上文明交往的道路，才叫丝绸之路。"（第 9 页）在张骞之前，中国与西域的交往早已存在，考古提供的证明所在多有。那么，为什么今天的丝绸之路依然从张骞开始？因为张骞代表汉朝，代表中国文明，尽管此前的交往确实存在，但不是以国家身份进行的，所以张骞的"凿空"意义无法取代。张骞之前的中西交往历史，是"丝绸之路前史"，是张骞凿空的历史基础，而丝绸之路的开通当然归功于张骞，丝绸之路的开端，只能从张骞开始计算。

丝绸之路的开通，作为张骞"凿空"的具体内容，其历史贡献正在于世界性。张骞出使前后的人类历史，长期以欧亚大陆为中心，大航海以后发现的世界尚未进入人类的视野，在事实上形同虚无。彼时欧亚大陆因为没有苏伊士运河，与非洲北部畅通无阻，环地中海地区长期是欧亚大陆西部人类活动的中心区域，欧洲东部地区、西亚地区和北非，不仅互动频繁，而且相互影响深刻。环地中海地区经过中亚与南亚次大陆的联系也很紧密，波斯帝国、亚历山大帝国都曾经军事征服印度，印度文明甚至长期被视作西亚文明的一部分。欧亚大陆，只有以中国为代表的东亚，与中亚、西亚和欧洲，因为自然条件的阻隔，长期缺乏联系，相互了解有限。张骞出使之前，中国与西域的贸易联系是存在的，但转手贩运的贸易方式，影响了文化上的相知，以至于历史记载也长期处于空白状态。张骞出使，在世界整体性的拼图上完成了最后的填充，因为中国的加入，世界主要文明体终于联结起来。丝绸之路开通，世界文明获得了空前的交流渠道，"中国、印度、西亚和希腊罗马四大古代文明有了直接的交流和影响……任何文明的发展不再是相对孤立地进行了"（第56页）。欧亚地区主要文明的交往与相知，其实质就是人类文明的一体化，以国家为单位的世界历史，进入了新的互动发展阶段，人类的整体性获得空前的提升。

《十八讲》重视《汉书·西域传》的内容，尤其是通往西域各国详细的里程记录，因为这是中国的丝绸之路记录，意义重大。《西域传》是《汉书》发明的新史书专题，其基本内容来自《史记·大宛列传》，而《大宛列传》的内容取材于张骞的出使报告。这是张骞"凿空"的另一层意义，开创了域外国家与文明的系统记录，并从此成为中国书写"四夷传"的基本模式。如何归纳一个国家一种文明的基本信息，不仅是文明记载的需要，也是人类历史研究的需要。毫无疑问，中国史书中"四夷传"的记载，是世界历史宝库的有机组成部分，追溯来源，也不能不从张骞"凿空"开始。世界各个文明实体之间，不仅开始了交往，互通有无，相互理解，而且有了历史记载，人类社会自我研究的能力大幅度提升，从而为增进人类的总体智慧和福祉提供助益。

丝绸之路的开通，促进了各个文明体的进步。文明之间物质性的互通有无，推动物质文明的发展进步。重大文明成果（如中国的"四大发明"）通过丝绸之路向西传播；苜蓿、西瓜等物品传入中国，不仅丰富了文明体的物质生活，更提高了文明的整体质量。佛教传入中国，是人类文明交往史的重大事件，尤其当佛教在印度本土衰落之后，这种文化传播的意义更加凸显。相应地，祆教、摩尼教、景教等"三夷教"传入中国，文明的世界图景变得更加多元，不仅丰富了中国民众的精神生活，也让中国文明的包容性发展有了展现机会，从文明体的历史观察，这就是明确无误的发展与进步。文化精神层面的传播，加强了不同文明体之间的理解与共情，为世界进一步的一体化发展打下历史基础。

现代世界的联系前所未有地深刻，展望未来，无论是全球化的立场，还是中国本位立场，都离不开张骞以来文明交往的历史回顾。丝绸之路提供的历史资源，不仅是现实世界的历史基础，也提供了进一步发展的思考与动力。佛教通过丝绸之路来到中国，与中国文化结合之后，形成中国特色的佛教，而这个历史过程前后经历了数百年。正是从这个历史经验出发，著名的历史学家陈寅恪指出："默察当今大势，吾国将来必循汉唐之轨辙，倾其全力经营西北，则可以无疑。"这与"一带一路"倡议的发展理念一致，历史经验与未来发展紧密联结在一起。

## 二　学术性的丝绸之路

关照学术著作的通识性，这是《十八讲》的一个总体特征，与作者此前的《敦煌学十八讲》一样，确保了体例的一致性。一般情况下，通识性与学术性，常常构成某种冲突，顾此失彼的著作多有。那么如何保持通识性与学术性的平衡呢？对此，《十八讲》提供了一个成功的案例，值得分析与赞赏。

通识性以常识为主，强调通识性或导致研究的学术性观照不足，于是陷入老生常谈的误区。然而，抓住学界研究不放，学术信息层累堆砌，让许多读者望而生畏，这是缺乏通识性的另外一处泥潭。佛教传播是丝绸之路研究的重大问题，佛教也是中国接纳外来文化的典型代表，而佛教史研究文献浩如烟海，叙述佛教传入中国，怎样既抓住重点又不陷入佛教史研究文献的汪洋大海呢？《十八讲》以"从贵霜到汉地——佛教的传入与流行"为题，完成第三讲的讲述。荣新江先生以佛教史的重要问题为引导展开全讲，首先是佛教传入中国的时间，其次是传入的路线。佛教传入中国的说法众多，从孔子时代到秦始皇、汉武帝，所在多有。《十八讲》引用汤用彤先生《汉魏两晋南北朝佛教史》的结论，简洁明了。对于东汉明帝感梦求法说，则稍有辩论，认为其不是信史，但具有早期传播的原始成分。佛教传入中国，是在西汉哀帝时期，这是佛教史的基本结论。《十八讲》接受这个结论，又提供新的论证，这就是贵霜王朝的建立与中亚信奉佛教的情况，一件巴克特里亚出土、写有希腊文和阿拉美文字的阿育王石柱证明这里已经信仰佛教。而意大利考古队在斯瓦特地区的工作成绩以及相关研究，有利于证明第一尊佛像产生于公元前1世纪的结论。

把中国佛教史与中亚地区佛教状况联系起来观察，与佛教传入中国的路线问题存在密切关联。佛教传入中国的海路说主要依据是逻辑推演，缺少实证。在中国的文献中，以大月氏王使前往洛阳为代表，而早期的佛教译经僧人多来自贵霜势力范围，这是因为佛教在2世纪后半期，在西域已经开始传播，因为此时的塔里木盆地，农业获得了突飞猛进的发展，城市化推动了城市贵族的出现，建立僧伽的条件完全具备（第62页）。考古新资料进一步提供了这方面的证明，这就是1994年在犍陀罗发现的、用佉卢文字母书写的犍陀罗语佛经残卷。残卷共有13捆，32个残片，装在5个陶罐中。残卷完成于公元30年前后，与贵霜存在密切关系。因为这个新发现，激活了另一件新疆和田地区发现的佉卢文犍陀罗语佛教文献《法句经》，通过对比，犍陀罗发现品与和田《法句经》在字体、语言、书写材料上基本相同，时间也相距不远，《法句经》产生的年代是公元2世纪（第66页）。

坚持问题导向，通识性的著作因而具有了学术性的基础。新资料的展示，开阔读者新视野的同时，也开示了研究的新进展与新方向，这便是学术性。今天的丝绸之路概念，已经具有通识性话题的意义，理应以学术课题为先导，同时对于未来研究具有指引意义。丝绸之路和佛教史研究，都是国际学术界关注的课题，所以即使是通识性著作，也需要具备充分的国际视野。不管作者来自哪个国家，《十八讲》在同类的著作中都堪称是佼佼者，荣新江先生的国际学术视野和研究深度，决定了他在这个领域的世界领先地位。就以佛教传播史而言，第四讲"纸对佛典在丝路上的传播的贡献"，既具有专题性的深度，同时又填补了佛教传播的一个重要空白。佛经翻译，曾经存在一个口译时代，恰逢中国纸书写大发展的历史机遇，佛典翻译很快进入一个新阶段，从口译转型为笔译。"纸用于佛典的抄写之后，对于佛教从印度到西域，再到中国中原地区的传播，起到了根本性的推动作用。"（第100页）纸与佛教传播的关系，是佛教历史的重要课题，是荣老师的学术贡献，如今成为《十八讲》的一讲。学术性的专题研究与通识性书写兼备，这是一个很值得称道的案例。

　　丝绸之路课题，通识性与学术性相互推动，缺一不可。但通识性的作品，常常并不重视研究问题。《十八讲》第五讲强调写本意义，从丝路研究的立场看，考古出土的各类写本提供的历史信息最为丰富，对于丝路历史研究最为珍贵，所以丝绸之路也是一条"写本之路"。写本不过是丝绸之路上贸易过程中的附带物品，比如货品清单、旅行记录、交易合同等文字记录，贸易完成这些记录也成了废纸。然而，有形物品都伴随历史消散，考古出土的文书反而成为历史进程的珍贵史料。正是依靠这些写本的研究，丝绸之路的很多细节和真相才显露出来。不仅告知读者丝绸之路的客观知识，还要讲解这些知识是如何获得的。这不仅是通识性与学术性的通融，更是学术性的指引，对于有学术要求的读者而言，这个指引无疑更有价值。

　　丝绸之路的课题纷乱复杂，没有长期的研究和精深的探究，构思这样一部著作难度很高。考察《十八讲》，择其大端是基本思路。丝绸之路肯定存在南北方的联系，但丝路的主体走向当然是东西方向，这就是《十八讲》的基石。古代的中外关系，主要表现为中西关系，这也是丝绸之路的历史展现。既凸显大端，也包含具体内容。言及物质文化的交流，一部书是容纳不尽的，所以《十八讲》偏重文化。而西域传来的佛教和"三夷教"，是中国接受最深刻的外来文化，从时间上观察，佛教最早，其次是祆教、景教和摩尼教。祆教是波斯的宗教文化，但祆教传入中国，是粟特人的功劳。粟特人是中亚的商业民族，丝绸之路上到处都有他们的身影。他们在丝路沿线建立自己的商业网络，在各种势力之间纵横捭阖，他们信奉的祆教随之东来。在中国大地上尤其是丝路沿线，祆祠及其葬俗，文献与考古多给予证明。因为中亚阿拉伯帝国的扩张，很多粟特人选择移民中国，他们成为中古时期中国最多的外来移民。现在中国人了解粟特人，可以通过一些少数民族文字，因为有些文字采用了粟特字母。

汉唐之间，中国与波斯（今伊朗）的关系有了显著的发展，波斯也成为西亚地区与中国联系最为密切的国度。萨珊波斯被阿拉伯帝国（大食）灭亡，波斯末代王子卑路斯一边抵抗一边撤退，最后退到中国境内。因为西突厥的叛乱，唐高宗的朝廷无力顾及波斯，但还是册封卑路斯为波斯王，表明继续承认波斯的合法性存在。卑路斯死后，他的儿子泥涅师继承波斯王位，唐朝把他护送到吐火罗地区，领导抵抗大食运动。很多波斯商人在中国经商，在唐人的印象中，波斯商人都是十分成功的。而波斯人的东来，给中国带来了景教（基督教的一支）。《十八讲》用两讲叙述中国与波斯的关系，尤其是唐代长安景教的情况。摩尼教对中国的影响，尤其是基层社会的影响巨大，直到元末红巾军起义，还有摩尼教（明教）的身影。《十八讲》讲述摩尼教，从摩尼教入华到在中国的转变。"三夷教"于中古时期传入中国，后来逐渐融入中国文化，成为中国文化的一部分。

《十八讲》以中国为中心讲述丝绸之路的历史，唐朝是重要的时间节点，而长安是核心的空间节点。"条条大路通长安"和"唐代长安的多元文化"，形象地写出了长安在丝绸之路上的地位。唐朝进入新统一时代，重整山河，恢复丝绸之路的秩序，从而保证了丝绸之路顺利进入新的繁荣期。唐代长安是世界文化中心，至少是欧亚大陆东部的中心，长安的多元文化给人留下深刻印象。以来自西域的音乐文化而言，不仅吸引着一般长安民众，也极大激发了唐玄宗的激情，下朝之后，玄宗会亲自操练胡乐。唐代长安吸引世界，奥秘就在于开放的氛围和多元的文化，想象一下波斯人和日本人作为唐朝的官员站立朝廷的情形，即使今天的世界也不能不折服。

　　文化交流如果不是相互的，交流与发展就无法持续。来自西域的文化，汇聚唐代长安，中国文化自然也会流入西域。唐朝经营西域，设立安西四镇，从而稳定了中国的西部边疆，为丝路畅通提供保障。即使在中原地区，也有文化的涵化问题。唐代长安，从唐太宗时开始，就流行王羲之的书法，唐高宗、武则天都是王字的拥戴者。没有想到，在丝路南道和田的唐代麻札塔格遗址中，竟然发现了王羲之的《兰亭集序》和《尚想黄绮帖》，虽然只是片段，但证明当时当地有人在用王羲之的字练习书法。这种事实具有的历史文化意义，绝不可能仅仅由书法史来证明。中国文化的重要元素，经由边疆地区的传递，最终完成跨文化传播，从而显现出世界性格局。

　　中国文化的世界史价值，莫过于"四大发明"的西传。应该是叙说者众多，在《十八讲》中仅安排了一讲叙述相关问题，题为"中国与阿拉伯世界的交往与'四大发明'的西传"。论题点出了中国文明成果西传的关键渠道：阿拉伯帝国。751年是天宝十载，唐朝与阿拉伯帝国在中亚怛罗斯发生一场遭遇战，唐军大败。唐朝的随军工匠，包括造纸的工匠成为俘虏。根据阿拉伯文献记载，他们成为中亚造纸术的最初来源，以至于撒马尔罕后来成为造纸中心。造纸术在阿拉伯世界传播，并继续传播到欧洲。中国发明的造纸术从此传播到世界各地，推动了文化、科学和社会的进步（第367页），是古典时期中国代表性的贡献。火药也是经过阿拉伯传往西方的，而欧洲是在十字军东征时学会了火药武器。比较而言，印刷术的西传经过了漫长的时间，唐开元后期发现了最早的印刷品（第369页），但印刷术传到欧洲已经是14世纪后半叶。中国发明的指南针，也是经过阿拉伯人之手，传入欧洲。因为马克思表彰过火药、指南针和印刷术对欧洲历史进步的推动，这也成为中国比较熟悉的丝绸之路故事。

比较而言，《十八讲》更关注绿洲王国在丝绸之路上扮演的角色。比如印刷术西传，就是先有绿洲王国的使用，再有蒙古西征的带动。很多物质成果，都是经由绿洲王国的传递，出现在丝绸之路的两端。敦煌等地出土资料证实，因为这些绿洲的传递，丝路贸易的许多细节显现出来，丝绸之路的日常交往变得丰富多彩，填补了很多历史记载的空白。在中国境内，如甘州回鹘、沙州归义军、西州回鹘、于阗和喀喇汗王朝等，境外的如中亚的撒曼王朝等。很多时候，正是由于这些绿洲王国承担了重要传递使命，从而使丝绸之路的交通运行如常。而《十八讲》不仅从丝路功能上发现绿洲王国的意义，更从新史料上证明了研究的进展。

通观《十八讲》可以发现，构成《十八讲》的基本内容，无一不是具体的学术研究成果。多年来，荣新江教授追踪学术新资料，在推动丝绸之路研究上成为中国的领军人。他的学术研究，以中外文化交流为核心，不管是人员往来如粟特人，还是文化产品的传递如《兰亭集序》，无不成为重要课题。早年的敦煌吐鲁番文书，后来的考古学新发现，从粟特文、汉文的双语文书，到粟特人墓葬精彩的石棺床画像，都成为丝绸之路历史上华美乐章。如今，这些曾经的学术研究篇章，都成为《丝绸之路十八讲》的重要构件，展现重大而丰富的丝绸之路主题，在学术研究上的深度与通识性的广度上，为读者展开了一幅丝绸之路的宏大画卷。

## 三 历史性的丝绸之路

丝绸之路具有世界史特性，是因为丝绸之路开辟之时，欧亚大陆等同于全部世界，而丝绸之路正是沟通欧亚大陆的道路交通网络。丝绸之路的历史性，展现的是世界历史的发展规律。丝路有草原丝路、陆地丝路和海上丝路之分，张骞开辟的是陆地丝绸之路。草原丝路的使用者，通常是游牧人群，在沟通东西方的历史进程中，这条路发挥了不可忽视的作用。陆地丝绸之路，是欧亚大陆内部沟通的主渠道，海上丝绸之路则是后来居上。

　　所以，从丝绸之路的历史性观察，陆地丝绸之路与海上丝绸之路长期并存，但陆地占据重要地位。在两条道路并存的时代，旅行者可以在两条道路上自由转换。东晋时法显，隆安三年（399）从陆上丝绸之路前往西域求法，义熙七年（411）乘坐商船由海上丝路返回。贞观时玄奘印度求法，也有人建议他从海路返回。证明此时的海陆两条道路都是畅行无阻。那么，什么时候，陆上丝路的主体地位发生转移，让位于海上丝路呢？这是丝绸之路历史研究的重要问题。《十八讲》对此十分注意，唐德宗时杨良瑶出使黑衣大食（阿拉伯帝国），就这样踏上了历史的关节点。阿拉伯帝国兴起之后，萨珊波斯亡国，中亚很快被征服，恰逢吐蕃王国也发展神速，双方在中亚发生碰撞不可避免。安史之乱后，吐蕃乘机进占唐朝西部多个地方，这为唐朝与阿拉伯帝国联合应对吐蕃准备了条件。杨良瑶出使大食，应是担当这个使命，陆路已经被吐蕃堵塞，只能经由海路前往。他于唐德宗贞元元年（785）四月出发，两年之后返回。这是丝绸之路的重大事件，在陆地丝绸之路向海上丝绸之路转换的历史进程中，这是"中国从陆地大规模走向海洋的重要时点"（第332页）。杨良瑶出使之前，海上丝绸之路已经十分繁荣，但走海路常常是商人的选择，所以广州积聚了众多波斯、阿拉伯商人，而《十八讲》之所以重视杨良瑶的出使，称之为"唐朝的郑和"，正是因为这是唐朝官方的选择，极具代表性。

　　唐以后的丝绸之路，海上丝路的成绩最突出，各种航海技术加上唐中叶以后的中国经济重心南移，为海上丝路的发展创造了条件。南宋时期，政治中心也转移到南方，海上贸易对于国家财政的支撑越发重要。没有想到，崛起于草原的蒙古势力，彻底改变了丝绸之路的生态，不论是陆地丝路还是海上丝路，皆迎来了前所未有的巅峰状态。通常，丝绸之路的阻隔往往来自某些政治力量的突起，丝路的交通与贸易被迫中断。而蒙古大规模的西征，前无古人后无来者，许多政权灰飞烟灭，欧亚大陆空前畅通起来。此前，最东方的中国，与西亚的交往都不常见，但是蒙元时期，罗马教廷却多次派使团前往东方，亲赴哈拉和林面见蒙古大汗。《十八讲》比较详细地介绍了蒙古西征和教廷使团出使东方的情况，而马可·波罗就属于其中的一支使团。来自罗马教廷的使团，都会记录沿途见闻，西方也迫切需要了解蒙古的各方面情报。在各种记载中,《马可·波罗游记》最具历史意义。

　　马可·波罗从陆地丝绸之路来到元朝，十七年的中国经历给他留下深刻印象。1291 年，马可·波罗参与了从海路护送蒙古公主前往波斯完婚的任务，之后于 1295 年返回威尼斯。马可·波罗在中国的故事，由传奇作家鲁思梯谦撰写成书，这就是闻名于世的《马可·波罗游记》。事实上，马可·波罗自己也不会意识到，这部游记最后影响了世界的历史进程。大航海的动力来自各个方面，但无不是接受了《马可·波罗游记》的指引，寻找东方富饶的中国是所有航海冒险家的共同梦想。这是标准的丝绸之路梦想，打通欧亚大陆的所有阻隔，从西欧直通东亚。虽然中国没有找到，但大航海发现了整个世界。全球化进入了新阶段,《马可·波罗游记》的指引成了人所共知的历史常识。

　　欧洲与西亚的传统运输航线是通过地中海完成的，地中海长期是周边文化区域航运的交通要道。近代欧洲兴起，后来再加上工业革命的动力，海外市场的引力以及殖民的历史传统，终于引发了大航海运动。这场运动导致世界大发现，美洲的发现、澳洲的发现，全球化终于成为现实。大航海运动，有两个重要方向，一是越过大西洋，二是绕过好望角。前者发现美洲，后者沟通亚洲，大西洋与印度洋终于获得了海路的沟通。海上丝绸之路，早已完成太平洋与印度洋的交通，这为世界范围内的大航海运动打下了阶段性的基础。人类的技术能力，尤其是蒸汽动力的运用，技术生态进入新阶段，从此，海运吞吐货物的能力不断提升，终于成为世界物资运输的主宰。丝绸之路是传统技术生态的时代产物，在新技术格局之下，传统丝绸之路不得不让位于新技术生态下的全球运输系统。然而，这些都是在大航海时代之后逐渐发展起来的，而从丝绸之路到大航海时代的中间转折点，无疑正是马可·波罗，所以《十八讲》从张骞起航到马可·波罗落幕。

一条路，就这样带起了一部世界史。阅读《丝绸之路十八讲》，抚今追昔，历史发展的曲折性很难不令人心生感慨。

# 后　记

　　不知不觉，与丝绸之路相关的文字，竟然写了二十余篇，汇集在一起，也有了一些规模。想起年轻时割小麦的经验，只要闷头挥镰，再回头看时，就会有一堆成绩。如今，这已经是基本学术经验，甚至可以称得上是一条生产链。读书发现问题，写出论文，有一定规模后再组装成书。好处是论文发表后有机会听到批评意见，因此在组装的时候就会乘机修改。

　　丝绸之路研究不是我关心的方向，偶一为之也是因为偶发感想。经常接触敦煌吐鲁番资料，时常会遭遇丝绸之路的信息，加上身边总有优秀学者劈山开路，自然而然受到影响，慢慢地也就积累了一些想法。本书最后一篇是书评，阅读荣新江先生的《丝绸之路十八讲》感想良多，尤其是丝绸之路的世界性理解，颇有意犹未尽之感。研究中国史，要具备世界眼光，这是荣新江先生的常用语，而丝绸之路恰好能呈现这一点。更想利用这个机会表达谢意，研究敦煌吐鲁番学，包括思考丝绸之路的问题，都是受到荣新江先生的指引。

这些所谓的丝绸之路的讨论，都可以归入敦煌吐鲁番学的范围，而西域历史是基本出发点。大学毕业后到新疆工作，最大的学术收获就是吐鲁番文书。从第一篇学术论文的写作到如今，已经三十多个年头了，回头看看，使用资料最多的依然是吐鲁番文书。学术缘分是个神秘话题，斯人有斯命，应该就是如此。

相对而言，有关张骞出使问题的讨论，确实是针对丝绸之路的。唐人总是自称为汉，最初以为这仅仅是个文学习惯，后来逐渐体会到，汉唐的历史联系深刻而丰富。汉唐之间，汉朝开端，唐朝冲顶，连续的历史进程，谱写了中国的文化精神。如今，世界一体化正在遭遇低谷，人类的某些劣根性在今天的世界依然能够大行其道。回顾丝绸之路的历史，不仅有助于理解历史，也能帮助我们坚信未来。

需要感谢的友人众多，尤其要感谢人大校友郑庆寰。没有他的积极推动，是否会出一本丝绸之路的书，我自己也是信心缺乏。也要感谢责编窦知远的精心编校，使这本书得以顺利付梓。

度过了多舛的一年，我们寄希望于未来，相信明天会更好。

**2023 年 4 月 30 日北京老营房路**

**图书在版编目（CIP）数据**

汉唐时代的丝绸之路：使者·绢马·体制 / 孟宪实
著 . -- 北京：社会科学文献出版社，2024.6. --（九
色鹿）. -- ISBN 978-7-5228-3773-4

Ⅰ . K928.6

中国国家版本馆 CIP 数据核字第 20240F7J84 号

·九色鹿·

## 汉唐时代的丝绸之路：使者·绢马·体制

著　　者 / 孟宪实

出 版 人 / 冀祥德
组稿编辑 / 郑庆寰
责任编辑 / 赵　晨　窦知远
责任印制 / 王京美

出　　版 / 社会科学文献出版社·历史学分社（010）59367256
　　　　　地址：北京市北三环中路甲29号院华龙大厦　邮编：100029
　　　　　网址：www.ssap.com.cn

发　　行 / 社会科学文献出版社（010）59367028
印　　装 / 三河市东方印刷有限公司

规　　格 / 开　本：787mm×1092mm　1/16
　　　　　印　张：33.75　字　数：422 千字
版　　次 / 2024年6月第1版　2024年6月第1次印刷
书　　号 / ISBN 978-7-5228-3773-4
定　　价 / 88.80元

读者服务电话：4008918866